Manuel Schulze

Prozesskostenorientierte Gestaltung von Wertschöpfungsketten

WIRTSCHAFTSWISSENSCHAFT

Manuel Schulze

Prozesskostenorientierte Gestaltung von Wertschöpfungsketten

Mit einem Geleitwort von Prof. Dr. Stefan Seuring

Deutscher Universitäts-Verlag

Bibliografische Information Der Deutschen Nationalbibliothek
Die Deutsche Nationalbibliothek verzeichnet diese Publikation in der Deutschen Nationalbibliografie; detaillierte bibliografische Daten sind im Internet über <http://dnb.d-nb.de> abrufbar.

Dissertation Carl von Ossietzky Universität Oldenburg, 2007

1. Auflage Oktober 2007

Lektorat: Frauke Schindler / Viktoria Steiner

Der Deutsche Universitäts-Verlag ist ein Unternehmen von Springer Science+Business Media.
www.duv.de

Umschlaggestaltung: Regine Zimmer, Dipl.-Designerin, Frankfurt/Main
Gedruckt auf säurefreiem und chlorfrei gebleichtem Papier
Printed in Germany

ISBN 978-3-8350-0857-1

„WENN WIR AUFHÖREN BESSER ZU WERDEN,
WERDEN WIR BALD NICHT MEHR GUT SEIN“.

Oliver Cromwell

Geleitwort

Leistungserstellungsprozesse werden heute in der Regel in verteilten Wertschöpfungsketten organisiert. Oft beschränkt sich das fokale Unternehmen auf Produktiondesign und Vermarktung, ohne selbst die eigentliche Produktion durchzuführen. Anders als in vertikal integrierten Unternehmen, in denen eine Weisungsbefugnis des Top-Managements den einzelnen Funktionen gegenüber besteht, bedarf es im Supply Chain Management einer Koordination der Akteure. Hierzu kommt dem Supply Chain Controlling eine zentrale Rolle zu, die insbesondere durch Instrumente wie das Supply Chain Costing ausgestaltet werden. In diesem Kontext sind in den letzten Jahren eine ganze Reihe von Forschungsarbeiten veröffentlicht worden. Allerdings verbleiben viele dieser Arbeiten auf einer konzeptionellen Ebene, ohne dass eine empirisch fundierte Analyse der Umsetzbarkeit in der Praxis vorgenommen wird. An dieser Forschungslücke setzt die vorliegende Arbeit an.

Manuel Schulze bietet unter dem Titel „Prozesskostenorientierte Gestaltung von Wertschöpfungsketten" einen wesentlichen Forschungsbeitrag.

Eine zentrale Frage für das Supply Chain Management stellt dar, wo der Kundenauftragsentkopplungspunkt in der Kette zu platzieren ist. Einerseits soll eine schlanke Produktion ermöglicht werden, andererseits sind den Kunden möglichst kurze Lieferzeiten zu bieten, die zudem mit einem „Customising" der Produkte einhergehen. Hierzu sind sogenannte „Build-to-order" Strategien entwickelt worden, bei denen auch die Lieferanten in die endkundenspezifische Gestaltung der Produkte einbezogen werden. Dabei stellt sich dann die Frage, wie solche Lösungen von der Kostenseite her gesteuert werden können?

Im nächsten Schritt der Arbeit greift der Autor daher das Prozesskostenmanagement auf. Insbesondere der Ansatz des „Time-driven" Activity-based Costing verdient hier Beachtung, da er eine auf die Kostengestaltung bezogene Abbildung der operativen Prozesse ermöglicht, die erheblich einfacher als im Standardansatz der Prozesskostenrechnung ist.

Manuel Schulze bietet darauf aufbauend einen konzeptionellen Rahmen. Einerseits setzt er mit Hilfe der Produkt-Kooperations-Matrix an den Entscheidungen zur Gestaltung und Optimierung von Wertschöpfungsketten an. Diese werden dann so abgebildet, dass sie mit Hilfe des Prozesskostenmanagements bewertet werden können.

Von großer Bedeutung für die Arbeit ist die empirische Validierung dieser Konzeption an der Fallstudie des Schüco-Network. Schüco, als fokales Unternehmen, entwickelt und vermarktet Fassendenelemente, wobei sowohl die Produktion der Teile als auch die Vertrieb und Montage komplette von Lieferanten und Kunden abgewickelt werden. Die im Rahmen der Fallstudie gewonnenen Erkenntnisse erlauben einerseits Einblicke in die praktische Umsetzung, dienen vor allem aber dazu, die entwickelte Konzeption im Sinne anwendungsorientierter Forschung kritisch zu überprüfen.

Damit liegt eine Doktorarbeit vor, die sowohl auf der konzeptionellen als auch auf der empirischen Seite eine wichtigen Baustein zur weiteren Entwicklung des Supply Chain Management leistet. Leser sowohl aus der Wissenschaft als auch aus der Praxis werden darin viele Hinweise finden, das Feld des Supply Chain Controlling weiter zu entwickeln, so dass ich der Arbeit einen breiten Leserkreis wünsche.

Prof. Dr. Stefan Seuring

Vorwort

Die sich durch die Globalisierung immer stärker verknüpfenden Lieferketten verlangen nach Instrumenten, die eine effektive und effiziente Gestaltung und Steuerung dieser ermöglichen. So ist der Nutzen aller Prozesse immer auch aus Kostengesichtspunkten zu beurteilen, weshalb das Prozesskostenmanagement als Instrument zur Messung dieses Nutzens im Kontext des Supply Chain Managements vorgestellt wird. Für die Bewertung der „Kosten" des Entstehungsprozesses meiner am Lehrstuhl für Produktion und Umwelt der Carl von Ossietzky-Universität Oldenburg verfassten Promotionsschrift ist dieses Instrument jedoch ungeeignet, stehen doch die materiellen in keinem Verhältnis zu den immateriellen Werten und Aufwendungen. Haben besonders die zahlreichen Erfahrungen, Eindrücke und Einsichten im wissenschaftlichen aber auch praktischem Umfeld die Persönlichkeit des Verfassers geprägt, so sind es vor allem jedoch die Anstrengungen anderer Menschen, die zum Gelingen und zum Wert der Promotion beigetragen haben. Dementsprechend möchte ich folgendem Personenkreis danken.

Zuerst möchte ich Herrn Prof. Dr. Stefan Seuring, jetzt Professur für Internationales Management an der Universität Kassel, für die methodische Unterstützung, den akademischen Rückhalt und nicht zuletzt für das mir entgegengebrachte Vertrauen danken. Seine hervorragende wissenschaftliche Anleitung wurde stets verbunden mit der Stimulation sich inhaltlich und methodisch weiter zu entwickeln. Die hierdurch ermöglichte wissenschaftliche Freiheit und die angenehme Atmosphäre möchte ich als eine der tragenden Säulen dieser Promotionsschrift bezeichnen.

Eine weitere bildet zweifelsohne die Unterstützung der Schüco International KG, insbesondere durch Herrn Dr. Christian Ewering. Seine Weitsicht und sein Eifer Sachverhalte von mehreren Seiten zu betrachten, aber allen voran sein anhand praktischer Erfahrung reflektiertes theoretisches Wissen haben in höchstem Maße zum Erreichen des pragmatischen Wissenschaftsziels beigetragen.

Eine dritte, oft unterschätzte Säule stellt das wissenschaftliche und praktische Umfeld dar, in dem sich ein Großteil der Arbeit entwickelt hat. So haben die zahlreichen intensiven Diskussionen mit den Mitarbeitern des Lehrstuhls für Produktion und Umwelt der Universität Oldenburg und der Schüco International KG im außerordentlichen Maße das Forschungsvorhaben geprägt und zum Gelingen der Promotionsschrift beigetragen.

Die letzte, wenn gleich nicht minder wichtige Säule stellt das private Umfeld des Forschers dar. Es ist mir ein besonderes Anliegen, meinen Eltern und meiner Schwester zu danken, die mich in allen Phasen meines beruflichen und privaten Lebensweges tatkräftig unterstützt haben. Mein größter Dank gebührt meiner Freundin Janina. So sorgten nicht nur die forschungsfremden Diskussionen für die notwendige Reflexion der Arbeit, sondern ist es auch ihrem Verständnis und ihrer Liebe zu verdanken, dass die Arbeit in relativ kurzer Zeit fertiggestellt werden konnte. Ihr möchte ich diese Arbeit widmen.

Manuel Schulze

Inhaltsübersicht

Inhaltsverzeichnis

Abbildungsverzeichnis

Tabellenverzeichnis

Abkürzungsverzeichnis

Alu	Aluminium
Anmerk.	Anmerkung
ATO	Assemble-to-Order
Auftr.	Auftrag
bspw.	beispielsweise
BTO	Build-to-Order
bzgl.	bezüglich
ca.	circa
CPFR	Collaborative Planning, Forecasting and Replenishment
DV	Datenverarbeitung
EDIFACT	Electronic Data Interchange For Administration, Commerce and Transport
EDV	Elektronische Datenverarbeitung
engl.	englisch
et al.	et alii (und andere)
ETO	Engineer-to-Order
EVA	Economic Value Added
ggfs.	gegebenenfalls
hinsichtl.	hinsichtlich
I.e.S.	Im engeren Sinne
Int.	International
Jg.	Jahrgang
KAKR	Kooperationsaktivitätenkostenrechnung
Kapa.	Kapazität
Lmi	Leistungsmengeninduziert
Lmn	Leistungsmengenneutral
Min.	Minimum
Max.	Maximum
MTO	Make-to-Order
MTS	Make-to-Stock
MRP/MRP II	Material Ressources Planning
NL	Niederlassung
Nr.	Nummer
o.g.	oben genannt

OEM	Original Equipment Manufacturer
PKSCM-Modell	Prozesskosten Supply Chain Management-Modell
Plan.	Planung
Prod.	Produktion
S.	Seite
SC	Supply Chain
SCC	Supply Chain Council
SCM	Supply Chain Management
SCOR	Supply Chain Operations Reference Modell
Stk.	Stück
techn.	technisch(e, en, es)
tw.	teilweise
u.	und
u.a.	unter anderem
vgl.	vergleiche
z.B.	zum Beispiel
zusätzl.	zusätzlich

1 Einführung und Zielsetzung

Die vorliegende Arbeit behandelt die Thematik des Prozesskostenmanagements in Wertschöpfungsketten. Zielsetzung des ersten Kapitels soll es daher sein den Leser in diese Thematik einzuführen. So wird im Kontext der immer weiter fortschreitenden Globalisierung die Bedeutung der Kooperation von Unternehmen in so genannten Wertschöpfungsketten hervorgehoben und die Relevanz von Kosteninformationen im Allgemeinen und des Prozesskostenmanagements im Besonderen dargestellt (Abschnitt 1.1). Vor diesem Hintergrund wird das Supply Chain Costing als theoretischer Bezugsrahmen für das Forschungsvorhaben eingeführt. Auf der Basis der Klassifizierung des Forschungsvorhabens als pragmatische Wissenschaft können forschungsleitende Fragestellungen definiert und in den Bezugsrahmen eingeordnet werden (Abschnitt 1.2). Im weiteren Verlauf des Kapitels werden schließlich die Forschungsmethodik und das -design zur Beantwortung der Fragestellungen näher definiert. Hierfür werden der Forschungsansatz klassifiziert und die Strategie sowie der Zeitrahmen präsentiert. Die getroffenen Entscheidungen fließen hinterher in dem dieser Arbeit zugrunde liegenden Forschungsmodell zusammen (Abschnitt 1.3). Dieses Kapitel endet mit einer detaillierten Übersicht über den Gang der Untersuchung (Abschnitt 1.4).

Es wird festgestellt, dass die praktischen Einsatzmöglichkeiten des Prozesskostenmanagements bzgl. einer effektiven Netzwerkbildung sowie einer effizienten Lenkung der Supply Chain überprüft werden müssen. Im Sinne der angewandten Wissenschaft bedarf es hierfür einer Falsifizierung, einer Verifizierung oder einer Modifizierung theoretischer Forschung auf der Basis praktischer Erkenntnisse. Herausgestellt wird die induktive Prägung der diesem Forschungsvorhaben zugrunde liegenden Fragestellungen, deren Beantwortung daher vornehmlich der Fallstudienforschung obliegt.

1.1 Einleitung und Motivation

Die Globalisierung und insbesondere die Liberalisierung und Erweiterung des Europäischen Binnenmarktes zwingt global agierende Hersteller ihre Lieferketten neu auszurichten[1]. Im Zuge der „Lean-Production-Bewegung“ seit Beginn der neunziger Jahre wurden Optimierungen vorangetrieben, deren Motivation hauptsächlich auf die kosteneffiziente Gestaltung der unternehmensinternen Prozesse gerichtet war[2].
Einhergehend mit der Konzentration auf die Kernkompetenzen ist einer der Hauptansatzpunkte dabei nach wie vor die Leistungstiefe zu reduzieren[3]. Während Make-or-buy Entscheidungen früher vor allem Teile mit einem geringen Wertschöpfungsanteil am Gesamterzeugnis betrafen, werden heute aus Zeit- und Komplexitätsaspekten Komponenten bzw. ganze Module mit einem wesentlich höheren Wertschöpfungsanteil (durchschnittlich 70%) an Zulieferbetriebe fremdvergeben[4]. Dieser Trend hat bei manchen Unternehmen dazu geführt, dass nur noch die Produktentwicklung und die für die Auftragsabwicklung notwendigen administrativen Prozesse in Eigenregie ausgeführt werden. Die eigentliche Produktion wird durch Zulieferer ausgeführt. In diesem Zusammenhang wird daher von Wertschöpfungsketten (engl. Supply Chains) gesprochen, deren Koordination durch das Supply Chain Management wahrgenommen wird[5].

Aus den vorhergehenden Argumenten werden zwei zentrale Aspekte deutlich: Durch einen erhöhten Anteil der Zulieferer an der Wertschöpfung hat sich deren Auswahl von einer vornehmlich operativ geprägten Tätigkeit zu einer strategischen Aufgabe gewandelt[6]. Zweitens bedeutet dies im Umkehrschluss, dass die Anforderungen und somit die Bedeutung an eine rationelle Steuerung einer aufgestellten Supply Chain zugenommen und ebenfalls einen strategisch geprägten „Charakter“ erhalten haben. Wie bei den Make-or-buy Entscheidungen für einzelne Teile stehen auch bei der Gestaltung und Steuerung von Supply Chains Kostenaspekte im Vordergrund[7]. Angestrebt werden eine effektive und effiziente Gestaltung sowie Steuerung der Supply Chain[8]

---

1 Vgl. Kippenberger (1997), S.19; Ferrer (2003), S.543-545.

2 Vgl. Jones/Hines/Rich (1997), S.154-155; Busch/Dangelmaier (2002), S.3.

3 Vgl. Prahalad/Hamel (1990), S. 83-84; Weber/Dehler/Wertz (2000); Dubois (2003), S.1.

4 Vgl. Slagmulder (2002), S.81; Christopher/Gattorna (2005), S.116f.

5 Vgl. Boutellier/Kobler (1996), S.6; Spekman/Kamauff/Myhr (1998), S.54; Kuhn/Kloth (1999), S.160; Westhaus/Seuring (2005), S.27ff. Für eine ausführliche Begriffsbestimmung sei auf Kapitel 0 verwiesen.

6 Vgl. Ellram *et al.* (2002), S.4ff.; Köplin (2006).

7 Vgl. Christopher/Gattorna (2005), S.116f.

8 Vgl. Möller/Möller (2002), S.749.

Auf der Ebene der Einzelunternehmung steht ein breites Spektrum an Instrumenten zur Kostenmessung bzw. -berechnung und interpretativen Aufbereitung zur Verfügung[9]. Vor allem die Prozesskostenrechnung, welche aufgrund ihrer prozessorientierten Vorgehensweise auch als Prozesskostenmanagement bezeichnet wird[10], hat in Theorie und Praxis einen enormen Bedeutungsgewinn[11] – nicht zuletzt aufgrund einer kontroversen Diskussion bzgl. ihrer konzeptionellen Gestaltung und Anwendbarkeit – erfahren[12]. Anhand dieser sollen Gemeinkosten verursachungsgerecht auf interne Prozesse und schlussendlich auf Produkte verteilt werden und somit nicht-wertschöpfungssteigernde Aktivitäten aufgedeckt und eliminiert werden[13]. Jedoch stellt sich die Frage, inwieweit dieses Instrument auch geeignet ist den neuen Anforderungen eines über die Unternehmensgrenzen hinausgehenden Gegenstandsbereichs gerecht zu werden und welche Anforderungen in Hinblick darauf überhaupt explizit bestehen.

1.2 Bezugsrahmen, Zielsetzung und forschungsleitende Fragestellungen

Zwecks Bestimmung von Forschungsdefiziten („Lücken"), auf deren (punktuelle) Abdeckung die forscherischen Tätigkeiten im Dissertationsvorhaben schlussendlich ausgerichtet sind, sollen nun die wesentlichen Untersuchungsfelder, die Zielsetzung und forschungsleitenden Fragestellungen aufgezeigt werden.

1.2.1 Bezugsrahmen

Der Untersuchungsgegenstand der Arbeit umfasst die praktischen Einsatzmöglichkeiten des Prozesskostenmanagements in Wertschöpfungsketten basierend auf dem von SEURING entwickelten konzeptionellen Rahmen des Supply Chain Costings (s. Abbildung 1), welches er

---

9 Vgl. bspw. die Beiträge in Männel (1992a).

10 Vgl. Niemand (1992), S.161; Horváth & Partner (1998), S.32ff.; Stoi (1999), S.36; Bohlmann/Coners (2006), S.2. Bevor in Abschnitt 3.2.4 diese Begrifflichkeiten näher abgegrenzt werden, sollen die Begriffe zunächst synonym verwendet werden.

11 Vgl. Kajüter (2005), S.91f.

12 Vgl. u.a. Horvárth/Mayer (1989), S.214ff. und Michel/Torspecken/Jandt (2004), S.255ff. bzgl. der grundlegenden Konzeption. Hinsichtlich der kontroversen Diskussion vgl. insbesondere den Sammelband von Männel (1995a) und die Beiträge von Kaplan/Cooper (1999); Stoi (1999), S.137ff.; Weber (2004), S.221. Für nähere Ausführungen, insbesondere hinsichtlich des postuliereten Anspruchs einer verursachungsgerechten Kostenzuordnung, sei an dieser Stelle zunächst auf Kapitel 3.2.4, S.104 verwiesen.

13 Vgl. Männel (1995b), S.18.

als die Analyse, Gestaltung und Steuerung der Kosten in der Wertschöpfungskette definiert[14].

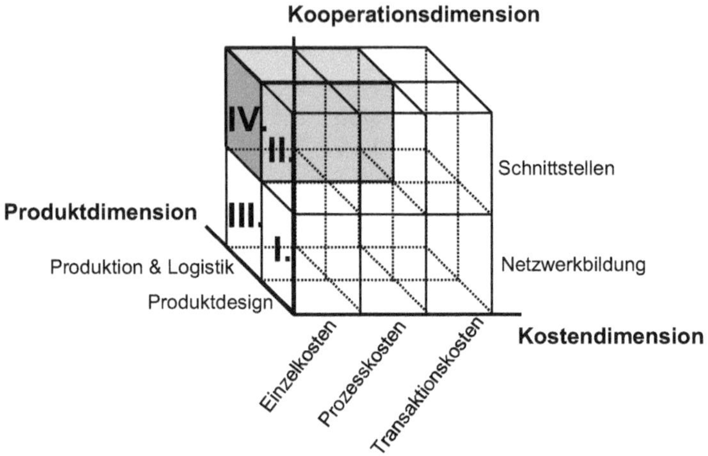

Abbildung 1: Anwendungsbereich des Prozesskostenmanagements in Wertschöpfungsketten
Quelle: Seuring (2001), S.150.

Demnach ist das Prozesskostenmanagement in der Lage, Einzel- und Prozesskosten der Produktion hinsichtlich einer schnittstellenoptimierenden Betrachtung zu erfassen. Es fokussiert hierbei die effizienzbezogene Definition, Gestaltung und Analyse der Schnittstellen zu den vor- und nachgelagerten Supply Chain Partnern[15]. Da aber die ersten drei Phasen die Möglichkeiten der Schnittstellenoptimierung bereits maßgeblich determinieren und somit einen wesentlichen Teil der Prozesskosten bestimmen[16], bleibt offen, inwieweit auch diese Phasen im Sinne eines Prozesskostenmanagements betrachtet werden können[17].

Für diese Arbeit bedeutet dieses, dass basierend auf dem Gegenstandsbereich, den Grundprinzipien und den Zielen des Supply Chain Managements als theoretischen Bezugsrahmen, die praktischen Einsatzmöglichkeiten des Prozesskostenmanagements bzgl. der Gestaltung (Produktdesign und Produktion/ Logistik im Sinne einer effektiven Netzwerkbildung bzw. Konfiguration der Supply Chain) und der Steuerung (Produktdesign und Produktion/ Logistik

---

[14] Vgl. Seuring (2001), S.122.

[15] Vgl. Seuring (2001), S.150. Für eine genauere Beschreibung der Phasen sei auf Kapitel 2.1.2 hingewiesen.

[16] Vgl. bspw. Emblesvag/Vas (1997), S.339-354.

[17] Vgl. hierzu auch die Forderung von Seuring (2001), S.150, das Prozesskostenmanagement auf die Phase der Produktentwicklung zu erweitern.

im Sinne einer effizienten Lenkung der Schnittstellen der Supply Chain) überprüft werden müssen (Abbildung 2).

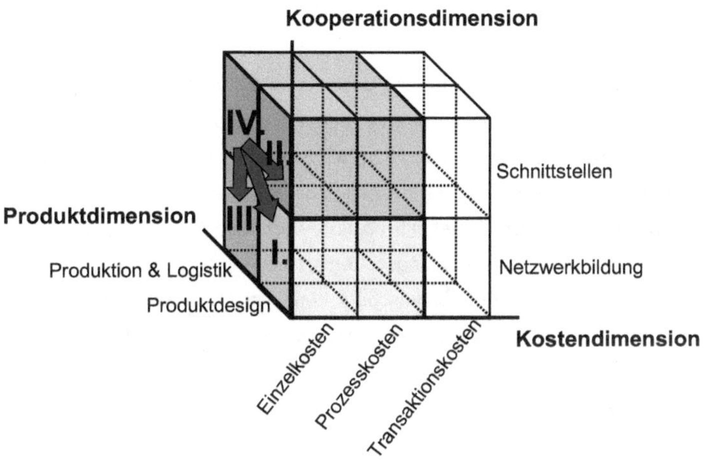

Abbildung 2: Forschungsbedarf bei den Einsatzmöglichkeiten des Prozesskostenmanagements in Wertschöpfungsketten
Quelle: Eigene (2006) in Erweiterung zu Seuring (2001), S.150.

1.2.2 Zielsetzung

Zur Erreichung einer Zielsetzung wird in der Wissenschaftstheorie zwischen theoretischem und pragmatischem Wissenschaftsziel unterschieden[18]. Bei der theoretischen Forschung steht dabei die Realitätserkenntnis im Vordergrund, welches HAMPRECHT als die „[...] geistige Durchdringung der Realität zum Zwecke der Gewinnung von Orientierung und Einsichten" beschreibt[19]. Ergebnis dieser Forschung ist die Ableitung von auf reinen Erklärungen[20] basierenden normativen Aussagen über reale Zusammenhänge[21], deren systematische Ordnung als Theorie bezeichnet werden kann[22].

---

[18] Vgl. für die Merkmale, Unterscheidungskriterien und Zusammenhänge Kosiol (1964), S.745; Kühn (1978), S.24f.; Kieser/Kubicek (1992), S.56; Chmielewicz (1994), S.17ff. sowie S.169f.

[19] Hamprecht (1996), S.11 mit Verweis auf Amshoff (1993), S.14.

[20] Vgl. Grochla (1976), S.632; Peschke (1997), S.9.

[21] Vgl. Hamprecht (1996), S.11; Pritsch (2000), S.34.

[22] Vgl. Schanz (1988), S.7.

Das pragmatische Wissenschaftsziel hingegen fokussiert die Nutzbarmachung der Erkenntnisse für die Realitätsgestaltung[23]. Ziel ist es der „[...] betrieblichen Praxis Hilfestellung bei der Lösung ihrer Probleme bieten zu können“[24]. Dieses wird von einigen Forschern auch als angewandte Wissenschaft bezeichnet, deren theoretische Erkenntnisse und Ergebnisse einen Bezug zur Praxis aufweisen sollten[25].

Basierend auf der einleitend skizzierten Forderung nach einem unternehmensübergreifenden Instrument zur Kostenmessung, -berechnung und -aufbereitung und dem aufgespannten Bezugsrahmen des Prozesskostenmanagements in Wertschöpfungsketten soll die Zielsetzung dieser Arbeit in Form angewandter Wissenschaft daher sein, die Aussagekraft des Prozesskostenmanagements hinsichtlich der effektiven und effizienten Gestaltung und Steuerung der Leistungsfähigkeit von Wertschöpfungsketten zu bewerten. Dazu sollen theoretische Erkenntnisse aufgegriffen und durch praktische Erkenntnisse falsifiziert, verifiziert oder modifiziert werden. Damit soll die Arbeit einerseits dazu beitragen, theoretische Grundlagen zu schaffen, andererseits der Praxis einen Bezugsrahmen zur prozesskostenbasierten Analyse von Wertschöpfungsketten liefern.

1.2.3 Forschungsleitende Fragestellungen

Die Arbeit beruht dabei auf der Annahme, dass durch die Kenntnis der Kosten der wertschöpferischen Tätigkeit entlang der gesamten Supply Chain die Effektivität und die Effizienz einer Supply Chain nachhaltig optimiert und somit Wettbewerbspotenziale generiert werden können. Um diesen Anforderungen nachzukommen, ist ein Instrument zum unternehmensübergreifenden Kostenmanagement notwendig, das die zielgerichtete Gestaltung der Wertschöpfungsprozesse und Steuerung aller am Wertschöpfungsprozess beteiligten Unternehmungen gewährleistet[26].

Daraus ergeben sich folgende Forschungsfragen:

1. Welchen Gegenstandsbereich umfasst die strategische Gestaltung als Bestandteil des Supply Chain Managements im Sinne einer effektiven Konfiguration von Produkt und Netzwerk? Welchen Gegenstandsbereich umfasst die operative Steuerung eines ganzheitlichen Supply Chain Managements im Sinne einer effizienten Lenkung der Supply Chain?

---

[23] Vgl. Schanz (1988), S.6.

[24] Grochla (1976), S.632.

[25] Vgl. Heinen (1969), S.209; Zimmermann (1980), S.414; Ulrich (1982), S.1ff.

[26] Als Instrumente sollen im Verlauf dieser Arbeit die das Kostenmanagement unterstützenden Methoden verstanden werden (Kajüter (2005), S.80).

2. Welche Ansätze zum Kostenmanagement in Wertschöpfungsketten gibt es? Welches sind die Stärken und die Schwächen des Prozesskostenmanagements im Vergleich zu den anderen Kostenmanagementansätzen? Wie ist der aktuelle Status Quo des Prozesskostenmanagements in der Theorie und in der Praxis? Welche Konzepte zum Prozesskostenmanagement in Wertschöpfungsketten gibt es?
3. Wie lassen sich die Anforderungen eines strategischen Netzwerkdesigns hinsichtlich der Gestaltung von Produkt (Phase I) und der Produktion/Logistik (Phase III) durch das Prozesskostenmanagement einlösen? Welchen Beitrag kann das Prozesskostenmanagement hinsichtlich der Optimierung von Produktdesign (Phase II) und operativer Steuerung von Produktion und Logistik (Phase IV) leisten? Welche Potenziale und welche Limitierungen weist das Prozesskostenmanagement im Sinne einer kosteneffektiven Gestaltung und kosteneffizienten Steuerung von Wertschöpfungsketten auf? Welche Handlungsempfehlungen lassen sich für die Praxis ableiten?

1.3 Forschungsmethodik und -design

„Der Begriff Forschungsmethodik beschreibt die theoretische Fundierung und Einordnung der forscherischen Tätigkeit bzw. Vorgehensweise“[27]. Folglich bedarf es einer näheren Beschreibung der in Abbildung 3 gezeigten charakteristischen Merkmale einer Untersuchung.

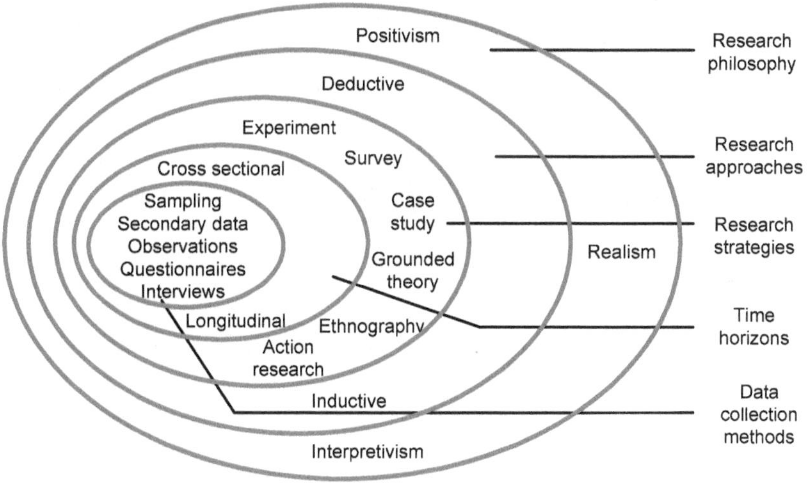

Abbildung 3: Research ‘onion’
Quelle: Saunders/Lewis/Thornhill (2003), S.83.

[27] Übersetzt aus dem Englischen nach Saunders/Lewis/Thornhill (2003), S.2.

In der „Research Onion" werden verschiedene Schichten einer Forschungsmethodik erfasst. Der äußerste Ring beschreibt die der Untersuchung zugrunde liegende Philosophie, während der zweite den sich daraus ergebende Forschungsansatz charakterisiert. Entscheidend für den Erfolg der Untersuchung ist die richtige Auswahl der im mittleren Ring beschriebenen Forschungsstrategie. Die beiden inneren Ringe kennzeichnen den sich aus der Festlegung der Strategie ergebenden Zeitrahmen der Untersuchung sowie die Datenerhebungsmethodik.[28] Ausgehend von der Zielsetzung und Fragestellung sollen im Folgenden die charakteristischen Merkmale des Forschungsvorhabens näher dargestellt werden[29].

1.3.1 Forschungsansatz

Da es sich beim Supply Chain Management um ein noch sehr junges Forschungsfeld handelt, wird von mehreren Autoren die Forderung nach mehr konzeptueller Forschung gestellt, um es als Forschungsfeld exakter definieren und einordnen zu können[30]. Dementsprechend soll dem Forschungsvorhaben ein induktiver Ansatz zugrunde gelegt werden. Die Stärke dieses Ansatzes ist die immanente Fähigkeit verschiedene Konzepte bzw. konzeptionelle Ideen zu operationalisieren. Dabei liegt das Hauptaugenmerk auf der Entwicklung eines tiefgehenden Verständnisses der Problemsituation und folglich der Identifizierung verschiedener Einflussfaktoren, wie Interessengruppen[31] in einem von exo- und endogenen Faktoren beeinflussten Umfeld (der Supply Chain) agieren.[32] Die in diesem Ansatz immanente Vorgehensweise der Datenerhebung und anschließenden Theoriebildung bedeutet dennoch nicht, dass existierende Theorieansätze „ausgeblendet" werden. Der induktive Ansatz erlaubt es diese Theorien aufzugreifen, ggfs. ganzheitlich zu modifizieren und zu erweitern (sachlich-analytische Forschung[33]), um ein etwaiges Wissensdefizit zu schließen[34]. Eine im Vorhinein festgelegte Ursache-Wirkungsbeziehung (deduktiver Ansatz) zwischen einer unabhängigen und einer abhängigen Variablen lässt hingegen nur Modifikationen innerhalb der Ausprägun-

---

[28] Vgl. Saunders/Lewis/Thornhill (2003), S.82.

[29] Vgl. Saunders/Lewis/Thornhill (2003), S.85.

[30] Vgl. Croom/Romano/Giannakis (2002), S.67ff.; Mouritsen/Skjøtt-Larsen/Kotzab (2003), S.221ff; Müller/Seuring/Goldbach (2003), S.437.

[31] Zur Klassifizierung von Interessengruppen siehe bspw. den Stakeholder-Ansatz (Vgl. Freeman (1984)). Stakeholder sind alle Personen, Gruppen und Institutionen, die Einfluss auf die Erreichung der Unternehmensziele nehmen oder deren eigene Zielerreichung von der Unternehmung beeinflusst wird. Dieses lässt sich analog auch auf Supply Chains übertragen. Der Ansatz an sich soll aber im Rahmen des Forschungsvorhabens nicht weiter Verwendung finden.

[32] Vgl. Saunders/Lewis/Thornhill (2003), S.87.

[33] Vgl. Grochla (1976), S.633f.; Pritsch (2000), S.12f.

[34] Vgl. Pritsch (2000), S.35f.

gen dieser Variablen zu[35]. In Anbetracht der forschungsleitenden Fragestellungen erscheint dieser Ansatz daher ungeeignet.

1.3.2 Forschungsstrategie und Zeitrahmen

Der Gebrauch des induktiven Ansatzes setzt eine intensive Auseinandersetzung mit dem relationalen Kontext der Problemsituation voraus, denn gerade hier zeigt sich die Stärke des induktiven Ansatzes, der es erlaubt das „warum" und „wie passiert etwas" anstelle des deskriptiven „was passiert" (deduktiver Ansatz) zu erfassen[36].

Wenn es darum geht, „warum-" und „wie-" Fragestellungen zu beantworten, ist die Fallstudienforschung eine gut geeignete Forschungsstrategie[37]. ROBSON definiert dabei Fallstudienforschung als „eine Forschungsstrategie, die eine empirische Überprüfung eines spezifischen Phänomens innerhalb seines wirklichen Umfelds durch den Gebrauch verschiedener Erkenntnisquellen ermöglicht"[38]. Ohne die engen Grenzen und Limitierungen eines Fragebogens oder eines auf Hypothesen basierenden Modells kann die Verwendung der Fallstudienforschung zu neuen kreativen Einblicken führen[39] und somit zu der geforderten Falsifizierung, Verifikation oder Modifikation existierender Ansätze beitragen[40]. Dementsprechend besteht ihre immanente Stärke darin konzeptuelle Überlegungen empirisch einzufangen[41] ohne gleichzeitig eine Theorie in ihrer gesamten Bandbreite aufstellen zu müssen[42]. Die Fallstudienforschung ist geeignet ein tiefgehendes Verständnis der Problemsituation zu generieren[43], besonders, wenn es sich um die Erhebung vertraulich-sensiblen Management-Wissens handelt[44]. Kosteninformationen allgemein und der unternehmensübergreifende Austausch im Rahmen des Supply Chain Managements im Besonderen können als vertraulich bezeichnet werden[45]. Schließlich weist die Fallstudienforschung eine hohe Validität gegenüber der Praxis – dem letztendlichen Nutzer der theoretischen Überlegungen – auf[46] und

---

35 Vgl. Saunders/Lewis/Thornhill (2003), S.85ff.

36 Vgl. Saunders/Lewis/Thornhill (2003), S.88.

37 Vgl. Stuart *et al.* (2002), S.426; Yin (2003), S.5.

38 Robson (2002), S.178.

39 Vgl. Voss/Tsikriktsis/Frohlich (2002), S.195.

40 Vgl. Voss/Tsikriktsis/Frohlich (2002), S.196.

41 Vgl. Meredith (1989), S.3-11; Meredith (1993), S.439-452.

42 Vgl. Swamidass (1991), S.793-814; Wacker (1998), S.359-382.

43 Vgl. Saunders/Lewis/Thornhill (2003), S.93.

44 Vgl. Keating (1995), S.65ff.

45 Vgl. Kajüter/Kulmala (2005), S.182.

46 Vgl. Voss/Tsikriktsis/Frohlich (2002), S.195.

wird somit dem pragmatischen Wissenschaftsziel gerecht. Vor diesem Hintergrund betonen auch STUART ET AL. die Bedeutung der Fallstudienforschung im Supply Chain Management[47], heben aber gleichzeitig die Bedeutung der Fallstudienauswahl hervor: „OM researchers need to consider carefully the population's possible confounding attributes. Specifically, researchers must consider the possible effects of industry, organization size, manufacturing processes, and inter-organizational effects in setting boundary assumptions on their observations“[48]. Dieser Anforderung wird ausführlich in Kapitel 4 dieser Arbeit Rechnung getragen.

Der dem Forschungsvorhaben zugrunde gelegte Zeitrahmen belief sich auf ca. zwei Jahre. Obwohl dieses grundsätzlich eine mehrmalige Aufnahme und Beschreibung der Problemsituation zugelassen hätte (longitudinal study), so war dieser Zeitraum dennoch zu kurz, um signifikante Veränderungen im empirischen Untersuchungsfeld erwarten lassen zu dürfen. Außerdem ist das primäre Forschungsvorhaben auf eine punktuelle Klärung der „warum“ Fragestellung und dem daraus zu entwickelnden Konzept zum Prozesskostenmanagement in Wertschöpfungsketten gerichtet. Es ist nicht Zielsetzung des Forschungsvorhabens eine etwaige Veränderung von im Rahmen einer Langzeitstudie definierten Variablen zu erklären. Dieses Verständnis resultiert aus der durch KAPLAN getätigten Feststellung, dass die Auswahl dieser simplifizierenden Variablen nicht die tatsächliche komplexe Wirklichkeit wiedergibt[49].

1.3.3 Forschungsmodell

Aufbauend auf den Erkenntnissen der sachlich-analytischen Forschung bildet die empirische Beobachtung den zweiten Schwerpunkt der Arbeit und zielt – gemäß dem Ansatz der Multimethodik[50] – darauf ab, die deskriptiven Aussagen des ersten Teils im Sinne der praktischen Einsetzbarkeit des Prozesskostenmanagements zu falsifizieren, zu verifizieren und zu modifizieren. Diese Vorgehensweise ermöglicht eine Balance zwischen theoretisch fundierter und praxisbezogener Wissenschaft und ist im Rahmen eines Forschungsmodells (Abbildung 4) zusammengefasst[51].

---

[47] Vgl. Stuart *et al.* (2002), S.419f.

[48] Vgl. Stuart *et al.* (2002), S.426.

[49] Vgl. Kaplan (1984), S.408.

[50] Dieser wird auch als Methodentriangulation bezeichnet und in Kapitel 4.2.2 näher erläutert.

[51] Vgl. Ulrich (1981), S.3.

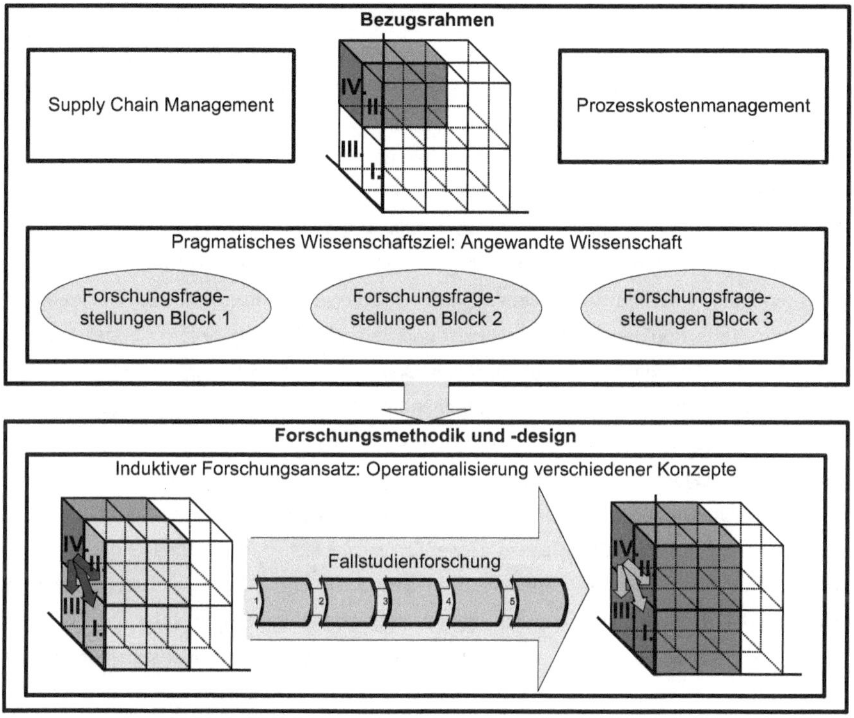

Abbildung 4: Forschungsmodell
Quelle: Eigene (2006)

1.4 Übersicht über den Gang der Untersuchung

Die vorliegende Arbeit ist in fünf Kapitel unterteilt.

Das erste Kapitel *„Einführung und Zielsetzung"* hat zunächst in die Thematik der Promotionsschrift eingeführt und die Motivation des Autors offen gelegt. Darauf aufbauend wurden die forschungsleitenden Fragestellungen, die daraus resultierende Zielsetzung, der Bezugsrahmen und die Forschungsmethodik dargestellt.

Der Schwerpunkt des zweiten Kapitels *„Begrifflichkeit und Wesen des Supply Chain Managements"* ist die theoretische Fundierung dieser Forschungsdisziplin. Zu diesem Zweck werden verschiedene Begriffsdefinitionen, der Gegenstand und die Entwicklung diskutiert, um schließlich einen für den Bezugsrahmen dieser Arbeit gültiges Supply Chain Management Verständnis darzulegen. Vor diesem Hintergrund wird die Bedeutung des Supply Chain Management als Wettbewerbsstrategie dargestellt und die Bedeutung des Integrationsgedankens für ein strategisches Supply Chain Design hervorgehoben. Unter der Prämisse eines einheitlichen Nutzenverständnisses werden verschiedene Ausgangspunkte für eine gemeinsame Strategieformulierung vorgestellt. Welche Ansätze es zur Implementierung einer gemeinsamen Strategie gibt, zeigen die beiden letzten Abschnitte des Kapitels. Hier wird vor allem das Build-to-Order Supply Chain Management als integrative Produktionsstrategie zur Gestaltung der Supply Chain hervorgehoben und es werden Anforderungen an ein Kostenmanagementinstrumentarium aufgestellt.

Kapitel 3 „*Kostenmanagement im Supply Chain Management*" zeigt die konzeptionellen Grundlagen des Kostenmanagements auf und stellt die Objekte des Kostenmanagements in Wertschöpfungsketten dar. Anschließend werden verschiedene Konzepte zum Kostenmanagement in Wertschöpfungsketten vorgestellt und deren Bedeutung hinsichtlich der Anforderungen an das Kostenmanagement im Supply Chain Management überprüft. So wird dargelegt, warum gerade das Prozesskostenmanagement diesen Anforderungen gerecht wird, bevor ein kritischer Überblick über den Status Quo des Prozesskostenmanagements in Wertschöpfungsketten gegeben wird. Ziel ist es ein tief greifendes Verständnis über die in der Wissenschaft vorgestellten Ansätze zu erzeugen und den praktischen Stand der Implementierung aufzuzeigen. Diese sollen schließlich hinsichtlich der in Kapitel 2 und 3 dargestellten Anforderungen einer kosteneffektiven Gestaltung und Steuerung diskutiert und bewertet werden. Unter Verwendung der theoretisch gewonnenen Erkenntnisse und Einsichten wird ein konzeptuelles Modell zum Prozesskostenmanagement in Wertschöpfungsketten präsentiert.

Das vierte Kapitel „*Prozesskostenmanagement am Beispiel des SchücoNetwork®*" beginnt mit der expliziten Einordnung und Klassifizierung der Fallstudienforschung als geeignete Methodik zur Verwirklichung des in dieser Arbeit verfolgten pragmatischen Wissenschaftsziels sowie der Vorstellung der Fallstudie SchücoNetwork®. Darauf aufbauend wird das in Kapitel 3 konzipierte Instrument zum Prozesskostenmanagement in Wertschöpfungsketten am Beispiel einer strategischen Neuausrichtung des SchücoNetwork® einer empirischen Überprüfung unterzogen. Dieser Abschnitt endet mit einer auf den gewonnenen Erkenntnissen beruhenden Bewertung der Potenziale und Limitierungen des Prozesskostenmanagements in der Supply Chain der Schüco International KG und daraus abgeleiteten Handlungsempfehlungen.

Das fünfte Kapitel schließt die Arbeit mit einer Zusammenfassung der Ergebnisse und unterzieht diese einer kritischen Würdigung. Vor diesem Hintergrund wird der Forschungsbeitrag der Arbeit herausgestellt, bewertet, moduliert und generalisiert, um gemäß dem theoriebildenden Anspruch der Fallstudienforschung, die getroffenen modelltheoretischen Überlegungen zu falsifizieren, zu verifizieren oder zu modifizieren. Während diese Betrachtung einerseits den wissenschaftlichen und praktischen Nutzen der Arbeit analysiert, so stellt sie andererseits auch den Ausgangspunkt für weiteren Forschungsbedarf dar.

Der Aufbau der Arbeit ist in Abbildung 5 dargestellt.

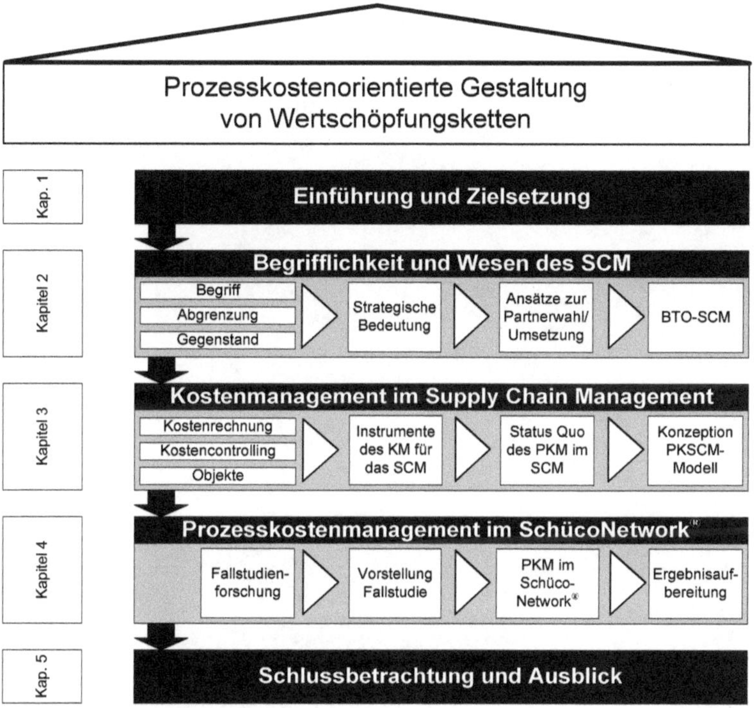

Abbildung 5: Dissertationsaufbau
Quelle: Eigene (2006)

2 Begrifflichkeit und Wesen des Supply Chain Managements

Im ersten Schritt wird zunächst der Begriff des Supply Chain Managements näher erläutert. Hierfür wird dessen Ursprung dargestellt und auf dessen Definitionsvielfalt eingegangen. Aus diesen wird der Gegenstandsbereich des Supply Chain Managements anhand von sechs Integrationsfeldern hergeleitet. Hier gilt es Fragestellungen des „was" mit „wem" und „wie" unter den Prämissen der präsentierten Supply Chain Management Grundprinzipien und Zielgrößen zu beantworten (Abschnitt 2.1). Vor diesem Hintergrund wird die strategische Bedeutung des Supply Chain Managements als Wettbewerbsstrategie hervorgehoben. Daher wird zunächst der Integrationsbegriff in diesem Kontext ebenso debattiert wie verschiedene wissenschaftliche Ansätze, die sich mit der Thematik befassen (Abschnitt 2.2). Anschließend wird diskutiert, anhand welcher Gestaltungsparameter sich eine strategische Ausrichtung der Supply Chain vornehmen lässt (Abschnitt 2.3). Danach werden Produktionsstrategien und Optimierungsansätze zur operativen Umsetzung und Implementierung der Wettbewerbsstrategie entlang der Supply Chain vorgestellt (Abschnitt 2.4). Hier wird das Build-to-Order Supply Chain Management als eine konkrete Ausprägung des Supply Chain Managements eingeführt, welches sowohl die o.g. strategischen als auch operativen Aspekte in einem ganzheitlichen Ansatz integriert (Abschnitt 2.5).

Für die Beantwortung der Fragestellungen in den Integrationsfeldern ist eine konkrete Messung des erzielten Nutzens der Integration im Sinne der Wettbewerbsstrategie notwendig. Dabei ist der Nutzen immer auch im Hinblick auf Kostengesichtspunkte zu bewerten. Herausgestellt wird, dass die vorliegenden wissenschaftlichen Modelle zu kurz greifen und sie in ihren Konzeptionen die erforderliche Nutzenbewertung vermissen lassen. Es wird gezeigt, dass dieses Defizit eine effektive bzw. effiziente Umsetzung der Gestaltungsansätze in den Integrationsfeldern verhindert, welches nach einem unternehmensübergreifenden Kostenmanagementinstrument verlangt.

2.1 Begrifflichkeit, Gegenstand und Grundprinzipien

Um der Zielsetzung dieser Arbeit – einer prozesskostenorientierten Gestaltung von Wertschöpfungsketten – nachzukommen, bedarf es zunächst einer näheren Definition und Abgrenzung des Gestaltungsobjekts. Dabei finden sowohl in der Wissenschaft als auch in der Praxis eine Vielzahl von Synonymen für die Begrifflichkeit der Wertschöpfungskette Verwendung, wobei sich der Begriff „Supply Chain" als einer der am häufigsten verwendeten herauskristallisiert hat.

2.1.1 Definitionsvielfalt

Der Begriff Supply Chain Management (SCM) ist in der betriebswirtschaftlichen Forschung ein noch relativ junger Begriff und wurde vornehmlich durch die Unternehmenspraxis geprägt[52]. Einleitend soll zunächst die Definition von HAHN zitiert werden: „Als Supply Chain Management kann die Planung, Steuerung und Kontrolle des gesamten Material- und Dienstleistungsflusses, einschließlich die damit verbundenen Informations- und Geldflüsse, innerhalb eines Netzwerks von Unternehmen und deren Bereichen verstanden werden, die im Rahmen von aufeinanderfolgenden Stufen der Wertschöpfungskette an der Entwicklung, Erstellung und Verwertung von Sachgütern und/ oder Dienstleistungen partnerschaftlich zusammenarbeiten, um Effektivitäts- und Effizienzsteigerungen zu erreichen"[53].

Ebenso wie die Uneinigkeit darüber, wann der Begriff des SCM zum ersten Mal wissenschaftliche Erwähnung fand[54], besteht jedoch auch in der aktuellen wissenschaftlichen Diskussion keine einheitliche fächerübergreifende Definition[55]. MENTZER *ET AL.* unterscheiden, der betrieblichen Praxis folgend, bei der Herleitung einer Definition bisherige Arbeiten anhand der Merkmale: „Funktionsumfang" sowie „Anzahl" und „Form" der im Supply Chain Management zu inkludierenden Unternehmen[56].

---

[52] Vgl. Weber/Dehler/Wertz (2000), S.264.

[53] Hahn (2000), S.9.

[54] Vgl. Cooper/Lambert/Pagh (1997), S.1; Lambert/Cooper/Pagh (1998), S.2.

[55] Vgl. Kotzab (2000), S.24ff.; Pfohl (2000), S.5; Seuring (2001), S.6ff; Busch/Dangelmaier (2002), S.5; Möller (2002), S.313; Otto (2002), S.87ff. Die Vielzahl von synonym verwendeten Begriffen für das Supply Chain Management wie Network Sourcing, Supply Pipeline Management, Value Chain Management, Demand Chain Management unterstreicht die heterogene Definitionslandschaft.

[56] Vgl. Mentzer *et al.* (2001), S.16.

2.1.1.1 Funktionsumfang des Supply Chain Managements

Hinsichtlich des Funktionsumfangs lassen sich übergreifend die verschiedenen Definitionen auf zwei Gruppen von Standpunkten reduzieren[57]. Während die eine Gruppe Supply Chain Management auf die betriebswirtschaftliche Logistik bezieht[58], so erweitert die andere Gruppe den Bezug auf die Logistik um zusätzliche Geschäftsprozesse[59].

2.1.1.1.1 Supply Chain Management als höchste Entwicklungsstufe der Logistik

Die Entwicklung der Logistik lässt sich durch ein mehrstufiges Modell beschreiben[60]. Es besteht aus derzeit vier[61] sukzessiv aufeinander aufbauenden Entwicklungsstufen, welche jeweils verschiedene Aspekte der Logistik hervorheben, jedoch als Grundprinzip die „Gewährleistung der Versorgungssicherheit bzw. der Verfügbarkeit der von Unternehmen benötigten Ressourcen“ gemein haben[62].
Bevor Supply Chain Management als vorerst vierte und letzte Stufe der Entwicklung der Logistik beschrieben werden soll[63], werden nachfolgend, gemäß der Systematisierung von Weber, auch die anderen Entwicklungsstufen näher beschrieben (Abbildung 6)[64].

- Logistik als funktionale Spezialisierung
  In der ersten Entwicklungsstufe der Logistik wurden die Prozesse Transport, Umschlag und Lagerung (TUL) erstmals im Rahmen einer funktionalen Spezialisierung auf material- und warenflussbezogene Dienstleistungen als ein gemeinschaftlicher Prozess betrachtet („TUL-Logistik“). Da dieser Prozess Dienstleistungen für alle Abschnitte der (unternehmensinternen) Wertschöpfungskette erbringt, wird bereits in der ersten Stufe die Quer-

[57] Vgl. Göpfert (2002), S.28; Bacher (2004), S.40.

[58] Vgl. Christopher (1994), S.22; Bowersox/Closs (1996), S.4; Pfohl (1997), S.582f; Göpfert (2000), S.259; Kotzab (2000), S.32; Simchi-Levi/Kaminsky/Simchi-Levi (2000), S.1; Rudberg/Olhager (2003), S.30f.

[59] Vgl. Hewitt (1994), S.1ff.; Lambert/Emmelhainz/Gadner (1996), S.1; Cooper/Lambert/Pagh (1997), S.1; Handfield/Nichols (1999), S.2.

[60] Vgl. u.a. Bichler/Gerster/ Reuter (1994); Delfmann (1995), S.505ff.; Weber (2002a), S.5ff.

[61] In verschiedenen wissenschaftlichen Erörterungen wird das Entwicklungsmodell auch durch drei Stufen beschrieben (vgl. bspw. Bowersox/Daugherty (1987), S.46-60; Hewitt (1994), S.1ff.). DEHLER stellt jedoch dar, dass das vierstufige Modell keine grundlegenden Dissonanzen zum Dreistufen-Modell aufweist, aber durch den höheren Detaillierungsgrad eine Differenzierung und Überführung der Begriffe Logistik und Supply Chain Management ineinander ermöglicht (Dehler (2001), S.18).

[62] Vgl. Weber (2002a), S.4.

[63] Vgl. Göpfert (2001), S.348; Prockl (2001), S.37; Weber (2002a), S.19.

[64] Vgl. die Ausführungen in Weber (2002a), S.6-24 bzw. auch in Weber/Kummer (1998), S.7-26, welche die Basisgedanken der nachstehenden Ausführungen wiedergeben.

schnittsfunktion der Logistik deutlich. Ziel dieser in der Praxis am meisten vorherrschenden Form der Logistik[65] ist es, Rationalisierungsgewinne durch Effizienzverbesserungen der einzelnen Dienstleistungen zu erzielen. Eine höhere Automatisierung der komplexen technische TUL Systeme und die damit einhergehenden Erfahrungskurveneffekte[66] sind hierfür ein probates Mittel.

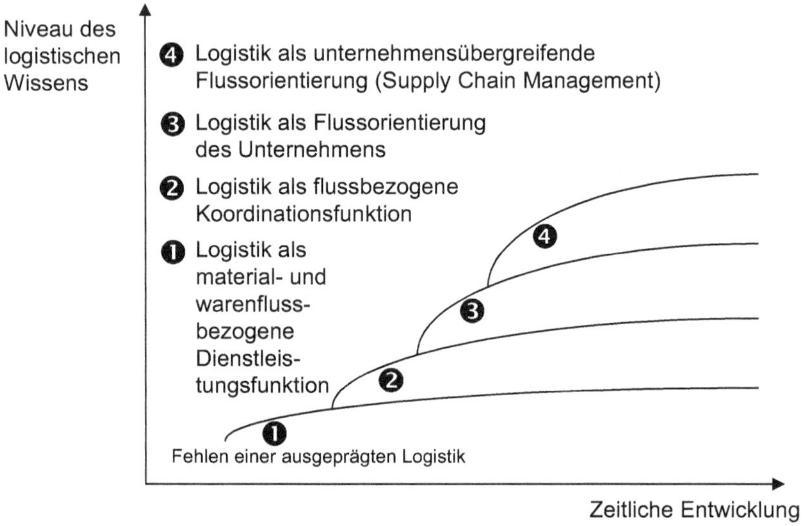

Abbildung 6: Entwicklungsphasen der Logistik
Quelle: Weber (2002a), S.5.

- Logistik als material- und warenflussbezogene Koordinationsfunktion

  Während Optimierungen der ersten Stufe auf die Realisierung von Effizienzpotenzialen einzelner (isolierter) Dienstleistungen fokussieren, ist es Zielsetzung der zweiten Stufe der Logistik die Koordination der unterschiedlichen Unternehmensbereiche aktiv hinsichtlich der Struktur und des Bedarfs an material- und warenflussbezogenen Dienstleistungen zu beeinflussen, um Effizienzsteigerungen zu generieren[67]. Ausgangspunkt für die Hervorhebung der Koordinationsaufgabe sind nicht genügend berücksichtigte Interdependenzen an den Schnittstellen der einzelnen Bereiche und somit das wachsende Bewusstsein, das eine Optimierung der einzelnen Bereiche zu Effizienzverlusten des Gesamtoptimums führen kann.

[65] Vgl. Weber (2002a), S.24.

[66] Vgl. Steinmann/Schreyögg (2005), S.225.

[67] Vgl. Weber (2002a), S.9-10.

Aus diesem Grund macht der Koordinationsgedanke auch nicht an den Unternehmensgrenzen halt und bezieht Kunden und Lieferanten in das Aufgabenfeld der Logistik mit ein. So kommt neben der Distribution vor allem beschaffungsoptimierenden Konzepten wie z.B. der Just-in-time Bereitstellung von Produktionsmaterialien erhöhte Bedeutung zu. Eine für diese Arbeit wesentliche Erkenntnis dieser Stufe ist es, dass die logistische Leistung zur Erreichung von wettbewerbsstrategischen Zielsetzungen instrumentalisiert wird. Während sich diese zwar zunächst noch in dieser Phase auf eine Reduzierung der Kosten (Kostenführerschaft)[68] beschränken, so bereitet die erstmalige Verknüpfung der funktionalen Logistikstrategien mit den Geschäftsfeldstrategien in der strategischen Unternehmensplanung den Boden, um auch Maßnahmen zu bewerten, die zu einer Steigerung des Kundennutzens und somit zu Erträgen führen können[69].

- Logistik als Flussorientierung

  Im Gegensatz zu den auf Effizienzoptimierungen ausgerichteten ersten und zweiten Stufen zielt die dritte Stufe der Logistikentwicklung auf eine konsequente, flussorientierte Gestaltung der (internen) Wertschöpfungsprozesse ab. In einem durch eine immer höhere Dynamik gekennzeichnetem Wettbewerbsumfeld können nur hierdurch zusätzliche Wirtschaftlichkeitsgewinne generiert werden, da neben weiteren Kostensenkungen durch bspw. eine Fertigungssegmentierung nun auch eine Ausschöpfung des leistungsbezogenen Wettbewerbspotenzials der Logistik (Lieferschnelligkeit, -sicherheit und -flexibilität) ermöglicht wird. [70]

  Durch den Übergang vom „Denken in Strukturen" zum „Denken in Prozessen" wandelt sich der Dienstleistungscharakter der Logistik zu einer Führungsfunktion[71], welches mit einem enormen Bedeutungszuwachs einhergeht. Dabei werden alle vormals als unbeeinflussbar angesehenen Strukturen als veränderbar betrachtet und sämtliche Leistungsvorgänge als gleichberechtigt für das Funktionieren des Flusssystems angesehen[72]. Somit ist dieser Fokussierungswandel in der Aufbauorganisation auch als Respezialisie-

[68] Vgl. Porter (1999), S.70ff. bzw. Abschnitt 2.2.1.

[69] Vgl. Delfmann (1978), S.76f.; Wildemann (2001), S4ff.; Weber (2005), S.193ff.

[70] Vgl. Weber (2002a), S.14f, Weber (2002b), S.10, Lasch (1998), S.30f, Jung (1999), S.114ff. Unter dem Begriff der Flussorientierung ist ein stetiger reibungsloser Fluss der physischen Güterströme zu verstehen, so dass der Definition der Schnittstellen zwischen den Subsystemen erhöhte Bedeutung zu kommt. Zur Darstellung von Prozess- und Leistungsmerkmalen der flussorientierten Logistik bzw. zur Analyse der Kriterien für flussorientierte Strukturen vgl. auch Kummer (1999), S.33-51.

[71] Die Führungsfunktion besteht hierbei aus den Teilbereichen: Werte-, Planungs-, Kontroll-, Informations-, Organisations- und Personalführungssystem. Vgl. hierfür insbesondere Weber (1996), S.73ff. und Weber (2002a), S.15-18.

[72] Vgl. Weber (2002a), S.15.

rung[73] zu betrachten, die einen reibungslosen Leistungsfluss durch alle Unternehmensbereiche und somit eine Erhöhung der Reaktionsfähigkeit gewährleisten soll[74]. Das Schlagwort der Kundenorientierung ist kennzeichnend für diese Entwicklungsstufe der Logistik[75].

- Logistik als unternehmensübergreifende Flussorientierung (SCM)
  Während die dritte Stufe der Logistik die Flussorientierung innerhalb eines Unternehmens propagiert, ist es Zielsetzung der vierten Stufe „das Prinzip der flussorientierten Gestaltung der Wertschöpfung auf mehrere miteinander in Liefer- und Leistungsbeziehungen stehende Unternehmen auszuweiten“[76]. Diese, den gesamten Wertschöpfungsprozess von der „Source of Supply“ bis hin zum „Point of Consumption“ umfassende Perspektive der Logistik, wird international als Supply Chain Management bezeichnet[77]. Während in der Praxis vor allem die Globalisierung und das zunehmende Ausschöpfen der unternehmensinternen Rationalisierungspotenziale als Anstöße dieser Entwicklung angeführt werden dürfen, so wird die Vorteilhaftigkeit dieser Entwicklung in der Wissenschaft vor allem durch die Ansätze der Transaktionskostentheorie und des ressourcenbasierten Ansatzes (Kernkompetenzansatz) begründet. Sie besagen, dass sich auf der Basis einer unternehmensübergreifenden Supply Chain Strategie sowohl das Risiko teilt (Transaktionskostentheorie) als auch der Ressourcenaufwand durch die Ergänzung eigener (Kern-) Kompetenzen mit Komplementärkompetenzen der Partner (Ressourcenbasierter Ansatz) jeweils für die einzelnen Unternehmen minimieren lassen. Durch die enge Abstimmung können in allen Phasen des Produktentstehungsprozesses, im Vergleich zu unkoordinierten Wettbewerbern, langfristig Wettbewerbsvorteile generiert werden.[78]

---

[73] Vgl. Göpfert (1999), S.19, welche bemerkt, dass sich der Fokus der Logistik von einer Funktionenlehre zu einer Führungslehre wandelt.

[74] Vgl. Schmenner/Swink (1998), S.95-113; Schmenner (2004), S.333-347.

[75] Vgl. Weber (2002a), S.18. Siehe bzgl. der Entwicklungsstufen auch den in Abschnitt 2.2.3.2 genauer erläuterten Beitrag von Bechtel/Jayaram (1997).

[76] Weber (2002a), S.19.

[77] Vgl. Stevens (1989), S.3-8; Weber (2002a), S.19. Während der Gedanke der Koordination zwischen Partnern in einer Wertschöpfungskette schon in der zweiten Phase der Entwicklung der Logistik immanent ist, so geht die Betrachtung der gesamten Supply Chain in der vierten Phase weit über die duale Kopplung der zweiten Phase hinaus.

[78] Weber (2002a), S.20. Auf den Ansatz der Transaktionskostentheorie soll im Rahmen dieser Arbeit nicht näher eingegangen werden. Für tiefergehende Studien sei daher auf Picot/Reichwald/Wigand (2001) verwiesen. Für den ressourcenbasierten Ansatz siehe Abschnitt 2.2.

2.1.1.1.2 Inklusion über die Logistik hinausgehender Geschäftsprozesse

Im Gegensatz zur ersten Gruppe von Autoren, die Supply Chain Management im Wesentlichen als eine unternehmensübergreifende Form und höchste Entwicklungsstufe der Logistik beschreiben, erweitert eine andere Gruppe von Autoren das Konzept des Supply Chain Managements um weitere, über die Logistik hinausgehende Geschäftsprozesse.
Zu der letzteren Gruppe gehören auch HANDFIELD/NICHOLS, deren Definitionen der Begrifflichkeit Supply Chain Management sicherlich als eine der am regelmäßigsten zitierten angesehen werden darf: "The Supply Chain encompasses all activities associated with the flow and transformation of goods from the raw material stage (extraction), through to the end user, as well as the associated information flows. Material and information flow both up and down the supply chain. Supply chain management (SCM) is the integration of these activities through improved supply chain relationships to achieve a sustainable competitive advantage"[79]. LAMBERT/COOPER/PAGH ergänzen noch, dass der Wettbewerbsvorteil sich dadurch ergibt, dass diese integrierten Prozesse den Kunden einen Mehrwert generieren[80].
Folgerichtig würde die individuelle Optimierung einzelner Abschnitte der Supply Chain (d.h. der einzelnen Unternehmung) nicht zur effektivsten Lösung führen; es ist notwendig, die gesamte Sequenz von Abläufen miteinander ganzheitlich zu betrachten[81]. Auch BAUMGARTEN und CHRISTOPHER unterstreichen diesen Ansatz durch die Aussage, dass ein Unternehmen mehr ist als eine Summe isolierter Funktionen[82]. Vielmehr müssen inter-organisationelle Prozesse verstanden und gesteuert werden, so dass Faktoren wie Prozessfähigkeit, -sicherheit und -kontrolle wichtiger sind als einzelne, unternehmensspezifische Ziele. Heutzutage konkurrieren Supply Chains nicht Unternehmen[83].
Dementsprechend rückt das Kooperationsmanagement stärker in den Fokus. „...without a foundation of effective supply chain organizational relationships, any efforts to manage the flow of information or materials across the supply chain are likely to be unsuccessful" [84] wie HANDFIELD/NICHOLS fortführen. SCM wird als ein Managementansatz betrachtet, der durch die Koordination der inter-organisatorischen Beziehungen die funktionalen Barrieren über-

---

[79] Handfield/Nichols (1999), S.2

[80] Vgl. Lambert/Cooper/Pagh (1998), S.1f.

[81] Vgl. Jones/Hines/Rich (1997), S.155; Corsten/Gabriel (2002), S.4

[82] Vgl. Baumgarten (1995), S.1670ff.; Christopher (2005), S.18.

[83] Vgl. Beckmann (1998), S.179; Lambert/Cooper/Pagh (1998), S.1; Bask/Juga (2001), S.138; Lambert (2001), S.98; Becker (2002), S.65; Corsten/Gabriel (2002), S.4; Waters (2003), S.10; Vonderembse *et al.* (2006), S.223; Christopher (2005), S.16 u. 28.

[84] Handfield/Nichols (2002), S.14.

winden soll[85]. Auch CHRISTOPHER sieht das Kooperationsmanagement als die Kernaufgabe des Supply Chain Managements an[86].

2.1.1.2 Reichweite von Entscheidungsfragestellungen im Supply Chain Management und zugrunde liegende Koordinationsform(en)

Über die Anzahl im Rahmen des Supply Chain Managements zu betrachtenden Stufen (beteiligten Unternehmen), herrscht in der wissenschaftlichen Diskussion ebenso Uneinigkeit. Während eine endliche Gruppe von Autoren die Dyade[87] in die Reichweite ihrer Definition des Begriffs SCM inkludieren[88], wird diese Form von anderen Autoren als „zu kurz gegriffen" betrachtet und daher explizit ausgeschlossen[89]. In Abhängigkeit von der Anzahl betrachteter Unternehmen unterscheiden MENTZER *ET AL.* daher zwischen einer „Direkten Supply Chain", einer „Ausgedehnten Supply Chain" und einer „Ultimativen Supply Chain"[90]. Die Direkte Supply Chain bezieht sich dabei auf die Betrachtung der Beziehung eines (fokalen) Unternehmens zu einem stromaufwärts gelegenen Zulieferer und einem stromabwärts gelegenen Abnehmer. Die Ausgedehnte Supply Chain betrachtet zusätzlich noch einen Zulieferer des Zulieferers sowie einen Abnehmer des Abnehmers. Bei der Ultimativen Supply Chain werden schließlich alle an der Wertschöpfung beteiligten Unternehmen von der „Source of Supply" bis hin zum „Point of Consumption" in die Betrachtung mit einbezogen. Diesen Gedanken folgend bemerken BUSCH/DANGELMAIER, dass Unternehmen auf vor- oder nachgelagerten Stufen nicht nur mit einem, sondern mit mehreren Unternehmen zusammen arbeiten können[91]. Auch STÖLZLE spricht von einer Mehrzahl von Akteuren pro Stufe der Supply Chain[92].

Dementsprechend merkt CHRISTOPHER an, dass eine Supply Chain eher ein Netzwerk[93] aus mehreren selbstständigen vertikal alliierten Unternehmen darstellt[94], die im Rahmen des

---

85 Vgl. Otto/Kotzab (2003), S.315.

86 Vgl. Christopher (2005), S.18.

87 Vgl. Otto (2002), S. 239. Die Dyade ist die kleinste zusammengesetzte Strukturform in einem Netzwerk und umfasst dementsprechend nur zwei Stufen.

88 Vgl. Cooper/Ellram/Gardner/Hanks (1997), S.73, Skjøt-Larsen (1999), S.97, Vahrenkamp (1999), S.314, Zimmermann (2002), S.401.

89 Vgl. Otto (2002), S.88, welcher bzgl. der Reichweite des SCM ausführt, dass „[...] dessen institutionelle Reichweite eine Dyade, also zwei Wertschöpfungsstufen, überschreitet [...]".

90 Vgl. Mentzer *et al.* (2001), S.5.

91 Vgl. Busch/Dangelmaier (2002), S.4; siehe auch Arntzen *et al.* (1995), S.70f, Christopher (2005) S.18f.

92 Vgl. Stölzle (2002), S.284.

93 Für eine nähere Definition des Netzwerkbegriffs und der Modellierung einer Supply Chain als Netzwerk vgl. Jarillo (1993), S.16ff.; Otto (2002), S.145ff.

Wertschöpfungsprozesses miteinander kooperieren und per Auftragsfluss sequenziell verbunden sind (Abbildung 7)[95].

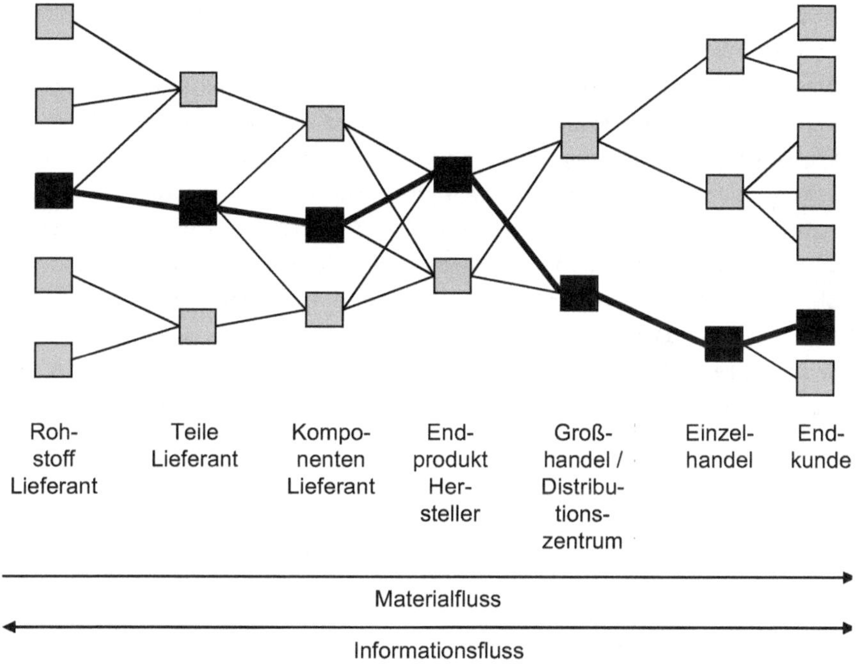

Abbildung 7: Beispiel einer Supply Chain
Quelle: Busch/Dangelmaier (2002), S.5.

Ähnlich MENTZER *ET AL.* unterscheiden SLACK *ET AL.* Supply Netzwerke noch in „Unmittelbare Netzwerke", in welchen Unternehmen direkten Kontakt zum fokalen Unternehmen haben, und „Totale Netzwerke", in deren Betrachtung auch die Zulieferer des Zulieferers sowie die Abnehmer einer Abnehmers mit einbezogen werden[96]. In dieser Arbeit wird der Auffassung gefolgt, dass eine Kette als spezielle (kleinste) Ausprägungsform eines Netzwerks verstanden werden kann[97].

94 Vgl. Christopher (2005), S.18f.

95 Christopher (1992) unterstreicht den Netzwerkcharakter, indem er von einem "Network of Organisations" spricht. Vgl. auch Ellram/Cooper (1993), S.1; Otto/Kotzab (1999), S.216; Hall/Braithwaite (2001), S.89f; Lambert (2001), S.99.

96 Vgl. Slack/Chambers/Johnston (2004), S.151-165.

97 Vgl. Bacher (2004), S.51; Seal *et al.* (1999), S.304.

Unabhängig davon, ob logistische oder auch darüber hinausgehende Prozesse im Supply Chain Management betrachtet werden (siehe Abschnitt 2.1.1.1), so wird die unternehmensübergreifende Koordination bzw. Integration der Funktionen zu einem durchgängigen Gesamtprozess betont. Als Extremformen im Sinne der Transaktionskostentheorie zielen Märkte vor allem auf die vollständige Koordination und den Tausch von Wirtschaftsgütern ab, während Hierarchien eine komplette Integration aller getrennt generierbarer Leistungen in einem Unternehmen darstellen[98]. Ebenfalls basierend auf der Transaktionskostentheorie und Organisationstheorie betrachtet ELLRAM die Vor- und Nachteile verschiedener Integrationsformen als entscheidendes Merkmal zur Analysierung der Wettbewerbsfähigkeit einer Supply Chain (Abbildung 8)[99]. Im Vergleich zu einmaligen Transaktionen oder Lieferverträgen mit kurzen Vertragslaufzeiten verbessert die vertikale Integration die Kommunikation und Kontrolle, verhindert somit sich wiederholende und nicht wertschöpfende Tätigkeiten und reduziert außerdem die Gefahr opportunistischen Verhaltens. Probleme vertikaler Integration sind vor allem Schwierigkeiten zur Erreichung von Skaleneffekten, ein Vergrößerung der Kontrollspanne und die Beibehaltung obsoleter Prozesse.[100]

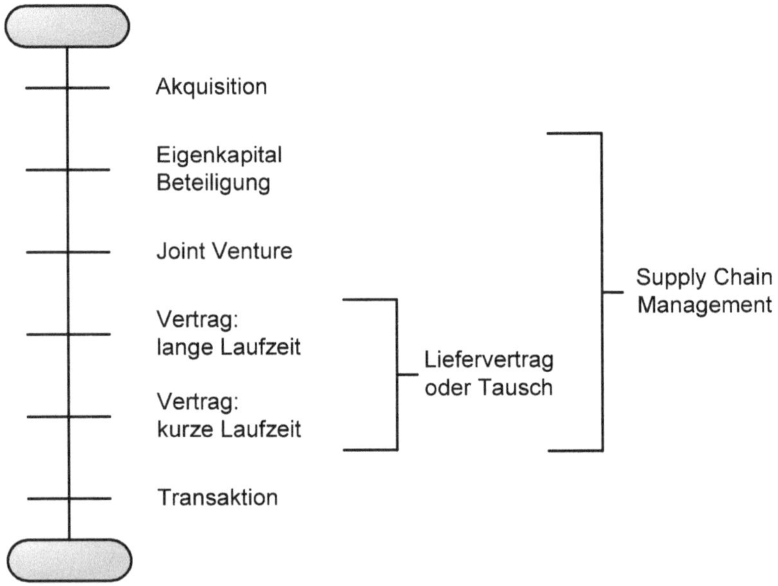

Abbildung 8: Organisatorische Beziehungen im Supply Chain Management
Quelle: Ellram (1991), S.18.

[98] Vgl. Hart (1989), S.1760ff.; Picot /Dietl (1990), S.178ff.; Hanke (1993), S.25f.

[99] Vgl. Ellram (1991), S.13ff.

[100] Vgl. Williamson (1990), S.117f.

Im Gegensatz zu diesen Extremformen setzt das Supply Chain Management auf eine hybride Lösung, um die Nachteile beider Extrema zu überwinden. Es positioniert jedes Unternehmen an die Stelle der Wertschöpfungskette, an der es seine Stärken voll ausspielen und gleichzeitig das Anlagen- und Marktrisiko durch Kommunikation und Koordination minimieren kann[101]. Um die Frage zu beantworten, welche Form der organisatorischen Beziehung bzw. vielmehr Integrationsform die situativ Sinnvollste darstellt, soll zunächst der Gegenstandsbereich des Supply Chain Managements detaillierter dargestellt werden.

2.1.2 Der Gegenstandsbereich des SCM

Bei einer näheren Betrachtung der Gegenstandsbereiche der zwei Arten von Definitionen der Begrifflichkeit Supply Chain Management wird deutlich, dass sie sich nicht widersprechen, sondern sich auf unterschiedliche Dimensionen des Supply Chain Managements beziehen[102]. So zielt die Gruppe der Autoren, die Supply Chain Management als eine Erweiterung des Logistikbegriffs versteht, primär auf die Produktdimension ab, die sich aus den Phasen Produktentwicklung sowie Produktion und Logistik konstituiert[103]. Da auch der Entsorgung von Produkten immer höhere Bedeutung beigemessen wird, soll die Produktrückgabe als dritte Phase in die Produktdimension mit aufgenommen werden[104]. Dementsprechend sind der jeweils unternehmenseigene Wertschöpfungsanteil und somit die eindeutige Zuordnung von Kern-, Komplementär- und Peripheriekompetenzen in der Supply Chain zu bestimmen[105].

Die Gruppe, die über die Logistik hinausgehende Prozesse und somit sämtliche Beziehungen zu Kunden und Lieferanten entlang der gesamten Wertschöpfungskette mit einbezieht, fokussiert hingegen das Kooperationsmanagement des Supply Chain Managements, welches im Folgenden als die Kooperationsdimension dargestellt werden soll. Diese besteht aus den Phasen Netzwerkbildung und Schnittstellenoptimierung und richtet sich vor allem auf die Informationsversorgung der beteiligten Unternehmen, um die Effektivität und Effizienz der Supply Chain zu gewährleisten[106].

---

[101] Vgl. Ellram (1991), S.18.

[102] Vgl. Seuring/Schneidewind (2000), S.229f.

[103] Vgl. Cooper *et al.* (1997), S.67-89; Croom *et al.* (2000), S.67-83; Mentzer *et al.* (2001), S.7ff.; Poesche (2001), S.65; Rudberg/Olhager (2003), S.29-39.

[104] Vgl. Guide/Harrison/Van Wassenhove (2003), S.3-6.

[105] Vgl. Otto (2002), S.193 mit Verweis auf Hamel/Prahalad (1996), S.233ff. Für eine genauere Betrachtung sei an dieser Stelle auf Kapitel 2.2 verwiesen.

[106] Vgl. Cooper/Slagmulder (1999), S.10ff.

Durch eine Kombination der Phasen beider Dimensionen lassen sich sechs Integrationsfelder des Supply Chain Managements ableiten, die den Gegenstandsbereich des Supply Chain Managements darstellen (Abbildung 9)[107].

Kooperationsdimension / Produktdimension	Produktdesign (Vorlaufphase)	Produktion und Logistik (Marktphase)	Produktrückgabe (Nachlaufphase)
Netzwerkdesign	I. Strategische Konfiguration von Produkt und Netzwerk	III. Gestaltung des Produktionsnetzwerks	V. Gestaltung des Reduktionsnetzwerks
Schnittstellenoptimierung	II. Produktdesign in der Supply Chain	IV. Prozessoptimierung in der Supply Chain	VI. Prozessoptimierung in der Rücknahmekette

Abbildung 9: Die Produkt-Kooperations-Matrix des Supply Chain Managements
Quelle: Seuring (2005a), S.25.

2.1.2.1 *Strategische Konfiguration von Produkt und Netzwerk*

Zielsetzung der ersten Phase ist die Bestimmung des Angebots an Produkten oder Dienstleistungen sowie der zur Herstellung benötigten externen Ressourcen. Der Fokus liegt dabei auf einer Auswahl geeigneter Unternehmen, die wesentliche Anteile zur Wertschöpfung eines Produktes beitragen. Mit dieser Entscheidung geht auch ein Beschluss über die Koordinationsform einer Supply Chain einher (siehe Absatz 2.1.1.2). Unabhängig von der Vielzahl in heutigen Wertschöpfungsketten anzutreffenden Koordinationsformen und -mechanismen[108] ist allen die immanente Annahme gemein, dass die Wettbewerbsfähigkeit der gesamten Kette höher ist als die des einzelnen Unternehmens.[109]

---

[107] Vgl. Seuring (2005a), S.25ff in Erweiterung zu Seuring (2001), S.17. Siehe auch die verschiedenen Anwendungen und Kommentare in Seuring/Müller/Goldbach (2003), S.421f.; Zimmermann (2003), S.39-42 u. 131f.; Müller (2005), S.18-20; Westhaus (2006), S.11-16.

[108] Vgl. Maloni/Benton (2000), S.49ff; Busch/Danglmeier (2002), S.9f.

[109] Vgl. Stadler (2000), S.9; Corsten/Gössinger (2001), S.6f.; Seuring (2001), S.17.

2.1.2.2 Produktdesign in der Supply Chain

Sind Entscheidungen bzgl. der Kooperationspartner und des gemeinsam zu erzeugenden Produktes getroffen, so werden in der zweiten Phase Aufgaben hinsichtlich der Entwicklungstätigkeiten zwischen den Unternehmen festgelegt[110]. Während vormals die Entwicklungsabteilungen von einander losgelöst Produkte entwickelt und über einen dritten „Kontaktmittler" wie dem Einkauf beschafft bzw. den Verkauf vertrieben haben, tritt nun eine direkte Zusammenarbeit der Entwicklungsabteilungen zutage[111]. Beispiele aus der Automobilindustrie zeigen, dass diese Zusammenarbeit über mehrere Stufen der Supply Chain erfolgen kann[112]. Während Autohersteller komplette Bremssysteme von ihren Zulieferern einkaufen, entwickeln diese mit der Computerindustrie speziell für diesen Zweck angepasste Chips.

2.1.2.3 Gestaltung des Produktionsnetzwerks

Bei der Gestaltung des Produktionsnetzwerkes wird die im Produktdesign festgelegte Entwicklungsarbeit in Aufgaben der physischen Wertschöpfung aufgeteilt. Wie schon bei der Auswahl der Unternehmen zielt die dritte Phase vor allem auf eine Effektivitätsmaximierung des Gesamtsystems ab. Auf der Basis einer Bewertung des vorhandenen Potenzials der Unternehmen folgen hieraus Beschlüsse hinsichtlich der Verteilung der einzelnen Produktionsstufen und Läger entlang der Wertschöpfungskette im Sinne einer unternehmensübergreifenden Produktionsstrategie.[113]

2.1.2.4 Prozessoptimierung in der Supply Chain

Nachdem festgelegt ist, welches Unternehmen welche Aktivitäten ausführt, beziehen sich Aufgaben in der Phase der Prozessoptimierung auf die konkrete Gestaltung der Material- und Informationsflüsse. Zielsetzung ist eine Maximierung der Effizienz der einzelnen Prozesse und Aktivitäten. Operative Schwerpunkte stellen logistische Aspekte der administrativen und physischen Auftragsabwicklung dar, wie bspw. die Integration unterschiedlicher Schnittstellen der Informationstechnologie oder die Kompatibilität eingesetzter Ladungsträger.[114]

---

[110] Vgl. Gerpott/Winzer (1996), S.715ff; Seuring (2001), S.18; Gretzinger *et. al.* (2002), S.22ff.

[111] Vgl. Seuring (2001), S.18.

[112] Vgl. Dudenhöffer (1997), S.144ff; Groher (2002); Dudenhöffer (2003), S.297-308; Wildemann (2004).

[113] Vgl. Normann/Ramirez (1994), S.53f.; Wildemann (1997); Seuring (2001), S.18.

[114] Vgl. Hellingrath/Kuhn (2002), S.87ff.; Seuring (2001), S.18.

2.1.2.5 *Gestaltung des Reduktionsnetzwerks*

Während sich die ersten Phasen auf die Versorgung von Märkten mit Produkten beziehen, so kommt der Rücknahme von Produkten in vielen Branchen eine ähnlich hohe Bedeutung zu[115]. Die Rücknahme kann dabei zunächst in die Phasen des Gebrauchs und der Entsorgung unterschieden werden. In der Phase des Gebrauchs möchte der Verbraucher entweder Fehlkäufe an den Handel zurückgeben oder fehlerhafte Fabrikate umtauschen, weshalb solche Supply Chains auch als Closed-Loop Supply Chain bezeichnet werden[116]. Im Zuge diverser Gesetzesverordnungen sind in den letzten Jahren die Hersteller in die Pflicht genommen worden, ihre Produkte nach dem Ende der Gebrauchsphase vom Verbraucher wieder zurückzunehmen. Hinzu kommt in Zeiten steigender Preise der wirtschaftliche Nutzen einer Wiederverwendung der Rohstoffe. Wie auch in der ersten und dritten Phase der Produkt-Kooperations-Matrix zielt die fünfte Phase auf eine effektive Gestaltung der Supply Chain ab. Es muss entschieden werden, ob weitere Partnerunternehmen für die Rückführung der Produkte hinzugezogen werden sollen und welche Prozesse bzw. Aufgaben diese konkret übernehmen.[117]

2.1.2.6 *Prozessoptimierung in der Rücknahmekette*

Ähnlich wie die vierte Phase zielt auch die sechste Phase auf eine Optimierung der Material- und Informationsflüsse ab, jedoch nun auf die Prozesse der Entsorgung bezogen. So ist beispielsweise zu klären, ob ein für den Vertrieb der Ware benutzter Ladungsträger ebenfalls wieder für die Rücknahme verwendet werden kann. Ist dies bei Pfandflaschen der Fall, so bedürfen verbrauchte Batterien für den Rücktransport aus Gründen der Umweltsicherheit spezieller Behältnisse.[118]

Die Beschreibung der Felder macht deutlich, dass die Übergänge zwischen den einzelnen Phasen fließend und die Aufgaben teils iterativ zu bewerkstelligen sind[119].

---

[115] Vgl. Hervani/Helms/Sarkis (2005), S.334ff.; Morana (2006).

[116] Vgl. Beamon (1999), S.332; Elsenbach (1999).

[117] Vgl. Seuring (2005a), S.28f.

[118] Vgl. Wildemann (1996); Schultmann/Engels/Rentz (2003), S.57-71; Seuring (2005a), S.29.

[119] Im Rahmen dieser Arbeit sollen entsprechend dem Bezugsrahmen des Supply Chain Costings (vgl. Abbildung 1) nur die ersten vier Phasen betrachtet werden (vgl. Abbildung 2).

2.1.3 Grundprinzipien und Zielgrößen

2.1.3.1 Grundprinzipien

Unabhängig von den individuellen Auffassungen bzgl. des Gegenstandsbereiches und der Anzahl der Stufen einer Supply Chain wird deutlich, das Supply Chain Management für die Optimierung der Supply Chain steht[120]. Dabei prägen drei Grundmerkmale die Qualität des Supply Chain Managements[121]:

- *Die konsequente Ausrichtung auf die Bedürfnisse der Endkunden*
  Den Ausgangspunkt des Supply Chain Managements bildet der Anspruch der Erhöhung des Nutzens der Endkunden. Hieran müssen sich alle Aktivitäten in der Wertschöpfungskette ausrichten, denn nur durch Kundenorientierung und somit marktorientierte Produkte sind Unternehmen im Wettbewerbsumfeld des 21. Jahrhundert existenzfähig (so die Überzeugung). In diesem Zusammenhang wird von einigen Autoren auch der Begriff „Demand Chain" oder „chain of customers" verwendet.[122]

- *Inter-organisationale Perspektive und Integration der Güter-, Informations- und Geldflüsse über mehrere Wertschöpfungsstufen hinweg*
  Die Supply Chain wird als eine Einheit betrachtet, in der alle Akteure als Partner in die Wertschöpfungskette zu integrieren sind[123]. Im Gegensatz zur vertikalen Integration wird hier die Bedeutung einer kooperativen Zusammenarbeit zwischen den jeweiligen Kunden und Lieferanten einer Supply Chain vor allem hinsichtlich gemeinsamer, einheitlicher Informationssysteme und gegenseitigem Informationsaustausch betont[124]. Hierdurch soll ein unternehmensübergreifendes Denken und Handeln gefördert und somit die Grundlage für den im folgenden Gliederungspunkt erklärten Prozessansatz hergestellt werden.

---

[120] Vgl. Busch/Dangelmaier (2002), S.8; Wisner/Tan (2000), S.33.

[121] Vgl. Göpfert (2002), S.32 und Müller (2005), S.20ff. sowie die jeweils dort angegebenen Quellen. Seuring betont die Bedeutung, indem er diese drei Merkmale als Grundprinzipien bezeichnet (vgl. Seuring (2001), S.19 und die dort angegebenen Quellen).

[122] Vgl. Christopher (1992), S.12; Ellram/Cooper (1993), S.1; Ross (1997), S.12; Pfohl (2000), S.11 u. S.27; Werner (2000c), S.4.

[123] Vgl. Christopher (1992), S.13; Cooper/Ellram/Gardener/Hanks (1997), S .68; Beckmann (1998), S.9; Kotzab (2000), S.27. Effektivitätsprinzip, Kooperationsprinzip, Systemdenken oder Single Entity Denken sind ebenso gebräuchliche Begriffe für diesen Sachverhalt (vgl. Seuring (2001), S.19 und die dort angegebenen Quellen oder auch Stölzle/Heuser/Karrer (2001), S.73).

[124] Vgl. Christopher (2005), S.231.

➢ *Der Prozessansatz*

Die funktions- und unternehmensübergreifende optimale Ausgestaltung der Supply Chain soll durch den Prozessansatz bzw. dem „Denken in Prozessen“ gewährleistet werden. Dieser Ansatz baut auf dem Integrationsprinzip auf und wird auch als Effizienzprinzip, Gesamtkostendenken, Querschnittsdenken oder als kontinuierliche Verbesserung bezeichnet.[125] Effizientes Handeln ist nun nicht mehr unter unternehmensbezogenen funktionalen Gesichtspunkten, sondern aus einem Verständnis für die Gesamtheit der Leistungserstellung zu bewerten[126]. So kann es notwendig sein, dass einzelne Partner im gemeinsamen Interesse Nachteile hinnehmen, aber dann auch durch die Netzwerkpartner entschädigt werden müssen[127].

2.1.3.2 Zielgrößen

Zur Umsetzung der Merkmale bzw. der Prinzipien des Supply Chain Managements sind Zielgrößen zu definieren, die von sachzielorientierten Parametern (Durchlaufzeitverkürzung, Bestandssenkung) bis hin zu personenbezogenen Faktoren (Kundenzufriedenheit, etc.) reichen können[128]. Die Sachziele stellen ein konkretes Leistungsziel hinsichtlich der optimalen Befriedigung der Kundenbedürfnisse durch Produkte und/ oder Dienstleistungen dar und werden an konkreten Material- und Informationsflüssen festgemacht[129]. Oft werden diesen Zielen auch monetäre Bewertungsmaßstäbe (Wertziele) zugrunde gelegt[130]. Eine Kontrolle des Grades der Leistungserfüllung kann somit gewährleistet und eine Optimierung hinsichtlich des Ressourceneinsatzes erreicht werden[131]. Trotz der Vielzahl heterogener Zielgrößen lassen sich die Erhöhung des Serviceniveaus für den Endverbraucher und eine prozesskettenübergreifende Kostensenkung als übergreifende Zielkategorien des Supply Chain Managements identifizieren[132]. Diese decken sich grundsätzlich mit den durch PORTER definierten Zielstrategien für die Einzelunternehmung[133].

---

[125] Vgl. Seuring (2001), S.19 und die dort angegebenen Quellen sowie auch Pfohl (2000), S.11.

[126] Vgl. Burt (1990), S.73.

[127] Vgl. Von Stengel (1998), S.913.

[128] Vgl. Möller (2002), S.313, Thaler (2003), S.19.

[129] Vgl. Seuring (2001), S.20; Corsten/Gössinger (2001), S.12.

[130] Vgl. Hahn (1996), S.182.

[131] Vgl. Hahn (1996), S.17, Corsten/Gössinger (2001), S. 95.

[132] Vgl. Mentzer *et al.* (2001), S.15; Göpfert (2002), S.35.

[133] Vgl. Porter (1999), S.70ff.

2.1.4 Konditionierung des Begriffsverständnisses

Zusammenfassend lässt sich konstatieren, dass das Supply Chain Management, vor dem Hintergrund der verschiedenen Diskussionen bzgl. der Definition, der unterschiedlichen Phasen des Gegenstandsbereichs sowie der zugrunde gelegten Prinzipien und Zielgrößen, vor allem bei der Entscheidungsfindung hinsichtlich des Umfangs der zu integrierenden Funktionen sowie der Integrationsmaßnahmen und der Anzahl zu integrierender Unternehmen bzw. der relationalen Integrationsform Unterstützung leisten muss[134]. Diesen Sachverhalt verdeutlichen MENTZER *ET AL.* in ihrem Model zum Supply Chain Management (Abbildung 10).

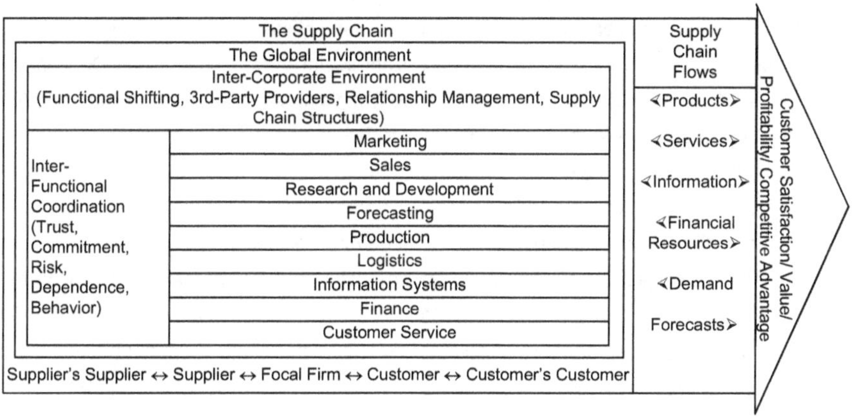

Abbildung 10: A Model of Supply Chain Management
Quelle: Mentzer *et al.* (2001), S.19.

2.1.4.1 Zur Bedeutung der Integration im Supply Chain Management

Wie dargestellt unterscheidet sich die Integration im Supply Chain Management von der ursprünglichen Bedeutung der horizontalen oder vertikalen Integration der Organisationstheorie[135]. Trotzdem ist es Ziel des Supply Chain Managements die Supply Chain als eine Einheit zu betrachten[136] und in Konsequenz Funktionen nicht mehr einzeln zu steuern, sondern Aktivitäten in durchgängige Prozesse zu integrieren[137]. „The belief that integrated performance will produce superior results over loosely managed individual functions is the funda-

[134] Vgl. Mentzer *et al.* (2001), S.16; Chen/Paulraj (2004), S.119-127.

[135] Vgl. Romano (2003), S.122.

[136] Vgl. Vickery *et al.* (2003), S.523.

[137] Vgl. Lambert/Cooper (2000), S.72.

mental paradigm of logistics“[138]. Dieses gilt ebenso für das Supply Chain Management[139]. Im Grundsatz zielt die Integration darauf ab, die von Schnittstellen potenziell verursachten Probleme wie Zeitverlust, Anpassungskosten oder Qualitätsmängel auszuschalten und dabei gleichzeitig den durch Arbeitsteilung entstehenden Koordinationsaufwand zu reduzieren[140]. BRETZKE merkt jedoch an, dass die Suggestionskraft des Integrationsbegriffes „zu einem unmittelbaren Einverständnis mit dem scheinbar Offensichtlichen“ führt[141]. Vor diesem Hintergrund stellt er sich die Frage, was genau unter Integration zu verstehen ist, wo und wie sie im Detail stattfindet und wie das ihr zugeschriebene Potenzial, also ihre Grenzen und/ oder ihr Preis gemessen werden kann[142]. Auch FROHLICH/WESTBROOK stellen fest, dass ein etwaiges Ausmaß an Integration nur schwierig messbar ist, da der Integrationsbegriff als solcher nicht stringent definiert ist[143]. So finden in den verschiedenen Definitionen die Begriffe Koordination, Kollaboration und Integration in Hinblick auf den ganzheitlichen Denkansatz des Supply Chain Managements scheinbar synonym Verwendung[144] bzw. werden zur Abgrenzung verschiedener Integrationsstufen benutzt[145].

Daher bedarf es zunächst einer Klärung des Begriffes „Integration“. Während die Koordination das „Abstimmen verschiedener Faktoren oder Vorgänge“ beschreibt, so wird unter Kollaboration ebenfalls ein „Zusammenarbeiten“ beschrieben, welches im Kern auf die Verteilung und das Abstimmen gemeinsam zu erbringender Leistungsumfänge abzielt. Integration bezeichnet die „Verbindung von Personen o. Gruppen zu einer gesellschaftlichen Einheit“. Da im Supply Chain Management die Selbstständigkeit der Unternehmen betont und eine organisatorische, vertikale Integration ausgeschlossen wird, verbleibt auch hier nur der Aspekt des Zusammenarbeitens.[146] Folglich werden auch in dieser Arbeit die Begrifflichkeiten synonym verwendet.

Bezüglich der Fragestellung, wo und wie Integration stattfindet, bemerken COOPER/-LAMBERT/PAGH, dass bisher nur geringes Wissen darüber besteht, welches den optimalen

---

[138] Vgl. stellvertretend die Diskussion bei Bowersox/Closs (1996); Vgl. auch Fawcett/Magnan (2002), S.339-361; Langley/Holcomb (1992), S.1-27; Shapiro/Singhal/Wagner (1993), S.102-117.

[139] Vgl. Houlihan (1985), S.22-38; Bretzke (2005), S.65.

[140] Vgl. Schreyögg (1999), S.112.

[141] Bretzke (2005), S.65. Vgl. auch Delfmann (2002), S.10ff.

[142] Vgl. Bretzke (2005), S.66.

[143] Vgl. Frohlich/Westbrook (2001), S.193.

[144] Vgl. die Wortwahl in verschiedenen Definitionen zum Supply Chain Management. Koordination: Jirik (1999), S.547; Schönsleben (2000a), S.36; Govil/Proth (2001), S.7. Kollaboration: Christopher (2005), S.231. Integration: Cooper/Lambert/Pagh (1997), S.2 u. S.17, Grünauer/Fleisch/Österle (2000), S.82.

[145] Vgl. die näheren Ausführungen hierzu in Abschnitt 2.2.3.

[146] Vgl. Duden (2005).

Level einer Integration darstellt[147]. NEW ergänzt, dass es fraglich ist, wer letztendlich von einer Integration profitiert: der Endverbraucher oder der Lieferant bzw. der Käufer einer Leistung[148]. Dementsprechend fordern MOURITSEN/SKJØTT-LARSEN/KOTZAB, dass es in der wissenschaftlichen Diskussion mehr Aufklärung über die Umstände verschiedener Supply Chain Designs und Formen der Integration von Aktivitäten und Prozessen hinsichtlich ihrer Auswirkung für die beteiligten Unternehmen bedarf[149].

An dieser Stelle soll zunächst festgehalten werden, dass eine Integration eine vom relationalen Kontext abhängige Form der Zusammenarbeit zwischen zwei oder mehreren Unternehmen darstellt, die nicht grundsätzlich eine positive Wirkung haben muss. Vielmehr bedarf es einer Betrachtung der im Supply Chain Management Modell beschriebenen akteursspezifischen Objektflüsse und Funktionen/ Prozesse in den in der Produkt-Kooperations-Matrix umrissenen Phasen der Zusammenarbeit. Eine Integration von Funktionen und Prozessen ist dann vorteilhaft, wenn die Summe des unternehmensübergreifenden Nutzens die Summe der Nachteile der jeweiligen Unternehmen übertrifft und somit auch ein lokales Defizit ausgeglichen wird.

2.1.4.2 Zur Bedeutung der Strategie im Supply Chain Management

Vor dem Hintergrund der Komplexität des Integrationsaspekts betont HOLMBERG den strategischen Aspekt des Supply Chain Managements: „...companies working closely together, from suppliers of raw material to consumers. ...associated is the integration of functions within the companies as well as the integration across the organizational borders. ...companies have a common strategy with shared objectives"[150]. MARBACHER bezeichnet Supply Chain Management als „ein Strategiekonzept, das auf der Annahme beruht, dass kooperative Beziehungen zwischen Unternehmungen einer Wertschöpfungskette zusammen mit der Integration der Informations- und Kommunikationssysteme einen verteidigungsfähigen Wettbewerbsvorteil gegenüber konkurrierenden Wertschöpfungsketten schaffen kann, von dem alle Mitglieder profitieren"[151]. Auch POWER betont die Bedeutung der Integration im Supply Chain Management und sieht sie als Wettbewerbsstrategie an: "the requirement for

---

[147] Vgl. Cooper/Lambert/Pagh (1997), S.4.

[148] Vgl. New (1996), S.22 u. S.26.

[149] Vgl. Mouritsen/Skjøtt-Larsen/Kotzab (2003), S.694. Der Begriff Supply Chain Design soll im weiteren Verlauf als Obergriff für die strukturelle und operationelle Zusammensetzung der Supply Chain Verwendung finden.

[150] Holmberg (1997), S.1 zitiert in Otto (2002), S.96. Vgl. auch Otto (2002), S.187ff.

[151] Marbacher (2001), S.351. Vgl. auch Lambert/Cooper/Pagh (1998), S.1ff; Göpfert (2002), S.42; Power (2005), S.252.

integration of supply chains is inherently strategic, and a potential source of competitive advantage"[152].

BECHTEL/JAYARAM kategorisieren auf der Basis einer Literaturanalyse vier Perspektiven (Total Quality Management, Systems Thinking, Cost Analysis Mode, Reengineering) die zur Planung bzw. Definition einer Supply Chain Strategie berücksichtigt werden sollten[153]. Bei näherer Betrachtung entsprechen diese den in Abschnitt 2.1.3.1 vorgestellten Grundprinzipien des Supply Chain Managements. So reflektiert die „Systems Thinking" Perspektive das ganzheitliche Denken im Supply Chain Management. Das „Reengineering" bezieht sich auf eine effektive Gestaltung der Supply Chain durch die Auswahl der richtigen Partner. Letztlich zielt die „Cost Analysis" Perspektive auf eine Analyse der Kostenstrukturen ab, um die Effizienz der gesamten Supply Chain zu verbessern und die Gesamtkosten zu senken.[154]

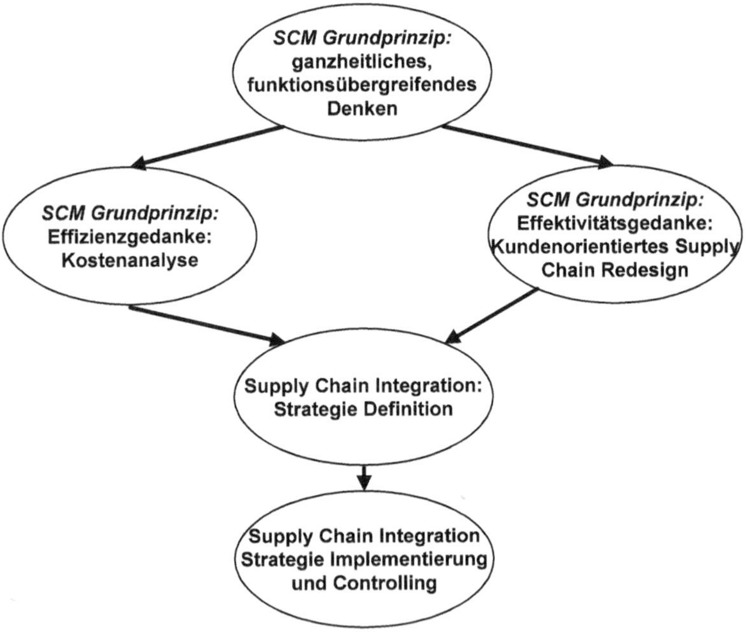

Abbildung 11: Kernphilosophien des SCM
Quelle: Eigene (2006) Erweiterung in Anlehnung an Bechtel/Jayaram (1997), S.22.

---

152 Power (2005), S.260.

153 Vgl. Bechtel/Jayaram (1997), S.20-23.

154 Wie Bechtel/Jayaram (1997), S.21 schreiben, hat sich der Total Quality Management Ansatz im Diskussionsfeld des Supply Chain Management nicht durchgesetzt und wird daher auch nicht weiter berücksichtigt.

Aufbauend auf und unter Berücksichtigung der dargestellten Perspektiven gilt es im Rahmen der Strategiedefinition festzulegen, *welche* Funktionen und Prozesse mit *wem* und *wie* integriert werden sollen[155]. Dementsprechend hat die Strategie das in den Integrationsfeldern dargestellte Entscheidungs- und Aufgabenspektrum zu berücksichtigen (siehe Abschnitt 2.1.2 bzw. Abbildung 9, S.26), um dem ganzheitlichen Anspruch einer Wettbewerbsstrategie gerecht zu werden. Dieser Sachverhalt ist in der o.g. Abbildung 11 dargestellt.

Ebenso argumentieren OTTO/KOTZAB (2003), die sechs grundsätzliche Perspektiven unterscheiden anhand derer der Supply Chain Management Begriff analysiert werden kann. Sie stellen die Bedeutung der Strategieperspektive für die Erfüllung der Grundprinzipien des Supply Chain Managements heraus und rechtfertigen somit den gewählten Ansatz[156]. So besteht eine Supply Chain nicht in erster Linie aus Unternehmen oder Prozessen, sondern aus Kompetenzen und Profiten[157]. Dieses wird im folgenden Abschnitt näher erläutert.

2.2 Supply Chain Management als Wettbewerbsstrategie

Sowohl die Definition als auch die Grundprinzipien und Zielgrößen zeigen die Bedeutung des Supply Chain Managements als Wettbewerbsstrategie auf. Während bisherige Strategien und Strategiefindungsprozesse auf die Ebene der Einzelunternehmung bezogen sind, verlangt das Supply Chain Management eine einheitliche Strategie der Unternehmen einer Supply Chain. Um die Bedeutung des Supply Chain Managements als Wettbewerbsstrategie zu klären, soll daher zunächst der Begriff als solcher definiert werden.

2.2.1 Definition Wettbewerbsstrategie

„Unternehmensstrategien dienen in erster Linie dem Aufbau von unternehmerischen Erfolgspotenzialen, der Erzielung von Wettbewerbsvorteilen und der Verbesserung der Wettbewerbssituation. Ziel ist die Erlangung eines einmaligen relativen Positionsvorteils im Vergleich zur Konkurrenz“.[158] Folglich müssen Unternehmen ständig bestrebt sein ihre Leistungsfähigkeit optimal zu gestalten und vorhandene technische und organisatorische Potenziale zu nutzen[159]. Dies entspricht der Theorie der Leistungsfähigkeitsgrenze, wobei die Leis-

[155] Vgl. Otto (2002), S.188f.

[156] Vgl. Otto/Kotzab (2003), S.316f.

[157] Vgl. auch Otto (2002), S.189f.

[158] Vgl. Picot/Reichwald/Wigand (2001), S.523.

[159] Vgl. Schmenner/Swink (1998), S.95-113.

tungsfähigkeitsgrenze die maximale Leistung (Performance) darstellt, die eine produzierende Einheit unter gegebenen technologischen Voraussetzungen erreichen kann[160]. Ist ein Unternehmen an der Leistungsfähigkeitsgrenze angelangt, so kann es eine Verbesserung der strategischen Erfolgsposition nur erreichen, indem es sich nach PORTER für eine der drei generischen Wettbewerbsstrategien Kostenführerschaft, Differenzierung oder Schwerpunktfokussierung entscheidet[161]:

- Kostenführerschaft
  Eine umfassende Kostenführerschaft erfordert den aggressiven Aufbau von Produktionsanlagen in effizienter Größe. Ziel ist es, durch Erfahrungskurveneffekte sowie eine Kontrolle der variablen Kosten und der Gemeinkosten eine Kostenminimierung herbeizuführen.
- Differenzierung
  Die Differenzierungsstrategie zielt auf die Erbringung einer Leistung ab, die in der Branche und von deren Kunden als einzigartig angesehen wird wie bspw. einem innovativen Produktdesign oder der -qualität.
- Konzentration auf Schwerpunkte
  Ziel der Differenzierungsstrategie ist es, eine bestimmte Abnehmergruppe oder ein bestimmtes Produktprogramm bevorzugt zu bedienen. Dieses kann sowohl mit Elementen der Differenzierungsstrategie als auch mit Elementen der Kostenführerschaft geschehen.

Demnach handelt es sich bei einer strategischen Erfolgsposition um eine in einer Unternehmung durch den Aufbau von wichtigen und dominierenden Fähigkeiten bewusst geschaffene Voraussetzung, die es dieser Unternehmung erlaubt, im Vergleich zur Konkurrenz langfristig überdurchschnittliche Ergebnisse zu erzielen[162]. PORTER nennt dabei drei Bedingungen, die dauerhaft zu Wettbewerbsvorteilen führen sollen[163]:

- Schaffung von Kernkompetenzen
  Ein verschiedenartiges Set an Aktivitäten stellt die einzigartige Positionierung des Unternehmens im Vergleich zu den Konkurrenten sicher.
- Schaffung von Komplementäraktivitäten
  Durch die Schaffung von Komplementäraktivitäten soll ein enger Fit der einzelnen Kernaktivitäten sichergestellt werden, so dass eine strategische Wettbewerbsposition erreicht wird.

---

[160] Vgl. Schmenner/Swink (1998), S.108.

[161] Vgl. Porter (1996), S.61-78; Porter (1998), S.81-83; Porter (1999), S.70ff.; Vgl. auch die oft zitierte Synopse in Hax/Majluf (1991), S.50.

[162] Vgl. Bleicher (2004), S.290

[163] Vgl. Porter (1996),S.61-78; vgl. auch Picot/Reichwald/Wigand (2001), S.524f.

- Etablierung und Beherrschung der konfliktionären Ziele (Trade-offs)
  Bei der Verfolgung einer ausgewählten Strategie treten Trade-offs auf[164]. Ein Unternehmen muss sich daher dieser Trade-offs bewusst sein, sie in seinen Entscheidungen berücksichtigen und Fähigkeiten entwickeln, diese besser als die Mitbewerber zu beherrschen.

2.2.2 Merkmale des Supply Chain Managements als Wettbewerbsstrategie

Das strategische Supply Chain Management ist analog zur Unternehmensstrategie auf die Entwicklung und Ausnutzung von Erfolgspotenzialen in der Wertschöpfungskette gerichtet. Die Strategie der Supply Chain stellt eine kollektive Strategie dar. Sie beschreibt den Beitrag, den das Supply Chain Management leisten kann, um die Erfolgspotenziale der Wertschöpfungskette und damit der beteiligten Akteure zu sichern und auszubauen.[165] Dementsprechend sind die drei vorher genannten Bedingungen auf den Kontext des Supply Chain Managements zu übertragen.

2.2.2.1 Festlegung der Kernkompetenzen als Ausgangspunkt der Supply Chain Strategie

Bezogen auf den Gegenstandsbereich des Supply Chain Managements, geht es darum, dass ein einzelnes Unternehmen sich mit seinen Kernkompetenzen mit anderen Partnern zu einer Verbindung zusammenschließt, um ein kundenorientiertes Bündel von Leistungen – erstellt von den jeweiligen Partnern – wettbewerbsgerecht am Markt anzubieten[166]. PRAHALAD/HAMEL definieren Kernkompetenz als „the collective learning in the organization, especially how to coordinate diverse production skills and integrate multiple streams of technologies“[167]. Steht in Supply Chains die Wertschöpfung ganzer Leistungsbündel und komplexer Systeme im Mittelpunkt der Betrachtung, so steigt folglich die Bedeutung für jedes Unternehmen, die eigenen Kernkompetenzen und -prozesse richtig zu definieren[168].
HANDFIELD/NICHOLS geben hierzu die Empfehlung, Kernkompetenzen nicht mehr nur im Sinne von Funktionen zu betrachten, sondern zu prüfen, welche Produkte oder Services bzw.

[164] Vgl. Simchi-Levi/Kaminsky/Simchy-Levi (2000), S.103. Unter Trade-offs sind eine Anzahl voneinander abhängiger Entscheidungen zu verstehen, so dass die Optimierung eines Parameters (Unternehmens) oft zu Lasten eines Anderen geht.

[165] Vgl. Zimmermann (2003), S.29.

[166] Vgl. Picot/Reichwald/Wigand (2001), S.525.

[167] Prahalad/Hamel (1990), S.82

[168] Vgl. Scholz (1995), S.172; Picot/Reichwald/Wigand (2001), S.525.

welche Bestandteile dieser Produkte oder Services eine Kernkompetenz darstellen[169]. Dementsprechend sind die Kernkompetenzen im Rahmen der Supply Chain Strategie auf Produktgruppenebene zu definieren[170]. Hierfür müssen nach Handfield/Nichols folgende Fragen beantwortet werden[171]:

- Welches sind die derzeitigen und zukünftigen Strategien der einzelnen Unternehmen?
- Wie sieht der derzeitige und zukünftige (in fünf und in zehn Jahren) Aufbau der Supply Chain aus?
- Welche Technologien sind kurz- und langfristig (erfolgs-)kritisch?
- Wie kann die Supply Chain zur Verwirklichung der Unternehmensziele beitragen?

Aus strategischer Sicht bedeutet Supply Chain Management damit nicht nur, sich an den richtigen Stufen der Wertschöpfungskette zu positionieren, sondern weiterhin, den engen Zeitrahmen zwischen der Produktstruktur und dem Grad der vertikalen Integration des Unternehmens für die langfristige Gestaltung der Supply Chain zu beachten[172]. Nachdem also die Supply Chain Strategie bestimmt, in welchem Markt ein Unternehmen agiert bzw. auf welchen Markt die Struktur der Supply Chain ausgerichtet ist, gilt es die Frage zu beantworten, wie gemeinsam gehandelt werden soll[173].

2.2.2.2 Abstimmung der Komplementäraktivitäten im Supply Chain Netzwerk

Die Supply Chain Strategie legt zunächst alle Partner auf dem Weg vom Unternehmen bis zum Kunden fest, sowie welche Produkte und Dienstleistungen in welchen Ausprägungen angeboten werden[174].

Auf der Ebene der Einzelunternehmung soll durch die Schaffung von Komplementäraktivitäten ein enger Fit der einzelnen Kernaktivitäten sichergestellt werden. In Supply Chains können unter den Komplementäraktivitäten die Kernaktivitäten der jeweils anderen Supply Chain Partner betrachtet werden. Sind nun analog der Vorlaufphase die zuständigen Unternehmen anhand ihrer Kernkompetenzen für die Entwicklung von Produkten und Dienstleistungen ausgewählt (siehe Abschnitt 2.1.2.1 und 2.1.2.2), so gilt es im Sinne eines Supply Chain Designs die gewünschte operative Wertschöpfung für die Unternehmen festzulegen (Verteilung der einzelnen Produktionsstufen und Lager entlang der Wertschöpfungskette –

[169] Vgl. Handfield/Nichols (2003), S.121f.

[170] Vgl. Picot/Reichwald/Wigand (2001), S.526ff.

[171] Vgl. Handfield/Nichols (2003), S.121.

[172] Vgl. Otto (2002), S.192.

[173] Vgl. Steinmann/Schreyögg (2005), S.129.

[174] Vgl. Becker (2002), S.79.

siehe Abschnitt 2.1.2.3)[175]. Supply Chain Management konzentriert sich also darauf, in verschiedenen Unternehmen vorhandene spezifische Kompetenzen schlagkräftig zu verbinden, die erforderlichen Kompetenzen auf die richtige Anzahl Partner zu verteilen und die jeweiligen (physischen) Wertschöpfungsanteile zu dimensionieren[176]. LAMBERT/COOPER bestätigen "the structure of activities within and between companies is a critical cornerstone of creating unique and superior supply chain performance"[177]. Die Supply Chain Strategie muss hier durch die Festlegung der physischen Wertschöpfungsanteile die Frage beantworten, welche Differenzierung das Unternehmen im Markt mit seiner Supply Chain erreichen kann: kurze Lieferzeiten, hohe Liefertreue oder auch Stückzahlflexibilität[178].

2.2.2.3 Etablierung und Beherrschung der konfliktionären Ziele im Supply Chain Netzwerk

Konform des vierten Integrationsfeldes „Prozessoptimierung in der Supply Chain“ der Produkt-Kooperations-Matrix (siehe Abbildung 9, S.26) gilt es nun in der Strategie Maßnahmen festzulegen, wie die Trade-offs hinsichtlich der Effizienzverbesserung von Prozessen und Aktivitäten etabliert und beherrscht werden sollen und können[179]. Ein effizientes operatives Vorgehen ist nur dann gewährleistet, wenn im Kontext der verschiedenen Strategien unterschiedliche Aufgabenprioritäten, unterschiedliche Erfolgsfaktoren und unterschiedliche Fähigkeiten, Perspektiven und Verhaltensweisen berücksichtigt werden[180]. HICKS betont die Bedeutung des Konfliktmanagements der Trade-offs. Er gibt zu bedenken, dass Entscheidungen zur Verwirklichung der Zielsetzung – „[...] to arrive at the most efficient, highly profitable supply chain system that serves customers in a market [...]" – ein signifikantes Risiko darstellen, da sie oft mit sehr hohen Aufwendungen verbunden sind[181]. POWER merkt in diesem Zusammenhang an „the truly strategic nature of supply chain management thus becomes apparent for participating companies, with successful implementation becoming a

175 Vgl. Fine *et al.* (2002), S.70f.

176 Vgl. Otto (2002), S.193. Die Fähigkeit an sich zum Aufbau, zur Koordination sowie zur Beendigung solcher Wertschöpfungsnetzwerke wird von manchen Autoren ebenfalls als Kernkompetenz bezeichnet (Vgl. auch Skjøtt-Larsen (1999); Fine *et al.* (2002), S.69).

177 Lambert/Cooper (2000), S.76.

178 Vgl. Becker (2002), S.79.

179 Vgl. Simchi-Levi/Kaminsky/Simchy-Levi (2000), S.103f. Typische Trade-offs im Supply Chain Management sind bspw.: große Produktionslosgrößen vs. minimale Lagerbestände, minimale Lagerbestände vs. geringe Transportkosten (hohe Transportauslastung), kurze Lieferzeiten vs. geringe Transportkosten (hohe Transportauslastung), hohe Variantenvielfalt vs. minimale Lagerbestände. Hieraus wird deutlich, dass viele Entscheidungen sich auf das Verhältnis von Service und Kosten beziehen.

180 Vgl. Shank/Govindarajan (1995), S.128

181 Hicks (1999), S.26.

source of competitive advantage"[182]. Dementsprechend hängt die Implementierung und somit die Beherrschung der Trade-offs im Wesentlichen von der Integration der Prozesse ab[183]. ROMANO bezeichnet daher die Variablen dieser Trade-offs als Treiber, die Manager benutzen können, um die Prozesse zu gestalten, während Koordination und Integration hingegen den konkreten Einfluss dieser Treiber auf die Kernprozesse bestimmen[184].

Aus den vorhergehenden Ausführungen wird deutlich, dass im Rahmen einer Supply Chain Strategie der Integrationsbegriff für die einzelnen Phasen der Produkt-Kooperations-Matrix unterschiedliche Schwerpunkte darstellt, um Wettbewerbspotenziale zu generieren. So zielt Integration in der Produktvorlaufphase vor allem darauf ab, unterschiedliche Zielsetzungen der Supply Chain Partner zu vereinheitlichen[185]. In der Marktphase hingegen strebt eine Integration hingegen eine operative Verwirklichung dieser Zielsetzung an.

In Erweiterung und Modifikation zu Abschnitt 2.1.4.1 soll zunächst festgehalten werden: [...]. Dem dieser Arbeit zugrunde liegenden Verständnis nach ist eine Integration von Funktionen und Prozessen vorteilhaft, wenn Integration im Rahmen einer gemeinsamen Wettbewerbsstrategie dazu beiträgt ein gemeinsam definiertes Ziel zu erreichen[186].

2.2.3 Integrationsmodelle des Supply Chain Managements zur Umsetzung der wettbewerbsstrategischen Zielsetzung(en)

Wie bereits einleitend erwähnt (siehe 2.1.4.1), herrscht in der einschlägigen Literatur zum Supply Chain Management einhelliger Konsens über die Bedeutung der Integration von Zulieferern, Produzenten und Kunden hinsichtlich der Verbesserung der Wettbewerbsposition[187]. Im vorhergehenden Abschnitt 2.2.2 wurde der Integrationsaspekt daher auf die Phasen der Produkt-Kooperations-Matrix differenziert. Auf dieser Grundlage sollen im Folgenden verschiedene in der Literatur diskutierte Integrationsansätze bzw. -modelle vorgestellt werden. Dabei wurden nur solche Ansätze ausgewählt, in denen die strategische Betung der Integration betont bzw. diskutiert wird. Ziel ist es aufzuzeigen, ob und wie diese Modelle zu einer Bewertung des Integrationsnutzens in den einzelnen Phasen beitragen und

182 Power (2005), S.252.

183 Vgl. Mentzer *et al.* (2001), S.9 und die dort angegebenen Quellen.

184 Vgl. Romano (2003), S.120.

185 Vgl. Simchi-Levi/Kaminsky/Simchy-Levi (2000), S.102.

186 Vgl. Otto/Kotzab (2003), S.306ff.

187 Vgl. Ragatz/Handfield/Scanner (1997), S.190-202; Birou/Fawcett/Magnan (1998), S.37-51. Diese These wird auch durch eine Anzahl empirischer Fallstudien gestützt: vgl. Davis (1993), S.35-47; Hewitt (1997), S.521-530; Van Donk (2003), S.225-233.

somit den diesen Phasen immanenten Aufgabenstellungen zur Umsetzung der wettbewerbsstrategischen Zielsetzungen gerecht werden können. Die Entwicklung ist dabei in ihrem zeitlichen Verlauf dargestellt ohne einen Anspruch auf Vollständigkeit zu erheben.

2.2.3.1 Die vier Integrationsstufen nach Stevens (1989)

Stevens hebt hervor, dass vor etwaigen Integrationsbemühungen zunächst top-down eine Strategie definiert werden muss. Dieses versteht er allerdings als vielmehr unternehmensendogene Aufgabe und nicht als die durch mehrere Supply Chain Partner getragene Entwicklung einer gemeinsamen Strategie[188]. Integration versteht Stevens dementsprechend als eine bottom-up Umsetzung der Strategie: „Although a detailed top-down approach to developing an integrated supply chain strategy is essential, is successful achievement is likely to be bottom-up, evolving through a number of stages“[189]. Unternehmen der ersten Stufe „base line integration“ verteilen die Aufgaben in voneinander unabhängige Abteilungen, was oft zu Zielkonflikten und inkompatiblen Steuerungs- und Kontrollsystemen führt. Auf der zweiten Stufe „functional integration“ verfolgen Unternehmen das Ziel, die eingehenden Materialströme abteilungsübergreifend zu integrieren. Hier steht vor allem funktionale Kostenreduktion bspw. durch den Einsatz von MRP-Systemen im Vordergrund, während die Kundennachfrage nach wie vor aggregiert verarbeitet wird und der Customer Service nicht von Bedeutung ist. Die dritte Stufe „internal integration“ ist gekennzeichnet durch unternehmensinterne, funktionsübergreifende Planungs- und Steuerungssysteme wie MRPII oder Just-in-time. Hier werden zum ersten Mal Kundennachfrage und Angebot synchronisiert betrachtet und somit die Weichen für die vierte Stufe „external integration“ gestellt. Diese Stufe beinhaltet einen Paradigmenwechsel von der Produkt- hin zu einer Kundenorientierung. Charakteristisch hierfür ist die Etablierung langfristiger Partnerschaften mit den Lieferanten, von der gemeinsamen Produktentwicklung hin zur gemeinsamen Strategieabstimmung (Abbildung 12).[190]

Deutlich wird, dass STEVENS interne Integration als Voraussetzung für eine Supply Chain Integration betrachtet. Diese bezieht sich jedoch allein auf dyadische Beziehungen und wird nicht weiter differenziert. Wesentlich ist jedoch die Erkenntnis, dass die Integration zum Umsetzen der (unternehmensinternen) Wettbewerbsstrategie dient.

---

188 Vgl. Stevens (1989), S.5f.

189 Stevens (1989), S.6.

190 Vgl. Stevens (1989), S.6-8.

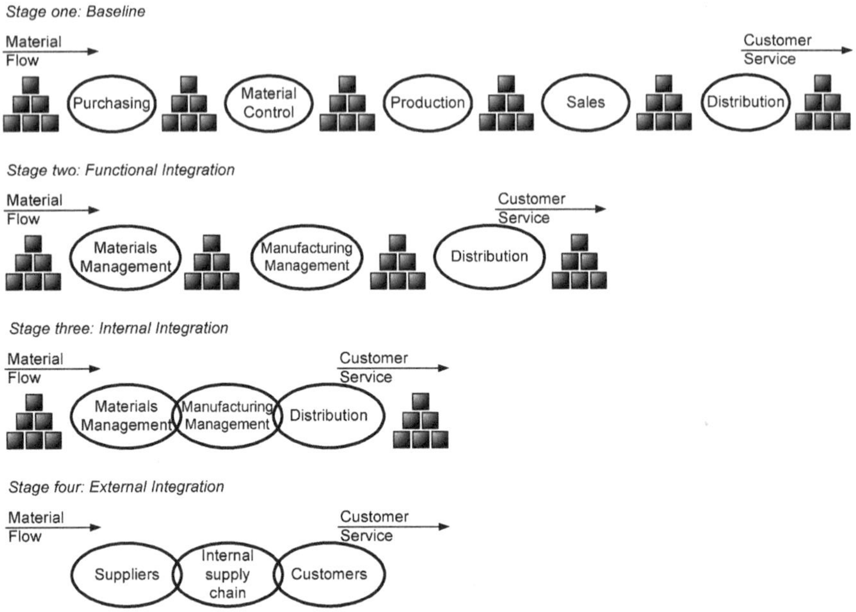

Abbildung 12: Die vier Integrationsstufen nach Stevens (1989)
Quelle: Stevens (1989), S.7.

2.2.3.2 Die Fünf Schulen nach Bechtel/Jayaram (1997)

Ausgehend von der These, dass die Implementierung individueller Programme wie Just-in-time oder Total Quality Management oft zu Trade-offs und Problemen führen, beschreiben BECHTEL/JAYARAM Supply Chain Management als ein Konzept, dessen Ziel es ist, die einzelnen Programme in einem Gesamtkonzept zu integrieren. Aufbauend auf früheren Arbeiten unterscheiden BECHTEL/JAYARAM fünf Integrationsstufen des Supply Chain Managements, die sie als Schulen bezeichnen. Kennzeichnend ist dabei, dass die (Integrations-)Reichweite des Gegenstandsbereichs des Supply Chain Managements mit jeder Schule zunimmt[191].

I. Die „Functional Chain Awareness School"

   Unternehmen auf dieser Integrationsstufe sind sich bewusst, dass es eine Kette von Aktivitäten des Materialflusses gibt, die sich beginnend vom ersten Lieferanten des Rohmaterials bis hin zum Endkunden erstreckt. Kennzeichnend ist jedoch, dass die einzelnen Funktionen voneinander getrennt bleiben (Abbildung 13).[192]

[191] Vgl. Bechtel/Jayaram (1997), S.16-19 sowie die nachfolgend angegebenen Quellen.

[192] Vgl. Jones/Riley (1985), S.19ff.; Houlihan (1988), S.14f.

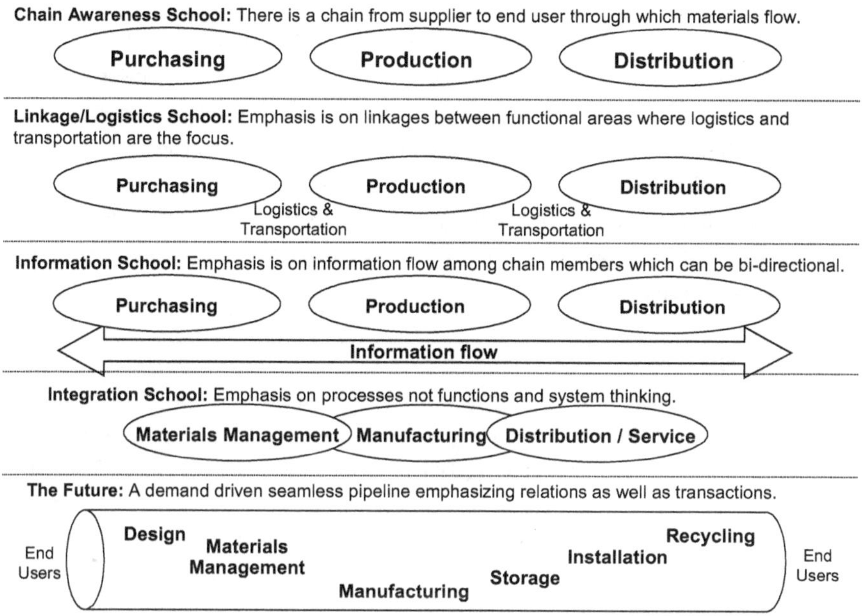

Abbildung 13: Die Fünf Schulen nach Bechtel/Jayaram
Quelle: Bechtel/Jayaram (1997), S.19.

II. Die "Linkage/Logistics School"

Während die Functional Chain Awareness School lediglich die Existenz von verschiedenen Unternehmen und Funktionen innerhalb einer Supply Chain berücksichtigt, zielt die Linkage/Logistics School auf eine Nutzung der Schnittstellen ab, um potenzielle Wettbewerbsvorteile zu identifizieren und zu nutzen. Der Fokus gilt dem Nivellieren des Materialflusses zwischen den Funktionsbereichen, um Bestände zu reduzieren.[193]

III. Die "Information School"

Während sich die beiden vorher genannten Schulen auf den physischen Materialfluss beziehen, verschiebt sich in der Information School der Fokus auf die bidirektionalen Informationsflüsse, welche zu einer effektiven Integration stromauf- und stromabwärts der Supply Chain beitragen sollen. Durch das Wissen um die eigene Performance in punkto Kunden- und Verbraucherzufriedenheit können zielgerichtete Maßnahmen ergriffen werden.[194]

[193] Vgl. Scott/Westbrook (1992), S.23f.; Turner (1993), S.52ff.

[194] Vgl. Towill/Naim/Wikner (1992), S.2ff..

IV. Die "Integration/Process School"
Nachdem die ersten drei Schulen eine Integration der Supply Chain durch die gemeinschaftliche aber dennoch unternehmensbezogene Optimierung funktionaler Aufgaben des Material- und Informationsflusses erreichen möchten, betont die Integration/ Process School die Bedeutung eines einheitlichen integrierten Geschäftsprozesses der beteiligten Unternehmen. Ausgehend von den Kundenanforderungen wird nun nicht mehr eine ursprüngliche, als unveränderbar geltende Reihenfolge optimiert, sondern die Reihenfolge und die Verantwortung für die Ausführung der Aktivitäten grundsätzlich einer Analyse unterzogen.[195]

V. Die "Future School"
Die Future School stellt schließlich die höchste Integrationsstufe dar. Im Gegensatz zu den anderen Stufen stehen hier relationale Fragestellungen des Supply Chain Designs im Vordergrund. Das bedeutet, dass die funktionale Aufstellung der Supply Chain nicht nur so weit wie möglich Kundenanforderungen erfüllen soll, sondern sich an diesen komplett auszurichten hat. Daher tritt die Bezeichnis „seamless demand chain" an die Stelle des Begriffs Supply Chain.[196]

Eine wesentliche Erkenntnis des Beitrags von Bechtel/Jayaram ist die herausgestellte Bedeutung des Wissens um die externe Beeinflussung der eigenen Performance. So kann diese nur durch eine Integration der Informationsflüsse überhaupt gemessen werden (Information School). Folglich wird die Leistungsfähigkeitsgrenze und somit die strategische Ausrichtung nicht durch das einzelne Unternehmen definiert, sondern muss im Kontext der gesamten Supply Chain bewertet werden.

2.2.3.3 Das Model der Integrationsintensität nach Dekker/van Goor (2000)

Unter Bezug auf BOORSMA/VAN NOORD unterscheiden DEKKER/VAN GOOR vier Formen der Integration von Supply Chains[197]. Die niedrigste Form bezeichnen sie als „Physische Integration". Diese zielt auf eine Verbesserung der Effizienz des physischen Materialsflusses zwischen mindestens zwei Unternehmen ab. Beispiele hierfür sind die Standardisierung von Ladeeinheiten und Handlingequipment. Die zweite Stufe bezeichnet die „Integration der Informationsflüsse". Auch diese Integrationsstufe zielt auf eine Effizienzverbesserung ab, je-

[195] Vgl. Ellram/Cooper (1990), S.1ff; Hewitt (1992), S.340ff.

[196] Vgl. Cavinato (1992), S.285ff..

[197] Vgl. Dekker/Van Goor (2000), S.43-44 unter Bezug auf Boorsma/van Noord (2000).

doch nun hinsichtlich einer effizienten Koordination der für das operative Geschäft benötigten Informationsflüsse. Gemeint sind hier vor allem Datenübertragungsstandards, die eine mehrmalige Eingabe oder Aufbereitung der Informationen in den einzelnen Unternehmen einer Supply Chain nicht mehr erforderlich werden lassen. In der dritten Stufe „Kontroll-Integration" verwenden die Unternehmen zusätzliche, von den Partnerunternehmen einer Supply Chain zur Verfügung gestellte Informationen, um eigene Prozesse hinsichtlich der entstehenden Kosten oder des Lieferservice zu verbessern. Durch den Austausch von Daten bzgl. der prognostizierten Absätze oder aktueller Lagerbestände wird die Fähigkeit der Unternehmen einer Supply Chain angehoben auf Marktveränderungen schnell und effektiv reagieren zu können. Die höchste und intensivste Form des Supply Chain Management bezeichnen DEKKER/VAN GOOR als „Infrastruktur Integration". Bei dieser Integrationsform bewerten die Unternehmen einer Supply Chain die durchzuführenden Aktivitäten, um die Verantwortung für die Ausführung letztendlich entlang der Wertschöpfungskette neu aufzuteilen. Diese, auf eine effektive und effiziente Ausrichtung der Supply Chain abzielenden Maßnahmen, gehen jedoch weit über rein operative Tätigkeiten hinaus und beinhalten auch planerische Aktivitäten. DEKKER/VAN GOOR stellen abschließend fest, dass Unternehmen in Abhängigkeit von den Partnern und Prozessen prinzipiell mehrere der Integrationsformen praktizieren können.[198]

Im Kontext dieser Arbeit ist die Feststellung, dass ein Unternehmen die verschiedenen Rahmenbedingungen der Supply Chains, in denen es agiert, als Ausgangspunkt zur Bewertung der Integrationsintensität nehmen sollte. Somit wird in diesem Beitrag der Nutzen einer Integration in Frage gestellt und indirekt eine Bewertung gefordert.

2.2.3.4 Das Supply Chain Integrationsmodell nach Lee (2000)

LEE beschreibt drei Kerndimensionen der Supply Chain Integration: Integration der Informationsflüsse, Koordination und gemeinsame Ressourcennutzung, sowie inter-organisatorische Steuerung[199].

Die Integration des Informationsflusses sieht LEE als Grundvoraussetzung für eine erfolgreiche Supply Chain Integration an. Dabei unterteilt er diese in zwei Phasen. Während in der ersten Phase zunächst Kundenauftragsdaten, Lagerbestände, Produktionskapazitäten, etc. allen Partnern der Supply Chain zur Verfügung gestellt werden sollen, so zielt die zweite auf

[198] Vgl. Dekker/Van Goor (2000), S.43ff.

[199] Vgl. Lee (2000), S.32f.

eine gemeinsame Generierung dieser Daten, also den Austausch von Wissen, ab.[200] Aufbauend auf der Integration der Informationsflüsse sieht LEE die Koordination und Nutzung von Ressourcen als weitere Integrationsstufe. Auch hier unterscheidet er zwei Phasen. Nachdem zunächst eine Evaluation der Entscheidungskompetenzen stattfindet (bspw. das Auffüllen eines Konsignationslagers durch den Zulieferer), so werden in einer zweiten Phase auch die physischen Aktivitäten zwischen den Unternehmen neu geordnet (bspw. Vendor Managed Inventory – operativer Betrieb des Konsignationslagers durch den Zulieferer).[201] Vor diesem Hintergrund betont LEE die Bedeutung der Integration der interorganisatorischen Steuerung als dritte Dimension. Eine Integration der Informations- und Warenflüsse lässt die bisher verwendeten internen Kennzahlen unbrauchbar werden. Es entsteht ein Bedarf an einem unternehmensübergreifenden Steuerungssystem, das integrierte Kennzahlen zur Leistungsmessung der Aktivitäten und Prozesse zur Verfügung stellt.

Die durch LEE angesprochene Bedeutung eines auf Kennzahlen basierenden unternehmensübergreifenden Steuerungssystems auf Prozessebene beschäftigt sich vor allem mit den operativen Auswirkungen einer möglichen Integration. Folglich muss eine einmal erfolgte unternehmensübergreifende Integration nicht auf Dauer sinnvoll sein, sondern muss fortwährend überprüft und ggfs. modifiziert werden. Auch dieser Beitrag deutet auf die Wichtigkeit einer Nutzenmessung hin, lässt aber konkrete Vorschläge vermissen.

2.2.3.5 Der Integrationsbogen nach Frohlich/Westbrook (2001)

Auch FROHLICH/WESTBROOK beschreiben den Integrationsaspekt als einen strategischen Gesichtspunkt des Supply Chain Management. Hierbei unterscheiden sie zwischen der Integrationsrichtung und dem Integrationsumfang. Die Integrationsrichtung beschreibt zum einen den stromabwärtsgerichteten physischen Materialfluss. Zum anderen strebt sie eine Koordination des stromaufwärtsgerichteten Informationsflusses an. Der Integrationsumfang hingegen zielt, ausgehend vom Produzenten, auf die Anzahl der integrierten Zulieferer und Abnehmer ab.[202]

Ausgehend von diesen beiden Dimensionen leiten FROHLICH/WESTBROOK, auf der Basis einer empirischen Erhebung der Implementierung von als integrativ geltenden Aktivitäten (bspw. Zugriff auf Planungssysteme der Partner, Standardisierung von Ladungsträgern, etc.), fünf Integrationsstufen ab[203]. So werden Unternehmen, deren Faktorscore nicht über

---

[200] Vgl. Lee (2000), S.33.

[201] Vgl. Lee (2000), S.34.

[202] Vgl. Frohlich/Westbrook (2001), S.187ff

[203] Vgl. Frohlich/Westbrook (2001), S.190

das untere statistische Viertel hinausgeht als „Inward-facing", also als „nicht integrativ" klassifiziert. Unternehmen, die sowohl stromauf- als auch stromabwärts einen Integrationswert oberhalb des unteren Quartils aufweisen, werden als „periphery-facing" bzw. „leicht Integrativ" bezeichnet. Überschreitet ein Unternehmen das obere Integrations-Quartil, so wird es, je nach Richtung, als „Supplier- bzw. Customer-Facing" oder in beiden Fällen als „Outward-Facing" beschrieben (Abbildung 14).

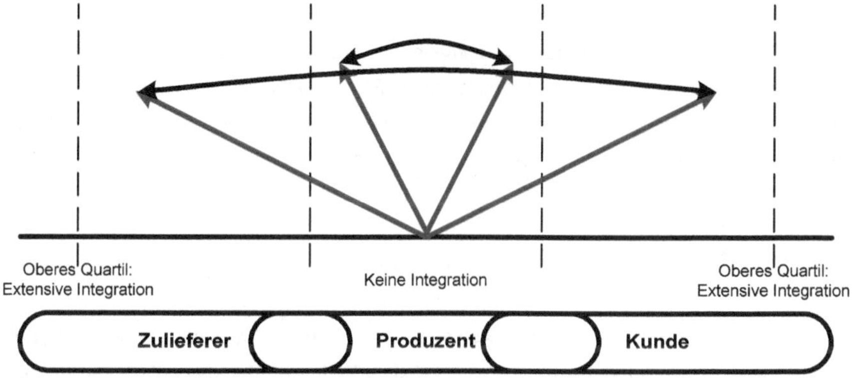

Abbildung 14: Integrationsbögen nach Frohlich/Westbrook
Quelle: Frohlich/Westbrook (2001), S.187.

Im Gegensatz zu den anderen Beiträgen nehmen FROHLCH/WESTBROOK bestehende Supply Chains bzw. die hierin kooperierenden Unternehmen nicht als ein fixes Konstrukt an. Folglich ist eine wichtige Erkenntnis für diese Arbeit die immanente Fragestellung nach der Art und der Anzahl der zu integrierenden Unternehmen.

2.2.3.6 Ansatz zur Supply Chain Integration nach Becker (2002)

Der Ansatz von BECKER zielt auf eine Integration und folglich Optimierung der Prozesse über die Unternehmensgrenzen hinweg ab[204]. Aufbauend auf der traditionellen, auf separate Optimierung ausgerichteten Kunden-Lieferanten Beziehung unterscheidet er vier, dem Supply Chain Management zuzuordnende, Integrationsstufen. Als bloße Koordination bezeichnet er den regelmäßigen „Abgleich von Aufgaben der Geschäftsbeziehung" zwischen den Partnern und dem Herleiten von jeweils für sich zu bewertenden Handlungsempfehlungen. Als Beispiel führt er die Koordination von Terminplänen zur Abholung von Ware bei verschiedenen Lieferanten an. Gekoppelte Unternehmen bilden laut Becker die zweite Stufe der Integration.

[204] Vgl. Becker (2002), S.80.

Unter „Berücksichtigung der Ziele des Partners“ löst der führende Partner die Aufgaben für beide Beteiligten und erwartet eine störungsfreie Umsetzung. Dementsprechend kennzeichnen unilaterale Schnittstellen diese Integrationsform, für die das Vendor Managed Inventory beispielhaft anzuführen ist. Im Gegensatz zur Kopplung arbeiten im Falle der Kollaboration beide Unternehmen gemeinsam an einer Aufgabe („gemeinsame Aufgabenbearbeitung“), um die Probleme beider Partner zu lösen. Auch eine zeitgleiche Umsetzung wird angestrebt, so dass dementsprechend das Collaborative Planning, Forecasting and Replenishment (CPFR) ein gutes Beispiel für diese Integrationsform darstellt. Die tatsächliche Integration ist laut BECKER eine Erweiterung der Kollaboration. Sie bezieht sich jedoch nicht nur auf Aufgaben, sondern auf gemeinsam abgestimmte enge „Verzahnung der Prozesse“. Ergebnis der Integration ist ein Bewusstsein der Partner über die Konsequenzen einer Prozessveränderung für die Prozesse des Anderen durch die Definition eines gemeinsamen Zielsystems sowie eines Strategieabgleichs.[205]

Zwar lässt auch der Beitrag von BECKER ein konkretes Modell zur Nutzenbewertung vermissen, jedoch weist auch er die Bedeutung eines unternehmensübergreifenden Zielsystems und die somit mögliche strategische Abstimmung als ein wesentliches Ziel der unternehmensübergreifenden Integration aus. Während viele Beiträge Integration als ein Mittel dazu ansehen das Handeln des jeweils einzelnen Unternehmens zu optimieren, sind die durch BECKER angesprochenen unternehmensübergreifenden Ursache-Wirkungsverknüpfungen ein wesentlicher Aspekt der Integrationsdiskussion.

2.2.3.7 Der Ansatz von Fawcett/Magnan (2002)

Ähnlich FROHLICH/WESTBROOK untersuchen FAWCETT/MAGNAN vor allem die Integrationsrichtung des Supply Chain Managements[206]. Hierbei beziehen sie sich allerdings lediglich auf die unternehmensübergreifende Integration von Funktionsbereichen und lassen offen, was die genauen Objekte der Integration sind und wie diese zu erreichen ist[207]. Ihre Publikation zielt mittels einer weit angelegten Umfrage und verschiedener Fallstudien darauf ab, welche Reichweite Unternehmen dem Integrationsbegriff im Supply Chain Management beimessen und gibt einen interessanten Einblick hinsichtlich der Divergenz zwischen wissenschaftlicher Diskussion und praktischer Umsetzung[208]. Hierfür unterscheiden sie als erste Stufe die „interne Prozessintegration“, die sie als Voraussetzung für eine externe Integration betrach-

---

[205] Vgl. Becker (2002), S.80ff.

[206] Vgl. Frohlich/Westbrook (2001); Fawcett/Magnan (2002).

[207] Vgl. Fawcett/Magnan (2002), S.132ff.

[208] Vgl. Fawcett/Magnan (2002), S.140f.

ten[209]. Die „Integration von Funktionsbereichen" zu unternehmensübergreifenden Prozessen mit dem Zulieferer bildet die zweite Stufe, während die „Integration mit dem Kunden" die dritte Stufe darstellt. Als höchste Stufe betrachten sie eine „durchgehende Prozessintegration der gesamten Supply Chain". Das Ergebnis ihrer Forschung zeigt, dass nahezu die Hälfte (47%) der befragten Unternehmen noch auf der ersten Stufe der Supply Chain Integration stehen. 34 Prozent der Unternehmen sind bereits mit einem Zulieferer integriert, elf Prozent mit ihren Kunden und acht Prozent haben bereits eine Integration in beide Richtungen erreicht. Die gesamte Supply Chain konnte von keinem der Unternehmen gebildet werden.

Wesentlich am Beitrag von FAWCETT/MAGNAN ist die Erkenntnis, dass die Diskussion um die Reichweite und die Inhalte des Integrationsbegriffs vornehmlich theoretischen Charakter hat. Die empirischen Ergebnisse zeigen eindeutig die Komplexität dieser Thematik auf. Diese könnten erklären, warum in den Beiträgen konkrete Modelle zur geforderten Nutzenbewertung nicht präsentiert werden.

2.2.3.8 Die Integrationsstufen nach Van der Vaart/Van Donk (2004)

VAN DER VAART/VAN DONK unterscheiden drei Stufen bzgl. einer Integration von Planung und Kontrolle einer Supply Chain (Abbildung 15)[210]. Auf der ersten Stufe „Transparency" stellen die beteiligten Unternehmen Informationen bzgl. Lagerbeständen, Absätzen oder Promotionsaktionen zur Verfügung. Sowohl die Datenübermittlungsstruktur als auch die -methodik sind ebenso wenig abgestimmt wie der Umfang und die Art der Informationen an sich. Auf der „Commitment and Coordination" Stufe hingegen sind Sinn und Zweck der Informationshandhabung und -verwendung zwischen den Unternehmen abgesprochen. So besteht Konsens – in einigen Fällen auch vertraglich abgesichert – welche Aktivitäten im Rahmen welcher Grenzen zulässig sind (bspw. eine kurzfristige Änderung der Bestellmenge beim Zulieferer). Ziel ist es hierdurch Verständnis über die Konsequenzen des Handelns eines Unternehmens für die anderen Supply Chain Partner zu erzeugen. Als letzte Stufe der Integration beschreiben VAN DER VAART/VAN DONK eine Zentralisation der Planung und Kontrolle („Integrative Planning"), in der ein Unternehmen sämtliche Bestellungen für (Vor-)Materialien entlang einer oder mehrerer Stufen der Supply Chain ausführt.[211]

[209] Vgl. Fawcett/Magnan (2002), S.144ff.

[210] Van der Vaart/Van Donk (2004), S.26.

[211] Van der Vaart/Van Donk (2004), S.26ff.

Abbildung 15: Integrationsstufen nach Van der Vaart/Van Donk
Quelle: Van der Vaart/Van Donk (2004), S.26.

Ähnlich dem Beitrag von BECKER[212] sehen VAN DER VAART/VAN DONK den Nutzen einer Integration darin den Unternehmen einer Supply Chain die Auswirkungen ihres Handelns für die gesamte Wertschöpfungskette zu verdeutlichen. Eine Implementierung eines zentralen Planungs- und Kontrollorgans geht jedoch über den Ansatz von BECKER hinaus, indem nun nicht mehr Verantwortung für einzelne Prozesse und Aktivitäten entlang der Supply Chain verteilt wird, sondern ein einzelnes Unternehmen für einen gesamten Wertschöpfungsprozess verantwortlich zeichnet. Insofern stellt sich die Frage, inwieweit es sinnvoll ist, eine mögliche Nutzenbewertung für die gesamte Supply Chain fortlaufend nur durch ein Unternehmen durchführen zu lassen.

2.2.3.9 Fazit

Betrachtet man die vorliegenden Integrationsmodelle, so werden verschiedene Aspekte einer Supply Chain Integration aufgegriffen:

1. Objekte: Material- u. Informationsströme
2. Funktionen
3. Akteure: Anzahl der Unternehmen
4. Integrationsrichtung: stromauf u. -abwärts
5. Integrationsfokus: intern/ extern

Zur besseren Übersicht sollen zunächst die verschiedenen Phasen, Stufen oder Bestandteile der Modelle in die Produkt-Kooperations-Matrix eingeordnet werden (Tabelle 1).

---

[212] Vgl. Becker (2002), S.80ff.

	Vorlaufphase		Marktphase / (Nachlaufphase)	
	Phase I Strategische Konfiguration von Produkt und Netzwerk	Phase II Produktdesign in der Supply Chain	Phase III / (V) Gestaltung des Produktions-/ Reduktionsnetzwerks	Phase IV / (VI) Prozessoptimierung in der Supply Chain/ Rücknahmekette
Stevens (1989)	–	(External Integration)	–	(External Integration)
Bechtel/ Jayaram (1997)	–	–	4. Integration/ Process School 5. Future School	1. Functional Chain Awareness School 2. Linkage/ Logistics School 3. Information School
Dekker/ Van Goor (2000)	–	–	4. Infrastruktur Integration	1. Physische Integration 2. Integration der Informationsflüsse 3. Kontroll-Integration
Lee (2000)	–	–	• Koordination und Nutzung von Ressourcen	• Integration des Informationsflusses • Unternehmensübergreifendes Steuerungssystem
Frohlich/ Westbrook (2001)	• Integrationsrichtung • Integrationsumfang	–	–	–
Becker (2002)	–	–	–	1. Abgleich von Aufgaben 2. informelle Berücksichtigung der Ziele des Partners 3. Gemeinsame Projekte 4. Verzahnung der Prozesse
Fawcett/Magnan (2002)	–	–	–	1. interne Prozessintegration 2. externe Integration 1st-Tier Zulieferer 3. externe Integration 1st-Tier Kunden 4. externe Integration gesamte Kette
Van der Vaart/ Van Donk (2004)	–	–	–	1. Transparency 2. Commitment and Transparency 3. Integrative Planning

Tabelle 1: Integrationsformen in den Gestaltungsfeldern des Supply Chain Managements
Quelle: Eigene (2006)

Die Übersicht zeigt, dass, unabhängig von den aufgegriffenen Integrationsaspekten und der Unterteilung der Integrationsform, viele Autoren sich hauptsächlich auf die Marktphase beziehen. Darüberhinaus sprechen einige Autoren die Bedeutung einer übergreifenden Nutzenmessung an[213], jedoch tragen die Modelle nicht zu der geforderten Bewertung des Nut-

[213] Vgl. bspw. Lee (2000).

zens einer Integration (siehe 2.2.2.3) bei. Diese Feststellung steht im Einklang mit der Erkenntnis von LAMBERT/COOPER, die kritisieren "a major weakness of much of the SCM literature is that the authors appear to assume that everyone knows who is a member of the supply chain. There has been little effort to identify specific supply chain member's key processes that require integration..."[214]. Sie ergänzen dementsprechend, dass nicht alle Schnittstellen in der Supply Chain integriert werden sollten: „The most appropriate relationship is the one that best fits the specific set of circumstances"[215]. Dementsprechend soll in Modifizierung und Erweiterung zum Abschnitt 2.2.2.3 zunächst festgehalten werden:

[...]. Dem dieser Arbeit zugrunde liegenden Verständnis nach ist eine Integration von Funktionen und Prozesses vorteilhaft, wenn Integration im Rahmen einer gemeinsamen Wettbewerbsstrategie dazu beiträgt, ein gemeinsam definiertes Ziel zu erreichen. Hierfür ist es notwendig Instrumente zu schaffen, welche eine unternehmensübergreifende Quantifizierung und fortwährende Messung des Nutzens in den jeweiligen Phasen ermöglichen.

2.2.4 Zum strategischen Nutzen im Supply Chain Management

Nach OTTO/KOTZAB gibt es zwei Möglichkeiten den Nutzen des Supply Chain Managements zu bewerten: „Making profits or reaching goals"[216]. Dabei betrachten sie den Profit-Ansatz als die befriedigendere und eindeutigere Alternative. Übersteigen die Einnahmen die Ausgaben eines Supply Chain Management Projektes, so ist der Nutzen quantifiziert. Jedoch erachten sie es als ziemlich schwierig den Profit, sowohl technisch als auch finanziell, zu messen. Aus diesen Gründen der Praktikabilität bezeichnen sie den „Goal Ansatz" als erfolgversprechenderen Ansatz. Hierbei geben sie allerdings selbst zu bedenken, dass das Erreichen eines Ziels nicht unbedingt Netto-Einsparungen bedeutet. Bemerkenswert ist jedoch, dass die Beispiele, die als Ziele genannt werden, selber wieder zum Teil Kosteneinsparungen fokussieren. Dies ist nicht verwunderlich, zielen doch viele Arbeiten im Bereich Performance Measurements auf die Kostenebene des Supply Chain Management ab[217]. Selbst wenn eine Lieferzeitverkürzung das Ziel eines Supply Chain Management Projektes ist, so stellt sie nur einen Wettbewerbsvorteil dar, soweit der Wert, den ein Unternehmen hierdurch für seine Abnehmer schaffen kann, die Kosten der Wertschöpfung übersteigt[218]. Ein Plus an Umsatz muss

[214] Lambert/Cooper (2000), S.68.

[215] Lambert/Cooper (2000), S.69.

[216] Vgl. Otto/Kotzab (2003), S.306.

[217] Vgl. Beamon (1998), S.289; Shepherd/Günter (2006), S.242-258.

[218] Vgl. Porter (1985), S.21.

also im Verhältnis zu den hierfür zusätzlich erbrachten Kosten stehen, andernfalls würde ein Unternehmen langfristig gesehen bankrott gehen. Demzufolge, so merken MAIER/HANENKAMP an, müssen sich Unternehmen im Supply Chain Management von der Alternativhypothesen Kostenführerschaft bzw. Differenzierung[219] lösen und diese primär gegensätzlichen Optionen in einer hybriden Strategie miteinander verbinden[220].Schließlich generiert das Supply Chain Management Profitabilität, indem durch die Zusammenarbeit die jeweiligen Leistungsfähigkeitsgrenze der beteiligten Unternehmen verschoben werden[221] und es somit einen strategischen Ansatz zur Verbesserung beider Zielgrößen (Effizienz und der Effektivität) darstellt[222]. „Geringe Kosten, sowie ein differenziertes Serviceniveau tragen dazu bei, einen Wettbewerbsvorteil für die Supply Chain zu generieren"[223].

Dieses bedingt also, dass die in Abschnitt 2.1.3.2 beschriebene Zieldimensionen simultan betrachtet werden müssen. Eine Bewertung der Kosten ist also unumgänglich. Dementsprechend verliert die durch OTTO/KOTZAB vorgenommene Unterscheidung an Stringenz[224]. Aus diesen Gründen ist im Rahmen dieser Arbeit der Integrationsnutzen einer Wettbewerbsstrategie immer aus Kostengesichtspunkten zu bewerten. Das bedeutet, dass ein im Sinne der Endkundenorientierung des Supply Chain Managements generierter Mehrwert für den Kunden (größere Produktvielfalt, kürzere Lieferzeit) sich immer an den für die Erzeugung dieses Mehrwerts benötigten (Prozess)kosten messen lassen muss[225]. Dies gilt sowohl in der Vorlauf- als auch in der Marktphase.

2.3 Ansatzpunkte zur strategischen Ausrichtung der Supply Chain

„Das Design einer Supply Chain beeinflusst die Wert- und die Kostenfaktoren eines Produktes über den gesamten Lebenszyklus und kann daher entscheidende Wettbewerbsvorteile generieren"[226].

Diese Feststellung geht einher mit den Erkenntnissen des so genannten „Strategy-Structure-Performance Paradigms"[227], das besagt, dass der Nutzen (die Performance) immer eine

219 Vgl. Porter (1999), S.70ff.

220 Vgl. Maier/Hanenkamp (2002), S.110; Vgl. auch Fawcett/Fawcett (1995), S.32; Fleck (1995).

221 Vgl. Schmenner/Swink (1998), S.95-113. Porter (1996), S.61-78 bzw. die Abschnitte 2.1 bzw.2.2.

222 Vgl. Mentzer *et al.* (2001), S.15.

223 Mentzer *et al.* (2001), S.15.

224 Vgl. Otto/Kotzab (2003), S.306.

225 Vgl. Normann/Ramírez (1993), S.65-77; Hines/Holweg/Rich (2004), S.997.

226 Reeve/Srinivasan (2005), S.51.

Funktion aus der Strategie und der Struktur ist, wobei die Struktur langfristig der Strategie folgt bzw. zur Umsetzung derer gestaltet werden muss[228]. Je besser beide auf einander abgestimmt sind, desto besser ist die Performance – also der erzielte Nutzen[229]. Diese für die Einzelunternehmung getroffene Feststellung gilt ebenso für das Supply Chain Management[230].

„Supply chain design should be, in part, a function of the product characteristics and expectations of the final customer"[231]. Mit den Produkteigenschaften eng verbunden sind die Produktionseigenschaften, so dass das Supply Chain Design von den drei Dimensionen:

- Produkt (vgl. Abschnitt 2.3.1)
- Markt (vgl. Abschnitt 2.3.2)
- und Produktion (vgl. Abschnitt 2.3.3)

beeinflusst wird[232].

Im Folgenden sollen daher einige Ansätze vorgestellt werden, die eine oder mehrere dieser Dimensionen hinsichtlich des Supply Chain Designs berücksichtigen. Die ausgewählten Beiträge repräsentieren dabei häufig zitierte Ansätze der einzelnen Dimensionen[233] und zeigen den Stand der Diskussion zum Supply Chain Design auf.

2.3.1 Produkt: Die Produkt-Funktionalitätsmatrix nach Fisher (1997)

Der Ansatz von FISHER für den Aufbau einer effektiven Supply Chain rekurriert auf einer Unterscheidung zwischen der Art eines Produktes und den damit verbundenem Nachfrageverhalten der Kunden, sowie den grundsätzlichen Funktionen, die jede Supply Chain erfüllt. So differenziert FISHER zum einen zwischen funktionalen Produkten, die durch eine stabile

[227] Vgl. Chandler (1962); Miles/Snow (1978); Gupta/Govindarajan (1986), S.695-714; Miller (1986), S.233-249; Gupta (1987), S.477-500; Miller (1988), S.7-32; Miles/Snow (1992), S.53-72; Bartlett/Goshal (1991); Habib/Victor (1991), S.5-21; Galunic/Eisenhardt (1994), S.215-255; Defee/Stank (2005), S. 28-50.

[228] Galunic/Eisenhardt (1994), S.216ff.

[229] Galunic/Eisenhardt (1994), S.222ff.

[230] Davidson/Torre (1989); Oliff/Arpan/DuBois (1989), S.41-65; DuBois/Toyne/Oliff (1993), S.307-333; Cooper/Lambert/Pagh (1997), S.1-14; Shi/Gregory (1998), S.195-214; Defee/Stank (2005), S. 28-50.

[231] Vonderembse *et al.* (2006), S.234. Vgl. auch Fisher (1997), S.105-116; Calantone/Droge/Vickery (2002), S.273-287; Singhal/Singhal (2002), S. 289-302; Reiner/Trcka (2004), S.217-229.

[232] Vgl. Cochran *et al.* (2000), S.1385. Dieses wird auch als Produkt-Markt-Produktions Paradigma verstanden.

[233] Vgl. bspw. Aitken *et al.* (2005), S.73f.

Nachfrage gekennzeichnet sind, und neuartigen innovativen Produkten, deren Marktnachfrage sehr volatil ist[234]. Hinsichtlich des Funktionsumfangs erfüllt eine Supply Chain FISHERS Meinung nach zwei Funktionen. Zum einen die physische Transformation von Rohmaterial in Endprodukte und deren Transport zwischen den jeweiligen Stufen der Supply Chain bis zum Kunden. Zum anderen stimmt die Supply Chain als Marktmittler Nachfrage und Angebot hinsichtlich der Produktmenge, der Produktvielfalt und des Produktpreises ab. Beide Dimensionen (Art des Produktes und Funktion einer Supply Chain) führt Fisher in der Produkt-Funktionalitätsmatrix zusammen (Abbildung 16).[235]

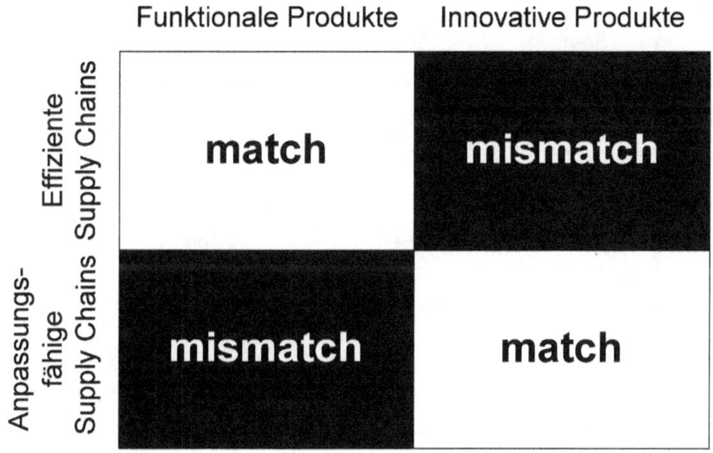

Abbildung 16: Die Produkt-Funktionalitätsmatrix nach Fisher
Quelle: Fisher (1997), S.109.

In Abhängigkeit von den Kosten, die die Marktmittlung und die physische Transformation jeweils in Abhängigkeit von der Art des Produktes verursachen, ist die Supply Chain aufzustellen. So benötigen funktionale Produkte eine auf Effizienzmaximierung ausgerichtete Supply Chain. Das stabile Nachfrageverhalten lässt eine kostenintensive anpassungsfähige Supply Chain unwirtschaftlich erscheinen, da diese Produkte in der Regel sehr preissensitiv sind. Innovative Produkte hingegen verlangen nach einer sehr flexiblen und anpassungsfähigen Supply Chain. Das unsichere Nachfrageverhalten, die hohen Profitmargen und die wichtige Gewinnung von Marktanteilen erhöhen die Opportunitätskosten eines etwaigen Lieferengpasses, so dass Marktmittlerkosten dominieren.[236]

---

[234] Vgl. Fisher (1997), S.106; siehe auch Mason-Jones/Naylor/Towill (2000), S. S.4061-4070.

[235] Vgl. Fisher (1997), S.105ff.

[236] Vgl. Fisher (1997), S.107f.

Vor dem Hintergrund der Produkt-Funktionalitätsmatrix von Fisher führen Vonderembse *et al.* eine weiter untergliederte Supply Chain Klassifikationsmatrix ein (Abbildung 17)[237]. So werden zusätzlich die Phasen des Produktlebenszyklus[238] für die Bestimmung des richtigen Supply Chain Designs herangezogen[239]. Zudem erweitern Vonderembse *et al.* die Art des Produktes (den Produkttyp) neben den durch Fisher eingeführten Standard- und Innovationsprodukten um hybride Produkte: „The hybrid product is a complex product that includes a mix of standard and innovative components"[240]. Hybride Produkte erfordern daher eine sehr breite Anzahl von Zulieferern unterschiedlichster Kompetenzen[241].

<table>
<tr><th>Produkttyp / Lebenszyklus</th><th>Standard</th><th>Innovativ</th><th>Hybrid</th></tr>
<tr><td>Markteinführung</td><td rowspan="4">Lean Supply Chain</td><td rowspan="2">Agile Supply Chain</td><td rowspan="4">Hybrid Supply Chain</td></tr>
<tr><td>Wachstum</td></tr>
<tr><td>Sättigung</td><td rowspan="2">Hybrid/ Lean Supply Chain</td></tr>
<tr><td>Abschwung</td></tr>
</table>

Abbildung 17: Produkttyp- und lebenszyklusbasierte Supply Chain Klassifikation
Quelle: Vonderembse *et. al* (2006), S.234.

In der Phase der Markteinführung sind Standardprodukte vor allem dem Preiswettbewerb der Konkurrenz ausgesetzt, während innovative Produkte oft erst ihren Nutzen und daraus resultierenden Bedarf aufzeigen und generieren müssen. In der Wachstumsphase ist es das Ziel, unabhängig von der Art des Produktes, einen möglichst großen Marktanteil zu erreichen. In der Sättigungsphase sind alle Produkttypen einem starken Preisdruck ausgesetzt, welcher sich bis zur Einstellung der Produktion durchsetzt. Dementsprechend bedürfen Standardprodukte in allen Phasen des Produktlebenszyklus einer schlanken (lean) Supply Chain, während für innovative Produkte erst in der Sättigungs- bzw. Abschwungsphase eine schlanke oder ggfs. hybride Supply Chain empfohlen wird. In der Markteinführungs- und Wachstums-

---

237 Vgl. Vonderembse *et al.* (2006), S.234f. rekurrierend auf Fisher (1997), S.105-116.

238 Vgl. zum Begriff des Produktlebenszyklus Levitt (1965), S.81ff.; Hayes/Wheelwright (1979a), S.133-140; Hayes/Wheelwright (1979a), S. 127-136.

239 Vgl. Vonderembse *et al.* (2006), S.234f.

240 Vonderembse *et al.* (2006), S.230.; Vgl. Fisher (1997), S.105-116.

241 Vgl. Choi/Hong (2002), S.469-493.

phase hingegen ist eine agile Gestaltung der Supply Chain empfohlen, um den Kundenforderungen entsprechen zu können. Da hybride Produkte sowohl aus Standardteilen als auch aus innovativen Komponenten bestehen, schlagen VONDEREMBSE *ET AL.* auch eine auf die jeweiligen Komponenten bezogene hybride Strategie während des gesamten Produktlebenszyklus vor.[242]

2.3.2 Markt: Der Order winner/Order Qualifier Ansatz nach Hill (1993)

Der Ansatz von HILL zielt darauf ab, Bedürfnisse des Absatzmarktes als Ausgangspunkt für die strategische Ausrichtung zu verwenden. Je nach Marktanforderung, so HILL, können die gemeinhin bekannten Leistungsmerkmale wie Qualität, Kosten und Flexibilität entweder als Order qualifier oder als Order winner charakterisiert werden.[243] Order qualifier sind dabei die Merkmale, die ein Produkt mindestens erfüllen muss, um überhaupt als Kaufobjekt in Frage zu kommen (Basisvoraussetzungen eines potenziellen Käufers). Order winner sind hingegen die Attribute, die letztendlich den Ausschlag für die Kaufentscheidung für ein spezifisches Produkt geben. „Whilst with qualifiers, companies need only to be as good as competitors, with order winners they need to be better than competitors"[244]. Dementsprechend sichern order qualifier den Erhalt einmal gewonnener Marktanteile. Order winner indes ermöglichen es einem Unternehmen schließlich neue Märkte oder Marktanteile zu erobern. Beispielhaft sei hier das „DWV³"-Rahmenmodell von CHRISTOPHER/TOWILL angeführt, das exemplarisch fünf Kernmerkmale des Absatzmarktes zur Bestimmung der Order Qualifier und der Order Winner definiert: Dauer des Lebenszyklus (Durationof life cycle), Lieferzeitfenster (Time window for delivery), Absatzmenge (Volume), Anzahl der Varianten (Variety) und Absatzschwankungen (Variability)[245].

Folglich fungiert HILLS Order winner/ Order qualifier Ansatz als Kommunikationsinstrument, um Anforderungen des Marketings in strategische Ziele zu transformieren[246]. In Abhängigkeit von diesen Zielsetzungen können somit Strukturen, Methoden und Prozesse definiert werden[247]. Vor dem Hintergrund der Kritik an FISHER, dass es schwierig ist, ein Produkt als rein

---

242 Vgl. Vonderembse *et al.* (2006), S.234ff. Für eine ausführliche Erläuterung der Begrifflichkeiten und Ansätze des schlanken (lean), agilen (agile) und hybriden Supply Chain Designs sei auf Kapitel 2.4.2 verwiesen.

243 Vgl. Hill (1993), S.42ff.

244 Hill (1993), S.44.

245 Vgl. Christopher/Towill (2000b), S.114-121. Vgl auch Aitken *et al.* (2005), S.82-84.

246 Vgl. Appelquist (2003), S.203.

247 Vgl. Hill (1993), S.62ff.

funktional oder innovativ einzuordnen und dementsprechend kein Urteil über die Ausrichtung der Supply Chain möglich ist[248], ist die Stärke des Ansatzes von HILL, dass er das spezifische Produkt mit allen seinen Eigenschaften an sich berücksichtigt[249]. Die Marktnachfrage ist nicht mehr nur ein aus den Produkteigenschaften entspringendes Fixum, sondern additiv durch produktexogene Leistungsmerkmale beeinflussbar. Diesem Gedanken folgend stellen LAMMING *ET AL.* fest, dass eine „eins zu eins" Beziehung zwischen dem Produkt, den Anforderungen des Marktes und schließlich der Supply Chain Strategie hergestellt werden sollte[250].

2.3.3 Produktion: Buyer-Focused Supply Chain Management

"The concept of buyer focus is part of the supply chain design that deals with structural decision categories as process, facilities, capacity and vertical integration"[251]. Dieses erstmalig in GRIFFITHS/MARGETTS bzw. GRIFFITHS/JAMES/KEMPSON diskutierte Konzept des „Buyer-Focus" als Supply Chain Strategie setzt darauf an, die Produktion auf den einzelnen alleinigen Käufer auszurichten[252]. Es greift damit die Gedanken der zuvor diskutierten Ansatzpunkte auf, indem die Produktion basierend auf den Order winner- und Order qualifier- Kriterien als Leistungsgrößen unter Berücksichtigung der Produkteigenschaften gestaltet wird[253]. Der wesentliche Unterschied ist jedoch, dass diese Merkmale nicht einem ganzen Marktsegment mit mehreren Kunden entstammen, sondern von einem einzigen nachgelagerten Kunden bzw. Supply Chain Partner vorgegeben werden und 100 Prozent der Produktionskapazität (bspw. einer Fertigungsstraße) diesem Kunden zur Verfügung gestellt wird[254]. Damit geht das Konzept des Buyer-Focus über das in den beiden vorgestellten Ansätzen zugrunde liegende Konzept der Focused Factory hinaus, welches lediglich vorsieht, Fertigungsstraßen für Produkte mit ähnlichen Produktionseigenschaften und Marktanforderungen zu gruppieren[255]. Ziel ist es dem einzelnen Kunden ein Höchstmaß an Flexibilität hinsichtlich des Produktmixes, der Nachfragemenge und sich ständig verändernder Lieferzeiten zur Verfügung zu stellen, um die Unsicherheit im Nachfrageverhalten des Gesamtmarktes in Bezug auf die

---

248 Vgl. Selldin/Olhager (2002), S. 1305-1314; Selldin/Olhager (2003), 281-290.

249 Vgl. Appelquist (2003), S.204.

250 Vgl. Lamming *et al.* (2000), S.685ff.

251 Vgl. Persson/Olhager (2002), S.232.

252 Vgl. Griffiths/Margetts (2000), S.155-159 bzw. Griffiths/James/Kempson (2000), S.111-120.

253 Vgl. Van der Vaart/Van Donk (2006), S.12.

254 Vgl. Van der Vaart/Van Donk (2004), S.25

255 Vgl. Skinner (1974), S.113-121; Skinner (1996), S.3-14; Slack/Lewis (2002), S.98-106; Van der Vaart/Van Donk (2006), S.12.

genannten Merkmale für die Supply Chain zu minimieren[256]. So werden typischen Barrieren einer effektiven und effizienten Marktbelieferung wie hohe Set-up Kosten, große Losgrößen und lange Lieferzeiten vermieden, deren Ursache oft auf die Mehrfachbelegung einer Fertigungsstraße durch mehrere Kunden zurückzuführen ist.[257]

2.3.4 Differenzierte Betrachtung der Ansatzpunkte zur strategischen Ausrichtung des Supply Chain Designs in der Vorlaufphase

Dass der Ansatz von FISHER basierend auf einer reinen Produktklassifikation in funktionale und innovative Produkte inhaltlich zu kurz greift, zeigt bereits die semantische Erweiterung von VONDEREMBSE *ET AL.*[258]. Die Erkenntnis, dass ein Produkt in den verschiedenen Phasen des Lebenszyklus[259] einer unterschiedlich gestalteten Supply Chain bedarf, ist ebenso wichtig wie die Feststellung, dass es Produkte mit hybriden Produkteigenschaften (funktional und innovativ) gibt. Jedoch fehlt hier der Gedanke, dass ein Produkt für unterschiedliche Marktsegmente entweder funktional, innovativ oder hybrid sein kann.

Die wesentliche Erkenntnis von HILL ist die Differenzierung des Grundprinzips der Kundenorientierung im Supply Chain Management in Basis- und Leistungsvoraussetzungen[260]. So werden explizit die Anforderungen verschiedener Marktsegmente berücksichtigt.

Da er beide Ansätze einbezieht ist der Buyer-Focus Ansatz sicherlich der kompletteste Ansatz. Jedoch wurde im Abschnitt 2.2.4 festgestellt, dass „ein im Sinne der Endkundenorientierung des Supply Chain Managements generierter Mehrwert für den Kunden (größere Produktvielfalt, kürzere Lieferzeit) sich immer an den für die Erzeugung dieses Mehrwerts benötigten (Prozess)kosten messen lassen muss". Dementsprechend muss auch im Konzept des Buyer-Focus evaluiert werden, welche Ressourcen weiterhin mehreren Kunden zugeordnet werden, um bspw. von Skaleneffekten zu profitieren bzw. welche Ressourcen für einen einzigen Käufer reserviert werden sollen[261]. Dieses erhärtet die in Abschnitt 2.2.3.9 geforderte unternehmensübergreifende Quantifizierung und wettbewerbsstrategische Messung des Integrationsnutzens.

---

[256] Vgl. zu den Konsequenzen sich stetig verändernden Nachfrageverhaltens den nach Forrester benannten Forrester Effekt in Forrester (1961).

[257] Vgl. Van der Vaart/Van Donk (2004), S.22-26.

[258] Vgl. Fisher (1997), S.105-116; Vonderembse *et al.* (2006), S.223-238.

[259] Vgl. Hayes/Wheelwright (1979a), S.133-140; Hayes/Wheelwright (1979a), S. 127-136.

[260] Vgl. Hill (1993), S.62ff.

[261] Vgl. Van der Vaart/ Van Donk (2006), S.12.

In ihrem Beitrag „Supply Chain Integration and Buyer-Focus" identifizieren VAN DER VAART/VAN DONK drei Kerncharakteristika, die für die Implementierung des Buyer-Focus Konzepts in Supply Chains berücksichtigt werden sollten (siehe Abbildung 18)[262]. So ist in Abhängigkeit der Order winner Kriterien die Lage des Entkopplungspunktes und die Art der Produktionstechnologie zu definieren[263]. Eine Erläuterung dieser Begrifflichkeiten als Basis der Diskussion der Fragestellungen in der Marktphase (Verteilung der Produkterstellungsfunktion und Schnittstellenoptimierung, siehe Abschnitt 2.1.2) soll nun im folgenden Kapitel vorgenommen werden.

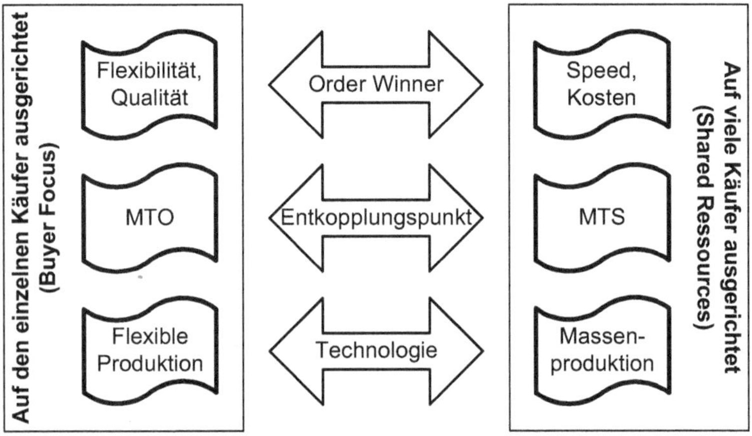

Abbildung 18: Konfiguration der Supply Chain
Quelle: Van der Vaart/ Van Donk (2006), S.14.

2.4 Produktionsstrategien und Optimierungsansätze zur Umsetzung und Implementierung der wettbewerbsstrategischen Zielsetzungen

Nachdem die vorgestellten Ansatzpunkte Möglichkeiten zur strategischen Gestaltung des Supply Chain Designs in der Vorlaufphase aufgezeigt haben, gilt es nun im Folgenden zu diskutieren, wie die Produkterstellungsfunktion in der Marktphase entlang der Supply Chain verteilt und optimiert werden kann. Eine zentrale Rolle spielt hierbei die Lage des Entkopplungspunktes und damit die Festlegung der Produktionsstrategie der Einzelunternehmung,

[262] Vgl. Van der Vaart/ Van Donk (2006), S.12.

[263] Als Produktionstechnologie sollen im Sinne des dieser Arbeit zugrunde liegenden Forschungsziels keine konkreten technischen Lösungen diskutiert werden. Vielmehr gilt es die hinter den konkreten technischen Entwicklungen stehenden Ansätze hinsichtlich ihrer Möglichkeiten der Schnittstellenoptimierung näher zu analysieren.

um eine effektive Verteilung im Sinne einer unternehmensübergreifenden Produktionsstrategie zu gewährleisten[264].

2.4.1 Produktionsstrategien

Nach CORSTEN/GÖSSINGER können auf der Ebene der Einzelunternehmung vier klassische Produktionsstrategien unterschieden werden (Abbildung 19)[265]. Hauptunterscheidungsmerkmal ist der sogenannte Entkopplungspunkt, der angibt, wie weit die Produktionsplanung einen tatsächlichen Kundenauftrag berücksichtigt, also prognose- (engl. Forecast) oder auftragsgetrieben gesteuert wird[266].

Während bei einer Produktion auf Lager (Make-to-Stock, MTS) sämtliche Standardprodukte bzw. Varianten eines Grundproduktes permanent verfügbar sein sollen, um einen Kundenauftrag zu bedienen, so stellt eine Engineer-to-Order (ETO) Produktionsstrategie das andere Extrem dar. Erst nach Eingang eines Kundenauftrags wird das Produkt am Reißbrett konstruiert und die erforderlichen Teile werden bei den Zulieferern beschafft oder in Auftrag gegeben. Im Falle einer Make-to-Order Strategie (MTO) wird ein bereits konstruiertes Produkt nach Auftragseingang produziert, während im Fall einer Assemble-to-Order (ATO) Strategie vorgefertigte Produktmodule zu einem spezifischen Endprodukt zusammengebaut werden. Beiden Varianten ist gemein, dass die erforderlichen Teile/ Module beim OEM auf Lager vorgehalten werden.

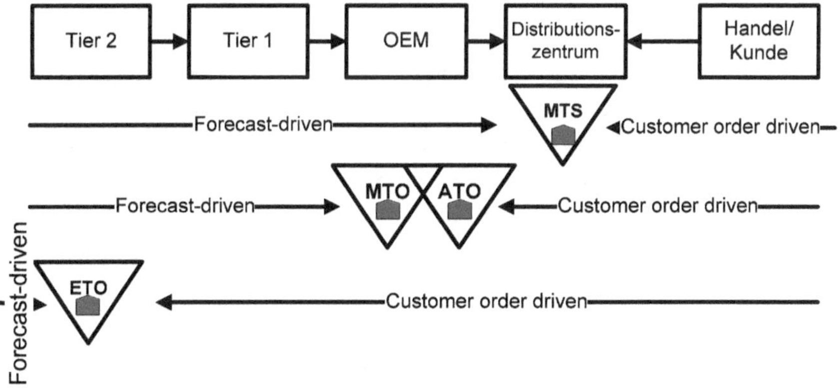

Abbildung 19: Produktionsstrategien der Einzelunternehmung
Quelle: Eigene (2006) in Anlehnung an Corsten/Gössinger (2001, S.101).

[264] Vgl. Van der Vaart/ Van Donk (2006), S.12.

[265] Vgl. Corsten/Gössinger (2001), S.101. Siehe auch die dort angegebenen Quellen.

[266] Vgl. Hoekstra/Romme (1992).

Die gestiegenen Kundenanforderungen hinsichtlich der Variantenvielfalt einerseits, verbunden mit immer kürzer werdenden Produktlebenszyklen andererseits, haben dazu geführt, dass MTS Strategien aufgrund der hohen Kapitalbindung sehr kostspielig sind. MTO Strategien können hingegen Marktanforderungen hinsichtlich kurzer Lieferzeiten und einer schnellen Verfügbarkeit nur selten gerecht werden. Optimierungsansätze für die auf tatsächlichen Kundenaufträgen beruhenden Bereiche der Supply Chain stellen das Prinzip des agilen Managements dar; Methoden des schlanken Managements kommen für die prognosegetriebenen Bereiche zum Einsatz[267]. Während ATO Strategien zwar die Vorteile beider Prinzipien für ein Unternehmen kombinieren sollen, so gehen die auf Forecasts basierenden Bereiche der Supply Chain zwangsläufig immer mit Lagerbeständen bei den Zulieferern einher[268]. Bevor dieser Punkt in Abschnitt 2.4.3 wieder aufgegriffen wird, sollen nun zunächst die Konzepte des Lean Managements und des Agilen Managements als Ansätze zur Schnittstellenoptimierung näher erläutert werden.

2.4.2 Optimierungsansätze

2.4.2.1 Lean Management

Die Ursprünge des Lean Managements liegen in den Produktionssystemen der japanischen Automobilindustrie, insbesondere der Toyota Motor Corporation, zu Beginn der Achtzigerjahre[269]. Im Gegensatz zur kapitalintensiven Massenproduktion zielt das Lean Management darauf ab, alle nicht-wertschöpfenden Aktivitäten („Waste") aufzudecken und zu eliminieren (Abbildung 20)[270]. Hierzu zählen Überproduktion, Wartezeit, Transport, ungeeignete Verarbeitung, Lagerbestände, unnötiges Handling sowie Defekte[271]. Die zur Aufdeckung geeigneten Methoden sind die Flussorientierung in der Fertigung, Pull-getriebene Auftragssteuerung an Produktionsengpässen, die Identifikation und das systematische Beherrschen von „Wert" aus Sicht des Kunden sowie verschiedener Qualitätssicherungsprogramme[272]. So sollen alle Abläufe und Prozesse optimiert[273] und somit die Wettbewerbsfähigkeit verbessert werden[274].

---

267 Vgl. Mason-Jones/Naylor/Towill (2000), S.4065.

268 Vgl. Lyons/Coronado-Mondragon/Kehoe (2004), S.1269.

269 Vgl. Shingo (1981); Monden (1983); Shingo (1988); Ohno (1988).

270 Vgl. Hines/Holweg/Rich (2004), S.994; Bhasin/Burcher (2005), S.56-72.

271 Vgl. Johanson (1994), S.521-530; Womack/Jones (1996); Oliver/Delbridge/Lowe (1996), S.S.29-44; Liker (1996); Dimancescu/Hines/Rich (1997); Taylor/Brunt (2001).

272 Vgl. Womack/Jones (1996).

273 Vgl. Meier/Forrester (2002), S.104-109.

Eine wesentliche Voraussetzung für die Applikation des Lean Managements in die Einzelunternehmung ist die Übertragung der Prinzipien auf die gesamte Supply Chain[275]. „One of the primary goals in the effective management of a supply chain is to reduce or eliminate all non-value-added costs"[276]. Lean Supply Chain Management bedeutet demnach den reibungslosen Fluss von Waren, Dienstleistungen und Technologien und die damit verbundenen bidirektionalen Informationsströme von den Lieferanten bis hin zu den Kunden[277].

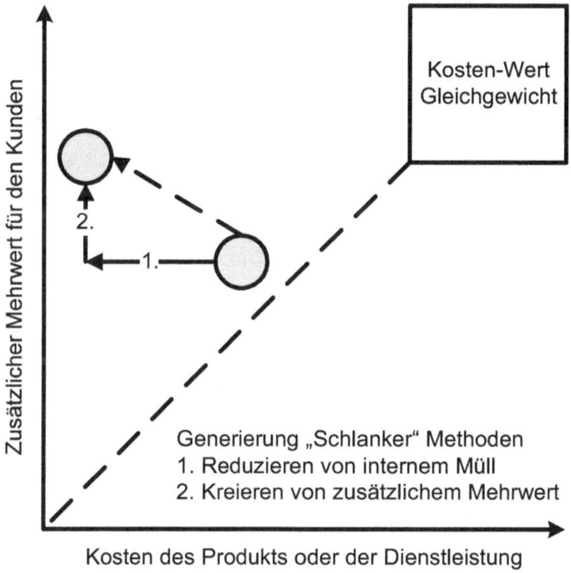

Abbildung 20: Beziehung von Wert, Waste und Kosten im Lean Management
Quelle: Hines/Holweg/Rich (2004), S.997.

2.4.2.2 Agile Management

Der Begriff des Agile Managements[278] ist zurückzuführen auf den 21st Century Manufacturing Enterprise Strategy Bericht des Iacocca Instituts[279] und entsprang Überlegungen des US-Verteidigungsministeriums, wie privatwirtschaftliche Unternehmen in der Zeit nach dem Kal-

---

[274] Vgl. Billesbach (1994), S.40-44; Liker (1996); Oliver/Delbridge/Lowe (1996); Dimancescu/-Hines/Rich (1997); Taylor/Brunt (2001); Liker (2004).

[275] Vgl. Hines (2003), S.46ff.; Liker (2004).

[276] Mistry (2005), S.194

[277] Vgl. McCullen/Towill (2001), S.531.

[278] „Agile" bedeutet im Deutschen soviel wie beweglich im Sinne von flexibel.

[279] Vgl. Iacocca Institute (1991) zitiert in McCullen/Towill (2001), S.531.

ten Krieg ihre Kapazitäten im Ernstfall schnellstmöglich wieder militärisch ausrichten konnten[280]. Obwohl auf den Prinzipien des Lean Management fußend, geht das Agility Management über die reine Fokussierung der Eliminierung von nicht-wertschöpfenden Aktivitäten hinaus[281]. Basierend auf flexiblen Produktionssystemen[282] zielt es darauf ab, Wettbewerbsvorteile durch eine Mass-Customization[283] und eine schnelle Befriedigung der Marktnachfrage zu sichern[284]. CHRISTOPHER/TOWILL bezeichnen daher das Agile Management als eine "business-wide capability that embraces organisational structures, information systems, logistics processes and, in particular, mindsets"[285].

Im unternehmensübergreifenden Kontext liegt das Agile Management an der Schnittstelle zwischen den einzelnen Unternehmen einer Supply Chain und dem Markt[286]. Dementsprechend gewinnen die Unternehmen Wettbewerbsvorteile, die diese Schnittstellen besser strukturieren, koordinieren und managen, mit dem gemeinsam definierten Ziel Kundenbedürfnisse genauer befriedigen zu können[287]. Die Supply Chain wird getriggert durch den exakt definierten Kundenwunsch[288]. HOEK/HARRISON/CHRISTOPHER identifizieren daher vier unterschiedliche Dimensionen im Vergleich zu Lean Supply Chains. So tritt Sensitivität bzgl. Marktveränderungen an die Stelle der Eliminierung von Waste. Konstante Produktionslosgrößen werden fortwährend hinsichtlich der Produktspezifität angepasst. Integrierte Prozesse mit selbstverantwortlichen Teams reagieren folglich pro-aktiv und treten an die Stelle von dauerhaft festgelegten Standardabläufen. Daher bezeichnen HOEK/HARRISON/CHRISTOPHER hier die Supply Chain auch als ein integriertes, sich ständig veränderndes Netzwerk, indem Unternehmen nur temporär für einen bestimmten Zweck zusammen arbeiten.[289]

2.4.2.3 Gegenüberstellung des Lean Management mit dem Agile Management

Wie dargelegt, streben nach Lean Prinzipien gestaltete Supply Chains als primäre Zieldimension ein Kostenminimum durch effiziente Produktion an, während bei Agilen Supply

[280] Vgl. McCullen/Towill (2001), S.531f; Gould (1997), S.28-31.

[281] Vgl. Christopher/Towill (2000a), S.206ff.

[282] Vgl. Slack (1983), S.4-13; Slack (1987), S. 35-45; Gerwin (1993), S.395-410; Christopher (2000), S.37ff.; Vokurka/O'Leary-Kelly (2000), S.485-501; Gerwin (2005), S.1171-1182.

[283] Vgl. Yusuf *et al.* (2004), S.382.

[284] Vgl. Robertson/Jones (1999), S.14-17; Christopher/Towill (2000a), S.206; Vonderembse *et al.* (2006), S.234; Swafford/Gosh/Murthy (2006), S.172.

[285] Christopher/Towill (2000a), S.206. Vgl. auch Kidd (1994); Yusuf *et al.* (2004), S.382.

[286] Vgl. Vonderembse *et al.* (2006), S.228.

[287] Vgl. Christopher (2000), S.39.

[288] Vgl. Vonderembse *et al.* (2006), S.228.

[289] Vgl. Hoek/Harrison/Christopher (2001), S.139f.

Chains die schnelle Befriedigung der Kundenbedürfnisse im Vordergrund steht[290]. Durch Lean Prinzipien können kostengünstige und qualitativ hochwertige Produkte hergestellt werden, während eine Agile Supply Chain hohe Service Level wie das Angebot von Nischenprodukten und Individualität generieren möchte[291].
Dementsprechend eignen sich Lean Kriterien für die Übertragung der Wettbewerbsstrategie der Kostenführerschaft auf den Kontext des Supply Chain Managements. Merkmale der Agilen Produktion hingegen richten eine Supply Chain im Sinne der Wettbewerbsstrategie der Differenzierung aus. Diese Feststellung korrespondiert ebenfalls mit den in Abschnitt 2.3 vorgestellten Arbeiten von FISHER und HILL[292]. So benötigen innovative Produkte, deren Market-winner Kriterium das Service Level ist, eine sehr agile Supply Chain, während funktionale Produkte eine nach Lean Kriterien ausgerichtete Supply Chain verlangen, um dem Market-winner Kriterium Kosten Genüge tun zu können.[293] „The definition of order qualifiers and order winners then logically leads to the specification of the appropriate manufacturing strategy"[294]. Während Lean Konzepte vor allem in Märkten mit stabiler Nachfrage und relativ geringer Produktvariabilität geeignet sind, so bedürfen volatile Märkte Konzepte, die ein Höchstmass an Agilität und Ansprechverhalten bieten[295]. Abbildung 21 zeigt eine Zuordnung der Optimierungsansätze zu den vorgestellten Wettbewerbsstrategien[296].

Damit zielt das Supply Chain Management jedoch auf eine simultane Optimierung der Service Level und eine Reduzierung des Kostenniveaus ab, so dass als Konsequenz erfolgreiche Supply Chains den Wettbewerb auf der Basis der Faktoren Kosten und Service Level führen[297]. Ebenfalls wurde herausgestellt, dass es ungünstig ist ein Produkt in der heutigen Wettbewerbsvielfalt als rein innovativ oder funktional einzuordnen[298]. Dementsprechend stellen NAYLOR/NAIM/BERRY fest, dass sich der Lean Management Ansatz und der Agile Management Ansatz auch nicht gegenseitig ausschließen, sondern im Gegenteil mit einander kombiniert werden sollten, was sie als „Leagilty-Paradigm" bezeichnen[299]. „Leagile is the

---

[290] Vgl. Gunasekaran (1999), S.91.

[291] Vgl. McCullen/Towill (2001), S.533; Christopher/Towill (2000a), S.207.

[292] Vgl. Fisher (1997), S.105-116; Hill (1993), S.62ff.

[293] Vgl. Mason-Jones/Naylor/Towill (2000), S.4063f; Christopher/Towill (2000a), S.207f.

[294] Christopher/Towill (2000a), S.208.

[295] Vgl. Lyons/Coronado-Mondragon/Kehoe (2004), S.1269.

[296] Vgl. Aufgrund der vorgestellten Kritik des Ansatzes von Fisher (1997) sei der Produkttyp schraffiert dargestellt.

[297] Vgl. die Abschnitte 2.1.3 bzw. 2.2.

[298] Vgl. Selldin/Olhager (2002), S. 1305-1314; Selldin/Olhager (2003), 281-290.

[299] Vgl. Naylor/Naim/Berry (1999), S.107f. u. S.117; Vgl. auch Mason-Jones/Naylor/Towill (2000), S.4065f; Childerhouse/Towill (2000), S.337; Christopher/Towill (2001), S.235; Mistry (2005), S.202ff.

combination of the lean and agile paradigms within a total supply chain strategy by positioning the decoupling point so as to best suit the need for responding to a volatile demand downstream yet providing level scheduling upstream from the marketplace"[300]. Die hiermit korrespondierende Produktionsstrategie ist die sogenannte Build-to-Order Strategie, die GUNASEKARAN als die Produktionsstrategie der Zukunft bezeichnet[301].

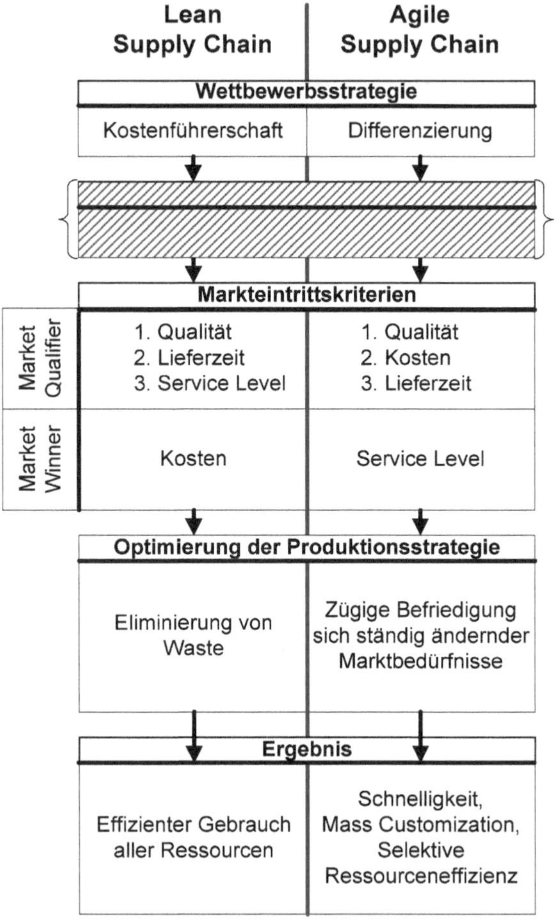

Abbildung 21: Zielsetzung und Ergebnis des Lean Managements und des Agile Managements im Vergleich

Quelle: Eigene Synthese und Erweiterung zu McCullen/Towill (2001), S.533 und Mason-Jones/Naylor/Towill (2000), S.4063f.

300 Naylor/Naim/Berry (1997).

301 Vgl. Gunaskeran (1999), S.420.

2.4.3 Build-to-Order als integrative Produktionsstrategie für das Supply Chain Management

Ausgehend von den Grundprinzipien einer ATO-Produktion stellt eine Built-to-Order Strategie nun einen ganzheitlichen Ansatz für den Gegenstandsbereich des Supply Chain Managements dar, indem möglichst viele Stufen der Supply Chain ihre Produktion basierend auf einem tatsächlichen Kundenauftrag steuern und somit auch Lagerbestände für Vorprodukte weitestgehend eliminiert werden[302]. Diese unternehmensübergreifende Produktionsstrategie fußt auf dem Grundprinzip des Postponements (Aufschieben), das darauf abzielt, Entscheidungen in den Produktionsprozessen entlang der Supply Chain so spät wie möglich zu treffen, um das Produkt an den tatsächlichen Kundenauftrag anzupassen und die Vorprodukte für jeden eingehenden Auftrag verwendbar zu lassen[303]. Dieses wird auch als „Raw-As-Possible"-Prinzip bezeichnet[304]. Voraussetzung ist eine enge Zusammenarbeit der Supply Chain Partner sowohl im Produktdesign als auch in der Abstimmung der einzelnen Produktionsstufen, um kostengünstig und schnell eine größtmögliche Anzahl an Endprodukten aus verhältnismäßig wenigen Teilfabrikaten herstellen zu können[305].

Während in Supply Chains meistens nur von einem Entkopplungspunkt gesprochen wird, so stellen CHRISTOPHER/TOWILL fest, dass in heutigen Supply Chains grundsätzlich zwischen einem Entkopplungspunkt für den Materialfluss und einem weiteren für den Informationsfluss unterschieden werden muss[306]. Bei den in Abbildung 19 gezeigten Produktionsprinzipien fallen beide jedoch auf dieselbe Stufe der Supply Chain und werden daher nicht unterschieden. Im Falle einer Built-to-Order Strategie verschiebt sich der Materialentkopplungspunkt an die Stelle der Supply Chain, die einerseits das Produkt unspezifisch und folglich für jeden Kundenauftrag verwendbar lässt, aber andererseits weitest möglich stromabwärts am Markt liegt, um eine kurze Lieferzeit zu gewährleisten. Der Informationsentkopplungspunkt, also die Endkopplung zwischen auftragsgetriggerter und forecastabhängiger Produktion, ist hingegen so weit wie möglich stromaufwärts zu verschieben, um die Produktion der Zulieferer basierend auf dem Marktgeschehen zu steuern. Durch diese Trennung und Verlagerung (siehe Abbildung 22) sollen die Vorteile und kennzeichnenden Merkmale der agilen Produktion wie Flexibilität und Ansprechverhalten auf Marktveränderungen auch auf Bereiche der schlanken Produktion übertragen und somit die Effektivität und Effizienz des Gesamtsystems erhöht werden[307]. Zudem ist die gleichzeitige Weitergabe einer tatsächlichen Marktnachfrage an alle

302 Vgl. Gunasekaran/Ngai (2005), S.425.

303 Vgl. Pfohl (2004), S.122.

304 Vgl. Reeve/Srinivasan (2005), S.53.

305 Vgl. Prasad/Tata/Madan (2005), S.552.

306 Vgl. Christopher/Towill (2000a), S.210.

307 Vgl. Gunasekaran (2005), S.419.

Partner der Supply Chain möglicherweise die effektivste Methode dem Bullwhip-Effekt zu begegnen, welcher wiederum der eigentliche Grund für das Design einer lagergeprägten Supply Chain darstellt[308].

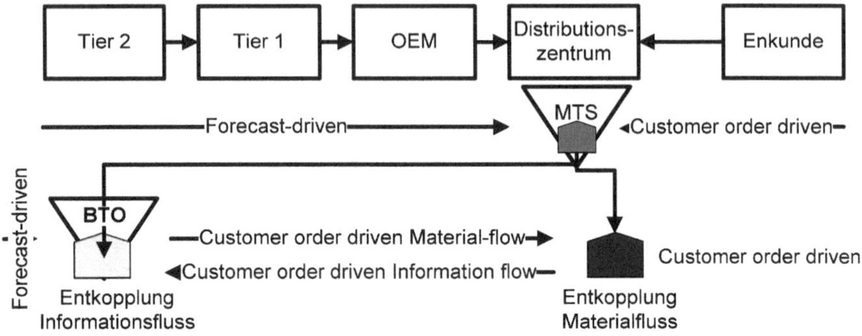

Abbildung 22: Build-to-order Produktionsstrategie
Quelle: Schulze/Seuring/Ewering (2006a), S.4.

Bei der Einführung einer BTO Strategie stoßen Unternehmen jedoch häufig auf die Problematik, dass die der agilen Produktion zugrunde liegenden kurzen Produktionszyklen und sich stetig ändernde Produktionspläne mit denen nach Lean Manufacturing Prinzipien (große Losgrößen, stabile Produktionspläne, etc.) getrimmten Produktionseinheiten zunächst kollidieren[309]. Diesen Konflikt zu lösen, ist Aufgabe des Built-to-Order Supply Chain Managements, welches GUNASEKARAN/NGAI als „die kosteneffiziente Erstellung qualitativ hochwertiger Produkte oder Services basierend auf den individuellen Anforderungen der Kunden durch die gemeinsame Abstimmung und Koordination der Kernkompetenzen der Zulieferer und Partnerfirmen sowie deren Informationstechnologie" definieren[310].

2.5 BTO-Supply Chain Management

Das Build-to-Order Supply Chain Management stellt einen spezifischen Lösungsansatz des Supply Chain Management Gedankens dar, indem es die strategischen Grundprinzipien und Zielsetzungen in einen konkreten unternehmensübergreifenden Gestaltungsansatz in der Marktphase transformiert. Aufgrund der mit der Implementierung verbundenen hohen Integrationsintensität sind einige Anwendungsbedingungen zu beachten. Diese stellen dement-

[308] Vgl. Lyons/Coronado-Mondragon/Kehoe (2004), S.1269.

[309] Vgl. Gunasekaran (2005), S.419.

[310] Gunasekaran/Ngai (2005), S.425.

sprechend Randbedingungen einer qualitativen und quantitativen Nutzenbewertung auch in der Vorlaufphase dar.

2.5.1 Anwendungsbedingungen

Vor allem Unternehmen der Konsumgüterindustrie wie Dell (Computer) und Nike (Sportbekleidung) oder Toyota (Automobile) haben BTO-SCM Strategien umgesetzt. Diese Feststellung legt die Vermutung nahe, dass industrie- und firmen-spezifische Faktoren bei der Einführung einer BTO-SCM Strategie zu berücksichtigen sind[311].
Unter industriespezifischen Faktoren sind all jene Merkmale zu verstehen, die durch die physischen Eigenschaften des Produktes und durch die Anforderungen des Marktes festgelegt sind[312]. Die physischen Eigenschaften bestimmen den Grad der kundenneutralen Modularisierung und somit die Möglichkeiten des Postponements. So bilden die Werkstoffe bzw. die Komponenten/ Teile, aus denen ein Endprodukt besteht und damit zusammenhängend die Anzahl der Produktionsschritte und Parameter, nicht oder nur geringfügig veränderbare Randbedingungen zur Zusammensetzung der Module und zur Verteilung der Produkterstellungsfunktionen entlang der Supply Chain. Der Grad der Kundenorientierung, der den wirklichen Wettbewerbsvorteil einer BTO-SCM Strategie darstellt, ist allerdings nicht nur abhängig von der Variantenvielfalt. Wie einleitend erwähnt, tragen auch marktspezifische Faktoren wie bspw. eine kurze Lieferzeit, Liefertermintreue oder auch Flexibilität hinsichtlich der Losgrößen entscheidend dazu bei[313]. Dementsprechend würde ein größeres Variantenspektrum zu Lasten längerer Lieferzeiten einen Kompromiss darstellen und somit keinen Wettbewerbsvorteil generieren. Das Hinauszögern der Produktion bis zum Zeitpunkt des tatsächlichen Kundenauftrags erfordert also nicht nur eine höhere Flexibilität der Produktionssysteme, um Produkte kundenspezifisch zu konfigurieren, sondern auch die Fähigkeit individueller Lieferanforderungen nachzukommen[314].

Die genannten Aspekte machen deutlich, dass sich durch die Einführung einer BTO-SCM Strategie die operative Abhängigkeit und somit auch die Informationskomplexität erhöht[315], was oft zu Problemen führen kann[316]. Um die Kernkompetenzen der Supply Chain Partner effektiv und effizient zu integrieren, sollen daher die Fähigkeiten zur Bereitstellung der erfor-

---

311 Vgl. Christensen/Germain/Birou (2005), S.480.

312 Vgl. Duray *et. al* (2000), S.605-625.

313 Vgl. Prasad/Tata/Madan (2005), S.565.

314 Vgl. Christensen/Germain/Birou (2005), S.472.

315 Vgl. Prasad/Tata/Madan (2005), S.565.

316 Vgl. Gunasekaran/Ngai (2005), S.427.

derlichen Ressourcen als firmenspezifische Faktoren angesehen werden. JIN-HAI/ANDERSON/HARISSON identifizieren fünf Dimensionen, welche bei der Einführung einer agilen Produktion berücksichtigt werden sollten und demzufolge auch für das BTO-SCM gelten[317]. Grundlegende Voraussetzung ist, dass die beteiligten Unternehmen die BTO Philosophie in ihrer Firmenstrategie festlegen und konsequent alle Bereiche danach ausrichten. Unter der Prämisse der Kundennutzenmaximierung funktioniert dieses aber nur, wenn alle Unternehmen von der Umsetzung dieser Strategie profitieren und eine Win-Win Situation angestrebt wird. Den Schlüssel hierfür stellen die Kernkompetenzen der beteiligten Unternehmen dar. Durch die Bündelung erfolgskritischer Faktoren wird eine Supply Chain aufgestellt, deren Fähigkeiten hinsichtlich einer effektiven und effizienten Belieferung des Kunden weit über die Möglichkeiten des einzelnen Unternehmens hinausgehen. Aus Sicht des BTO-SCM muss diese Bündelung in zwei Stufen erfolgen. Während zunächst in einem strategischen Schritt die adäquaten Partner bestimmt werden, so gilt es schließlich die unterschiedlichen organisatorischen Strukturen, Systeme, Technologien und Methoden in einem strategischen Gesamtprozess zu integrieren. Eine entscheidende Rolle kommt dabei der Informationstechnologie zu. Die Synthese dieser Dimensionen sei im folgenden Rahmenmodell (Abbildung 23) dargestellt.

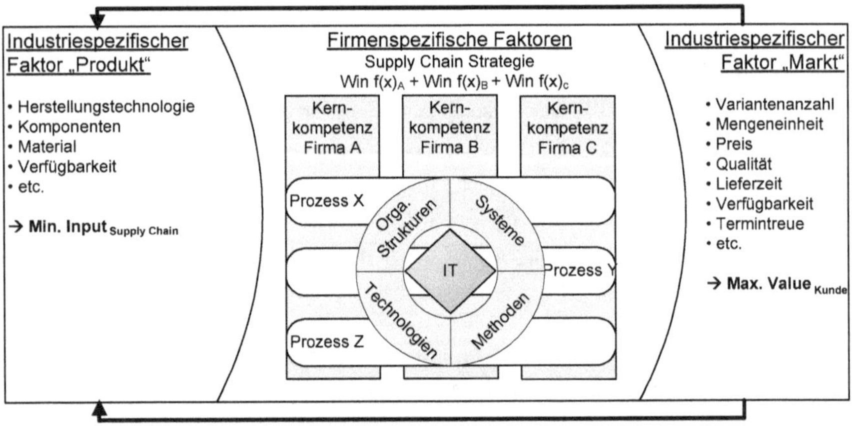

Abbildung 23: Rahmenmodell für das Build-to-order Supply Chain Management
Quelle: Schulze/Seuring/Ewering (2006a), S.6.

317 Vgl. Jin-Hai/Anderson/Harisson (2003), S.173ff.. Diese Dimensionen sollen im weiteren Verlauf der Arbeit für die Einordnung des BTO-SCM in das Supply Chain Management aufgegriffen und letztlich zur Bestimmung der Anforderungen des Supply Chain Management an ein Kostenrechnungsinstrument fruchtbar gemacht werden (siehe Abschnitt 2.5.3).

Deutlich wird, dass auch im BTO-SCM wieder die Bedeutung der Integration hervorgehoben wird[318]. Nur durch die Integration der organisatorischen Strukturen, Systeme, Technologien und Methoden der Unternehmen können diese im Kontext der gesamten Kette wertschöpfender Aktivitäten gesehen werden und somit den Anforderungen einer hybriden Wettbewerbsstrategie gerecht werden. Durch die explizite Verankerung einer Win-Win Situation in der gemeinsam definierten Strategie ist es möglich, die Kosten einer Aktivität (eines Unternehmens) sogar bewusst zu erhöhen, um letztlich eine Verringerung der Gesamtkosten der Supply Chain zu erzielen[319]. Dieses stellt einen wesentlichen Unterschied zu den vorgestellten Integrationsmodellen dar, die lediglich darauf abzielen den Nutzen für den Endkunden zu erhöhen. Während eine Win-Win Situation dementsprechend von vielen Autoren als selbstverständlich dem Supply Chain Management zugeordnet wird, so belegen eine Anzahl von Studien, dass von einer Integration oft nur der Käufer profitiert[320]. In Modifikation zu 2.2.3.9 soll daher für das BTO-SCM exemplarisch konkretisiert werden:

Dem dieser Arbeit zugrunde liegenden Verständnis nach ist eine Integration von Funktionen und Prozesses vorteilhaft, wenn Integration im Rahmen und unter den Prämissen des BTO-SCM zu einer Win-Win Situation für alle beteiligten Unternehmen führt. Hierfür ist es notwendig Instrumente zu schaffen, welche eine unternehmensübergreifende Quantifizierung und fortwährende Messung des Nutzens in den jeweiligen Phasen (des Supply Chain Managements) ermöglichen und einen Interessenausgleich gewährleisten.

2.5.2 Referenzmodelle zur Beschreibung von Prozessen

Während das BTO-Supply Chain Management zwar kein Instrument zur Nutzenquantifizierung zur Verfügung stellt, so verlangt das gemeinsame Erschließen von Kostensenkungs- und Nutzensteigerungspotenzialen in der Supply Chain über Unternehmensgrenzen hinweg eine einheitliche Vorgehensweise und Beschreibung der zu betrachtenden Prozesse[321]. Im Folgenden sollen daher zwei der am häufigsten diskutierten Referenzmodelle als exemplarische Beispiele vorgestellt werden. Während das „Prozesskettenmodell der Logistik" (Abschnitt 2.5.2.1) in der wissenschaftlichen Diskussion entwickelt wurde, so ist die Herkunft des „SCOR-Modells" (Abschnitt 2.5.2.2) in der unternehmerischen Praxis zu finden.

---

318 Vgl. Chen *et al.* (2003), S.25-37; Gunasekaran/Ngai (2005), S:423-451.

319 Vgl. Shank/Govindarajan (1995), S.83f

320 Vgl. Lambert/Cooper (2000); Mouritsen/Skjøtt-Larson/Kotzab (2003).

321 Hines/Rich (1997), S.46-64; Rother/Shook (1998); Hines/Holweg/Rich (2004), S.1003.

2.5.2.1 Das Prozesskettenmodell der Logistik

BAUMGARTEN/WALTER haben ein Prozesskettenmodell der Logistik definiert, welches durch die Bundesvereinigung Logistik e.V. (BVL) als Referenzmodell für logistische Fragestellungen benutzt wird (Abbildung 24). In diesem sind vier Prozessketten identifiziert: die Entwicklungs-, Versorgungs-, Auftragsabwicklungs- sowie Entsorgungsprozesskette. Während der Entwicklungsprozess nicht weiter untergliedert ist, so besteht die Versorgungsprozesskette aus den Teilprozessen „Bedarfsermittlung", „Einkauf" und „Beschaffung". Die Auftragsabwicklung ist in die Module „Auftragsdurchlauf", „Produktionsplanung und -steuerung", „Produktion" und „Distribution" eingeteilt, während die Entsorgungsprozesskette in die „Rückführung", „Behandlung" und „Wiedereinsteuerung" unterteilt ist. Wurde dieses Modell zwar ursprünglich für die Einzelunternehmung konzipiert, so findet es dennoch auch im Kontext des Supply Chain Managements vermehrt Verwendung. So können die Aktivitäten der jeweiligen Einzelunternehmen klassifiziert und den Teilprozessen zugeordnet werden. Hierdurch werden Verantwortlichkeiten dargelegt und Schnittstellen identifiziert.

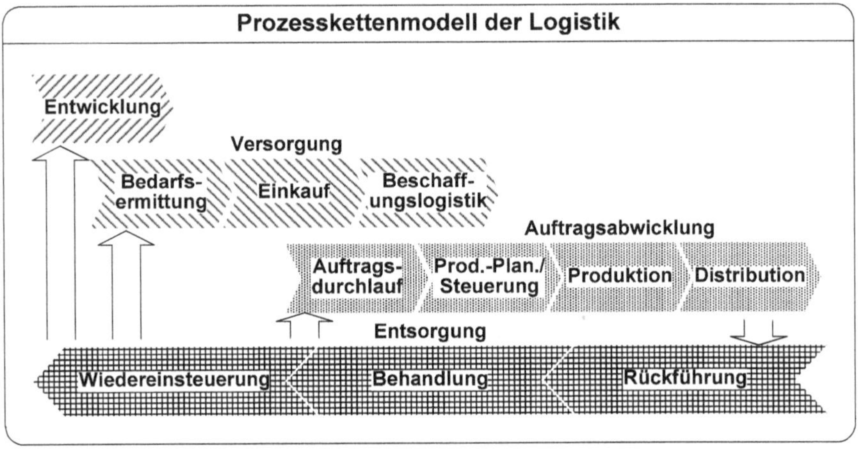

Abbildung 24: Prozesskettenmodell der Logistik
Quelle: Baumgarten/Walter (2000), S.7.

2.5.2.2 Das SCOR-Modell

Ein weiterer in dem Zusammenhang einer einheitlichen Beschreibung von Prozessen Ansatz hierfür ist das Supply Chain Operation Reference-Modell (kurz SCOR), welches vom Supply

Chain Council (SCC)[322] als Standard Prozess-Referenzmodell zum Informationsaustausch zwischen Unternehmen einer Supply Chain entwickelt wurde[323].

2.5.2.2.1 Der methodische Rahmen von SCOR

Ein wesentliches Unterscheidungsmerkmal des SCOR-Modells von anderen Prozessbeschreibungsmethoden ist, dass es einen vollständigen methodischen Rahmen mit den folgenden Elementen bietet[324]:

- Standardprozessbeschreibung
  Standardprozessbeschreibungen fungieren als ein allgemeingültiges softwareunabhängiges Rahmenwerk für sämtliche Supply Chain Teilprozesse. Ziel ist es, dass unterschiedliche Anwender ein einheitliches Verständnis der einzelnen Supply Chain Prozesse entwickeln und untereinander kommunizieren können. Die Standardprozessbeschreibungen können dabei sowohl als Referenz zur Analyse der Ist-Situation angewendet oder bei der Konzeption eines neuen Sollprozesses verwendet werden. Hierfür definiert das SCOR-Modell zusätzlich eine Standard-Nomenklatur.[325]
- Messgrößen
  Das SCOR-Modell definiert (standardisierte) Messgrößen für jeden Teilprozess, mit denen alle Prozesse gemessen und gesteuert werden können. Die SCOR-Messgrößen sind unternehmensunabhängig. Dies bietet die Möglichkeit eines Benchmarkings verschiedener Unternehmen.[326]
- Best Practices
  In den Best Practices sind erfolgreiche, in der Praxis bewährte Ansätze für Prozessoptimierungen (der Kernprozesse) zusammengefasst. Sie bieten dem Anwender eine Auswahl von Methoden zur Verbesserung der eigenen Supply Chain Performance.[327]
- Softwareanforderungen

---

[322] Vgl. Handfield/Nichols (1999), S.53; Geimer/Becker (2001), S.116; Supply Chain Council (2006). 1996 trafen sich Vertreter von 70 unabhängigen Unternehmen mit der Unternehmensberatung PRTM und dem Softwareberatungsunternehmen AMR, um ein Prozess-Referenzmodell zu definieren und ständig weiterzuentwickeln. Hieraus erwuchs 1997 das Supply Chain Council, welches heute mehr als 1000 Mitglieder zählt.

[323] Vgl. Hellingrath (1999), S.77; Corsten/Gössinger (2001), S.140. Das Modell ist dabei branchenunabhängig konzipiert, wobei es sich bei den Teilnehmern um die jeweiligen Marktführer der Branche handelt.

[324] Vgl. Corsten/Gössinger (2001), S.140; Geimer/Becker (2001), S.120; Becker (2002), S.67ff; Kanngießer (2002), S.4ff.; Huan/Sheoran/Wang (2004), S.23f; Kasi (2005), S.3.

[325] Vgl. insbesondere Stewart (1997), S.63ff; Alard/Hartel/Hieber (1999), S.65; Specht/Hellmich (2000), S.104ff.

[326] Vgl. insbesondere Prockl (1998), S.441; Lockamy/McCormack (2004), S.1201ff.

[327] Vgl. insbesondere Zäpfel (2000), S.9.

Zur Automatisierung der Supply Chain Prozesse werden leistungsfähige Anwendungssysteme benötigt, die die verschiedenen Prozesse unternehmensübergreifend steuern und überwachen. Voraussetzung hierfür sind standardisierte Schnittstellen für die Verknüpfung der einzelnen ERP-Systeme der Unternehmen. Hierfür liefert SCOR die Beschreibung der Anforderungsdefinitionen, um geeignete Softwaresysteme auszuwählen.[328]

2.5.2.2.2 Die SCOR-Prozesstypen

Die Modellierung basiert auf den fünf Kernprozessen Planen (Plan)[329], Beschaffen (Source)[330], Produzieren (Make)[331], Liefern (Deliver)[332] und Entsorgen (Return)[333] (Abbildung 25).[334]

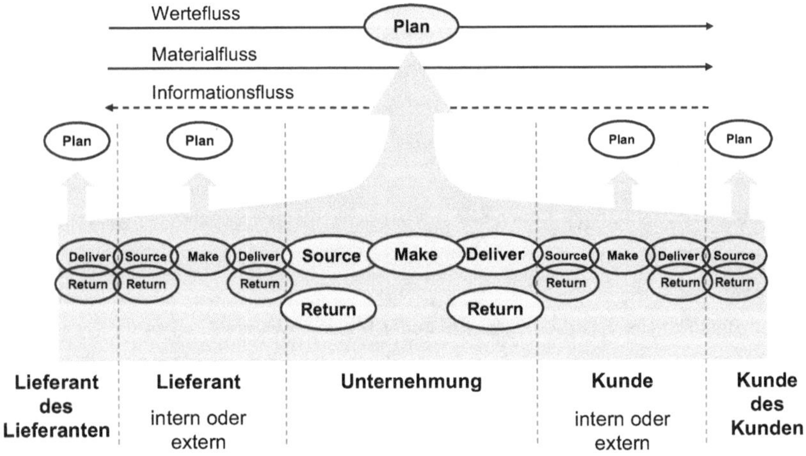

Abbildung 25: Modellierung der Supply Chain nach SCOR
Quelle: Supply Chain Council (2005), S.2.

[328] Vgl. insbesondere Kirchmer (2004), S.20-30.
[329] Vgl. Supply Chain Council (2005), S.13ff.
[330] Vgl. Supply Chain Council (2005), S.59ff.
[331] Vgl. Supply Chain Council (2005), S.95ff.
[332] Vgl. Supply Chain Council (2005), S.135ff.
[333] Vgl. Supply Chain Council (2005), S.207ff.
[334] Vgl. Schönsleben (2000b), S.151f.

Das SCOR-Modell unterscheidet zwischen den o.g. unterschiedlichen Prozesskategorien Planungs-, Ausführungs- und Infrastrukturprozesse[335]:

- Planungsprozesse (P)
  In den Planungsprozessen werden Maßnahmen festgelegt, um Angebot und Nachfrage aufeinander abzustimmen. Der Kernprozess Planen ist demgemäß verantwortlich für alle vorbereitenden Tätigkeiten zu den jeweiligen Ausführungsprozessen wie Kapazitätsplanung oder Auftragsverteilung.
- Ausführungsprozesse (S, M, D, R)
  Die Ausführungsprozesse verändern den Zustand des Materials oder der Waren und beinhalten die zugehörigen Steuerungsaufgaben. Somit werden der Material-, der Informations- und der Wertefluss anhand der vier Kernprozesse: Beschaffen (S), Produzieren (M), Liefern (D) und Entsorgen (R) beschrieben:
  - Beschaffungsprozesse umfassen den Erwerb, den Erhalt, die Prüfung und die Bereitstellung des eingegangenen Materials bzw. der Vorprodukte.
  - Die Produktion umfasst den Erhalt des Rohmaterials über die Produktion bis hin zur Montage und Verpackung.
  - Zum Kernprozess Liefern gehört die Erfassung der Nachfrage, das Auftrags-, das Lager- und das Transportmanagement.
  - Der Kernprozess Entsorgen beschreibt alle Aktivitäten wie Einplanung, Transfer und Vereinnahmung, die zur Rückführung eines defekten oder ausgedienten Produktes vom Kunden bzw. von Produktionsabfällen zum Lieferanten ausgeführt werden müssen.
- Infrastrukturprozesse („Enable“: ES, EM, ED, ER)
  Zu den Infrastrukturprozessen gehören alle Elemente, die zur Vorbereitung (E) der Ausführungsprozesse (S,M,D,R) in der Supply Chain erforderlich sind (z.B. das Management des Produktionsequipments, der Distributionskanäle oder Lieferantenbewertungen). Das SCOR-Modell trennt die Infrastrukturprozesse von den übrigen Prozessen, um die Komplexität der Gestaltung der Ausführungsprozesse zu reduzieren und diese leichter gestalten zu können. So gehört bspw. die Auswahl eines neuen Lieferanten in den Infrastrukturprozess. So müssen die Lieferantendaten nur einmal erfasst werden, da die Ausführungsprozesse auf die Definition zurückgreifen, und der Infrastrukturprozess beliebig oft ausgeführt werden kann.

[335] Vgl. Kanngießer (2002), S.5; Kasi (2005), S.4.

2.5.2.2.3 Die SCOR-Prozessebenen

Das SCOR-Modell ist hierarchisch wie eine Pyramide mit vier Ebenen aufgebaut, die von oben nach unten (top-down) gegliedert ist und auf jeder Modellierungsebene unterschiedliche Zielsetzungen verfolgt (Abbildung 26)[336]. Die erste Ebene dient zur Beschreibung und Abgrenzung des Aufgabenumfangs der Supply Chain. Hier werden grundlegende Rahmenbedingungen wie Wettbewerbsziele, die Logistikstruktur oder Supply Chain-Prioritäten festgelegt. Die zweite Ebene differenziert die Kernprozesse der ersten Ebene in die in Abschnitt 2.5.2.2.2 vorgestellten Prozesskategorien. „Ebene 1 und 2 dienen strategischen Aufgaben und Gesamtanalysen“[337], während die dritte und vierte Ebene operative Teilaspekte aufgreifen. Es ist hervorzuheben, dass nur für die Ebenen eins bis drei im SCOR-Modell eine branchenübergreifende Lösung konzipiert ist. Die Prozesse der Ebene 4 sind dagegen unternehmensspezifisch geprägt, so dass keine Standardisierung möglich ist.

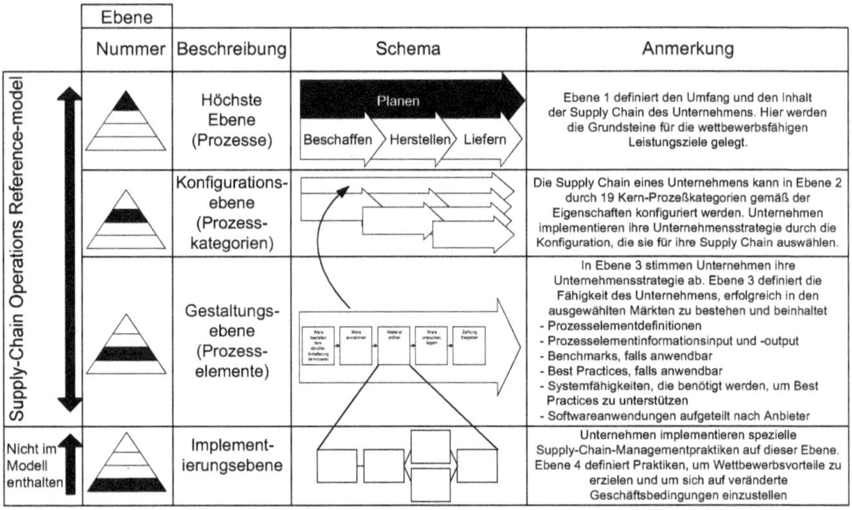

Abbildung 26: Die Prozessebenen im SCOR-Modell
Quelle: Supply Chain Council (2005), S.3.

- *Erste SCOR-Ebene: Bestimmung der Kernprozesse*
  In der ersten Ebene werden der Umfang der Wertschöpfung und die Teilnehmer der Supply Chain grundlegend beschrieben. Dabei wird sich auf die Kernprozesse Planen, Beschaffen, Produzieren, Liefern und Entsorgen beschränkt. Durch die Abgrenzung des

[336] Vgl. Corsten/Gössinger (2001), S.148; Geimer/Becker (2001), S.122ff; Becker (2002), S.71ff.; Kanngießer (2002), S.6ff.;Kasi (2005), S.4

[337] Geimer/Becker (2001), S.122.

betrachteten Umfangs auf der ersten Ebene ist eine Gesamtanalyse möglich, die eine Abstimmung der einzelnen Supply Chain Partner ermöglicht.

- *Zweite SCOR-Ebene: Konfigurationsebene zur Bestimmung der Prozesskategorien*
  In der zweiten Ebene werden verschiedene Kategorien innerhalb jedes einzelnen Prozesses der ersten Ebene definiert. Die zweite Ebene beschreibt also, wie die Prozesse in der Supply Chain geplant, das Material beschafft, die Produkte hergestellt und geliefert sowie Altprodukte oder Produktionsabfälle entsorgt werden. Mithilfe von 20 Standardprozesskategorien kann die gesamte Supply Chain oder können Teilprozessketten der einzelnen Unternehmen dargestellt werden. Die gewählte Supply Chain Konfiguration ermöglicht nun die Implementierung und Abstimmung der einzelnen Unternehmensstrategien bzw. zeigt den Bedarf einer Re-Konfiguration auf. Durch die Detaillierung der Gesamtbetrachtung der Ebene 1 und die Verknüpfung der Teilprozessketten werden Probleme der Supply Chain deutlich, wie z.B. offene Schnittstellen oder interne Redundanzen. Die Prozesskategorien unterscheiden sich bei den Ausführungsprozessen (S, M, D, R) nach der Auftragsart (bspw. Produktion auf Lager (MTS) oder auftragsbezogene Produktion (MTO)). Die Planungsprozesse werden nach den dazugehörigen Ausführungsprozessen untergliedert. Die Anfangsbuchstaben der Ebene 1 sowie eine fortlaufende Nummerierung identifizieren die Prozesse eindeutig (z.B. S1 „source stocked product“: Beziehen eines Vorproduktes aus dem Lagerbestand eines Lieferanten) (Abbildung 27).

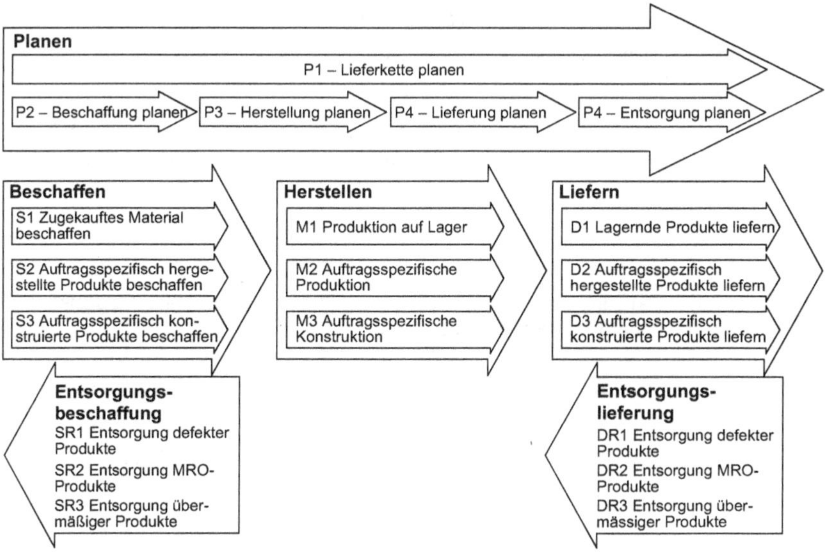

Abbildung 27: Prozesskategorien der Ebene 2 im SCOR-Modell
Quelle: Supply Chain Council (2005), S.10.

- *Dritte SCOR-Ebene: Gestaltungsebene zur Bestimmung der Prozesselemente*
  Die Prozesselemente der dritten Ebene beschreiben die wesentlichen Teilprozesse der Prozesskategorien sowie deren Input und Output. Die Prozessschritte, ihre Reihenfolge, sowie die Eingangs- und Ausgangsinformationen werden getrennt dargestellt. So wird bspw. die Prozesskategorie „M1 Produktion auf Lager" aufgeteilt in die Prozesselemente: „M1.1 Produktion planen", „M1.2 Material der Produktion zuführen" und „M1.3 Produktion und Test".
- Vierte SCOR-Ebene: Implementierungsebene zum Detaillieren der Prozesselemente
  Die vierte Ebene 4 beschreibt die (unternehmensspezifischen) Aufgaben und Aktivitäten für jedes Prozesselement. Für diese Ebene werden keine Modellierungselemente angeboten, da deren Abbildung zu detailliert und unternehmensspezifisch ist. Hierfür können existierende Modellierungsverfahren eingesetzt werden.

Die vorgestellten Modelle ermöglichen eine einheitlichen standardisierte Beschreibung unternehmensübergreifender Prozesse. Dieses stellt eine Grundvoraussetzung für das Erschließen von Kostensenkungspotenzialen dar. Hinsichtlich des durch BAUMGARTEN/WALTER[338] entwickelten Referenzmodells ist allerdings einschränkend festzustellen, dass der Logistikbezug und die geringe Detailgliederung das Modell prinzipiell nur für eine Grobbeschreibung von Prozessketten geeignet erscheinen lassen. Dieses mag für die Nutzenbewertung von einer Vielzahl von Aktivitäten und Prozessen nicht ausreichen, weshalb sich das Modell daher in erster Linie für die allgemeine Zuordnung von Verantwortlichkeiten eignet. Für die einheitliche Prozessbeschreibung im Kontext einer detaillierten Nutzenbewertung bildet die feiner Untergliederung der Prozesse des SCOR-Modells die sinnvollere Grundlage. Vor dem Hintergrund des hier dargestellten methodischen Rahmens sollen nun Anforderungen eines Kostenrechnungsinstruments für den Gegenstandsbereich des Supply Chain Management definiert werden.

2.5.3 Anforderungen an ein Kostenrechnungsinstrument für den Gegenstandsbereich des Supply Chain Managements

Im Folgenden seien nun die Dimensionen des BTO-Supply Chain Managements in die Produkt-Kooperations-Matrix eingeordnet (Tabelle 2). Hierdurch erfolgt eine tiefergehende Spezifizierung des bereits vorgestellten Aufgabenumfangs in den Integrationsfeldern, aus denen

[338] Vgl. Baumgarten/Walter (2000), S.7.

dann die konkreten Anforderungen an ein Kostenmanagementinstrument zur Bewertung des Nutzens hergeleitet werden sollen[339].

		Vorlaufphase		Marktphase / (Nachlaufphase)	
		Phase I Strategische Konfiguration von Produkt und Netzwerk	Phase II Produkt-design in der Supply Chain	Phase III / (V) Gestaltung des Produkti-ons-/ Redukti-onsnetzwerks	Phase IV / (VI) Prozessoptimierung in der Supply Chain/ Rücknahmekette
Dimensionen im BTO- SCM	Strategie-Vereinheitlichung	X		X	
	Kernkompetenzen	X	X		
	Integration der - Systeme - Methoden - Organisationsstrukturen - Technologien			X	X
	IT			X	X
	Ziel: Win-Win	X	X	X	X

Tabelle 2: Einordnung des BTO-SCM in das Supply Chain Management
Quelle: Eigene (2006)

- Strategievereinheitlichung

  Eine nutzenbasierte Abstimmung der Strategie hat in den Phasen eins und drei des Supply Chain Managements zu erfolgen. So gilt es in der ersten Phase Produkte zu identifizieren, deren Marktanforderungen eine Built-to-Order Strategie verlangen (hohe Variantenvielfalt zu niedrigen Preisen) und inwieweit deren Produkteigenschaften eine Built-to-Order Produktion (Herstellungstechnologie, Materialien) ermöglichen. Dieses kann nicht ohne eine Bewertung und Auswahl potenzieller Partnerunternehmen erfolgen. Dementsprechend muss ein Kostenmanagementinstrument in der Lage sein, die Kostenstruktur eines Produktes zu erfassen. Diese ist zunächst hinsichtlich der Auswahl der Partner zu bewerten. Ist eine effektive Partnerauswahl erfolgt, so muss das Instrument in der Lage sein, die Kostenstruktur kettenweit zu erfassen, um letztendlich die Kosten dem durch die Maßnahmen erzielten Umsatz gegenüberzustellen. Dieses entspricht der geforderten Nutzendefinition (vgl. 2.5.1). Als Basis zur Wiedergabe der Kostenstruktur muss das Instrument die Prozessstruktur der Supply Chain berücksichtigen.

  Dieses ist umso wichtiger, desto mehr es in der dritten Phase darum geht, die Produkterstellungsfunktion entlang der Supply Chain zu verteilen. Dementsprechend bedarf es einer kostenrechnerischen Evaluierung, auf welchen Stufen der Material- und der Informa-

[339] Vgl. zu allgemeinen Anforderungen an ein Kostenrechnungs- bzw. Kostenmanagementinstrument Fröhling (1994), S.14-82 bzw. deren Spiegelung auf das Supply Chain Management in Seuring (2001), S.102. Hier und im weiteren Verlauf dieser Arbeit soll das BTO-Supply Chain Management an einigen Stellen zur Konkretisierung und Spezifizierung des Kontexts des Supply Chain Managements in Bezug auf die jeweils behandelten Thematiken herangezogen werden und somit zur besseren Verdeutlichung beitragen.

tionsentkopplungspunkt verankert und wie dementsprechend Produktionsverfahren und Logistik gestaltet werden sollen. "Cost as the main order-winner might also imply an integral trade-off of all costs in the chain, leading to relocation of (physical) resources into a buyerfocused operation. Here, the investment in extra capacity might be leveraged against lower inventory, less communication, lower transportation costs and/or a larger variety of supplies and products"[340]. Folglich muss das Instrument die zeitliche Struktur der Kostenentstehung und Zurechnung berücksichtigen können wie bspw. bei der Bewertung von Lagerbeständen.

- Bestimmung der Kernkompetenzen
  Bereits zu Beginn dieser Arbeit (vgl. Abschnitt 2.2.2) wurde festgestellt, dass Kernkompetenzen nicht mehr nur im Sinne von „ganzen" Funktionalitäten zu betrachten sind, sondern Bestandteile von Produkten eine Kernkompetenz darstellen können. Dies gilt natürlich auch für die Produkterstellungsfunktion, wie bereits beim Punkt Strategievereinheitlichung angedeutet. Das bedeutet, dass das Kostenmanagementinstrument ggfs. verschiedene Detaillierungsgrade bzw. eine unterschiedliche Anzahl von Analyseebenen der Prozessstruktur auf einer einheitlichen aussagekräftigen Prozessebene kostenrechnerisch zusammenführen muss. So muss das Kostenmanagement nicht nur eine Entscheidung unterstützen, ob bspw. die Entwicklung eines ganzen Produktes eine Kernkompetenz eines jeweiligen Unternehmens darstellt, sondern ob die Entwicklung bestimmter Aggregate oder Module arbeitsteilig durch mehrere Unternehmen der Supply Chain durchgeführt werden sollte.

- Integration der Systeme, Methoden, Organisationsstrukturen, Technologien
  Das BTO-SCM verlangt nach einer Integration der Systeme, Methoden, Organisationsstrukturen, Technologien. Jedoch merken VAN DER VAART/VAN DONK an: "Even under contemporary circumstances as expressed in much literature on supply chain management, we think that some operations will be judged by their performance on cost. The consequence might be that integration will not be achieved or is not necessary"[341]. In der dritten, aber vor allem in der auf Effizienzverbesserungen ausgerichteten vierten Phase gilt es daher, den Integrationsnutzen zu bewerten. Hier muss ein Kostenmanagementinstrument die operativen Kosten der Zusammenarbeit erfassen und bewerten können und diese möglichen Investitionsmaßnahmen in bspw. einem einheitlichen Produktionssteuerungssystem, einem Materialhandlingstandard oder in der Implementierung personeller Funktionen bzw. Verantwortungen gegenüberstellen. Wichtig ist hierbei vor allem, dass

---

[340] Van der Vaart/Van Donk (2004), S.29.

[341] Van der Vaart/Van Donk (2004), S.29.

das Kostenmanagementinstrument unternehmensübergreifend eine einheitliche Methodik gewährleistet, die bspw. die verschiedenen Kontenrahmen der Unternehmen integriert. Die Bedeutung dieses Instruments als Kommunikationsstandard in der Marktphase sei hier nachhaltig betont.

- IT
  Die Informationstechnologie wird im BTO-SCM als Mittel angesehen, um zur geforderten Integration zu gelangen. Ihr kommt in der dritten und vierten Phase der Produkt-Kooperations-Matrix die Aufgabe zu, Kosteninformationen der operativen Ausführungen regelmäßig unternehmensübergreifend zu erfassen und idealerweise automatisch zu aussagekräftigen Werten zu transformieren. Sie hat sicherzustellen, dass die zeitliche Struktur der Kostenerfassung Berücksichtigung findet. Dementsprechend sollte sie nicht nur in turnusmäßigen Abständen Kosteninformationen vergangenheitsorientierter Daten liefern, sonder durch „Echtzeit" Daten jederzeit Aussagen über die Effektivität und Effizienz der Prozesse zur Entscheidungsunterstützung zulassen.

- Win-Win Situation
  Erfüllt das Kostenmanagementinstrument die o.g. Anforderungen, so unterstützt es die Zieldimension des BTO-SCMs, indem es in allen Phasen Transparenz hinsichtlich der Win-Win Situation auf Unternehmensbasis zur Verfügung stellt. Dementsprechend lässt es auch Aussagen über die anzustrebende Koordinationsform auf Prozessebene zu (zentrale Steuerung durch ein fokales Unternehmen oder dezentrale, gleichberechtigte Steuerung). "If there is, it is clearly in its owner's best interest to ensure that the overall cost is reduced, although this could lead to an increase in costs in one link - if larger decreases occur elsewhere. Even if there is no common owner, however, the various actors still need some kind of co-ordination to operate effectively. The issue, of course, is whose best interest it is to reduce overall supply chain costs and how will savings/benefits be shared among the individual supply network actors"[342]. Das Instrument ermöglicht durch die gleichgeartete Bewertung des Nutzens auf Unternehmensebene die Ausführung zielgerichteter Kompensationsaktivitäten oder -zahlungen.

Dieses Kapitel hat die Bedeutung des Supply Chain Managements als Wettbewerbsstrategie verdeutlicht, die Relevanz eines unternehmensübergreifenden Instruments zum Kostenmanagement in Supply Chains hervorgehoben sowie Anforderungen an dieses definiert. Vor diesem Hintergrund sollen im folgenden Kapitel verschiedene Kostenmanagementinstrumente eine Überprüfung daraufhin erfahren, ob sie für eine Anwendung geeignet sind.

---

[342] Romano (2003), S.122. Vgl.auch Simchi-Levi/Kaminsky/ Simchi-Levi (2000), S.197ff.

3 Kostenmanagement im Supply Chain Management

Zu Beginn des dritten Kapitels „Kostenmanagement im Supply Chain Management" werden zunächst die Grundlagen des Kostenmanagements erörtert, welches sich aus der Kostenrechnung und dem Kostencontrolling zusammensetzt. (Abschnitt 3.1). Vor diesem Hintergrund werden das Open-book Accounting, das Target Costing, das Total Cost of Ownership, das Prozesskostenmanagement und die Balanced Scorecard als Instrumente präsentiert, denen in der wissenschaftlichen Diskussion große Bedeutung für die Umsetzung der o.g. Aufgaben im Kontext des Supply Chain Management beigemessen wird (Abschnitt 3.2). Nach einer Diskussion der Instrumente werden verschiedene Ansätze zum Prozesskostenmanagement in Supply Chains präsentiert und analysiert (Abschnitt 3.4 bzw. 3.4.12). Die hieraus abgeleiteten Erkenntnisse bilden die Grundlage für die Entwicklung eines Prozesskostenmanagementmodells für das Supply Chain Management (Abschnitt 3.5).

Es wird dargelegt, dass die Aufgabe der Kostenrechnung die Beschaffung von Kosteninformationen ist, während es dem Kostencontrolling obliegt diese gewonnenen Informationen als Entscheidungsvorlage aufzubereiten. Die Darstellung der Kostenmanagementinstrumente zeigt, dass nur das Prozesskostenmanagement aufgrund seiner immanenten Systematik den o.g. Aufgabenstellungen im unternehmensübergreifenden Kontext grundsätzlich gerecht werden kann. Die daraufhin präsentierten konzeptionellen Ansätze zum Prozesskostenmanagement in Supply Chains weisen vor allem hinsichtlich der zugrunde gelegten Erkenntnisebene, aber auch bzgl. ihres Konzeptionsumfangs Defizite aus. Hieraus resultiert u.a., dass bei der Entwicklung des Prozesskostenmanagementmodells ein Aufbau anhand der Phasen der Produktdimension und die Bedeutung des Supply Chain Managements als Wettbewerbsstrategie ebenso Berücksichtigung findet wie der Belang einer niedrigen Komplexität und eines geringen Aufwands bei der Erhebung der Kosteninformationen.

3.1 Konzeptionelle Grundlagen des Kostenmanagements

Bevor nun ein Überblick über die bisher in Literatur und Praxis verwendeten Instrumente zum wertschöpfungskettenweiten Kostenmanagements gegeben wird, bedarf es einer tiefgehenden Erklärung der Begrifflichkeiten „Kosten“, „Kostenrechnung“ und „Kostenmanagement“.

Zur Einführung in die Thematik des Kostenmanagements sei daher zunächst ein Zitat von HEINEN angeführt: „Der Kostenbegriff gehört zu den vielseitigsten und schwierigsten Grundbegriffen der betriebswirtschaftlichen Theorie und Rechnungspraxis“[343].

Demnach lassen sich auch verschiedene Definitionen der Begrifflichkeit „Kosten“ in der betriebswirtschaftlichen Literatur finden[344], wonach der „wertmäßige“ und der „pagatorische“ Kostenbegriff unterschieden werden. Die *wertorientierte* Begriffsdefinition folgt der heute überwiegend verwendeten Deklaration von Kosten als bewerteter, leistungsbezogener Güterverzehr einer Periode und ist nicht an Zahlungsströme geknüpft[345]. Folglich bestehen hinsichtlich der Wertansätze Freiheitsgrade, bspw. ob Anschaffungs-, Tages- oder Durchschnittspreise gewählt werden[346]. Dem pagatorischen Kostenbegriff hingegen liegen tatsächliche Zahlungsströme zu Grunde[347].

In Bezug auf das Supply Chain Management als Betrachtungsgegenstand ist die Abgrenzung des Kostenbegriffes hinsichtlich zweier unterschiedlicher Sachverhalte relevant: So ist zum einen die kostenmäßige Darstellung des Mittelverbrauchs zur Planung, Erstellung und Implementierung von SCM Systemen von Bedeutung. Zum anderen kann der Kostenbegriff zur Bewertung der Potenziale einer systeminduzierten Reduktion des Ressourceneinsatzes herangezogen werden[348]. Hinsichtlich des pagatorischen Kostenbegriffs erhöht dessen Bindung an Zahlungsbewegungen die Neutralität und Objektivierbarkeit von den im Rahmen des Supply Chain Managements ausgetauschten Leistungen. Andererseits werden Opportunitätskosten als Kostensenkungspotenzial definitorisch ausgeschlossen. Um diese dennoch zu bewerten müsste bspw. die Kapitalbindung einzelner Lagerbestände als Fremdkapitalzins bewertet order Fehlmengenkosten in Form zusätzlicher Ausgaben (z.B. Sondertranspor-

---

343 Heinen (1983), S.43.

344 Vgl. Vodrazka (1992), S.19ff.; Rehkugler (1993) für einen Überblick der Kostendefinitionen.

345 Vgl. Heinen (1983), S.57ff, Schweitzer/Küpper (1998), S.16ff, Seuring (2001), S.63 und die dort angebenen Quellen.

346 Vgl. Rade (2004), S.81f.

347 Vgl. Brühl (1998), S. 87.

348 Vgl. Rade (2004), S.81f.

te) erfasst werden. Da diese Vorgehensweise weder praktisch noch wirtschaftlich erscheint und zudem der anzustrebenden kosteneffktiven Gestaltung der Supply Chain entgegenstehen kann, wird in dieser Arbeit die *wertorientierte* Begriffsdefinition herangezogen.[349]

Ziel der Kostenrechnung ist nun „die Ermittlung der Kosten als Ausdruck des leistungsbezogenen Güterverbrauchs in Geldeinheiten“[350]. Um dieses Ziel zu erreichen, ist es Aufgabe der Kostenrechnung, Informationen für die betriebliche Disposition zu liefern[351], weshalb KAJÜTER die Kostenrechnung auch als ein Instrument zur Generierung von Kosteninformationen für das Kostenmanagement bezeichnet[352]. Dieser Aussage legt KAJÜTER ein gestaltungsorientiertes Verständnis des Begriffs Kostenmanagement zugrunde, dessen Kernaufgabe es ist, Maßnahmen zur Senkung des Kostenniveaus, zur Veränderung der Kostenstruktur und somit zur bewussten Beeinflussung der Kosten einzuleiten[353].

Um die durch die Kostenrechnung gewonnenen Informationen für das Kostenmanagement fruchtbar zu machen, bedarf es einer Aufbereitung. Diese Aufgabe wird durch das Kostencontrolling übernommen, welches als Servicefunktion der Unternehmensführung bedarfsorientiert Informationen zur Planung, Steuerung und Kontrolle der Unternehmensprozesse bereitstellt. Das primäre Ziel ist dabei die Beseitigung von Abstimmungs- und Koordinationsdefiziten zur Sicherung der Entscheidungsqualität.[354]

Deutlich wird also, dass das Kostenmanagement sich der Informationsgewinnung der Kostenrechnung und der Informationsversorgung des Kostencontrolling bedient, um kostenbeeinflussende, -steuernde und -gestaltende Maßnahmen zu beurteilen, welche im Umkehrschluss darauf abzielen den eigentlichen Input der Kostenrechnung zu verändern (Abbildung 28). Die Sicherung des Unternehmenserfolgs darf somit als Kernziel des Kostenmanagements bezeichnet werden[355].

---

[349] Vgl. Rade (2004), S.83.

[350] Vgl. Koisol (1979), S.68.

[351] Vgl. Hax (1967), S.752.

[352] Vgl. Kajüter (2000), S .12.

[353] Vgl. Kajüter (2000), S.10-12 und die dort zitierten Autoren, welche unter dem Begriff Kostenmanagement auch neuere Verfahren der Kostenrechnung, wie die Prozesskostenrechnung oder Lebenszyklusanalyse oder eine an das Total Quality Management angelehnte Philosophie des kostenbewussten Denkens und Handelns der Führungskräfte und Mitarbeiter eines Unternehmens, verstehen.

[354] Vgl. Amshoff (1993), S.180ff.; Reichmann (1997), S.10ff.; Kajüter (2000), S.13.

[355] Vgl. Horváth (1990), S.180, Franz (1994), S.5.

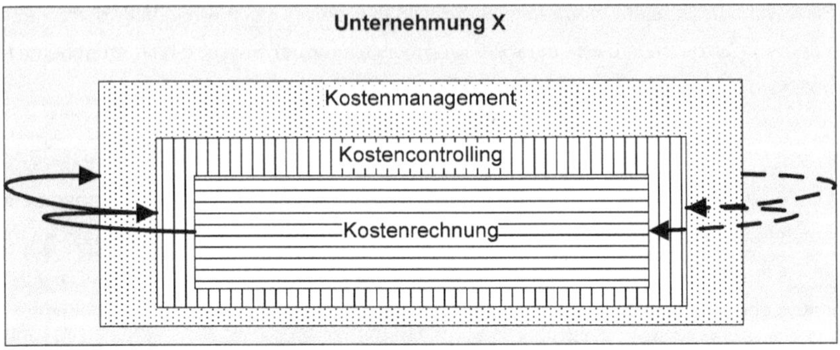

Abbildung 28: Kostenmanagement in Unternehmen
Quelle: Eigene (2006) in Anlehnung an Kajüter (2000), S.14.

Wie bereits in Kapitel 2 beschrieben, steht die Sicherung des Unternehmenserfolgs im direkten Zusammenhang zur Leistung(sfähigkeit) der gesamten Supply Chain, welche wiederum nach einem Instrument zur kosteneffektiven und -effizienten Gestaltung und Steuerung verlangt. Daher reicht es nicht aus, die Aufgabe des Kostenmanagements allein auf die kostencontrollerische Bewertung und Aufbereitung, der durch die Kostenrechnung gewonnenen unternehmensinternen Informationen, zu beziehen. Vielmehr muss der Gegenstandsbereich sich auch auf die Gewinnung und Aufbereitung von Kosteninformationen der anderen Supply Chain Unternehmungen beziehen und somit erweitert werden (Abbildung 29).

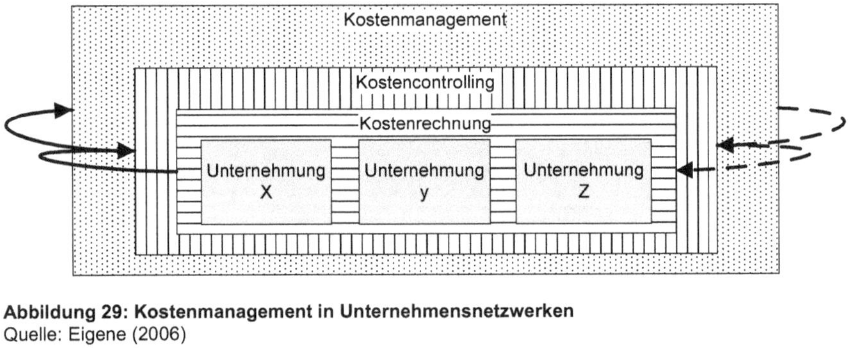

Abbildung 29: Kostenmanagement in Unternehmensnetzwerken
Quelle: Eigene (2006)

3.1.1 Probleme der traditionellen Kostenrechnung in Wertschöpfungsketten

Wie beschrieben soll die Kostenrechnung den leistungsbezogenen Güterverbrauch für das Kostenmanagement bewerten. In diesem Zusammenhang ist es also die wesentliche Aufgabe der Kostenrechnung, die in einer Periode anfallenden Kosten zu erfassen und auf bestimmte Kostenträger zu verrechnen. So sollen bspw. Bestände bewertet und Preise ermittelt werden können, so dass Entscheidungen unterstützt und Erfolge kontrolliert werden können[356]. Hierfür stehen Unternehmen verschiedene traditionelle Kostenrechnungssysteme zur Verfügung wie bspw. die Voll-, Teil- oder (Grenz-)Plankostenrechnung[357].

Jedoch stellen GUNASEKARAN/WILLIAMS/MCGAUGHEY fest: "Traditional costing systems may not be suitable for a virtual enterprise or integrated supply chain management"[358]. Zur Begründung dieser These bringen sie vier Argumente vor[359]:

1. Traditionelle Kostenrechnungssysteme berücksichtigen keine "nicht-finanziellen" Informationen[360].
2. Traditionelle Kostenrechnungssysteme (wie bspw. die Zuschlagskalkulation) führen zu einer falschen Bewertung der Produktkosten[361].
3. Traditionelle Kostenrechnungssysteme bieten keine Möglichkeit zur Identifizierung von Maßnahmen zur Kostenbeeinflussung und -verbesserung, da die Kostenbeeinflussbarkeit der Kostenentstehung zeitlich voraus läuft[362].
4. Traditionelle Kostensysteme erschweren eine verursachungsgerechte Zuordnung der steigenden Gemeinkostenanteile indirekter Leistungsbereiche[363].

Zusammenfassend lässt sich feststellen, dass diese traditionellen Kostenrechnungssysteme einer reinen auf das einzelne Unternehmen bezogenen Funktionsorientierung unterliegen und dementsprechend für die prozessorientierte Sichtweise des Supply Chain Managements nicht geeignet erscheinen. Sie fördern die Verbesserung unternehmensspezifischer funktional erbrachter Leistungseinheiten, welches in vielen Fällen der Gesamtleistung der Supply

---

356 Hax (1967), S.752ff; Kaplan (1988), S.99; Franz/Kajüter (1997a), S.8; Wagenhofer (1997), S.62; Weber/Aust (1998), S.133.

357 Vgl. Weber (2004), S.194ff.. Als traditionell soll hierbei die dominierende Praxis verstanden werden (vgl.Küting/Lorson (1991), S.1421).

358 Gunasekaran/Williams/McGaughey (2005), S.524. Vgl. auch Cooper/Kaplan (1991b); Gietzmann (1996), S. 611-626; Hoek (1998), S.187; Cullen *et al.* (1999), S.30; Seal *et al.* (1999), S.311.

359 Vgl. Gunasekaran/Williams/McGaughey (2005), S.524. Vgl. auch Fröhling (1994), S.14ff.

360 Vgl. auch Seal *et al.* (1999), S.311.

361 Vgl. auch Horváth/Mayer (1989), S.214; Homburg/Daum (1997), S.185ff; Goldbach/Seuring (2003), S.99-137.

362 Vgl. auch Fröhling (1994), S.3; Günther (1997), S.101f..

363 Vgl. auch Cooper (1988), S.46; Coenenberg/Fisher (1991), S.22; Männel (1992b), S.111ff.; Günther (1997), S.99ff..

Chain kontraproduktiv gegenübersteht[364]. NEW resümiert daher „a key challenge in this arena is that of finding costing and accounting systems which capture the appropriate costs"[365].

3.1.2 Grundlegendes zum Kostencontrolling in Wertschöpfungsketten

Wie beschrieben, ist es die Aufgabe des Kostencontrolling bedarfsorientiert Informationen der Kostenrechnung zur Planung, Steuerung und Kontrolle der Unternehmensprozesse aufzubereiten. Das primäre Ziel der Beseitigung von Abstimmungs- und Koordinationsdefiziten zur Sicherung der Entscheidungsqualität muss nun auf den Kontext des Supply Chain Managements übertragen werden, da die Informationsgrundlage sich nun auf die gesamten Prozesse der Wertschöpfungskette bezieht. Dieser Feststellung liegt das Verständnis zugrunde, dass für die Höhe der Kosten die Abgestimmtheit (Kontinuität und Ausgeglichenheit) der Leistungserstellung über die Kette hinweg bestimmend ist, und hierbei unternehmensübergreifend ausgetauschte Informationen eine zentrale Rolle einnehmen[366]. So stellen COOPER/ELLRAM fest, dass das Supply Chain Management eine kettenweite Analyse der Kosten benötigt. Diese bedingt ein unternehmensübergreifendes Kostencontrolling.[367]
In der wissenschaftlichen Diskussion zum Controlling sind drei konzeptuelle Richtungen hervorzuheben, die SEURING in den Kontext des Supply Chain Managements setzt[368].
So zielt das „rationalitätsorientierte Controlling" im Sinne einer Führungsfunktion bei der Zielsetzung bzw. Willensbildung darauf ab, die Prinzipien, Methoden und Techniken effektiv und effizient auf die Erfüllung der Ziele abzustimmen und die Zielerreichung zu messen[369]. Auf die Supply Chain übertragen bedeutet dieses, dass die Unternehmen einer Supply Chain unternehmensübergreifende Ziele definieren und darauf abgestimmt unternehmensspezifische Ziele zurückführen[370]. Im Kontext des Kostencontrolling in Supply Chains können hier also kostenbezogene Zielsetzungen bspw. Höchstpreise für den Einkauf von Rohstoffen oder Halbfabrikaten oder maximale Kosten der Entwicklung eines Produktes verstanden werden.
Der „koordinationsorientierte Controllingansatz" möchte hingegen die Unternehmensführung bei der Koordination der Prozesse unterstützen, indem es in Form einer übergreifenden Pla-

---

[364] Vgl. Miller (1996).
[365] New (1997), S.19.
[366] Von Stengel (1999), S.913.
[367] Cooper/Ellram (1993), S.15.
[368] Vgl. Seuring (2006a), S.10-14 und die dort zitierten Quellen.
[369] Vgl. Weber (2004), S.25ff. und die dort zitierten Quellen.
[370] Vgl. Stölzle *et al.* (2001), S.77; Zimmermann (2003), S.99; Seuring (2006a), S.12.

nung und Kontrolle zu einer optimalen Leistungserstellung beiträgt[371]. Im Sinne des Kostenmanagements in Supply Chains gehören hierzu bspw. die Auswahl prozessadäquater Zulieferer und die Verteilung der Produkterstellungsfunktion entlang der Supply Chain[372].

Der „informationsorientierte Controllingansatz“ strebt danach, dem Informationsbedürfnis des Managements gerecht zu werden[373]. Hierzu zählen bspw. Berichte, die verschiedene aggregierte Kennzahlen zur Planung und Steuerung des Unternehmens umfassen. Dementsprechend muss in Supply Chains zunächst festgelegt werden, welcher Informationsbedarf besteht, wo und wie diese Informationen erhoben werden können und in welcher Form sie den beteiligten Unternehmen zusammengefasst zur Verfügung gestellt werden können[374]. Bezogen auf das Kostencontrolling in Supply Chains ist es also eine Aufgabe des informationsorientierten Controllingansatzes unternehmensübergreifende Kennzahlen zur Bewertung der Kosten(struktur) zur Verfügung zu stellen (bspw. das in Supply Chain gebundene Kapital).

3.1.3 Objekte im Supply Chain Kostenmanagement

Wie beschrieben, ist es Aufgabe des Kostenmanagements Maßnahmen zur Senkung des Kostenniveaus, zur Veränderung der Kostenstruktur und somit zur bewussten Beeinflussung der Kosten einzuleiten. Hierbei sind die drei Objekte Ressourcen, Prozesse und Produkte zu berücksichtigen, die den Leistungserstellungsprozess definieren (Abbildung 30)[375].

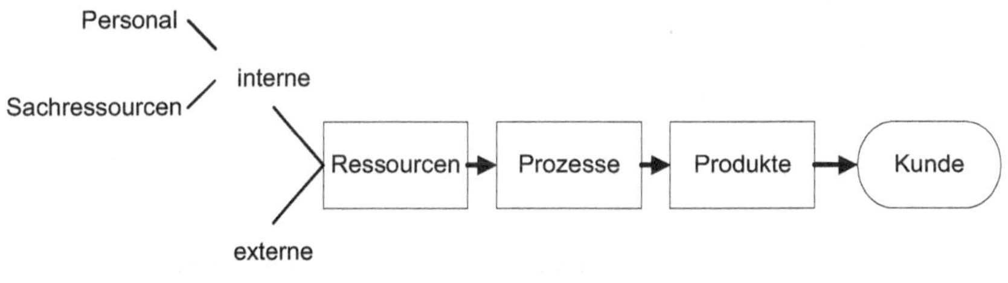

Abbildung 30: Beziehungszusammenhang der Objekte des Kostenmanagements
Quelle: Franz/Kajüter (1997a), S.12.

Die Objekte werden im Folgenden direkt im Kontext des Supply Chain Managements im Allgemeinen und des BTO-SCM im Besonderen erläutert:

---

[371] Vgl. Horváth (2003), S.152ff; Weber (2004), S.27 und die jeweils dort zitierten Quellen.

[372] Vgl. Seuring (2002a), S.15-30; Seuring (2006a), S.12.

[373] Vgl. Reichmann (1997); Hahn/Hungenberg (2001).

[374] Vgl. Seuring (2006a), S.12.

[375] Vgl. Kajüter (2000), S.161ff.

- Ressourcen
  Ressourcen stellen den Input für die Prozessdurchführung dar. Ressourcen bilden dabei den Oberbegriff für Potenzialfaktoren (bspw. Maschinen und Personal) und Repetierfaktoren (bspw. Material). Im Supply Chain Management sind diese Ressourcen zu Akteuren zugeordnet. Während bei der Strategievereinheitlichung im BTO-SCM also Akteure ressourcenbasiert ausgewählt werden sollen, so sind darüberhinaus die Kernkompetenzen ebenfalls ressourcenbasiert zu bestimmen.
- Prozesse
  Die Transformation von Repetierfaktoren zu Produkten und Verwendung der Potenzialfaktoren werden als Aktivitäten bezeichnet, die funktional ausgeführt werden. Prozesse bezeichnen nun eine endliche Anzahl von Aktivitäten. Aus Sicht des einzelnen Akteurs sind die Prozesse also funktionsübergreifend, während sie aus Sicht der Supply Chain akteursübergreifend zu analysieren sind[376]. Im BTO-SCM sind dementsprechend die funktionalen Aktivitäten zu Prozessen zu integrieren und die Organisationsstrukturen, Methoden, Systeme und Technologien im Rahmen eines strategischen Gesamtprozesses aufeinander abzustimmen.
- Produkte
  Als Produkte werden die von einem Unternehmen am Markt angebotenen Leistungen verstanden. Diese können sowohl materieller (Produkte i.e.S.) als auch immaterieller Natur (Dienstleistungen) sein. An dieser Stelle soll herausgestellt werden, dass Produkte im Supply Chain Management nicht allein hinsichtlich ihrer funktionalen Eigenschaften einen Nutzen erzielen, sondern insbesondere die Customer Service Eigenschaften einen erheblichen Nutzenanteil tragen. Dieses trifft insbesondere im BTO-SCM zu.

Während der Produkterstellungsprozess ausgehend von den vorhandenen Ressourcen vorwärts getrieben verläuft, so ist dieser im Supply Chain Management und im BTO-SCM im Besonderen ausgehend von den Kundenanforderungen rückwärtsgetrieben zu gestalten (Abbildung 31).

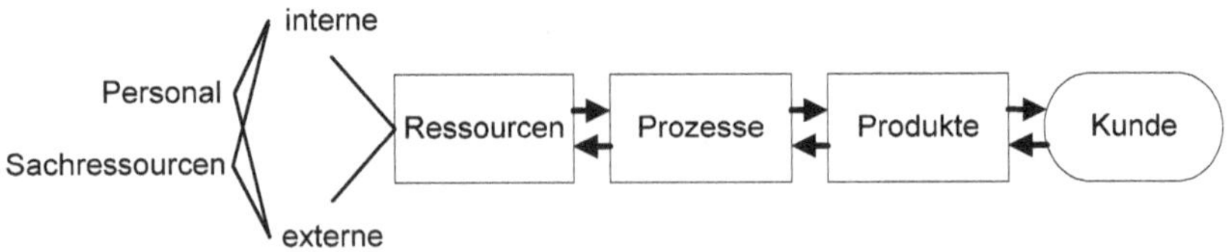

Abbildung 31: Kostenmanagementbasierte Gestaltung der Objekte im SCM
Quelle: Eigene (2006) in Erweiterung zu Franz/Kajüter (1997a), S.12.

[376] Vgl. Zimmermann (2003), S.35.

Die an die Gestaltung der Objekte gestellten Aufgaben wurden bereits in Kapitel 2.5.3 dargelegt. Kostenmanagement-Instrumente dienen nun zur Erfüllung der Kostenmanagement Aufgaben[377], wobei SEICHT anmerkt, dass es keine allgemein anerkannte Definition gibt, was unter Instrumenten des Kostenmanagements zu verstehen ist[378]. In dieser Arbeit sollen unter Instrumenten Methoden, Techniken und Verfahren verstanden werden, die

1. im Sinne der Kostenrechnung objektbezogene Kosteninformationen generieren und
2. im Sinne des Kostencontrollings die generierten Informationen zur Planung, Steuerung und Kontrolle der Kostenmanagement Objekte aufbereiten.

Bezogen auf das BTO-SCM muss die Kostenrechnung Kosteninformationen der Potenzial- und Repetierfaktoren aller Akteure erheben. Die prozessbezogene Aufbereitung ist schließlich Aufgabe des Kostencontrollings, so dass Abstimmungs- und Koordinationsdefizite durch eine kostenbasierte Strategievereinheitlichung und Bestimmung der Kernkompetenzen erfolgen können. Schließlich wird die im BTO-SCM angestrebte Win-Win Situation durch einen iterativen Abgleich dieser Entscheidungsgrundlagen mit den Markt- bzw. Produktanforderungen erreicht (Abbildung 32).

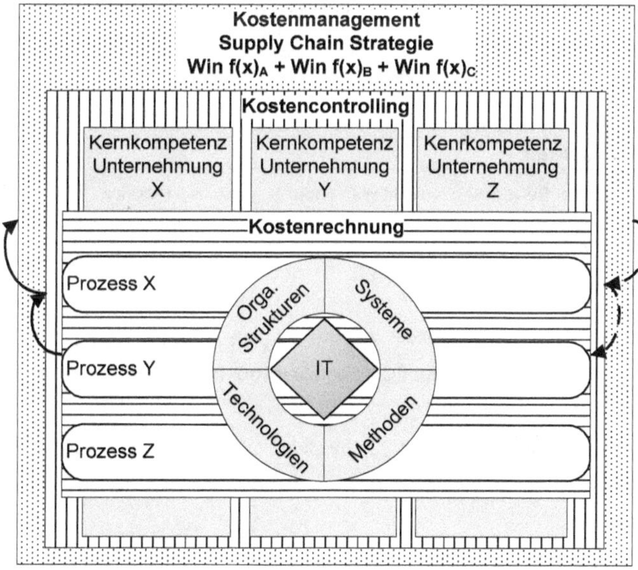

Abbildung 32: Kostenmanagement im BTO-Supply Chain Management
Quelle: Eigene (2006)

[377] Vgl. Kajüter (2000), S.223.

[378] Vgl. Seicht (1994), S.2ff.

3.2 Ansätze zum Kostenmanagement in Wertschöpfungsketten

In der Literatur finden sich eine Vielzahl von Ansätzen zum Kostenmanagement in Wertschöpfungsketten[379]. Dabei stellt die Klassifizierung von ELLRAM sicherlich eine der vollständigsten Übersichten dar (Abbildung 33), die auch für das (BTO-) Supply Chain Management fruchtbar gemacht werden kann[380]. Das Supply Chain Management bzw. das BTO-SCM als unternehmensübergreifende Wettbewerbsstrategie können dabei in die rechte obere Ecke eingeordnet werden, da sie die kontinuierliche Verbesserung der Supply Chain fokussieren.

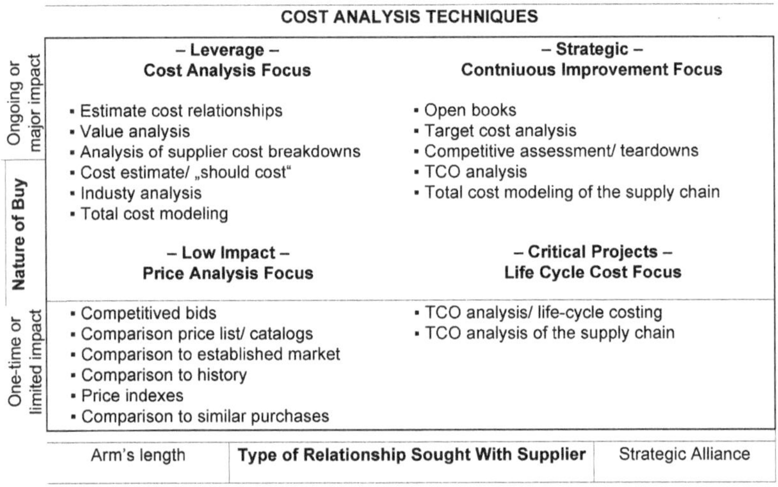

Abbildung 33: Instrumente zur Kostenanalyse
Quelle: Ellram (1996), S.14.

Dementsprechend sollen im Folgenden vorgestellt werden:

- das Open Book Accounting sowie das Target Costing als Instrumente mit einem rationalitätsbezogenen Kostencontrollingcharakter
- das Total Cost of Ownership sowie das Total Supply Chain Cost Modelling (Prozesskostenmanagement in Supply Chains) als in erster Linie koordinationsbezogenes Kostencontrollinginstrument
- die Balanced Scorecard als informationsbezogenes Kostencontrollinginstrument[381]

[379] Vgl. bspw. die Übersichten in Günther (1997), S.102; Kajüter (2000), S.222f; Ramos (2004), S.135ff.; Chivaka (2005), S.306.

[380] Vgl. Ellram (1996), S.14.

[381] Da die Balanced Scorecard in einigen anderen Übersichten zum Kostenmanagement aufgeführt wird (vgl. bspw. Kajüter (2000), S.222f.), soll sie aufgrund ihrer strategischen Ausrichtung und der

Ziel ist es diese Ansätze hinsichtlich ihrer Eignung für das (BTO-) Supply Chain Management zu überprüfen. Hierfür werden diese zunächst näher erläutert und instrumentelle Ausdifferenzierungen verschiedener Forschungsbeiträge für das Supply Chain Management dargestellt. Anschließend werden die Ansätze im Rahmen einer übergreifenden Diskussion ihrer Eignung einander gegenübergestellt.

3.2.1 Open-book accounting

3.2.1.1 Zieldimension und Methodik

Viele Autoren sind der Meinung, dass der Wille unternehmensinterne Kosteninformationen mit den Supply Chain Partnern zu teilen eine Grundvoraussetzung für die effektive Gestaltung einer Supply Chain darstellt[382]. Im Vergleich zu vielen Kostenmanagementinstrumenten der Einzelunternehmung möchte das Open-book Accounting durch eine kooperative Zusammenarbeit mit den Unternehmen der Wertschöpfungskette neue Potenziale zur Kostensenkung ergründen[383]. Dementsprechend wird in einigen Beiträgen zum Open-book Accounting deutlich die Bedeutung „vertrauenspolitischer" Aspekte des Kostenmanagements gegenüber denen einer konkreten Ausgestaltung hervorgehoben[384]. Durch die Einsicht des Käufers in die Kostenstrukturen des Verkäufers sollen somit kostenkritische Faktoren für beide Seiten gemeinsam identifiziert und reduziert werden, welches die wesentliche Zieldimension des Open-book Accounting darstellt[385]. Viele Autoren bezeichnen daher das Open-book Accounting auch als eine Strategie, um die Material- und Informationsflüsse zwischen den Firmen neu zu gestalten[386]. Durch die Verarbeitung der Kosteninformationen des Zulieferers in den eigenen Planungssystemen werden innovative Entwicklungen gefördert, der Grad der Kundenorientierung erhöht und die Qualität der Planung verbessert[387]. Resümierend stellt CASE daher fest: „it (Open-book accounting, Anmerkung des Autors) builds in the

---

wissenschaftlichen Relevanz zusätzlich zu den in ELLRAM (1996), S.14 genannten Kostenmanagementinstrumenten diskutiert werden.

[382] Vgl. Ramos (2004), S.135.

[383] Vgl. Lamming (1993), S.214; Kajüter/Kulmala (2005), S.182.

[384] Vgl. bspw. Tomkins (2001), S.178ff.

[385] Vgl. Ellram (1996), S.11-19; Mouritsen/Hansen/Hansen (2001), S.221-244; Dekker (2003), S.1-23; Dekker (2004), S.27-49; Cooper/Slagmulder (2004), S.1-26; Kulmala (2004), S.65-77.

[386] Vgl. Mouritsen/Hansen/Hansen (2001), S.225f u. 236.

[387] Vgl. Case (1997), S.126; Mouritsen/Hansen/Hansen (2001), S.234 u. S.236.

why of improved performance from the beginning, so that employees and managers are alike wanting to discover the how"[388].

3.2.1.2 Bedeutung im Kontext des Supply Chain Managements

Aus dem Vorhergehenden wird deutlich, dass, im Unterschied zu den anderen in dieser Arbeit diskutierten Kostenmanagementinstrumenten, das Open-book Accounting speziell für unternehmensübergreifende Kostenanalysen konzipiert wurde[389]. So stellen LAMBERT/STOCK/ELLRAM fest, dass "Openness or transparency enabled via information exchange is seen as a vital element in creating a competitive inter-organizational production system"[390]. Auch WOMACK/JONES/ROOS stellen bezogen auf den Lean-Manufacturing Ansatz heraus, dass dieser nur umsetzbar ist, wenn die Zulieferer Informationen über ihre Produktionstechniken und den damit verbundenen Kostenstrukturen preisgeben[391].

So ermöglicht es das Open-book Accounting, die Zulieferer auf einer einheitlichen Basis zu benchmarken, die Produktions- und Distributionsprozesse den eigenen Bedürfnissen anzupassen und letztendlich die Kapazitätsauslastung entlang der Supply Chain zu optimieren[392]. Im Kontext des Supply Chain Managements kommen demnach dem Open-book Accounting zwei Aufgaben zu. Zum einen soll die Kosteneffizienz der Lieferkette erhöht werden, während zum anderen der gemeinsame Zugriff und das gemeinsame Verständnis der (wettbewerbs-) kritischen Kosteninformationen vertrauensbildend wirkt und somit den Grundstein einer festeren Partnerschaft darstellen kann[393]. Die Kehrseite der Medaille stellt hingegen der einseitige Gebrauch der Kosteninformationen durch den Käufer dar, um bspw. die Gewinnmarge des Lieferanten weiter zu drücken[394], so dass die Kunden mehr von einem Open-book Accounting profitieren als die Zulieferer[395].

Diese Bedenken reflektierend schlagen KAJÜTER/KULMALA für die erfolgreiche Einführung eines Open-book Accountings die Beachtung dreier Gruppen von auf die Supply Chain einwirkenden Faktoren vor. Als exogene, nicht beeinflussbare Faktoren bezeichnen sie die Intensität des Wettbewerbs und die generelle wirtschaftliche Lage. Netzwerkspezifische Fakto-

---

[388] Case (1997), S.118-120.

[389] Vgl. Lamming (1993), S.214ff; Cooper/Slagmulder (1999); Mouritsen/Hansen/Hansen (2001), S.221-244; Kulmala (2002), S.157-177.

[390] Lambert/Stock/Ellram (1998), S.498.

[391] Vgl. Womack/Jones/Roos (1990), S.149.

[392] Vgl. Mouritsen/Hansen/Hansen (2001), S.233.

[393] Vgl. Seal *et al.* (1999); Mouritsen/Hansen/Hansen (2001), S.222; Tomkins (2001), S.171; Dekker (2003); Kajüter/Kulmala (2005), S.183.

[394] Vgl. Munday (1992), S.245-250; Ramos (2004), S.135.

[395] Vgl. McIvor (2001), S.227-242.

ren sind u.a. der Produkttyp, die Infrastruktur, das Vertrauensverhältnis der Unternehmen und in diesem Zusammenhang auch die Koordinationsform der Supply Chain. Als unternehmensendogene Faktoren benennen sie u.a. die Firmengröße und die Wettbewerbsstrategie (s. Abbildung 34).[396] Abschließend, so stellen KAJÜTER/KULMALA fest, ist das Open-book Accounting vor allem für langfristige hierarchische Netzwerke geeignet, welche basierend auf einer sinnvollen Infrastruktur funktionale Produkte herstellen[397].

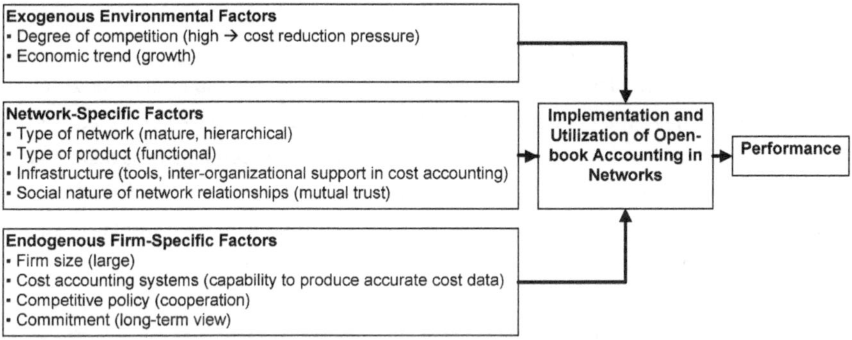

Abbildung 34: Rahmenmodell für das Open-book Accounting in Netzwerken
Quelle: Kajüter/Kulmala (2005), S.198.

Unabhängig von der konkreten Ausgestaltung bzw. den Rahmenbedingungen ist der Grundgedanke des Open-book Accounting - der offene Austausch von Kosteninformationen - sicherlich eine wesentliche Voraussetzung einer erfolgreichen Supply Chain. Hier ist jedoch festzustellen, dass nicht nur kostenbezogene Informationsasymmetrien zu einer geringeren Wettbewerbsfähigkeit der Supply Chain führen können (vgl. Abschnitt 2.3.4). Folglich bildet bereits ein offener Informationsaustausch allgemeiner Leistungsdaten Chancen einer Optimierung der Supply Chain und stellt somit die Prämisse eines jeden Kostenmanagementsystems dar.

3.2.2 Target costing

3.2.2.1 Zieldimension und Methodik

Im Target Costing wird die Bedeutung der Produktentwicklung für die Kosten eines Produktes hervorgehoben, wobei Vorgaben des Marktes in die Planung und Gestaltung des Produk-

[396] Vgl. Kajüter/Kulmala (2005), S.197f.

[397] Vgl. Kajüter/Kulmala (2005), S.202.

tes und damit in die Produktkosten mit eingehen[398]. Grundlegende Überlegung ist dabei die Tatsache, dass die Kosten später, nachdem ein Produkt bereits konstruiert ist, in der Fertigung nur noch schwer zu beeinflussen sind, da diese durch das Produktdesign maßgeblich determiniert sind[399]. Da es dementsprechend auf die langfristige Optimierung der Kosten abzielt, wird das Target Costing auch als strategisches Tool zum Kostenmanagement bezeichnet[400]. Die Vorgehensweise des Target Costing lässt sich in vornehmlich drei Schritte unterteilen (Abbildung 35)[401]:

1. Market Level Target Costing

Zunächst wird durch Marktanalysen der geforderte Funktionsumfang und der zu erzielende Preis eines Produktes ermittelt[402]. Dieses Market Level Target Costing soll sicherstellen, dass die Produkte nicht zu teuer sind und auch nur den Funktionsumfang erfüllen, für den die Kunden zu zahlen bereit sind[403]. Hierbei werden die Kundenanforderungen in Basis-, Leistungs- und Begeisterungsanforderungen unterteilt[404]. Unter Abzug einer Gewinnmarge werden die Zielkosten für das Produkt festgelegt[405].

2. Product Level Target Costing

Aufgabe der Entwicklung ist es die Zielkostenvorgaben zu erreichen. Hierbei müssen Parameter des gesamten Produktlebenszyklus und aller an der Wertschöpfung des Produktes direkt oder indirekt beteiligten Bereiche in die Betrachtung mit eingeschlossen werden: Einkauf von Rohmaterial oder Teilfabrikaten, Produktion und Distribution, aber auch Vertrieb, Marketing und die Entwicklungskosten[406]. Die auf Basis einer ersten Schätzung erhobenen tatsächlichen Kosten werden nun den Zielvorgaben gegenübergestellt und eine etwaige Zielkostenlücke bestimmt. Für den wahrscheinlichen Fall, dass die Zielkosten nicht erreicht werden, wird die Betrachtungsebene vom Produkt auf dessen Komponenten verschoben. Dieser Vorgang wird auch als Produktzielkostenspaltung bezeichnet.

---

[398] Vgl. Tanaka (1989), S.49ff; Rösler (1995), S.214ff; Cooper/Chew (1996), S.88ff.

[399] Vgl. Dekker/Smidt (2003), S.293.

[400] Vgl. Seidenschwarz/Gleich (1997), S.258-272; Chenhall/Langfield-Smith (1998), S.1-19; Ewert/Ernst (1999), S.23-49; Guilding/Craven/Tayles (2000), S.113-135; Tani (1995), S.399-414.

[401] Vgl. Seidenschwarz *et al.* (1997), S.116f.; Cooper/Slagmulder (1999), S.166; Seuring (2001), S.77ff.

[402] Vgl. Seidenschwarz *et al.* (1997), S.105.

[403] Vgl. Cooper/Slagmulder (1997).

[404] Vgl. Hermann/Huber/Braunstein (2000), S.45ff.

[405] Vgl. Ramos (2004), S.135.

[406] Vgl. Ellram (2002), S.235ff.

3. *Component Level Target Costing*

Auf der Komponentenebene wird nun der Nutzengewinn jeder Komponente aus der Sicht des Kunden mit den dafür entstehenden Kosten gegenübergestellt[407]. Diese Informationen werden in einem Zielkostenindex zusammengefasst und eine obere und untere Begrenzungszone definiert. So können die Komponenten mit der größten Abweichung identifiziert, Alternativen entwickelt und letztendlich der Gesamtproduktpreis an den Zielpreis angepasst werden.

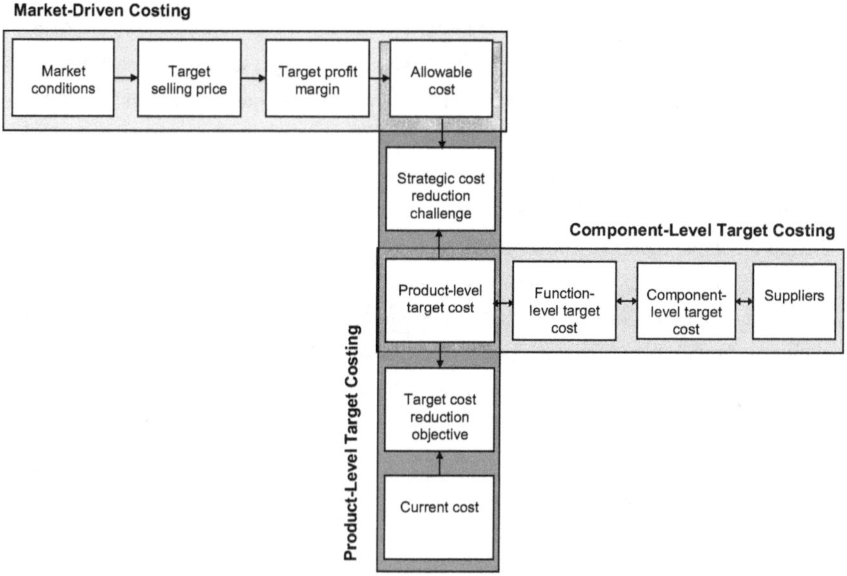

Abbildung 35: Target Costing Prozess
Quelle: Cooper/Slagmulder (1999), S.166.

Eine das Target Costing ergänzende Anwendung stellt das Kaizen Costing dar, welches eine dem Target Costing entsprechende Vorgehensweise zur Reduzierung der Kosten verwendet[408]. Jedoch bezieht es sich auf die direkt der Produkterstellung zuzurechnenden Prozesse der Produktion, deren Effizienz im Sinne einer kontinuierlichen Verbesserung gesteigert werden soll[409]. Kostenreduzierungsziele beziehen sich dabei entweder auf die Gemeinkosten einzelner Fertigungsbereiche oder auf produktspezifische Herstellungseinzelkosten[410].

---

[407] Vgl. Yoshikawa/Innes/Mitchell (1990), S.30; Gleich/Seidenschwarz (1999), S.586.

[408] Vgl. Seuring (2001), S.137; Ramos (2004), S.135.

[409] Vgl. Cooper/Slagmulder (1997), S.56f.

[410] Vgl. Monden (1995), S.289f; Cooper/Slagmulder (1999), S.273.

Risiken des Target Costing können durch unzureichende Bestimmung des Target Prices (zu niedrig/ zu hoch) oder der Produktmerkmalsnutzen entstehen[411]. In diesem Zusammenhang besteht die Gefahr übertriebener Fremdvergabe von Teilen oder ganzer Prozesse, um Kosten einzusparen, wobei die externe Weitergabe des Kostendrucks bspw. zu Qualitätseinbußen führen kann[412].

3.2.2.2 Bedeutung im Kontext des Supply Chain Managements

Durch die Vergabe immer größerer Anteile der Wertschöpfung eines Produktes an Zulieferfirmen müssen demnach zwangsläufig auch diese in den Target Costing Prozess mit integriert werden[413]. Hier sollen kurz einige der relevanten Anätze vorgestellt werden:[414]

- Zuliefererintegration in das Target Costing[415]

SEIDENSCHWARZ/NIEMAND präsentieren einen auf dem Target Costing basierten Ansatz für das Lieferantenmanagement, indem die Kosten fremd beschaffter Komponenten dem Lieferanten als Zielkosten vorgegeben werden. In einem Projektmanagement orientierten Ansatz ist es nun die Aufgabe des Zulieferers die Zielkosten zu erreichen. Für diese Steuerung stellen SEIDENSCHWARZ/NIEMAND das sogenannte „Zuliefererhaus" vor, das sämtliche Komponenten, Zulieferer und Kundenanforderungen auf Basis der Target Costing Methodik integriert[416].

- Target Costing in der erweiterten Unternehmung[417]

Im Vergleich zu SEIDENSCHWARZ/NIEMAND sehen ANSARI/BELL Target Costing nicht als ein Mittel, um den Wettbewerbsdruck an die Lieferanten weiterzugeben. Vielmehr sehen sie im gegenseitigen Wissens- und Erfahrungsaustausch eine Möglichkeit ggfs. sogar komponentenübergreifende Alternativen zu finden und die Profitabilität durch bspw. Lieferzeitverkürzung oder Qualitätsverbesserung zu steigern.

---

[411] Vgl. Hagenloch (1997), S.319-327.

[412] Vgl. Seal/Berry/Cullen (2004), S.79f.

[413] Vgl. Seidenschwarz (1993), S.236f.; Franz (1993), S.128; Seidenschwarz/Niemand (1994), S.262ff; Ansari/Bell (1997); S.92ff; Hagenloch (1997), S.325; Cooper/Slagmulder (1999), S.181ff; Gleich/Seidenschwarz (1999), S.577ff.

[414] Vgl. auch Seuring (2001), S.135ff.

[415] Vgl. Seidenschwarz/Niemand (1994), S.262ff.; Gleich/Seidenschwarz (1999), S.577ff.

[416] Vgl. Seidenschwarz/Niemand (1994), S.269.

[417] Vgl. Ansari/Bell (1997), S.79ff.

- Chained Target Costing[418]

COOPER/SLAGMULDER beschreiben Target Costing als ein Instrument zur Steuerung und Disziplinierung der Zulieferer. Dieses Instrument soll letztendlich eine Weitergabe von Funktions-, Qualitäts- und Preiszielen an die Zulieferer ermöglichen und die Einhaltung der Zielvorgaben sicherstellen (Abbildung 36). Jedes Mal, wenn die Zielvorgaben durch die Zulieferer nicht erreicht werden können, ist ein sogenannter Funktion-Preis-Qualitäts-Trade-off zu entscheiden. Anhand verschiedener Beispiele aus der japanischen Automobilindustrie wird vor allem die Bedeutung der Machtverteilung in der Supply Chain aber auch der Konstruktionsabhängigkeit (Produkt-/Komponentenspezifität) für das Ergebnis dieser Trade-offs herausgestellt.

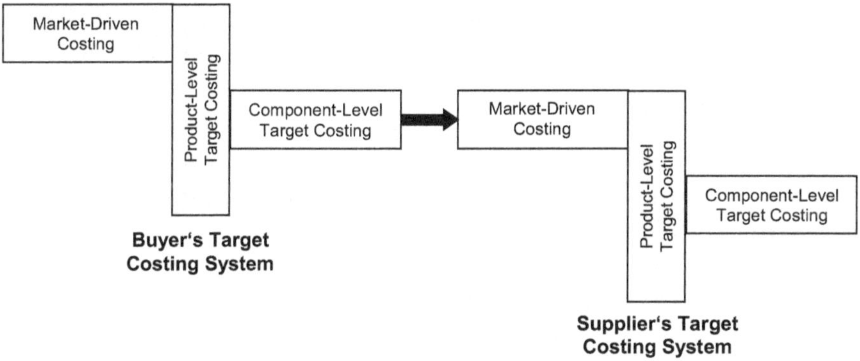

Abbildung 36: Chained Target Costing zweier Unternehmen
Quelle: Cooper/Slagmulder (1999), S.204.

- Target Costing für das Supply Chain Management[419]

LOCKAMY/SMITH präsentieren drei Target Costing Strategien, deren Auswahl jeweils in Abhängigkeit von den Lieferantenbeziehungen in der Supply Chain und der Art der Kundennachfrage zu bestimmen ist. In Märkten mit einer stabilen Nachfrage, relativ wenigen Produktvarianten und langfristigen Lieferantenbeziehungen sollte das Target Costing mit einer jeweils unternehmensbezogenen Prozesskostenrechnung verknüpft werden, um eine möglichst effektive Supply Chain zu gestalten. Ist die Supply Chain unter gleichen Nachfragevoraussetzungen jedoch durch kurzfristige Beziehungen gekennzeichnet, so sollte ein preisbasiertes Target Costing zum Einsatz kommen, um Kosten in der Supply Chain zu verteilen und Profite zu maximieren. Ist jedoch auch die Nachfrage erheblichen Schwankungen ausgesetzt und wird eine Vielfalt an Produkten vom Markt gefordert, so ermöglicht ein wertba-

[418] Vgl. Cooper/Slagmulder (1999), S.181ff.; Cooper/Slagmulder (2004), S.1-26.

[419] Lockamy/Smith (2000), S.210ff.; Smith/Lockamy (2000), S.67-77.

siertes Target Costing eine schnelle Re-Konfiguration der Kette, um sich flexibel an die Kundenanforderungen anzupassen.

- Supply Chain Target Costing[420]

Im Gegensatz zu den bisher vorgestellten Arbeiten zum Target Costing in Wertschöpfungsketten analysiert GOLDBACH in erster Linie die institutionale Seite dieses Kostenmanagementinstruments. Dementsprechend stehen Interessenstrukturen, Machtverhältnisse, Wahrnehmungen und die Motivation verschiedener Akteure der Supply Chain im Forschungsfokus. Mittels einer agentur- und strukturtheoretischen Reflexion stellt GOLDBACH einerseits vor allem die Problematik von aus den o.g. Themenkomplexen resultierenden Informationsasymmetrien, sowie andererseits die Chancen eines einheitlichen Sets an Regeln heraus.

Hinsichtlich der vorgestellten Ansätze darf konstatiert werden, dass die einfache Weitergabe des Kostendrucks (SEIDENSCHWARZ/NIEMAND)[421] in Zeiten, in denen ganze Wertschöpfungsketten konkurrieren, zu kurz greift. Insofern ist die Vorgehensweise eines Wissens- und Erfahrungsaustausch sicherlich die sinnvollere Alternative, da sie die Wettbewerbsfähigkeit der ganzen Supply Chain nachhaltig stärken kann. Dabei kann die Kommunikation von Qualitäts- und Funktionszielen einen geeigneten Informationsrahmen darstellen, um einen möglichen Nutzen zu bewerten (ANSARI/BELL bzw. COOPER/SLAGMULDER)[422]. Vor diesem Hintergrund sind die Arbeiten und Ansätze, die auf den Machtverhältnissen einer Geschäftsbeziehung fußen, ein wichtiger Beitrag, von welchen Faktoren und wie der Informationsaustausch gewährleistet werden kann (LOCKAMY/SMITH bzw. GOLDBACH)[423].

3.2.3 Das Total Cost of Ownership Prinzip (TCO)

3.2.3.1 Zieldimension und Methodik

Der Total Cost of Ownership (TCO) Ansatz stellt zugleich eine Philosophie und eine Methodik dar, die darauf abzielen, die gesamten Kosten des Einkaufs eines spezifischen Produktes

[420] Vgl. Goldbach (2003).

[421] Vgl. Seidenschwarz/Niemand (1994), S.262ff.; Gleich/Seidenschwarz (1999), S.577ff.

[422] Vgl. Ansari/Bell (1997), S.79ff.; Cooper/Slagmulder (1999), S.181ff.; Cooper/Slagmulder (2004), S.1-26.

[423] Vgl. Lockamy/Smith (2000), S.210ff; Goldbach (2003).

von einem jeweiligen Zulieferer in die Einkaufsentscheidung mit einzubeziehen[424]. Die Entwicklung des TCO beruht dabei auf der Erkenntnis, dass durch die Auswahl eines bestimmten Zulieferers Folgekosten im Unternehmen entstehen, die einen günstigen Einkaufspreis um ein Vielfaches erhöhen und somit effektiv zu einer suboptimalen Entscheidung führen[425]. Das heißt, dass zusätzlich zum Einkaufspreis eine für den jeweiligen Fall zu bestimmende endliche Anzahl von weiteren, nicht preisbasierten Kostenfaktoren in der Einkaufsentscheidung bewertet werden müssen[426]. Hierzu zählen beispielsweise qualitätsbezogene Inspektions- und Überarbeitungskosten, lieferbedingte Mehrkosten durch Verspätung und Fehlmengen, service-basierte Kosten wie zusätzliche Kundentermine oder falsch ausgestellte Rechnungen, managementorientierte Kosten zwecks Training oder Technologietransfer und Kosten der Kommunikation bspw. durch inkompatible Softwaresysteme (Abbildung 37)[427]. ELLRAM unterscheidet diese Kostenfaktoren in Transaktionskosten, die der Auswahl des Zulieferers entspringen, in Kosten, die mit der Kaufentscheidung einhergehen (bspw. der Einkaufspreis) und Kosten, die nach dem Kauf entstehen[428].

Abbildung 37: Einkaufsbezogene Aktivitäten im TCO
Quelle: Ellram/Sigferd (1993), S.166.

[424] Vgl. Ellram (1995a), S.4; Bhutta/Huq (2002), S.129. Oft wird der TCO-Ansatz auch als Life-Cycle Costing bezeicnet bzw. stellt eine Weiterentwicklung dieses Ansatzes dar (Vgl. bspw. Ellram (1995b), S.23; Anderson (1996), S.106)

[425] Vgl. Ellram (1995a), S.5, Soukup (1987), S.7f.; Degraeve/Roodhoft/Labro (2000), S.34f..

[426] Vgl. Maltz/Ellram (1997), S.45f.

[427] Vgl. Maltz/Ellram (1997), S.49; Ellram/Siferd (1997), S.172; Wouters/Anderson/Wynstra (2005), S.167f.

[428] Vgl. Ellram (1993), S.3-11; Ellram (1999), S.602.

Im TCO werden zwei unterschiedliche Ansätze ermöglicht[429]. So ist es Ziel des „dollar-based“ Ansatzes, möglichst zu allen Kostenelementen eine direkte quantitative Kostenzuordnung herzustellen[430]. Der „value-based“ Ansatz hingegen betrachtet zusätzlich zu den direkt quantifizierbaren Faktoren weitere qualitative Einflüsse, die durch ein komplexes Punkte- und Gewichtungssystem in monetäre Maßstäbe transformiert werden[431].
In der Literatur häufig genannte Vorteile des TCO sind u.a. die konsistente Auswahlmethodik, die einheitliche Definition von Leistungsmerkmalen, das Aufdecken von Einsparungspotenzialen, sowie die Basis zur langfristigen strategischen Entwicklung von Zulieferern[432]. Ein Nachteil des TCO-Ansatzes ist die diesem Ansatz immanente jeweils immer neu zu evaluierende situationsspezifische Komplexität bei der Bewertung der einzelnen Kostenfaktoren, da die vorhandenen Kostenrechnungssysteme die erforderlichen Daten oft nur selten zur Verfügung stellen können[433]. So kann ein fehlerhafter TCO-Ansatz zu falschen Entscheidungen führen, die nicht nur kurzfristig in höheren Kosten enden, sondern nachhaltig die Wettbewerbsfähigkeit des Unternehmens durch die Wahl falscher Strategien und Produktspektren schmälern[434].
Eine Variation des TCO-Ansatzes ist der sogenannte Cost-Ratio Ansatz, der die in Abbildung 37 genannten Felder auf qualitäts- und lieferbezogene Kosten sowie letztendlich den Preis eingrenzt, um die Komplexität zu reduzieren[435]. Das Zero-Base Princing als eine zweite Variation berücksichtigt im Gegensatz zum Cost-Ratio Ansatz zwar wiederum alle Faktoren (s. Abbildung 37), ein wesentlicher Unterschied ist dabei aber der Fokus auf die gemeinsame Gestaltung der Kosten in Zusammenarbeit mit dem Zulieferer[436].

3.2.3.2 Bedeutung im Kontext des Supply Chain Managements

Während der TCO-Ansatz versucht, die Kostenfaktoren eines Unternehmens durch die Auswahl eines geeigneten Zulieferers positiv zu beeinflussen[437], so bleibt er doch auf die Auswahl von Komponenten beschränkt. Der Tatsache, dass in heutigen Supply Chains vermehrt

[429] Vgl. Ellram (1995a), S.11; Maltz/Ellram (1997), S.58.

[430] Vgl. Ellram (1995a), S.11f.

[431] Vgl. Ellram (1995a), S.12.

[432] Vgl. Jackson/Ostrom (1980), S.8f.; Monckza/Trecha (1988), S.4f.; Ellram/Siferd (1993), S.163ff.

[433] Ellram/Sifred (1993), S.172; Ellram (1995a), S.7.

[434] Vgl. Ellram (1993), S.4ff; Ellram/Siferd (1993); Cavinato (1993), S.286ff.; Butta/Huq (2002), S.129f.; Wouters/Anderson/Wynstra (2005), S.185ff;

[435] Vgl. Timmerman (1986), S.2f.; Ellram/Siferd (1993), S.172.

[436] Vgl. Ellram/Siferd (1997), S.174.

[437] Vgl. Ellram (1995a), S.598.

auch Dienstleistungen durch externe Zulieferer ausgeführt werden, wird die durch MALTZ/ELLRAM vorgenommene Erweiterung als Total Cost of Relationship Ansatz gerecht[438]. Der Kernunterschied ist dabei im Vergleich zum Einkauf einzelner Teile, dass der Zulieferer nun für die Leistungserstellung eines gesamten Prozesses des Kunden verantwortlich ist. Dieser kann sogar direkt für den Kunden des Kunden ausgeführt werden. Dieses bedeutet, dass mehr Schnittstellen betrachtet werden müssen und auch die Messbarkeit der Qualität der Leistung höhere Ansprüche stellt, da sie der Käufer selbst gar nicht mehr „erfahren" muss. Vor allem logistische Aktivitäten wie bspw. das Vendor Managed Inventory oder die Bewirtschaftung eines Traileryards verlangen eine hinreichende kostentechnische Bewertung der im vorherigen Abschnitt genannten Betrachtungsfelder durch den Kunden aus der Perspektive des Endkunden.
Vor diesem Hintergrund stellen daher viele Autoren die Bedeutung der Ganzheitlichkeit dieses zur Betrachtung der gesamten Supply Chain Kosten heraus, so dass WOUTERS/ANDERSON/WYNSTRA betonen: „for accounting to support sourcing decisions, the value chain perspective of strategic cost management with its focus on cost of ownership rather than supplier price is essential"[439]. Dieses gilt um so mehr für die Vergabe ganzer Prozesse. Dabei ist jedoch anzumerken, dass der unternehmensübergreifende Aspekt des TCO-Ansatzes allein darauf abzielt zu messen, wie die Leistung des Einen die Kosten des Anderen beeinflusst. Die gesamten Supply Chain Kosten (die Gesamtkosten beider Unternehmen) bleiben jedoch unberücksichtigt.[440] So stellen LALONDE/POHLEN fest: „TCO does not capture the upstream firm's costs. By not capturing these costs, TCO may miss opportunities for making inter-firm cost trade-offs"[441]. Insofern analysiert das TCO auch nicht, inwiefern das Verhalten des Käufers die Kosten des Zulieferers beeinflusst, so dass die Wettbewerbsfähigkeit der Supply Chain nachhaltig geschwächt werden kann[442].

Unabhängig von der instrumentellen Ausdifferenzierung bzw. den angesprochenen Kritikpunkten ist die Prämisse des Total Cost of Ownership, die Schaffung eines Bewusstseins über die möglichen Konsequenzen einer Zuliefererwahl für die verschiedenen Unternehmensbereiche, sicherlich von hoher Bedeutung für das Management von Supply Chains. Diese Kenntnis kann die Grundvoraussetzung für eine nachhaltige Optimierung darstellen. Wichtig ist hier jedoch, dass im Rahmen des Supply Chain Managements nicht nur die Konsequenzen oder Folgekosten für das eigene Unternehmen betrachtet werden dürfen. So

---

[438] Vgl. Maltz/Ellram (1997), S.46ff.; Vgl. auch Degraeve/Labro/Roodhoft (2004), S.23f.

[439] Wouters/Anderson/Wynstra (2005), S.168 mit Verweis auf Anderson/Glenn/Sedatole (2000), S. 723-749.

[440] Vgl. LaLonde/Pohlen (1996), S.4f.

[441] LaLonde/Pohlen (1996), S.4.

[442] Vgl. LaLonde/Pohlen (1996), S.5; Pohlen/Coleman (2005), S.45f.

könnte bspw. ein bestimmtes Qualitätskriterium nicht für alle Stufen der Supply Chain ausreichend sein, weshalb die im TCO genannten Faktoren einheitlich für alle Unternehmen der Kette abgestimmt werden sollten. Diese Tatsache wird in der Diskussion zum TCO jedoch kaum gewürdigt.

3.2.4 Prozesskostenmanagement in Supply Chains

3.2.4.1 Zieldimension und Methodik

Um die Probleme traditioneller Kostenrechnungsinstrumente zu überwinden[443], wurde Ende der Achtzigerjahre auf der Grundlage des angloamerikanischen Activity-based costing (ABC)[444] durch HORVÁTH/MAYER die Prozesskostenrechnung[445] entwickelt[446]. Die Prozesskostenrechnung stellt eine auf den vorhandenen Kostenstellen aufbauende Vollkostenrechnung dar, da die gesamten Gemeinkosten auf die Kostenträger zugerechnet werden[447]. Jedoch werden in der Prozesskostenrechnung die Gemeinkosten nicht mehr über Zuschlagssätze auf die Produkte verteilt, sondern entsprechend der tatsächlichen Inanspruchnahme betrieblicher Aktivitäten durch die betrachteten Kalkulationsobjekte (Allokationseffekt)[448]. Zudem werden die Komplexität und der Variantenreichtum der Produkte als Einflussgrößen in der Kalkulation berücksichtigt (Komplexitätseffekt)[449]. Schließlich stellt die Prozesskostenrechnung im Gegensatz zur Zuschlagskalkulation sicher, dass die Prozesskosten pro Einheit sich mit steigenden Stückzahlen verringern (Degressionseffekt)[450]. Die Prozesskostenrechnung verkörpert somit eine leistungsgerechte Planung, Steuerung und Verrechnung der Ge-

---

443 Vgl. Abschnitt 3.1.1. Vgl auch Freidank (1993), S.387; Fröhling (1994), S.14-73; Franz/Kajüter (1997a), S.6-8.

444 Vgl. Cooper/Kaplan (1988), S.96-103.

445 Vgl. Horváth/Mayer (1989), S.214-219; Horváth/Mayer (1993), S.15-28.

446 Bei der nachfolgend beschriebenen Prozesskostenrechnung lassen sich im Vergleich zum Activity-based costing drei Verfahrensunterschiede feststellen (Vgl. hierfür Gaiser (1998), S.71-75; Stoi (1999), S.31ff; Michel/Torspecken/Jandt (2004), S.261f.). GAISER (1998), S.67 und S.75 betont jedoch, dass in der Praxis der prozessorientierten Kostenrechnung die Verfahrensgrenzen oft nicht scharf sind, da die Konzepte auf der gleichen Grundidee basieren. Da es in dieser Arbeit nicht Forschungsziel ist, explizit die Vor- oder Nachteile des einen oder anderen Ansatzes herauszustellen, sondern eine Überprüfung der Verwendbarkeit des Basisansatzes (der Grundidee) für das Supply Chain Management durchgeführt werden soll, werden folglich die Begrifflichkeiten synonym verwendet.

447 Vgl. Horváth/Mayer (1989), S.216; Küting/Lorson (1991), S.1422f.

448 Vgl. Coenenberg/Fischer (1991), S.31ff; Cooper (1992), S.360; Freidank (1993), S.391; Reckenfelderbäumer (1994), S.20.

449 Vgl. Freidank (1993), S.391.

450 Vgl. Olshagen (1991), S.61-66; Coenenberg (1992), S.209-213.

meinkosten auf die betreffenden Produkte nach dem Verursacherprinzip[451] und verzichtet somit weitgehend auf indirekte (wertmäßige) Bezugsgrößen[452]. Konstituierendes Bindeglied der Kostenentwicklung und der Kostenzurechnung für Gemeinkosten bilden Prozesse (direkte Bezugs- bzw. Maßgrößen), die auf produktionsfaktorverzehrenden Aktivitäten gründen (Output-Orientierung)[453]. Ein Prozess stellt dabei die inhaltlich abgeschlossene, zeitliche und sachlogische Abfolge von Aktivitäten dar[454]. Die Vorgehensweise sei zunächst in Abbildung 38 abstrakt an Hand eines komputatorischen Strukturmodells dargestellt, welches die Verrechnungsbeziehungen darlegt.

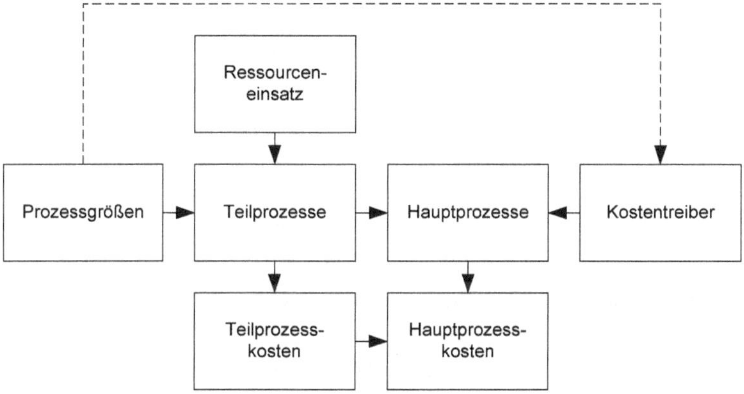

Abbildung 38: Strukturmodell der Prozesskostenrechnung
Quelle: Michel/Torspecken/Jandt (2004), S.266.

Auf Basis der in Abbildung 38 gezeigten Berechnungsbeziehungen kann die Vorgehensweise in sechs Stufen unterschieden werden[455]:

1. Leistungs- und Prozessanalyse

Um auch die Vielfalt der in den Gemeinkostenbereichen erbrachten Leistungen als Kosten Produkten zuordnen zu können, werden zunächst die in einer Kostenstelle erbrachten Aktivitäten voneinander abgegrenzt. Diese Aktivitäten werden schließlich zu Teilprozessen zu-

---

[451] Vgl. Seicht (1992), S.247; Gaiser (1998), S.69; Weber (2004), S.161.

[452] Vgl. Kieninger (1993), S6-13.

[453] Vgl. Michel/Torspecken/Jandt (2004), S.262.

[454] Vgl. Rosemann (1996), S.20ff.

[455] Vgl. für die folgenden Ausführungen u.a. Weber (2004), S.216ff; Michel/Torspecken/Jandt (2004), S.266ff; Mayer (1998), S.5). Es ist festzustellen, dass in der wissenschaftlichen Diskussion verschiedene Stufeneinteilungen der Prozesskostenrechnung vorliegen (vgl. bspw. Mayer (1998), S.5). Dabei ist jedoch nur teilweise ein feineres Detailierungsniveau zu erkennen. Die der Prozesskostenrechnung zugrundeliegenden Verrechnungsbeziehungen unterscheiden sich nicht.

sammengefasst (z.B. Teilprozess „Einlagern"). Verschiedene Teilprozesse (z.B. „Einlagern", „Kommissionieren" und „Versenden") können schließlich zu einem Hauptprozess gruppiert (z.B. „Lagern") werden.

2. Zuordnung von Kosten zu Prozessen

Nach einer Analyse der einzelnen Prozesse wird die Ressourceninanspruchnahme der einer Kostenstelle erbrachten Leistungen ermittelt. Im Anschluss daran ist zu bewerten, ob die in der Kostenstelle zu erbringenden Leistungsvolumina mengenvariabel (leistungsmengeninduziert = lmi, also Output-orientiert) oder davon unabhängig mengenfix (leistungsmengenneutral = lmn, also nicht Output-orientiert) sind. Somit wird eine transparente Abbildung der Prozesse hinsichtlich der Kostenhöhe und des Kostenanteils ermöglicht.

3. Bestimmung der Kostentreiber

Für die leistungsmengeninduzierten Prozesse werden geeignete Bezugsgrößen, so genannte Kostentreiber (Prozessgrößen, z.B. Anzahl bewegter Behälter) definiert. Hierbei handelt es sich also um die Faktoren, die die Prozessinanspruchnahme der entsprechenden Leistungen bestimmen. Ziel ist es, die mittel- bis langfristigen Einflussgrößen auf die Kosten- bzw. Ressourcenveränderung offen zu legen. Folglich ermöglicht die Prozesskostenrechnung eine Bewertung der leistungsbestimmenden Variablen der Geschäftsprozesse, indem sie die Kosten- und Kapazitätswirkung veränderter Ablaufstrukturen, eine veränderte Anzahl von Prozessdurchführungen und eine rationelle Prozessausführung darlegt.

4. Prozessmengenermittlung

Im vierten Schritt werden die jeweiligen Mengenausprägungen der Kostentreiber bestimmt. Wichtig ist hierbei ein einheitlicher Betrachtungshorizont (z.B. das Geschäftsjahr).

5. Prozesskostenermittlung

Die Kosten einer Prozessmengeneinheit werden im fünften Schritt bestimmt (z.B. Kosten in Euro pro eingelagertem Behälter). Der Ausweis der Prozesskosten (Summe der Prozesskosten) kann entweder leistungsmengeninduziert oder vollkostenorientiert erfolgen, indem auch die leistungsmengenneutralen Kosten mit einbezogen und mit den Lmi-Kosten verrechnet werden. In diesem Fall können mindestens zwei unterschiedliche Kategorien von Schlüsseln unterschieden werden: Für personenbezogene Lmn-Prozesse (z.B. Leitungstätigkeit) kann die Kostenverteilung über die Anzahl der Personaljahre erfolgen, die in den einzelnen Prozessen eingesetzt werden. Alle anderen Lmn-Kosten können nach dem Kostentragfähigkeitsprinzip, also mit dem Prozentsatz auf die Prozesse verteilt werden, mit dem die Prozesse an den Gesamtprozesskosten beteiligt sind.[456]

6. Prozesskostenkalkulation

Um die Inanspruchnahme von Ressourcen aus dem indirekten Bereich zu bestimmen, werden schließlich im Rahmen der Kostenträgerrechnung die Prozesskosten, gemäß der Gesetzmäßigkeit der Ursache-Wirkungsbeziehung(en), den Kategorien: Produkte, Aufträge, Kunden oder Marktsegmente, zugeordnet.

Die Zuordnung von Aktivitäten zu Teil- und Hauptprozessen sei in Abbildung 39 noch einmal graphisch dargestellt.

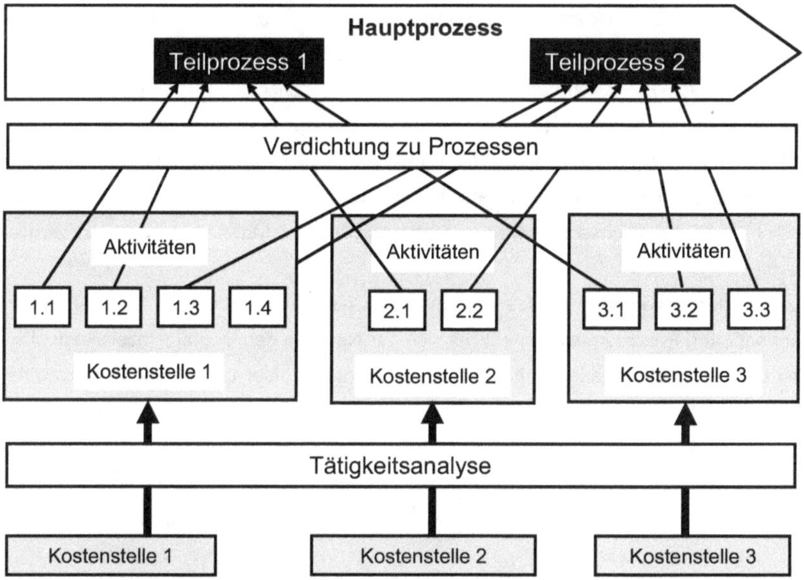

Abbildung 39: Tätigkeitsanalyse in der Prozesskostenrechnung
Quelle: Horváth/Gaiser (1994), S.53

Die gezeigte Vorgehensweise macht deutlich, dass der Anspruch einer verursachungsgerechten Kostenzuordnung der Prozesskostenrechnung im Sinne einer Vollkostenrechnung durch die Kostenschlüsselung de facto in der Praxis nicht erreicht werden kann. So können Prozesse, die keine Lmn-Kosten hervorrufen, trotzdem mit Anteilen aus den Lmn-Kosten belastet werden, weshalb derartige Vollkostensätze, wie bei jedem Kostenrechnungssystem,

[456] Vgl. Münch *et al.* (2000), S.4f.

mit Vorsicht zu interpretieren sind[457]. Wesentlich ist jedoch, dass die Einführung einer Prozesskostenrechnung, im Gegensatz zu traditionellen Kostenrechnungssystemen, deutlich zur Reduzierung der Lmn-Kosten beitragen kann[458]. Folglich kann die postulierte Verursachungsgerechtigkeit der Prozesskostenrechnung nur in diesem Kontext verstanden werden.

Die Prozesskostenrechnung verfolgt mit dieser Vorgehensweise folgende wesentliche Zielsetzungen. Sie erzeugt Transparenz hinsichtlich der von den Kostenstellen erbrachten Prozessen bzw. Leistungen und deren Kosten. Zudem werden mittels Kostentreibern die wesentlichen Einflussgrößen auf die Prozesskosten sichtbar gemacht, Prozessschwachstellen aufgedeckt und somit eine Planung, Steuerung und Kontrolle der Gemeinkosten ermöglicht. Durch einen Vergleich der tatsächlich angefallenen mit den geplanten Kosten kann eine Steuerung der Kapazitäten und Ressourcen erreicht werden.[459] So kann die Prozesskostenrechnung den Ressourcenkonsum verringern, indem sie aufzeigt, auf welche Produktlinie sich ein Unternehmen konzentrieren soll und welche Maßnahmen sich am stärksten auf den Ertrag auswirken[460]. Hierdurch kann auch eine kundenspezifische Analyse der Ertragslage erfolgen[461]. Somit stellt die Prozesskostenrechnung ein Instrument zur strategischen Produktkalkulation dar, indem sie Produktions- und Absatzentscheidungen unterstützt, weshalb sie auch als strategische Kalkulation bezeichnet wird[462]. Strategische Fehlentscheidungen hinsichtlich des Produktionsprogramms und absatzpolitischer Maßnahmen können vermieden werden[463].

Nicht zuletzt durch die Betonung des strategischen Charakters und der Orientierung am ergebnisorientierten Prozessmanagement hat sich der Name in den Begriff Prozesskostenmanagement gewandelt[464]. Dieses zielt darauf ab, die Kostentreiber und Kostenfunktionen der Prozesse indirekter Bereiche direkt zu gestalten[465]. Dementsprechend steht nicht mehr nur die Produktkalkulation und Gemeinkostenverrechnung im Vordergrund, sondern die Gestaltung der betrieblichen Aktivitäten in Hinblick auf Zeiteinsparungen, Qualitätsverbesserungen und Kostenreduktion[466]. Dementsprechend wird die Kostenbetrachtung der Prozesse durch

---

457 Vgl. Glaser (1992), S.275-288.

458 Vgl. Münch *et al.* (2000), S.5.

459 Vgl. Friedl (1994), S.144; Reckenfelderbäumer (1994), S.98ff; Stoi (1999), S.24; Michel/-Torspecken/Jandt (2004), S.259; Bohlmann/Coners (2006), S.3.

460 Vgl. Cooper/Kaplan (1991a), S.91ff.

461 Vgl. Cooper/Kaplan (1991a), S.93

462 Vgl. Mayer (1990), S.274; Freidank (1993), S.391.

463 Vgl. Coenenberg/Fischer (1991), S.29.

464 Vgl. Niemand (1992), S.161; Bohlmann/Coners (2006), S.2.

465 Vgl. Lorson (1993), S.257.

466 Vgl. Turney (1992), S.20-25.

Zeit- und Qualitätsaspekte ergänzt[467], wobei immer die Prozesseffizienz und -effektivität im Vordergrund stehen[468]. Das Prozesskostenmanagement bietet Managern die Möglichkeit prozessuale Maßnahmen hinsichtlich der Set-up- und Durchlaufzeiten zu bewerten, Qualitätsverbesserungsmaßnahmen zu evaluieren und schließlich eine effektive Struktur der Prozesse beispielsweise im Rahmen einer Fertigungsplanung zu erreichen[469]. Strategisch nichtwertsteigernde Unternehmensanteile können identifiziert und eliminiert werden[470]. Die Ansatzpunkte des Prozesskostenmanagements bilden dabei[471]:

- die Prozessstruktur (die Prozesszusammensetzung sowie die einbezogenen Prozessarten können sowohl den Prozesskostenverlauf als auch die absolute Prozesskostenhöhe beeinflussen)
- das Prozessvolumen (Reduzierung der Kostentreibermengen) und
- die Prozesseffizienz (Verhalten der Prozesskosten in Abhängigkeit der Kostentreibermenge).

Eine oft kritisierte Problematik des Prozesskostenmanagements stellt die Gefahr der willkürlichen Zuordnung der aktivitätsbezogenen Kosten zu Produkten oder Prozessen dar[472]. Ein weiterer Kritikpunkt am Prozesskostenmanagement ist der reine „Kostenblickwinkel" und die allenfalls indirekte Berücksichtigung kundenspezifischer Faktoren hinsichtlich der Bewertung, ob eine Aktivität bzw. ein Prozess Nutzen generiert oder nicht. Nach Ansicht von LOCKAMY/SMITH birgt dieses die Gefahr kurzfristige effizienzgerichtete Ziele zu verfolgen und die langfristige Effektivität aus den Augen zu verlieren[473].

3.2.4.2 *Bedeutung im Kontext des Supply Chain Managements*

Das Prozesskostenmanagement wird von vielen Autoren als geeignetes Instrument für das unternehmensübergreifende Kostenmanagement in Supply Chains sowie den damit verbundenen Anforderungen betrachtet[474]. Dem strategischen Gedanken PORTERS folgend[475], soll

---

[467] Vgl. Horváth (1996), S.264ff.

[468] Vgl. Stoi (1999), S.34.

[469] Vgl. Cooper/Kaplan (1988), S.103; Cooper/Kaplan (1991a), S.91.

[470] Vgl. Lelke/Kress (1998), S.147

[471] Vgl. Stoi (1999), S.38.

[472] Vgl. Willson/Chua (1993), S.82ff; Küting/Lorson (1995), S.96f.; Armstrong (2002), S.103ff.

[473] Vgl. Lockamy/Smith (2000), S.213.

[474] Vgl. neben den in Abschnitt 3.4 präsentierten Konzepten auch Kaplan/Cooper (1999); LaLonde/Pohlen (1996), S.1ff., Kulmala/Paranko/Uusi-Rauva (2000), S.39; Lin/Collins/Su (2001), S.703 sowie insbesondere die durch Seuring (2001), S.149 in bisherigen Publikationen identifizierten und analytisch klassifizierten Einsatzbereiche.

[475] Vgl. Porter (1999), S.70ff.

das Prozesskostenmanagement das Kostenbild und das Kostenverhalten in der Wertschöpfungskette aufzeigen[476], mit der Zielsetzung, den Kundennutzen sowie letztlich den durch die Bereitstellung dieses Nutzens erzielten Unternehmensgewinn zu steigern[477].

Einer der ersten und am häufigsten zitierten Beiträge zum Prozesskostenmanagement in Supply Chains liefert der Beitrag von LALONDE/POHLEN[478]. Aufbauend auf den herkömmlichen Schritten der Prozesskostenanalyse präsentieren die Autoren ein sechsstufiges Verfahren zur systematischen Ermittlung der Kosten in Wertschöpfungsketten[479]:

1. Analyse der Prozesse der Supply Chain und Darstellung in einem Prozessdiagramm
2. Zerlegung der Teilprozesse zur Identifikation der teilprozessspezifischen Aktivitäten
3. Bestimmung der Ressourcen, die zur Ausführung der Aktivität notwendig sind, und Zuordnung zum jeweiligen Supply Chain Partner
4. Bestimmung der durch die Ausführung der Aktivität verursachten gesamten Kosten
5. Zuordnung der Kosten der Aktivitäten zu den Outputs der Supply Chain
6. Analyse und Simulation der Kosteneinflussgrößen

Hierbei unterscheiden LALONDE/POHLEN vier Kostenverursacher, die es zu erheben gilt: Kosten des physischen Güterflusses, des informatorischen Güterflusses, verursachte Kosten durch gebundene Bestände entlang der Supply Chain und schließlich Transaktionskosten, die durch den unternehmensübergreifenden Produkterstellungsprozess entstehen[480].

Vor dem Hintergrund des Ansatzes von LALONDE/POHLEN werden weitere Ansätze zum Prozesskostenmanagement in Supply Chains diskutiert[481]. So greift SEURING diesen auf und entwickelt ein dreistufiges Vorgehen zur Prozesskostenanalyse, welches Kosten in Einzel-, Prozess- und Transaktionskosten unterscheidet[482]. MÖLLER/MÖLLER präsentieren ein Modell zur prozessorientierten Verbesserung der Lieferantenbeziehungen, indem mittels der Prozesskostenrechnung eine prozesskostenorientierte Budgetierung, Kalkulation und Bewertung der Leistungsfähigkeit der Lieferanten erfolgt[483]. DREWS entwickelt unter der Bezeichnung „Kooperationsaktivitätenkostenrechnung" (KAKR) eine vierstufige unternehmensübergreifende Prozesskostenrechnung, um das Management der Unternehmen über Kosten und Erlöse von Kooperationsaktivitäten zu informieren[484]. BACHER entwickelt ein Stufenmodell der Pro-

---

[476] Vgl. Stoi (1999), S.34; Michel/Torspecken/Jandt (2004), S.259

[477] Vgl. Raffish/Turney (1991), S.57f.

[478] Vgl. LaLonde/Pohlen (1996), S.1-12.

[479] Vgl. LaLonde/Pohlen (1996), S.5-8.

[480] Vgl. LaLonde/Pohlen (1996), S.3.

[481] Eine detaillierte Beschreibung und Bewertung dieser Ansätze erfolgt in Abschnitt 3.4.

[482] Vgl. Seuring (2001), S.151-157.

[483] Vgl. Möller/Möller (2002), S.747-767.

[484] Vgl. Drews (2001), S.83-120.

zesskostenrechnung, das vor allem die seiner Ansicht nach aufwendige Forderung der vorhergehenden Autoren nach einer Implementierung einer Prozesskostenrechnung auf Unternehmensebene berücksichtigt[485].

Während die einzelnen Ansätze im weiteren Verlauf dieser Arbeit (Abschnitt 3.2.6) noch detailliert dargestellt und diskutiert werden, ist vor allem der immanente Prozessbezug eine Stärke dieses Ansatzes, wenn es darum geht, das Kostenbild und das Kostenverhalten in der Wertschöpfungskette zu beeinflussen. Da jedoch mit der Anzahl der Unternehmen und Prozesse die ohnehin schon relativ hohe Komplexität des Prozesskostenmanagements steigt, müssen Unternehmen abwägen, welche Geschäftsprozesse abgebildet werden sollen. Andernfalls kann schnell die Gefahr entstehen, dass der Aufwand der Datenerhebung den Nutzen der gewonnen Informationen übersteigt.

3.2.5 Balanced Scorecard

3.2.5.1 Zieldimension und Methodik

Vor dem Hintergrund der Erkenntnis, dass Wettbewerbsvorteile im Informationszeitalter nicht mehr allein auf physischen, sondern zusätzlich auf immateriellen Vermögenswerten wie Produktneuentwicklungen, Mitarbeiter Know-how, Kundentreue und Kommunikationssystemen basieren, gerieten Anfang der 90er Jahre traditionelle Kennzahlen aufgrund ihrer Eindimensionalität (rein finanzielle Ausrichtung) und Vergangenheitsorientierung zunehmend in die Kritik[486]. So wurde durch KAPLAN/NORTON ein Forschungsprojekt in zwölf amerikanischen Unternehmen durchgeführt, mit dem Ziel die vorhandenen Kennzahlen an die gestiegenen Anforderungen der Unternehmen anzupassen[487]. Die wesentliche Erkenntnis war, dass sich Unternehmen ein ausgewogenes Verhältnis von finanziellen und operativen (Leistungs-)-Kennzahlen wünschten, welches schließlich in der Entwicklung der Balanced Scorecard endete[488].

---

485 Vgl. Bacher (2004), S.208-229.

486 Vgl. Kaplan/Norton (1997), S.7; Kaplan/Atkinson (1998), S.367.

487 Vgl. Kaplan/Norton (1997), S.7; Kaplan/Norton (1992a), S.37.

488 Vgl. Kaplan/Norton (1992a), S.37.

Die Balanced Scorecard besteht aus vier Dimensionen: Finanzen, Kunden, interne Prozesse sowie Lernen- und Entwicklung[489], deren Kennzahlen im Sinne einer Ursache-Wirkungsbeziehung miteinander verknüpft sind[490] (Abbildung 40). Somit werden die vormals

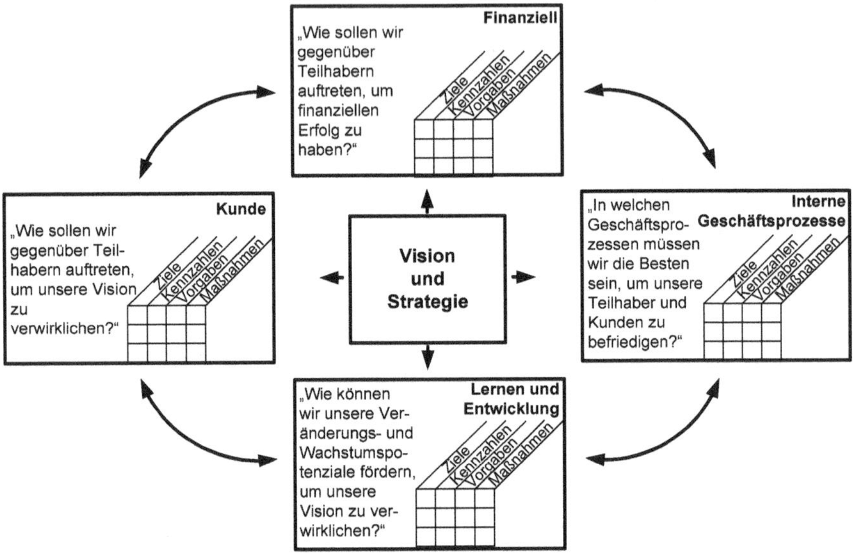

Abbildung 40: Die vier Perspektiven der Balanced Scorecard
Quelle: Kaplan/Norton (1997), S.85.

hauptsächlich auf Basis finanzieller, vergangenheitsorientierter Indikatoren getroffenen unternehmerischen Entscheidungen durch einen ausgewogenen Mix um die wichtigsten vorlaufenden (vorausschauenden) nicht-finanziellen Indikatoren ergänzt (Leistungstreiber)[491]. Dieses begründete sich in der Tatsache, dass finanzielle Indikatoren letztendlich nur ein Abbild der Vergangenheit darstellen („lagging indicators") und somit Maßnahmen falsch oder zu spät ergriffen werden. Durch die Kombination sich einander ergänzender finanzieller und nicht-finanzieller Maßstäbe ist hingegen eine Widergabe des aktuellen Geschehens möglich, wodurch die verschiedenen Kennzahlen eine Frühwarnfunktion gewährleisten („leading indicators")[492]. So gibt bspw. eine über dem Durchschnitt liegende Bearbeitungszeit pro Auftrag frühzeitig Auskunft über entstehende hohe Auftragsbearbeitungskosten. Ein hoher Anteil an

[489] Vgl. Kaplan/Norton (1992b), S.72. Eine ausführliche Diskussion der Perspektiven findet sich in Horváth & Partner (2004), S.1-81; Kaplan/Norton (1997), S.41-140; Weber/Radtke/Schäffer (2001), Weber/Schäffer (2001a), S. 25-45; Ritter (2003), S.46ff.

[490] Vgl. Weber/Schäffer (2001b), S.18 u. 186ff.

[491] Vgl. Kaplan/Norton (1997), S.7.

[492] Vgl. Gleich (1997), S.115f.

Expresssendungen gibt ein Indiz über die Zusammensetzung von Belieferungskosten und ein hoher Krankenstand bspw. Auskunft über die hohen Personalkosten bei relativ geringer Produktivität.

KAPLAN/NORTON sehen die Balanced Scorecard aber nicht als ein neues erweitertes Kennzahlensystem, sondern eher als ein Managementsystem, mit dessen Hilfe die Unternehmensstrategie in strategische Ziele transformiert und umgesetzt werden kann[493]. „It is the function of the Balanced Scorecard to put and keep strategy at the centre of key management processes and systems in order to channel the energies, the abilities, and specific knowledge of people throughout the organization toward achieving the long-term goals[494]. Vor dem Hintergrund der in Kapitel 2.2 beschriebenen Bedeutung des Supply Chain Management als Wettbewerbsstrategie müssen sich dementsprechend auch dessen Dimensionen und Zielsetzungen in der Balanced Scorecard wieder finden und diese ggfs. modifiziert werden[495]. In diesem Zusammenhang ist eine oft erwähnte Kritik an der Balanced Scorecard, durch die Komplexität die richtigen Kennzahlen in den einzelnen Perspektiven zu definieren und die Ursache-Wirkungszusammenhänge richtig darzustellen[496]. Ein weiterer Nachteil ist der mit der Erstellung und Verankerung der Kennzahlen in den Köpfen der Mitarbeiter verbundene hohe zeitliche und finanzielle Implementierungsaufwand[497].

3.2.5.2 Bedeutung im Kontext des Supply Chain Managements

Die wissenschaftliche Diskussion zum Einsatz von Balanced Scorecards in Unternehmensnetzwerken hat gerade in jüngster Zeit einige Beiträge geliefert. Generell lassen sich hinsichtlich des Einsatzes einer Balanced Scorecard im Kontext des Supply Chain Managements zwei Gruppen unterscheiden: Während die eine Gruppe von Wissenschaftlern die vorhandenen Dimensionen mit für das Supply Chain Management geeigneten Kennzahlen ergänzt und dementsprechend eine inhaltliche Erweiterung verübt, so nimmt die andere Gruppe von Autoren eine strukturelle Veränderung oder Erweiterung der Balanced Scorecard um andere oder weitere Perspektiven vor[498].

---

[493] Vgl. Kaplan/Norton (1996a), S.75-87; Kaplan/Norton (1996b), S.10; Kaplan/Norton (1997), S.18. Vgl. auch Neely/Gregory/Platts (1995), S. 80-116; Neely/Bourne/Kennerley (2000), S. 1119-1145; Weber/Schäffer (2000), S.3; De Toni/Tonchia (2001), S.46-70; Schäffer (2001), S.465; Kaufmann (2002), S.35ff.

[494] Kaplan/Norton (1996b), S.25.

[495] Vgl. Schmitt *et al.* (2002), S.121; Jehle/Stüllenberg/Schulze (2002), S.21; Zimmermann (2003), S.58ff. u.123ff.

[496] Vgl. Kaplan/Norton (1997), S.156; Bauer/Meeder/Jordan (2001), S.62-65.

[497] Vgl. Zimmermann (2003), S.77ff. zum Aufwand und zu den Schritten einer Implementierung.

[498] Vgl. Bacher (2004), S.245ff.; Zimmermann/Seuring (2006).

Zur ersten Gruppe ist der Beitrag von BREWER/SPEH zu zählen[499]. Sie konzeptualisieren Supply Chain Management anhand der Dimensionen Ziele, kundenspezifische Vorteile, finanzielle Vorteile und Supply Chain Verbesserung, die wiederum mit den vier klassischen Dimensionen der Balanced Scorecard verknüpft sind (Abbildung 41).

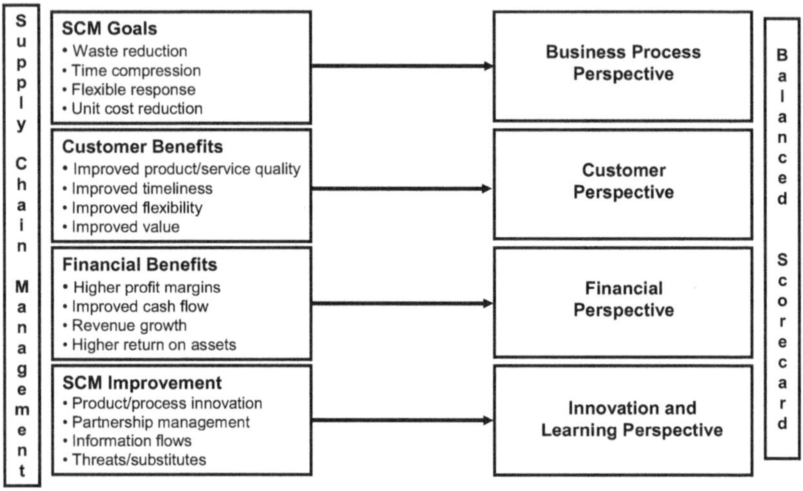

Abbildung 41: Verknüpfung von Balanced Scorecard und Supply Chain Management
Quelle: Brewer/Speh (2001), S.85.

Auch der Beitrag von MAYER fokussiert die bestehenden Dimensionen, welche um unternehmensübergreifende Kennzahlen ergänzt werden. Lediglich die Lern- und Entwicklungsperspektive wird in die Potenzialperspektive umbenannt[500]. Ebenso verfährt WERNER, der die Kundenperspektive um einige Lieferantenaspekte ergänzt und in die Marktperspektive umbenennt[501]. Auch BULLINGER/KÜHNER/VAN HOOF behalten die traditionellen Dimensionen bei, operationalisieren diese aber durch einen hybriden Messansatz. Dieser integriert verschiedene Netzwerk-Karten mit den dem SCOR-Modell zugrunde liegenden Kennzahlen und ermöglicht so eine unternehmensübergreifende Leistungsmessung.[502] Die Ausführungen von LANGE/SCHAEFFER/DALDRUP basieren ebenfalls auf den traditionellen vier Dimensionen. Ähnlich wie BULLINGER/KÜHNER/VAN HOOF entwickeln sie eine Netzwerk Balanced Scorecard, die die einzelnen Perspektiven der traditionellen Balanced Scorecard verknüpft. So umfasst bspw. die Prozessperspektive alle netzwerkspezifischen Geschäftsprozesse der einzelnen

---

[499] Vgl. Brewer/Speh (2000), S.75-94.

[500] Vgl. Mayer (2002), S.250f.

[501] Vgl. Werner (2000a), S.8f.; Werner (2000b), S.14f.

[502] Vgl. Bullinger/Kühner/van Hoof (2002), S.3533-3543.

Unternehmen. ZIMMERMANN/SEURING zeigen zwei Fallstudien der deutschen Automobilzulieferer- und der chemischen Industrie, in denen ebenfalls die traditionellen Perspektiven Verwendung finden[503].

Eine Erweiterung der Dimensionen nimmt als einer der ersten DREWS vor[504]. Basierend auf den Anforderungen des Kooperationsmanagements fasst er die traditionellen Perspektiven Finanzen und Kunden zu einer Kooperationserfolgsperspektive zusammen (externe Ausrichtung), die Zielvariablen des Kooperationserfolgs beinhaltet. Ebenso fasst er die traditionellen Perspektiven Prozess und Lernen/Entwicklung zu einer Kooperationsaktivitätenperspektive zusammen (interne Ausrichtung), die die Ressourcen und Aktivitäten beider Partner umfasst. Dementsprechend berücksichtigen beide Dimension Kennzahlen die durch Variablen beider Partner gebildet werden. WEBER/BACHER/GROLL behalten die Finanz- und die Prozessperspektive bei, schlagen anstelle der Kunden- und Lern/Entwicklungsperspektive jedoch zwei auf das Supply Chain Management bezogene Perspektiven vor[505]. Die Kooperationsqualität zielt darauf ab, das gegenseitige Vertrauen und Verständnis in der Geschäftsbeziehung zu analysieren und zu verbessern. Auch die Kooperationsintensitätsperspektive fokussiert eine Verbesserung der gegenseitigen Geschäftsbeziehungen ab. Der Ansatz von STÖLZLE/HEUSLER/KARRER ergänzt die vier ursprünglichen Perspektiven um eine eigenständige Lieferantenperspektive, um alle Aktivitäten in der Supply Chain von der Quelle bis zur Senke abbilden zu können. Ähnlich BREWER/SPEH[506] verwenden sie unternehmensübergreifende Kennzahlen wie bspw. die Supply Chain Cycle Time (Abgleich zwischen Durchlaufzeit und Wertschöpfungszeit)[507]. OTTO identifiziert vier unterschiedliche Netzwerkschichten: institutionelles Netz, soziales Netz, Daten- und Güternetz. Er ersetzt die traditionellen Perspektiven durch diese Netzwerkschichten, wobei die Gestaltung und Leistungsfähigkeit des Güternetzes durch die drei anderen Netze sichergestellt werden soll. Diese Ursache-Wirkungsbeziehung ist auch in der Balanced Scorecard immanent und wird wie bei den anderen Autoren durch den Einsatz unternehmensübergreifender Kennzahlen vorgenommen.[508]

Nach Ansicht des Autors ist es keine wesentliche Fragestellung, ob und wie viele Dimensionen eine auf das Supply Chain Management ausgerichtete Balanced Scorecard hat. We-

---

503 Vgl. Zimmermann/Seuring (2006)

504 Vgl. Drews (2001), S.159ff.

505 Vgl. Weber/Bacher/Groll (2002), S133-141.

506 Vgl. Brewer/Speh (2000), S.86.

507 Vgl. Stölzle/Hauser/Karrer (2001), S.80.

508 Vgl. Otto (2002), S.376ff.

sentlich ist die korrekte Darstellung des unternehmensübergreifenden Wertschöpfungsprozesses anhand der gewählten Kennzahlen. Hier sind sicherlich die Ansätze sinnvoller, deren Kennzahlen sich aus dem Input mehrerer Unternehmen berechnen (BREWER/SPEH, DREWS[509]). Werden, wie in einigen Konzeption dargestellt (MAYER[510]), dieselben Kennzahlen von zwei Unternehmen miteinander verglichen, besteht die Gefahr, dass der Wirkungszusammenhang undeutlich bleibt. Folglich bleibt die Gefahr lokaler Optima gegenüber dem eines Gesamtoptimums bestehen. Insofern ist es auch für den Prozessbezug wichtig, einheitliche Messpunkte und Datenerhebungsmethodiken zu definieren. Diesem Aspekt tragen jedoch ebenso nur wenige Ansätze Rechnung (bspw. BULLINGER/KÜHNER/VAN HOOF[511]), wie der Fragstellung, welcher Wert einer Kennzahl überhaupt als Zielwert im Sinne eines Benchmarking gesetzt werden sollte.

3.2.6 Auswahl eines instrumentellen Ansatzes für das Kostenmanagement im (BTO-) Supply Chain Management

Im Folgenden soll nun ein instrumenteller Ansatz für das Kostenmanagement im (BTO-) Supply Chain Management selektiert werden. Dementsprechend soll die Analyse der dargestellten Ansätze, gemäß Abschnitt 3.1, hinsichtlich der Eignung zur Erhebung und Aufbereitung objektbezogener Kosteninformationen erfolgen, um eine effektive und effiziente Planung, Steuerung und Kontrolle der Kostenmanagementobjekte zu gewährleisten.

3.2.6.1 Wesen der Kostenrechnung und des Kostencontrollings der vorgestellten Kostenmanagementinstrumente

Ein wesentliches Unterscheidungsmerkmal der Instrumente ist die Erhebung von Kosteninformationen. Das Target Costing, das Open Book Accounting, das Total Cost of Ownership und die Balanced Scorecard erheben die benötigten Kosteninformationen auf Grundlage der unternehmensinternen Kostenrechnung. Diese dienen dann als direkter unveränderter Input für das Kostencontrolling. Das Prozesskostenmanagement erhebt die Daten ebenfalls aus den unternehmensinternen Kostenrechnungssystemen, verwendet diese aber nicht direkt für das Kostencontrolling, sondern bereitet sie durch die Prozesskostenrechnung in der Form auf, dass sie unternehmensübergreifend verwendet werden können. Durch den Gebrauch dieser dreistufigen Methodik wird nicht nur die Datengrundlage bereinigt und in einen einheit-

509 Vgl. Brewer/Speh (2000), S.86; Drews (2001), S.159ff.

510 Vgl. Mayer (2002), S.250f.

511 Vgl. Bullinger/Kühner/van Hoof (2002), S.3533-3543.

lichen Standard transferiert, sondern die Durchgängigkeit der Prozesse der Supply Chain Partner reflektiert.

Bei der Aufbereitung der Informationen werden diese im Sinne des Kostencontrollings unternehmensübergreifend integriert. Auffällig ist hier der überwiegend funktionale Bezug des Target Costings, des Open-book Accountings sowie des Total Cost of Ownerships. So bereitet das Target Costing die Daten der unternehmensinternen Kostenrechnung (Ist-Kosten) auf und stellt diese den Zielvorgaben des Marktes gegenüber (Soll-Kosten). Kann die Unternehmung die durch den Markt vorgegebenen Zielpreise nicht einhalten, so wird die Erstellung eines Produktes oder einer Produktkomponente in Form eines Funktions-, Qualitäts- oder Preisziels an ein anderes Unternehmen übertragen. Im Open-book Accounting werden hingegen die unternehmensintern gewonnenen Kosteninformationen dem Käufer zur Verfügung gestellt, so dass die Aufbereitung der funktionalen Kostenstrukturen im Sinne eines Lieferantenbenchmarks zu effizienteren Prozessen führen soll ohne die Kostenstrukturen des Käufers explizit zu analysieren. Im Total Cost of Ownership werden die unternehmensinternen Kosteninformationen des Käufers in der Hinsicht analysiert, dass nicht preisbasierte Lieferantenfaktoren in käuferspezifische Kosteninformationen aufbereitet werden.

Die Ansätze der Balanced Scorecard und des Prozesskostenmanagements können als prozessbezogenes Kostencontrolling klassifiziert werden. Das Kostencontrolling in der Balanced Scorecard wird durch die Definition von unternehmensübergreifenden qualitativen und kostenbezogenen Kennzahlen gewährleistet, so dass bspw. die erhobenen Kosteninformationen mehrerer Unternehmen in eine Kennzahl mit einfließen. Der Erfolg unternehmensspezifischer Maßnahmen wird anhand der Auswirkung auf die Kennzahl bewertet. Das Prozesskostenmanagement hingegen verwendet die unternehmensübergreifend definierten prozessspezifischen Kostentreiber, um den Erfolg einer Maßnahme zu bewerten.

3.2.6.2 Reflexion des Wesens der vorgestellten Instrumente im Kontext des Supply Chain Managements

Im vorherigen Abschnitt wurde gezeigt, inwiefern die vorgestellten Kostenmanagementinstrumente den Aufgaben der Kostenrechnung (Datenerhebung) und des Kostencontrollings (Datenaufbereitung) nachkommen. Die Tatsache, dass sich das Target Costing, das Open-book Accounting, das Total Cost of Ownership und die Balanced Scorecard der Daten der unternehmensinternen Kostenrechnung bedienen, lässt die oft suggerierte Eignung für das Kostenmanagement im Supply Chain Management fraglich erscheinen. Der Rückgriff auf die verschiedenen unternehmensinternen Kostenrechnungssysteme birgt die in Abschnitt 3.1.1 dargestellten Risiken einer fehlerhaften Bewertung der (Produkt-)kosten (Abbildung 42).

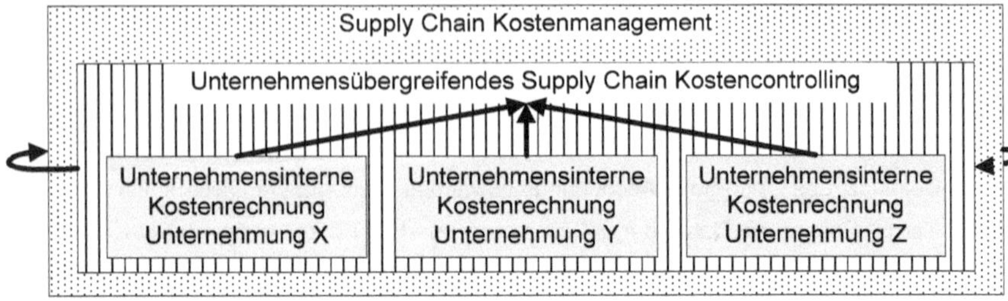

Abbildung 42: Struktur des Kostenmanagements im Target Costing, Open Book Accounting, Total Cost of Ownership und der Balanced Scorecard
Quelle: Eigene (2006)

Dieses liegt zum einen daran, dass sie die Produkte direkt als Kostenmanagementobjekte betrachten und somit die die Produktkosten beeinflussenden unternehmensübergreifenden Prozesse allenfalls indirekte Berücksichtigung finden. Zum anderen bietet die uneinheitliche Datengrundlage erhebliche Gefahren der für die Planung, Steuerung und Kontrolle der Kosten benötigten Vergleichbarkeit. „Differences between firms' financial and costing systems can generate misunderstandings that are so serious that they threaten those aspects of the partnership that are genuinely collaborative"[512].

So ermöglicht die Zielkostenvorgabe an einen Zulieferer zwar die Erreichung von funktionalen Kosteneinsparungen des Käufers, die Kostenstruktur des Zulieferers wird hingegen nicht betrachtet[513]. Folglich werden zwar effizienzgerichtete Zielsetzungen erreicht, eine effektive Supply Chain wird hierdurch aber nicht gewährleistet[514]. So kann die Vorgabe eines Zielpreises zu einer langfristigen Schwächung der Supply Chain führen, wenn Zulieferer durch den extern steigenden Kostendruck bspw. an der Produktquakität sparen müssen und dieses letztendlich stromabwärts zu Nacharbeitungskosten bzw. zu Umsatzeinbußen führt[515]. Auch wenn im Total Cost of Ownership Ansatz solche Nachteile aufgegriffen werden und in die Kostenstrukturen des Käufers einfließen, so werden die Kostenstrukturen des Zulieferers nicht erfasst. Folglich kann dieses dazu führen, dass ein effektives Kostenoptimum durch unternehmensübergreifende Kostenanalysen nicht erreicht wird[516]. Während die Kostenstrukturen im Open-book Accounting offengelegt werden, so bleibt die Problematik der unterschiedlichen unternehmensspezifischen Kostenerfassung bestehen: "Open-book negotiations between two private systems of accounting regulation may be hampered by primitive

[512] Seal/Berry/Cullen (2004), S.87. Vgl. auch Seal *et al.* (1999), S. 303-322; McIvor (2001), S.227-242; Kulmala/Paranka/Uusi-Rauva (2002), S.37ff.

[513] Vgl. Mouritsen/Hansen/Hansen (200), S.226.

[514] Vgl. Kulmala/Paranka/Uusi-Rauva (2002), S.37.

[515] Vgl. Seal/Berry/Cullen (2004), S.79f.

[516] Vgl. LaLonde/Pohlen (1996), S.4 bzw. Abschnitt 3.2.3.2.

forms of internal costing and cost control of procurement"[517]. Dieses trifft vor allem auf die verschiedenen Formen und Systeme der Gemeinkostenverteilung zu[518]. Sowohl die nichtfinanziellen als auch die finanziellen Kennzahlen der Balanced Scorecard lassen auch dieses Instrument zum Zweck des Kostenmanagements in Supply Chains als ungeeignet erscheinen. Diese geben zwar eine Verbesserung einer spezifischen Kategorie der gesamten Supply Chain ab, bergen aber die Gefahr, dass die Bewertung des unternehmensspezifischen finanziellen Erfolgs der Kooperation ausbleibt (bspw. den Return on Investment).[519]

Wie beschrieben greift das Prozesskostenmanagement auf die Prozesskostenrechnung als Kostenrechnungsinstrument zurück. Ihre Analyseobjekte sind die unternehmensspezifischen Prozesse, die in einer einheitlichen Form zu unternehmensübergreifenden Prozessen transformiert werden. Folglich werden die unternehmensspezifischen Gemeinkostenanteile indirekter Bereiche aufgrund der gleichen Basis verteilt und die Produktkosten für jedes Unternehmen in der Supply Chain anhand des Ressourcenverbrauchs ermittelt (Abbildung 43)[520].

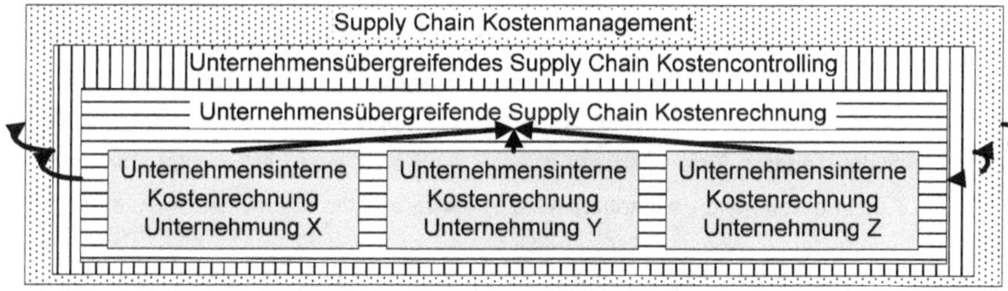

Abbildung 43: Struktur des Kostenmanagements im Prozesskostenmanagement
Quelle: Eigene (2006)

Ein weiterer positiver Aspekt des Prozesskostenmanagements ist, dass die Möglichkeiten der Kostenbeeinflussung, wie gefordert, denen der Kostenentstehung vorweg gelagert sind, da jede Veränderung durch eine Variation der Kostentreibermengen vorab simuliert werden kann[521].

Während die Definition unternehmensübergreifender prozessorientierter Kostentreiber also eine Chance zur Generierung eines objektiven Kostenvergleichmaßstabs ermöglicht, so stellt die hiermit verbundene Komplexität auch gleichzeitig eine Gefährdung dar. So wird die Gefahr der willkürlichen Zuordnung der aktivitätsbezogenen Kosten zu Produkten oder Prozes-

[517] Seal/Berry/Cullen (2004), S.87.

[518] Vgl. Kajüter/Kulmala (2005), S.183.

[519] Vgl. LaLonde/Pohlen (1996), S.10.

[520] Vgl. LaLonde/Pohlen (1996), S.10f.

[521] Stoi (1999), S.38ff.; Drews (2001), S.117ff.

sen im Kontext des Supply Chain Managements noch weiter erhöht und Unternehmen stehen einem Trade-off zwischen Sorgfalt und praktischer Handhabung gegenüber[522].

3.2.6.3 Bedeutung für das BTO-Supply Chain Management

Nachdem im vorherigen Abschnitt die Risiken der vorgestellten Ansätze im Kontext des Supply Chain Managements dargestellt wurden, sollen die möglichen Konsequenzen nun in Bezug auf das BTO-SCM diskutiert werden.
Zur Auswahl eines Produktes, das Built-to-Order gefertigt werden soll, und zur Bestimmung potenzieller Partnerunternehmen wurde gefordert, die Kostenstruktur eines Produktes kettenweit zu erfassen, um letztendlich in der dritten Phase die Verankerung des Material- und des Informationsentkopplungspunktes festzulegen. Dieser Anforderung können das Target Costing und die Balanced Scorecard nicht gerecht werden, da sie die Kostenstrukturen der Produkte nicht im unternehmensübergreifenden Kontext analysieren (Target Costing) bzw. gar nicht als Analyseobjekt betrachten (Balanced Scorecard). Da in diesem Zusammenhang auch der Prozessbezug fehlt, kann auch die optimale Lage der Entkopplungspunkte nicht bestimmt werden. Sie eignen sich eher als vom BTO-Supply Chain Management geforderten Kommunikationsstandard für die Marktphase, so denn eine einheitliche unternehmensübergreifende Kostendatenbasis geschaffen werden kann, auf die diese Instrumente zugreifen können.
Das Open-book Accounting und das Total Cost of Ownership analysieren hingegen ausdrücklich die Kostenstrukturen der Zulieferer (Open-book Accounting) bzw. der Abnehmer (TCO). Auf Grundlage dieser Analyse kann ein für das BTO-SCM geeignetes Produkt identifiziert werden und, auf Basis einer auf den erhobenen Kostenstrukturen erfolgten Kernkompetenzanalyse, die adäquaten Supply Chain Partner ausgewählt werden. Jedoch muss festgestellt werden, dass durch den fehlenden Prozessbezug das Risiko einer suboptimalen Produkt- und Lieferantenentscheidung gegeben ist. Ein weiteres Defizit dieser Instrumente in Bezug auf das BTO-SCM stellt die zeitliche Struktur der Kostenerfassung und damit die Bewertung des Integrationsnutzens der Systeme, Methoden, Organisationsstrukturen und Technologien dar. So kann bspw. eine unterschiedliche Bewertung gebundenen Kapitals die Kosten für ein unternehmensübergreifendes System zur Lagerbestandserfassung und -senkung für ein Unternehmen als zu hoch und somit die Maßnahme als unwirtschaftlich gelten. Dementsprechend können diese Instrumente auch hier zu suboptimalen Entscheidungen führen und die Prämisse des BTO-SCM – der Erzielung einer Win-Win Situation – nicht quantitativ gemessen und überprüft werden. Des Weiteren würden die unterschiedli-

---

[522] Vgl. Willson/Chua (1993), S.82ff; Armstrong (2002), S.103ff.; Gunasekaran/Williams/McGaughey (2005), S.524ff.

chen Kostenstrukturen einen Kostenausgleich zur Generierung eines Win-Win Verhältnisses nur schwer zu lassen. So konstatieren SEAL *ET AL.*: „Without a common accounting framework, partners are forced to trust each other's word about costs and revenues"[523]. Vor diesem Hintergrund empfehlen daher einige Autoren eine Verknüpfung dieser Instrumente mit der Prozesskostenrechnung[524] und KULMALA/PARANKA/UUSI-RAUVA stellt fest: "The most rational system of tracing other customer costs to customers is likely to be based on activity-based costing principles" und ergänzt "differences between accounting practices easily create ineffective practices" [525]. So sieht ebenso TURNEY das Prozesskostenmanagement als das geeignete Instrument für ein effektives Supply Chain Management an[526] und wird auch den Anforderungen des BTO-SCM gerecht.

So können mittels Prozesskostenrechnung Kosteninformationen der Potenzial- und Repetierfaktoren aller Akteure erhoben und den Prozessen zugeordnet werden. Jede (wertschöpfende) Aktivität weist dabei spezifische Kostentreiber auf, die Kostenabweichungen hinsichtlich der betroffenen Aktivität verständlich machen[527]. Dieses stellt die Grundlage zur Beseitigung der Abstimmungs- und Koordinationsdefizite dar, wodurch eine kostenbasierte Strategievereinheitlichung und Bestimmung der Kernkompetenzen erfolgen kann. Durch die unternehmensübergreifende Kostenbewertung können somit auch Maßnahmen umgesetzt werden, die ggfs. für ein Unternehmen nicht von Vorteil sind. Die durch einen iterativen Abgleich der Entscheidungsgrundlagen mit den Markt- bzw. Produktanforderungen im BTO-SCM angestrebte Win-Win Situation wird dennoch erreicht, da der Aufwand verursachungsgerecht entlang der Supply Chain verteilt oder Kompensationsmaßnahmen stattfinden können.

3.3 Status Quo des Prozesskostenmanagements

3.3.1 Empirische Verbreitung

Den Bekanntheitsgrad und die Verbreitung des Prozesskostenmanagements in der Praxis belegen verschiedene empirische Studien in den Neunzigerjahren, deren Ergebnisse STOI zusammenfassend vorstellt und durch eine eigene detaillierte empirische Erhebung verifi-

---

[523] Seal *et al.* (1999), S.306.

[524] Vgl. bspw. Freidank (1993), S.394; Lockamy/Smith (2000), S.210ff. für das Target Costing, Kajüter/Kulmala (2005), S.191 für das Open Book Accounting, Ellram (1999), S.598ff.; Wouters/Anderson/Wynstra (2005), S.168 für das Total Cost of Ownership und Seal *et al.* (1999), S.316; Pohlen/Coleman (2005), S.57 für die Balanced Scorecard.

[525] Kulmala/Paranka/Uusi-Rauva (2002), S.38 u. 39.

[526] Vgl. Turney (1992), S.20-25.

[527] Vgl. Shank/Govindarajan (1993), S.79.

ziert[528]. Wesentliche studienübergreifende Erkenntnis war, dass das Prozesskostenmanagement den Bekanntheitsgrad der anderen Kostenmanagementinstrumente übertrifft und im Schnitt 30-50% der in den jeweiligen Studien befragten Unternehmen eine Implementierung prüfen bzw. durchgeführt hatten[529]. Die Studie von STOI griff dieses auf und stellte heraus, dass vor allem Unternehmen mit einem hohen Gemeinkostenanteil eine Prozesskostenrechnung implementiert hatten und die wesentlichen Funktionsbereiche, in denen diese eingesetzt ist, die Logistik, die Beschaffung und das Lagerwesen waren[530]. Einsatzfeld bildeten dabei vor allem die Produktkalkulation und die Ermittlung von Kostensenkungspotenzialen bei jeweils über 75% der Unternehmen[531]. Dabei stellte die geringe Transparenz der Kosten und Leistungen bei über der Hälfte der Unternehmen den wesentlichen Grund für den Einsatz des Prozesskostenmanagements dar, wobei nahezu ebenfalls die Hälfte der Unternehmen über Schwierigkeiten bei der Definition und Messung der Kostentreiber berichtete[532].
Vor diesem Hintergrund präsentiert KAJÜTER die wohl aktuellste empirische Überprüfung, deren Ziel es ist, die in den vorherigen Studien gezeigten Ergebnisse im zeitlichen Kontext erneut zu überprüfen[533]. So stellt er fest, dass 46 Prozent der durch ihn befragten Unternehmen eine Prozesskostenrechnung im Sinne des Kostenmanagements eingeführt haben und weitere 24 Prozent deren Einsatz planen[534]. Dementsprechend kann seiner Ansicht nach von einer gewissen Konsolidierung gesprochen werden[535]. Ebenso wie STOI[536] bestätigt er die überdurchschnittliche Einführung bei Unternehmen mit einem hohen Gemeinkostenanteil, sowie das Ziel der Schaffung von Kostentransparenz als Voraussetzung, um Kosten senkende Maßnahmen zielgerichtet ergreifen zu können[537]. Nach wie vor ist der mit der Einführung des Prozesskostenmanagements verbundene hohe Aufwand einer der häufigsten genannten Gründe für einen negativen Bescheid[538].

---

[528] Vgl. Stoi (1999), S.51-81.

[529] Vgl. exemplarisch die Studien von Drury *et al.* (1993); Innes/Mitchel (1995), S.137-153.; Franz/Kajüter (1997b), S.481-502, Stoi (1999), S.141ff.

[530] Vgl. Stoi (1999), S.147 u. S.155.

[531] Vgl. Stoi (1999), S.177.

[532] Vgl. Stoi (1999), S.156 bzw. S.175.

[533] Vgl. Kajüter (2005), S.79-100.

[534] Vgl. Kajüter (2005), S.91.

[535] Vgl. Kajüter (2005), S.92.

[536] Vgl. Stoi (1999), S.147.

[537] Vgl. Kajüter (2005), S.94 u. S.96.

[538] Vgl. Kajüter (2005), S.79.

Somit darf abschließend festgestellt werden, dass die Ergebnisse der empirischen Studien die in den vorhergehenden Abschnitten festgestellten Aussagen, insbesondere hinsichtlich der Ziele aber auch der Probleme des Prozesskostenmanagements, bestätigen.

3.3.2 Neuere Entwicklungen

Ein Problem, sowohl des Activity-based costing als auch der Prozesskostenrechnung, ist die top-down erfolgende Zuordnung der Mitarbeiterkapazitäten zu den Aktivitäten (der Kostenstelle) und die hiermit einhergehende schwierige Definition und Messung der Kostentreiber[539]. So bemerken KAPLAN/COOPER, dass es für eine einzelne Abteilung durchaus noch genügen mag, jeden Mitarbeiter hinsichtlich seiner Tätigkeiten und dem dahinter stehenden zeitlichen Aufwand zu befragen. In großen Unternehmen mit vielen Bereichen, Mitarbeitern und Aktivitäten steigt nicht nur der zeitliche Berechnungsaufwand eines Activity-based costing Modells ins beinahe unendliche, sondern es wird vor allem die angestrebte, möglichst hohe verursachungsgerechte Zuordnung schlichtweg unmöglich. Hier ist vor allem das Kernproblem, das sämtliche Mitarbeiter ihrer Arbeitszeit eine Produktivität von 100% zuordnen und dementsprechend einen größeren zeitlichen Aufwand für einzelne Aktivitäten geltendmachen als den tatsächlich anfallenden.[540] KAPLAN/COOPER fordern von prozessorientierten Kostenrechnungssystemen jedoch, dass die Kosten der genutzten Kapazitäten von denen der ungenutzten Kapazitäten separiert werden können[541].

Dementsprechend präsentieren sie mit dem Time-driven Activity-based costing einen Ansatz, der es durch eine bottom-up Ermittlung einer standardisierten Sollzeit[542] ermöglicht, den tatsächlich durch eine Aktivität anfallenden Aufwand zu bestimmen[543]. Diese Sollzeiten unterscheiden sich von der durchschnittlichen Bearbeitungsdauer der herkömmlichen Prozesskostenrechnung, indem sie keine ungenutzten Kapazitäten enthalten[544]. So wird für jeden leistungsmengeninduzierten Teilprozess eine Vorgangszeit für die einmalige Durchführung zugrunde gelegt und durch eine Multiplikation mit der in der Betrachtungsperiode bearbeiteten Prozessmenge (d.h. die Anzahl der Durchführungen) die für den Teilprozess bereitzustellende Mitarbeiterkapazität ermittelt[545]. Unter Verwendung des Stundenkostensatzes

---

[539] Vgl. Bohlmann/Coners (2006), S.8 und die Abschnitte 3.2.4 bzw.3.3.1.

[540] Vgl. Kaplan/Anderson (2004), S.131ff.; Bohlmann/Coners (2006), S.8ff.

[541] Vgl. Kaplan/Cooper (1998).

[542] Vgl. Corsten (1998) zu gängigen Messverfahren.

[543] Vgl. Kaplan/Anderson (2004), S.132ff.; Bohlmann/Coners (2006), S.8ff.; Michel/Torspecken/Jandt (2004), S.277. Dieser Ansatz gilt sowohl für das Activity-based costing als auch für die Prozesskostenrechnung.

[544] Vgl. Bohlmann/Coners (2006), S.8.

der eingesetzten Ressourcen wird ein Kostensatz für die einzelnen Teilprozesse bestimmt und die für die im Rahmen der Ausführung des Teilprozesses bearbeitete Prozessmenge angefallenen Kosten können bewertet werden (Abbildung 44).

Kostenstelle XY					
Kostenstellenkosten	420.000 €	Nettokapazität	6.000 h	Stundenkostensatz	70 €/ h

Teilprozess	Sollzeit je Ausf.	Teilprozess	CD (in Tausend)	Zeit	Kosten
Positionen auslagern	3 Min.	3,50 €/ Position	90.000	4.500 h	315.000 €
Sendung verpacken	14 Min.	16,33 €/ Sendung	3.000	700 h	49.000 €
Versand durchführen	9 Min.	10,50 €/ Sendung	3.000	450 h	31.500 €
Genutzte Kapazität				5.650 h	395.550 €
Ungenutzte Kapazität				350 h	24.500 €
Summe				6.000 h	420.000 €

$$= \frac{70\text{ €/ h} * 9\text{ Min.}}{60\text{ Min./ h}}$$

Abbildung 44: Struktur des Kostenmanagements im Prozesskostenmanagement
Quelle: Bohlmann/Coners (2006), S.12.

Neben der verursachungsgerechteren Zuordnung und Komplexitätsreduzierung bringt diese Vorgehensweise weitere entscheidende Vorteile mit sich[546]. So wird zum einen das absatzwirtschaftliche Risiko ausgeschlossen, dass mit sinkenden Prozessmengen die Prozesskostensätze steigen[547]. Zum anderen können nun die von bestimmten Produkten oder Kunden verursachten Komplexitätskosten (bspw. die Verwendung einer kundenspezifischen Sicherheitsverpackung) im Rahmen von Kunden- oder Produktdeckungsbeitragsrechnungen abgebildet werden[548]. Außerdem können unterjährig laufende Prozesskosten und -treiber ohne großen Aufwand aktualisiert werden[549].

3.4 Status Quo des Prozesskostenmanagements in Wertschöpfungsketten

Im Folgenden soll nun eine Auswahl bisher in der Literatur vorgelegter Konzepte zum Einsatz des Prozesskostenmanagements in Wertschöpfungsketten vorgestellt werden. Während

545 Vgl. Michel/Torspecken/Jandt (2004), S.277.

546 Vgl. Bohlmann/Coners (2006), S.8ff. bzw. die Kritik in Abschnitt 3.2.4.1 bzw. 3.2.6.2.

547 Vgl. Kaplan/Anderson (2004), S.134.

548 Vgl. Bohlmann/Coners (2006), S.13.

549 Vgl. Coners/Hardt (2004), S.111ff.

eine endliche Anzahl Autoren sich mit der Thematik im Allgemeinen befassen[550], beschränkt sich die Skizze jedoch ausschließlich auf die Beiträge, welche konkrete Ansätze, Modelle oder Fallstudien zur Umsetzung eines wertschöpfungskettenweiten Prozesskostenmanagements präsentieren. Dabei ist es das Ziel, die konzeptuelle Diskussion in ihrer Vollständigkeit wiederzugeben.

3.4.1 Die ergebnisorientierte Kalkulation der Kooperationskosten nach Pampel (1993)

PAMPEL entwickelt Ansätze bzw. Instrumente für das Kooperations-Controlling eines beschaffenden Unternehmens und seiner Zulieferer[551]. Unter Kooperation versteht er die arbeitsteilige Zusammenarbeit entlang der Wertschöpfungskette von rechtlich selbstständigen Unternehmen, um koordiniert die sachlichen und formalen Ziele der Kooperationspartner zu erreichen[552]. Das von PAMPEL entwickelte Instrumentarium umfasst ein Frühwarnsystem zur strategischen Steuerung der Kooperation[553], eine potenzialorientierte Kooperations- und Zuliefereranalyse zur Scoring-basierten Festlegung eines Lieferantenprofils[554], kooperationsbezogene Kennzahlen für das Berichtswesen[555], sowie die unternehmensübergreifende Kalkulation von Kooperationskosten[556]. Vor dem Hintergrund eines Kooperations-Lebenszyklus unterscheidet er in Vorlaufkosten (Kosten in der „Such-Phase), in begleitende Kosten (Kooperationskosten in den Phasen Entwicklung und Ausreifung) und Folgekosten (Kosten des Kooperationsabbaus) [557]. Kalkulationsobjekte sind dabei für ihn sämtliche Entscheidungstatbestände und Prozesse der Kooperation. Beschaffungskosten sind dabei Beschaffungsobjektkosten, Kosten des Lieferanten für Kooperationsaktivitäten, Kosten des Abnehmers für Kooperationsaktivitäten sowie Kosten der Aktivitäten Dritter (bspw. Spediteure). Die Kosten des Abnehmers unterteilt Pampel zudem noch in Beschaffungsleistungskosten und Beschaffungsbereitschaftskosten (s. Abbildung 45)[558]. Während die Bestimmung der Beschaffungsobjektkosten die Kosten weiterer Lieferantenaktivitäten und die Kosten der Tätigkeiten Dritter PAMPELS Ansicht nach noch relativ einfach als einzel- bzw. leistungsabhängige Kosten durch

---

[550] Vgl. bspw. die Beiträge von Küting/Lorson (1994), S.1421-1433 oder auch Lin/Collins/Su (2001), S. 702-713.

[551] Vgl. Pampel (1993).

[552] Vgl. Pampel (1993), S.18.

[553] Vgl. Pampel (1993), S.253ff.

[554] Vgl. Pampel (1993), S.255ff.

[555] Vgl. Pampel (1993), S.276ff.

[556] Vgl. Pampel (1993), S.264ff.

[557] Vgl. Pampel (1993), S.264.

[558] Vgl. Pampel (1993), S.264-268.

eine offene Kalkulation der Zulieferer erfasst werden können, so sei die Durchdringung des Gemeinkostenbereichs „Beschaffung“ ungleich schwerer[559]. Da die Fixkostenproportionalisierung dieser Gemeinkosten jedoch zu Fehleinschätzungen hinsichtlich der Kostenbeeinflussungsmöglichkeiten führen kann, soll die Prozesskostenrechnung diesen Bereich in Kosten der Entwicklung, der Qualitätssicherung, der Logistik und der Kommunikation im Sinne einer strategischen Kalkulation differenzierter erfassen.

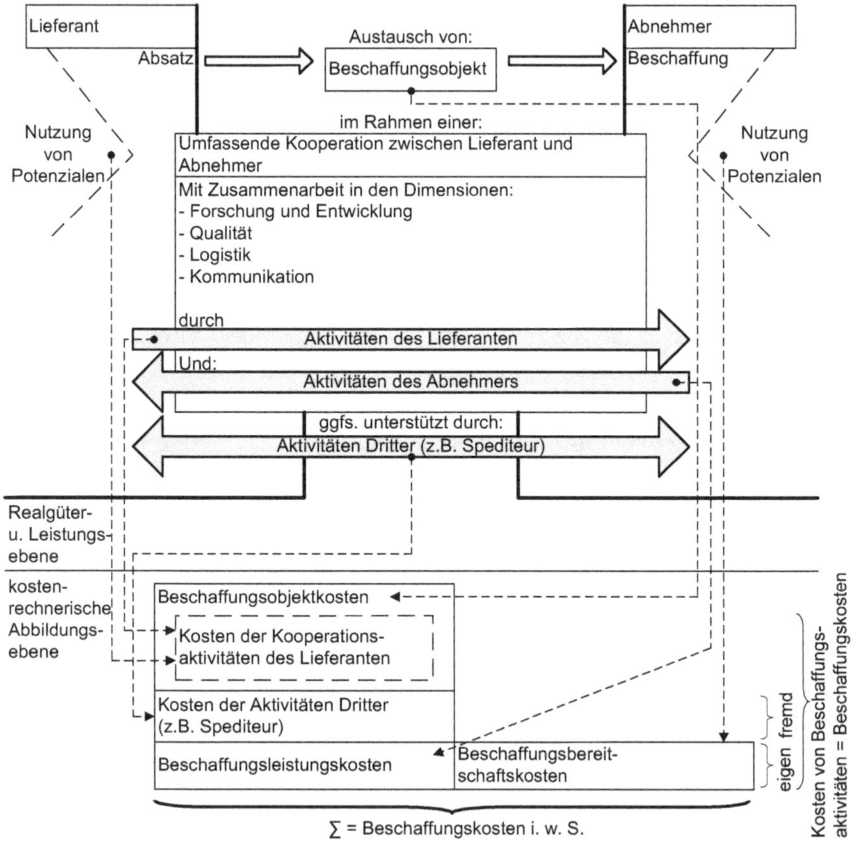

Abbildung 45: Ableitung eines begrifflichen Instrumentariums für eine entscheidungsorientierte Beschaffungskalkulation aus der Analyse der Schnittstellenfunktion
Quelle: Pampel (1992), S.814.

Deutlich wird, dass sich die Prozesskostenrechnung zwar nur auf das beschaffende Unternehmen bezieht, die Kosten für die Abwicklung der Kooperation durch die Bildung kooperati-

559 Vgl. Pampel (1993), S.271f.

onsbezogener Kostentreiber im Sinne eines Transaktionskostenansatzes jedoch in Abhängigkeit vom Zulieferer unternehmensübergreifend bestimmt werden (s. Abbildung 46). Ein Beispiel stellt ein unterschiedlicher Erfassungsaufwand für Lieferabrufe je Zulieferer dar.[560]

Ist

Plan

		Bezugsobjekte				
		Einzelnes Zulieferungs-objekt	Einzelnes Bestelllos	Zulieferungs-objektart	Gesamtleist-ung des Zulieferers	Σ
Aktivitäten des Kooperationsmanagements durch die Beschaffung und die Unternehmensführung	Suche					
	Entwicklung					
	Ausreifung					
	Abbau					
Kooperationsbezogene Aktivitäten einzelner Unternehmensbereiche	Leistung					
	F & E					
	Qualität					
	Logistik					
	Kommunikation					
Kosten der Kooperationsaktivitäten						

		Bezugszeitraum			
		Monat	Jahr	Lebenszyklus	Σ
Bereitstellung von Kooperationspotenzialen durch die Beschaffung					
Bereitstellung von Kooperationspotenzialen durch die einzelnen Unternehmensbereiche	Leistung				
	F & E				
	Qualität				
	Logistik				
	Kommunikation				
Kosten der Kooperationsbereitschaft					
Kooperations- bzw. Transaktionskosten des Abnehmers					

	Bezugsobjekte				
	Einzelnes Zulieferungs-objekt	Einzelnes Bestelllos	Zulieferungs-objektart	Gesamtleist-ung des Zulieferers	Σ
Beschaffungsobjektkosten (Entgelt)					
Kosten der Kooperationsaktivitäten des Zulieferers (Entgelt für Entwicklung, Qualität, Logistik und Kommunikation)					
Kosten für kooperationsbezogene Leistungen Dritter (z.B. Spedition)					
Produktionskosten der Kooperationspartner					
Kooperationsbezogene Beschaffungskosten					

Abbildung 46: Erfassungsschema für die Kooperationskosten
Quelle: Pampel (1993), S.270.

Der Ansatz von PAMPEL ist in seiner grundlegenden Idee nah am Total Cost of Ownership orientiert[561]. Der konzeptionelle Leitgedanke der Definition von Kostentreibern auf der Seite des beschaffenden Unternehmens, die den Erfolg einer Kooperation anhand der entstehenden Prozesskosten messen, ist zu würdigen. Dennoch wurde in dieser Arbeit die Bedeutung der Bewertung der Kosten auch in vorgelagerten Teilen der Supply Chain durch die Einbeziehung der Kosten der Zulieferer hervorgehoben. Dieses lässt der präsentierte Ansatz offen.

[560] Vgl. Pampel (1993), S.271-275.

[561] Vgl. Pampel (1993).

3.4.2 Die Prozesskostenrechnung für das virtuelle Unternehmen nach Scholz (1995)

SCHOLZ betrachtet unter dem Titel „Controlling im Virtuellen Unternehmen“ verschiedene Fragestellungen des Controllings und zeigt vor diesem Hintergrund die Bedeutung der Kostenrechnung in virtuellen Unternehmen auf[562]. Als Controlling-Inhalte sieht SCHOLZ dabei den Marktbezug, die Koordination der Zusammenarbeit sowie die Aktions- und Reaktionsfähigkeit[563]. Stimmt das Angebot des virtuellen Unternehmens mit den Marktanforderungen nicht überein, so ist es die Aufgabe der Kostenrechnung für den notwendigen Marktbezug zu sorgen. Während zunächst der Einsatz des Target Costing zur marktorientierten Strukturierung der Kosten führt, so werden diese im zweiten Schritt auf die Partner des virtuellen Unternehmens verteilt[564]. Dieses verdeutlicht SCHOLZ am Beispiel der Verteilung der koordinationsinduzierten Gemeinkosten durch den Einsatz der Prozesskostenrechnung, um zu einer leistungsgerechten Verteilung dieses Kostenblocks auf die Partnerunternehmen zu gelangen[565]. Die Prozesse der Teilleistungen benutzt er als Zuordnungsobjekt[566]. Die Prozesskostenrechnung wird dabei unternehmensübergreifend implementiert und ist unabhängig von den Kostenrechnungsinstrumenten oder Controllingsystemen der Einzelunternehmen zu verstehen (Abbildung 47).

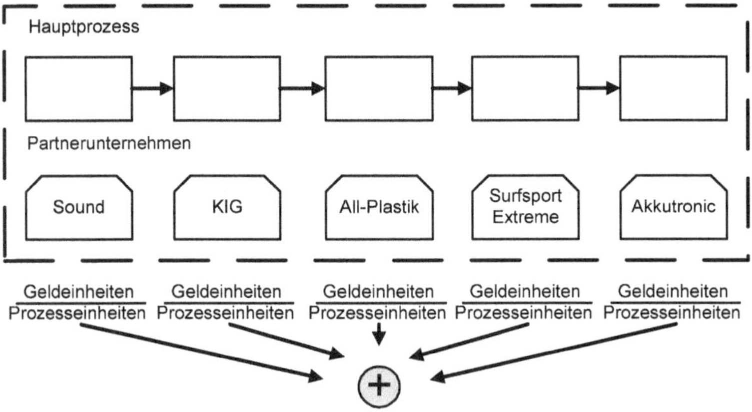

Abbildung 47: Prozesskostenrechnung für virtuelle Unternehmen nach Scholz
Quelle: Scholz (1995), S.188.

[562] Vgl. Scholz (1995), S.173-189. Die Definition des Begriffs „Virtuelles Unternehmen“ entspricht den in Abschnitt 2.1 behandelten Merkmale einer Supply Chain bzw. des Supply Chain Managements.

[563] Vgl. Scholz (1995), S.183.

[564] Vgl. Scholz (1995), S.185f.

[565] Vgl. Scholz (1995), S.187ff.

[566] Diese sind entsprechend der Terminologie der Prozesskostenrechnung die Hauptprozesse.

Der Ansatz von SCHOLZ[567], die Kosten verschiedener Teilleistungsprozesse unternehmensübergreifend zu einem Hauptprozess zu integrieren und somit die Profitabilität eines jeden Unternehmens zu messen, soll hier positiv herausgestellt werden. Die Praktikabilität, eine herkömmliche Prozesskostenrechnung unternehmensübergreifend zu implementieren, darf aufgrund der diskutierten Probleme allerdings als kritisch eingestuft werden.

3.4.3 Das sechsstufige Verfahren zum Prozesskostenmanagement in Supply Chains nach LaLonde/Pohlen (1996)

Wie in Abschnitt 3.2.4 erwähnt präsentieren LALONDE/POHLEN ein sechsstufiges Verfahren zur systematischen Ermittlung der Kosten in Wertschöpfungsketten, das auf den herkömmlichen Schritten der Prozesskostenanalyse aufbaut[568]. Die Schritte sollen nun im einzelnen detailliert vorgestellt werden:

1. *Analyse der Prozesse der Supply Chain und Darstellung in einem Prozessdiagramm*
   Ziel ist es, alle Aufgaben und Prozesse für jedes Mitglied der Supply Chain zu identifizieren, die während der Produktentwicklung, der Produktion, dem Vertrieb und der Distribution anfallen. Diese sollen anschließend in einem Prozessdiagramm veranschaulicht werden.
2. *Zerlegung der Teilprozesse zur Identifikation der teilprozessspezifischen Aktivitäten*
   Im zweiten Schritt sollen nun die identifizierten Aufgaben in Aktivitäten unterschieden werden, die zur Erfüllung der Aufgaben notwendig sind. Eine Aktivität stellt dabei eine maschinelle oder menschliche Arbeitseinheit dar, die anhand eines Leistungsparameters gemessen werden kann.
3. *Bestimmung der Ressourcen, die zur Ausführung der Aktivität notwendig sind, und Zuordnung zum jeweiligen Supply Chain Partner*
   Wesentliche Aufgabe im dritten Schritt ist es den Ressourcenkonsum zu identifizieren, der bei der Ausführung einer Aktivität verbraucht wird. Hierbei sind für jede Ressource die durch deren Konsum entstehenden Kosten zu quantifizieren. Dieser Schritt entspricht methodisch der herkömmlichen Prozesskostenrechnung und verlangt eine auf der Ebene der Einzelunternehmung implementierten Prozesskostenrechnung.
4. *Bestimmung der durch die Ausführung der Aktivität verursachten gesamten Kosten*
   Im vierten Schritt werden schließlich die Kosten des Ressourcenkonsums für jede Aktivität summiert und somit die Gesamtkosten der Ausführung einer Aktivität ermittelt.

---

567 Vgl. Scholz (1995), S.173-189.

568 Vgl. LaLonde/Pohlen (1996), S.5-8.

Folglich kann ein vollständiges Bild generiert werden, an welchen Stellen der Supply Chain der Ressourcenkonsum bzw. die Kosten besonders hoch sind.

5. *Zuordnung der Kosten der Aktivitäten zu den Outputs der Supply Chain*
   In diesem Schritt werden einem Output der Supply Chain (bspw. einem Produkt, einem Kundensegment, etc.) die durch diesen verursachten Kosten gegenübergestellt. Dieses ermöglicht verschiedene Analysen:
   - die Bewertung der Profitabilität eines Kunden(segmentes), Produkts, etc.
   - das Messen des Verhältnisses zwischen erzeugtem Wert und den durch dessen Generierung entstandenen Kosten
   - die Ermittlung von Aktivitäten, die keinen Wert generieren
   - die Erhebung von Kosten Trade-offs zur Veranschaulichung von Verbesserungspotenzialen
6. *Analyse und Simulation der Kosteneinflussgrößen*
   Vor dem Hintergrund der in Schritt fünf ausgeführten Analysen können diese nun verwendet werden, um nicht nur punktuelle Verbesserungen zu generieren, sondern die gesamte Struktur der Supply Chain in Frage zu stellen.

Der Ansatz von LALONDE/POHLEN entspricht einer Übertragung der herkömmlichen Prozesskostenrechnung der Einzelunternehmung auf die gesamte Wertschöpfungskette[569]. Während im Vergleich hierzu der Ansatz von SCHOLZ eine einheitliche standardisierte Prozesskostenrechnung für alle Unternehmen propagiert[570], so setzen diese Autoren auf den Einsatz verschiedener Prozesskostenrechnungssysteme in der Einzelunternehmung. Während dieses zwar die Komplexität reduzieren mag, so bleibt die Gefahr einer unterschiedlichen Definition und Bewertung der Kosten durch die einzelnen Unternehmen bestehen und kann zu Unschärfen führen.

3.4.4 Die Prozesskostenrechnung unternehmensübergreifender Geschäftsprozesse nach Hirschmann (1998)

HIRSCHMANN bezieht sich unter dem Titel „Kooperative Gestaltung unternehmensübergreifender Geschäftsprozesse"[571] auf die Optimierung von Geschäftsprozessen sowie die datenverarbeitungstechnische Unterstützung dieser Gestaltungsaufgabe und verdeutlicht dieses wie PAMPEL vornehmlich am Beispiel von Beschaffungsprozessen[572]. Ihr Ansatz zur kosten-

[569] Vgl. LaLonde/Pohlen (1996), S.5-8.
[570] Vgl. Scholz (1995), S.187ff.
[571] Vgl. Hirschmann (1998).
[572] Vgl. Pampel (1993); Hirschmann (1998), S.31.

und erlösbasierten unternehmensübergreifenden Gestaltung fußt dabei auf der Prozesskosten- und einer Prozesserlösrechnung.
Hirschmann verwendet dafür ein vierstufiges Verfahren. In der ersten Stufe wird die traditionelle Prozesskostenrechnung an die Erfordernisse der (Geschäfts-)Prozessgestaltungsfunktion angepasst. Das heißt, dass die beteiligten Unternehmen zunächst den eigenen Part des unternehmensübergreifenden Geschäftsprozesses modellieren und anschließend gemeinsam der Netzwerkgeschäftsprozess aufgestellt wird[573]. Grundlage hierfür bildet die unternehmensbezogene Einführung der Prozesskostenrechnung bzw. die Abstimmung wesentlicher Merkmale der Prozesskostenrechnung. Hierzu zählen der gleiche Bezugszeitraum, die Art und Weise der Prozessmengen sowie der Prozesskostenermittlung und die Behandlung leistungsmengenneutraler Prozesse, da diese aufgrund der bei der Prozessgestaltung zu analysierenden leistungsmengeninduzierten Tätigkeiten prinzipiell entfallen[574]. Im Gegensatz zur traditionellen Prozesskostenrechnung entfällt also die Berücksichtigung aller einer Kostenstelle zugeordneter Tätigkeiten sowie die abschließende Produktkalkulation, an deren Stelle der Prozess, also die kooperativ erstellte Leistung, als Bezugsobjekt steht.

Die zweite Stufe befasst sich mit der Prozessmengenermittlung und der Definition der Kostentreiber[575]. Während dieser Schritt der traditionellen Prozesskostenrechnung gleicht, so findet jedoch eine Unterscheidung in durch die Prozessgestaltung veränderbare oder als exogen vorgegebene (strukturelle) Größen statt. Diese Klassifizierung ist durch die beteiligten Unternehmen abzustimmen, da die strukturelle Größe durchaus durch die Berücksichtigung weiterer Unternehmen beeinflusst werden kann.

In der dritten Phase der Prozesskostenermittlung sind all diejenigen Kosten einzubeziehen, die durch den Prozess verursacht wurden und durch Gestaltungsmaßnahmen beeinflusst werden können[576]. Die Klassifikation kann dabei im Rahmen der Kostenspaltung stattfinden. Die Zuordnung der Kosten kann gemäß dem Verursacher- oder dem Leistungsentsprechungsprinzip erfolgen. Im letzten Schritt werden schließlich die Prozesskostensätze für die leistungsmengeninduzierten Prozesse gemäß der traditionellen Berechnungsmethode ermittelt[577]. Ein Beispiel einer gesamten Geschäftsprozesskalkulation zeigt Abbildung 48.

---

573 Vgl. Hirschmann (1998), S.91-95.

574 Vgl. Hirschmann (1998), S.94.

575 Vgl. Hirschmann (1998), S.95-97.

576 Vgl. Hirschmann (1998), S.98-102.

577 Vgl. Hirschmann (1998), S.102-109.

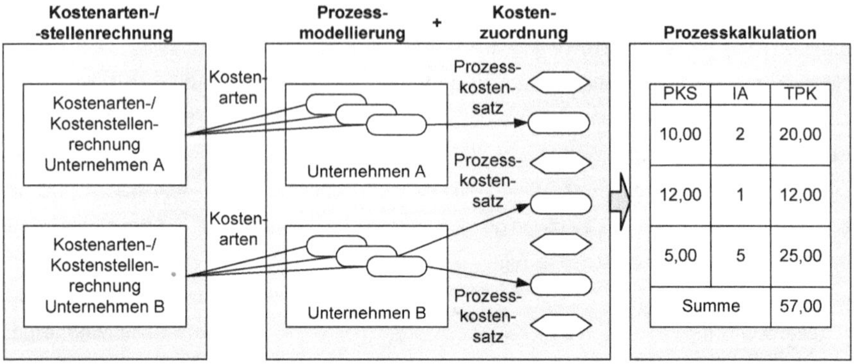

Abbildung 48: Prozesskostenbewertung unternehmensübergreifender Geschäftsprozesse
Quelle: Hirschmann (1998), S.106.

Während die Durchführung auf jährlicher Basis vollzogen werden soll[578], so werden mittels der Prozesserlösrechnung die durch die Prozesskostenrechnung ermittelten Prozessmengen schließlich monetär bewertet[579].

Der Ansatz von HIRSCHMANN beruht ebenfalls auf der Implementierung einer Prozesskostenrechnung auf Unternehmensebene und muss sich somit ebenfalls der in den vorherigen Abschnitten geäußerten Kritik stellen[580]. Einen interessanten Aspekt stellt jedoch die gemeinsame Definition unveränderbarer Größen dar. Dieses kann die Komplexität reduzieren. Jedoch besteht die Gefahr, dass Unternehmen eigene Defizite dem andern als exogene unveränderliche Faktoren präsentieren und somit kein Optimum geschaffen werden kann.

3.4.5 Das Prozesskostenmanagement als spezifisches Anwendungsbeispiel in der niederländischen Pharmaindustrie nach Dekker/Van Goor (2000)

DEKKER/VAN GOOR präsentieren eine der wenigen Fallstudien zum Einsatz einer Prozesskostenrechnung in der Praxis[581]. Die Fallstudie beschreibt dabei die kosteneffektive Optimierung einer dreistufigen Wertschöpfungskette (Produzent – Großhandel – Einzelhandel) der pharmazeutischen Industrie in den Niederlanden[582].

---

[578] Vgl. Hirschmann (1998), S.93.

[579] Vgl. Hirschmann (1998), S.113ff.

[580] Vgl. Hirschmann (1998).

[581] Vgl. Dekker/Van Goor (2000), S.41-52.

[582] Vgl. Dekker/Van Goor (2000), S.45-52.

Das vorgestellte Modell legt den Fokus auf ausschließlich logistische Aktivitäten und besteht aus vier strukturellen Ebenen. Die oberste umfasst die Kosten jeweils einer Unternehmung, so dass die Addition dieser Unternehmenskosten die Gesamtkosten der Supply Chain darstellen. Auf der zweiten Ebene werden die Logistikkosten jeder Firma den Bereichen Einkauf, Lagerung und Distribution zugeordnet, welche wiederum in für diese Bereiche typische Prozesse (für den Einkauf beispielsweise Auftragserteilung und Empfang der Güter) unterteilt werden. Die letzte und niedrigste Hierarchieebene umfasst die Kostenstellen jeder Aktivität. Grundlegendes Prinzip für die Anwendbarkeit ist auch hier eine unternehmensübergreifende einheitliche Definition der Aktivitäten und Kostentreiber, um direkt die kostenrechnerische Auswirkungen der Modifizierung einer Aktivität auf andere Prozessaktivitäten beurteilen zu können.[583]

	Cost-Driver Rates	Change in Quantity	Changes in Costs
Wholesaler	1,62/m³	25.000 m³	- 40.500
Stock Keeping	2,45/m³	25.000 m³	- 61.250
Inventory Control	2,69/pallet	20.000 pallets	- 53.800
Expedition			-155.800
Retailers (10)			
Stock Keeping	4,88/m³	100.000 m³	488.000
			488.000
Expected Savings per Year			332.450

Abbildung 49: Kostenreduzierung (in Euro) durch eine Verlagerung des Lagerbestandes stromaufwärts bei gleichzeitiger Erhöhung der Lieferfrequenz
Quelle: Dekker/Van Goor (2000), S.51.

Zwar merken DEKKER/VAN GOOR an, dass das Modell eher für überschlägige Kalkulationen von Kosteneffekten im Supply Chain Management gedacht und zu ungenau für eine exakte Berechnung der Effekte ist[584], jedoch stellen sie die Effektivität des Modells anhand zweier Beispiele unter Beweis. So ermöglicht das Modell die kostenrechnerischen Auswirkungen einer Verlagerung des Lagerbestands vom Produzenten zum Großhandel zu analysieren und offenbart ein enormes Einsparungspotenzial. Eine ebenso beachtliche Kostenreduzierung kann durch die Analyse der Kosten einer höheren Lieferfrequenz zum Einzelhandel anstelle einer dortigen Lagerhaltung identifiziert werden (Abbildung 49).

583 Vgl. Dekker/Van Goor (2000), S.46.

584 Vgl. Dekker/Van Goor (2000), S.47.

Während der Beitrag von DEKKER/VAN GOOR[585] durch seine Fokussierung logistischer Aktivitäten konzeptionell wesentlich schwieriger zu erfassende Aspekte der Produktentwicklung und Teilen der Produktion auslässt, so veranschaulicht er sehr gut die Potenziale einer Unternehmensübergreifenden Prozesskostenrechnung.

3.4.6 Das Prozesskostenmanagement als Kooperationsaktivitätenkostenrechnung nach Drews (2001)

DREWS entwickelt unter dem Begriff „Kooperationsaktivitätenkostenrechnung" (KAKR) eine unternehmensübergreifende Prozesskostenrechnung, welche auf der Standard-Prozesskostenrechnung basiert[586]. Dieses Verfahren zielt „auf die bedarfsgerechte, wirtschaftliche Versorgung des Kooperationsmanagements mit Informationen über Kosten und Erlöse von Kooperationsaktivitäten, sowie über deren Einflussgrößen" ab[587]. Um eine vollständige Informationsversorgung und -aufbereitung leisten zu können, werden sowohl direkte als auch indirekte Leistungsbereiche einbezogen. Dementsprechend beschränkt sich die KAKR nicht nur auf die Kalkulation der Gemeinkosten, sondern auch auf die Bewältigung aller üblicherweise von der Kostenrechnung wahrzunehmenden Aufgaben.[588]

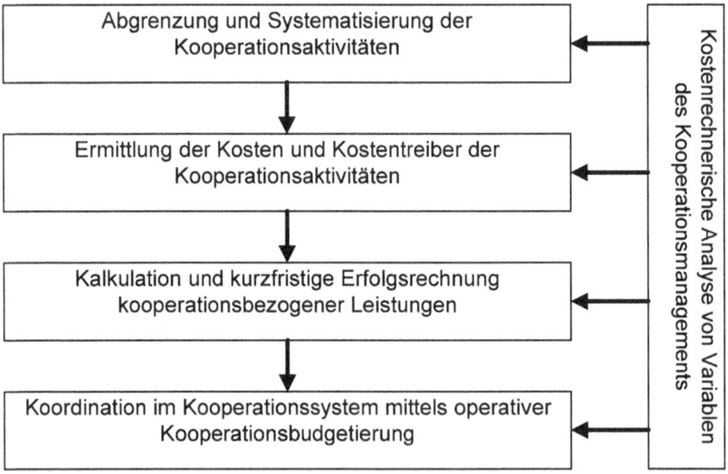

Abbildung 50: Vorgehensschema der KAKR
Quelle: Drews (2001), S.97.

---

585 Vgl. Dekker/Van Goor (2000), S.41-52.

586 Vgl. Drews (2001), S.83-120.

587 Vgl. Drews (2001), S.94.

588 Vgl. Drews (2001), S.95.

Hierfür schlägt DREWS eine vierstufige Vorgehensweise vor (Abbildung 50). Während im ersten Schritt die Kooperationsaktivitäten abgegrenzt und systematisiert werden, erfolgt im zweiten Schritt die Ermittlung der Kosten und Kostentreiber der Kooperationsaktivitäten. Darauf aufbauend erfolgt eine Kalkulation und kurzfristige Erfolgsrechnung kooperationsbezogener Leistungen. Abschließend erfolgt die Koordination im Kooperationssystem mittels einer operativen Kooperationsbudgetierung. Auf allen vier Stufen werden die Variablen des Kooperationsmanagements einer kostenrechnerischen Analyse unterzogen.[589]

Der maßgebliche Erfolg eines Einsatzes dieses Instruments in der Praxis hängt dabei von der Erfüllung verschiedener Anforderungen hinsichtlich der Teilsysteme der Kostenrechnung (Kostenarten-, Kostenstellen-, und Kostenträgerrechnung) der jeweiligen Unternehmen ab, sowie der ebenfalls zu berücksichtigenden teilsystemübergreifende Aspekte, wie einer gemeinsamen Durchführung der Kostenrechnung mit dem Kooperationspartner[590].

Der Ansatz von DREWS stellt sicherlich einen der umfassendsten dar, indem er explizit eine Erfolgsrechnung und Budgetierung der Kooperation vorsieht[591]. Das Angleichen verschiedener Teile der Kostenrechnungssysteme der Unternehmen sowie auch hier die Implementierung einer Prozesskostenrechnung auf Unternehmensbasis dürfen sicherlich als Herausforderungen hinsichtlich der Umsetzung bezeichnet werden.

3.4.7 Die Koordinationskostenanalyse in Unternehmensnetzwerken nach Veil (2001)

VEIL entwickelt ein auf der Prozesskostenrechnung basierendes Instrument zum netzwerkweiten Ermitteln und Analysieren der Koordinationskosten[592], die er als „Kosten für das Abstimmen der arbeitsteiligen Bearbeitung einer Aufgabe bezeichnet“[593]. Er projiziert dabei die Aufgaben des internen Rechnungswesens in rechtlich abhängigen Unternehmensverbunden (Konzernen) auf den Kontext selbständiger zum Zwecke der Leistungserstellung kooperierender Netzwerke. So hat ein Instrument das auftragsbezogene Netzwerkmanagement zu unterstützen, in dem es im Rahmen der Leistungserstellung entstehende Kosten ermittelt und auswertet[594].

---

[589] Vgl. Drews (2001), S.97-118.

[590] Vgl. Drews (2001), S.87-92.

[591] Vgl. Drews (2001), S.83-120.

[592] Vgl. Veil (2001), S.137ff.

[593] Vgl. Veil (2001), S.139.

[594] Vgl. Veil (2001), S.27ff.

Das interne Rechnungswesen in Unternehmensnetzwerken unterscheidet dabei in eine unternehmensspezifische „Partner-" und eine „Netzwerkebene". Auf der Partnerebene bildet es die teilauftragsbezogene Leistungserstellung ab, während auf der Netzwerkebene hingegen die Leistungserstellung dargestellt wird. Die Kostenarten-, Kostenstellen und die Kostenträgerrechnung der Partnerunternehmen dienen dabei sowohl den Partnern als auch dem Netzwerk als Ganzem als Quelle der Informationen über auf das jeweilige Unternehmen bezogene Teilauftragskosten. Zur Ermittlung und Auswertung der Leistung auf der Netzwerkebene ist nach VEIL die Einrichtung eines Instrument der Kostenrechnung unabdingbar, um die gesamten Auftragskosten für auftragsbezogene und auftragsübergreifende Managementaufgaben abzubilden. Dafür ist auf der Netzwerkebene eine Kostenträgerrechnung zu etablieren, deren Bezugsobjekte Produkte, Aufträge, Projekte, aber auch Vorgänge sein können[595].

Die Kalkulation auf Partnerebene unterstützt die Vergabe von Teilaufträgen, dient dem Gestalten des Auftragspreises, ist Grundlage zur Bestimmung von Preis- und Kostenvereinbarungen für Teilaufträge und dient schließlich dem Verteilen eines Netzwerkergebnisses. Die Kalkulation eines Teilauftrags ist dabei grundsätzlich den einzelnen Partnerunternehmen überlassen, wobei ein Offenlegen der Kalkulation der Partner ein gemeinsames Verständniss der Leistungsprozesse und der Plausibilität der Teilleistungskalkulation bewirken soll (Abbildung 51)[596].

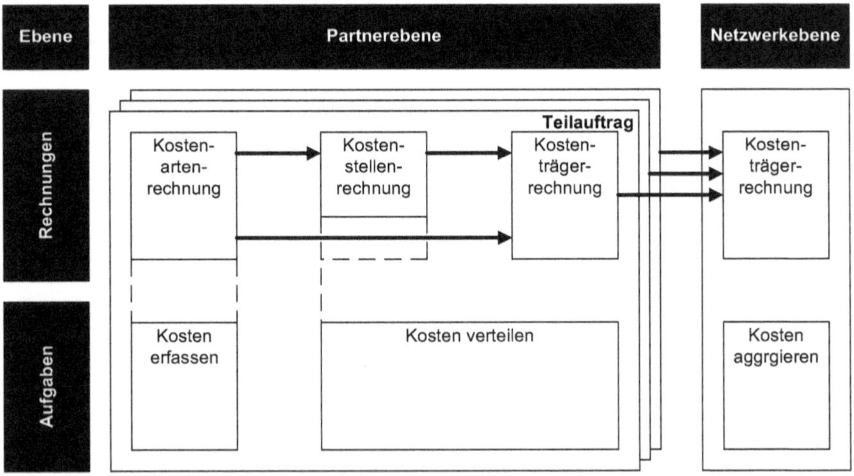

Abbildung 51: Schema der Kostenermittlung in Unternehmensnetzwerken
Quelle: Veil (2001), S.115.

[595] Vgl. Veil (2001), S.53, 114ff.

[596] Vgl. Veil (2001), S.118f.

Die Koordinationskostenrechnung nach VEIL umfasst dabei vier Stufen (Abbildung 52). Auf der ersten Stufe werden die Koordinationsaktivitäten identifiziert. Dies umfasst eine Tätigkeitsanalyse des Netzwerkmanagements, die darauf abzielt, auftragsbezogene Aktivitäten in Aktivitäten auf Partnerebene und Aktivitäten auf Netzwerkebene zu klassifizieren. Auf der zweiten Stufe werden den identifizierten Aktivitäten Maßgrößen (cost driver) zugeordnet. Vor dem Hintergrund der Problematik, der Unterscheidung dispositiver Prozesse in prozessmengeninduzierte und prozessmengenneutrale Bestandteile, schlägt VEIL die Ermittlung einer ressourcenabhängigen Zeit pro Vorgang als Kostentreiber vor. Auf der dritten Stufe werden die Koordinationsaktivitäten bewertet, indem den zeitabhängigen Kostentreibern die Kosten für die Ressourcenbereitstellung (Mitarbeiterkostensatz pro Stunde) gegenübergestellt werden. Auf der letzten Stufe werden die auf der dritten Stufe ermittelten „Ist-Kosten mit den Standardkosten der Koordination verglichen, welche anhand der „klassischen" Methode volumenorientierter Verrechnung der indirekten Kosten auf Netzwerkebene[597], ermittelt werden. Anhand dreier Fallstudien belegt VEIL die Verwendung eines umsatzabhängigen Verrechnungssatzes für Koordinationskosten[598].

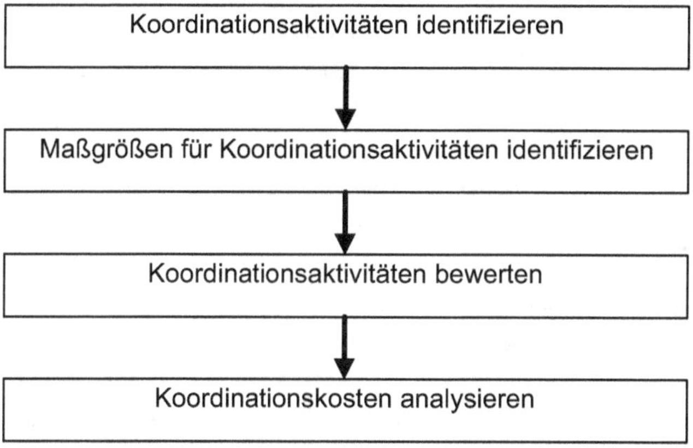

Abbildung 52: Vorgehen zum Ermitteln und Analysieren der Koordinationskosten
Quelle: Veil (2001), S.145.

Ein wesentlicher Eckpfeiler im Konzept von VEIL ist die Ermittlung einer ressourcenabhängigen Zeit pro Vorgang als Kostentreiber[599]. Dieses entspricht faktisch dem Time-driven Activity-based costing, so dass die Komplexität der Prozesskostenrechnung deutlich reduziert werden kann und somit sicherlich die Stärke dieser Konzeption darstellt.

---

[597] Vgl. Veil (2001), S.121ff.

[598] Vgl. Veil/Hess (2001)

[599] Vgl. Veil (2001), S.137ff.

3.4.8 Das Prozesskostenmanagement als prozessorientiertes Modell zum Supply Chain Costing nach Seuring (2001)

SEURING entwickelt ein konzeptionelles Verfahren zur Verwendung der Prozesskostenrechnung im Rahmen des Supply Chain Costings[600], welches er als „Analyse, Gestaltung und Steuerung von Kosten in der Wertschöpfungskette" versteht[601]. Dabei unterscheidet er Kosten in Einzel-, Prozess- und Transaktionskosten und legt dem Supply Chain Management den in dieser Arbeit verwendeten Gegenstandsbereich, bestehend aus der Produkt- und der Kooperationsdimension, zugrunde. Da der Gegenstandsbereich des Supply Chain Costings insbesondere durch Transaktionskosten und Netzwerkbildung charakterisiert wird und bisherige Konzepte des Prozesskostenmanagements in Supply Chains diesen nicht einbeziehen, entwickelt er ein eigenes dreistufiges Vorgehen zur Prozesskostenanalyse, welches auf den Erkenntnissen von LALONDE/POHLEN gründet[602].

SEURING unterscheidet in „Integration der Prozessmodellierung", „Analyse der Kostenentstehung" und „Analyse der Kostenbeeinflussung". Die erste Stufe besteht aus einer top-down Prozessanalyse anhand des SCOR-Modells, welches sich auf der Prozessebene (Stufe 3) mit der bottom-up Vorgehensweise der Kostenzusammenfassung der Prozesskostenrechnung überschneidet. Werden auf dieser Ebene Kosten in Einzel-, Prozess- und Transaktionskosten unterschieden und eine einheitliche Prozessdefinition zwischen den Supply Chain Partner verwendet, so können die Kostendaten den einzelnen Prozessabbildungen zugeordnet und somit die Wertschöpfungskette modelliert werden. Zielsetzung der Analyse der Kostenentstehung ist es, im Sinne einer Unterscheidung der Gemeinkosten erster und der Gemeinkosten zweiter Ordnung zu ermitteln, welche (Prozess-)kosten durch Entscheidungen im Unternehmen und welche Transaktionskosten durch Entscheidungen in der Wertschöpfungskette festgelegt sind, und sie den Gemeinkostenebenen zuzuordnen. Um die Komplexität der Ermittlung der Kostenentstehung zu reduzieren, schlägt SEURING eine Zuordnung der ermittelten Kostentreiber auf Prozess- und Transaktionskosten vor. Nach einer jeweils unternehmensinternen Zuordnung betont er die Bedeutung eines gemeinsamen Abgleichs, um die Transparenz der Entscheidung zu erhöhen und dem Management die Kausalität der Kostenentstehung zu erschließen. Dieses bildet die Voraussetzung für den dritten Schritt, die Analyse der Kostenbeeinflussung, da aufgrund der komplexen Verflechtungen kein klares Schema zur Kostenbeeinflussung bzw. zur Ermittlung von Kostentreibern in Wertschöpfungsketten formuliert werden kann. Auf Basis der vorgenommenen Kostendifferenzierung

---

[600] Vgl. Seuring (2001), S.151-157.

[601] Vgl. Seuring (2001), S.122.

[602] Vgl. LaLonde/Pohlen (1996), S.5-8.

können aber Trade-offs konfigurativer Entscheidungen bzgl. der Auswirkungen auf die jeweiligen Kostenkategorien und somit der Gesamtkosten einer Maßnahme bewertet werden.[603]

Anwendung erfährt das Modell von SEURING in der Kette der Bekleidungsindustrie. Hier veranschaulicht er eindrucksvoll, welche Auswirkung eine operative Reduktion der Farbanzahl der Textilien auf die Kosten des Textilunternehmens und die des Konfektionärs hat (Abbildung 53).[604]

	Kosten vor Reduktion der Farbanzahl	**Kosten nach Reduktion der Farbanzahl**
Kosten für das Textilunternehmen		
Anzahl der Farben	300	50
Kosten pro Farbeinstellung (€)	350	350
Gesamtkosten der Farbeinstellung (€)	105.000	17.500
Zusätzliche Fertigungskosten (€)		25.000
Kundenspezifische Lagerhaltung (€)		2.500
Laufende Kostenreduktion pro Jahr (€)		60.000
Kosten für den Konfektionär		
Beschaffung Futterstoffe pro Jahr (€)	10.000	2.500
Lagerhaltung Futterstoffe pro Jahr (€)	5.500	2.500
Laufende Kostenreduktion pro Jahr (€)		10.500

Abbildung 53: Laufende Kostensenkung durch Reduktion der Farbanzahl
Quelle: Seuring (2002b), S.353.

Die Verwendung des SCOR-Modells in der Definition der Kostentreiber stellt eine standardisierte kettenweite Prozessbewertung sicher. Durch die weitere Unterscheidung in Prozess- und Transaktionskosten gelingt es in der Konzeption von SEURING Aufgabenverantwortungen klar zu trennen, die Konsequenzen des eigenen Handels zu eruieren und folglich die Komplexität zu reduzieren[605]. Jedoch sei hier kritisch angemerkt, dass gerade in der Netzwerkbildung Aktivitäten oft einen nicht repetitiven Charakter haben. Der Aufwand dieser erschwerten Erfassung mag unter Umständen den Projektverlauf bereits in der Geschäftsanbahnung negativ beeinflussen.

603 Vgl. Seuring (2001), S.151-157 bzw. Abschnitt 1.2.

604 Vgl. Seuring (2002b), S.346-353 bzw. Abschnitt 3.2.4.2.

605 Vgl. Seuring (2001), S.151-157.

3.4.9 Das Prozesskostenmanagement als Grundlage eines Methodenpakets zum konstruktionsbegleitenden Supply Chain Controlling nach Möller/Möller (2002)

Das von MÖLLER/MÖLLER vorgestellte Modell zielt auf eine prozessorientierte Verbesserung der Lieferantenbeziehungen bereits parallel zur Entwicklung von neuen Produkten ab[606]. Dieses soll über eine Optimierung der Unit Costs hinausgehen und eine Reduzierung der Total Supply Costs sowohl im eigenen Unternehmen als auch beim Lieferanten ermöglichen[607]. Die Prozesskostenrechnung dient dabei im Sinne des Supply Chain Controllings als Basis einer prozessorientierten Budgetierung sowie Kalkulation und eines Prozess-Scorings und wird am Beispiel der ZF Friedrichshafen AG näher erläutert[608].

Die von MÖLLER/MÖLLER vorgestellte Methodik stimmt im Wesentlichen mit dem vorgestellten idealtypischen Ablauf einer Prozesskostenrechnung überein. Eine dreistufige Prozessstruktur wird ermittelt und durch die Identifikation von Kostentreibern mit einem Mengen- und Kostengerüst belegt. Die Prozesskostenkalkulation findet anschließend durch eine Addition der Prozesskosten der ermittelten relevanten Prozesse statt, so dass die von der Komplexität abhängigen, individuellen Kosten für Beschaffungs-, Logistik-, Arbeitsvorbereitungs- und Qualitätssicherungsprozesse in die verwendeten Maschinenstundensätze mit einfließen (Abbildung 54).

Funktionsbereich	**Maschinenstundensatz- und Prozesskostenrechnung im Arbeitsplan**		Bezugsgröße
Logistik / Einkauf	- Auftrag bearbeiten	5 Euro	Anz. Aufträge / Losgr.
Arbeitsvorbereitung	- Fertigung vorbereiten	8 Euro	Anz. Pläne / Stückzahl
Weichbearbeitung	- Drehen - Verzahnen - ...	6 Euro 15 Euro	Zeit / Losgröße
Härterei	- Härten - ...	4 Euro	Zeit / Losgröße
Hartbearbeitung	- Schleifen - ...	21 Euro	Zeit / Losgröße
Qualitätsprüfung	- Qualität prüfen	4 Euro	Anz. Prüfungen / Losgröße

Abbildung 54: Struktur und Ergebnisse des prozessorientierten Kalkulationsschemas
Quelle: Möller/Möller (2002), S.756

[606] Vgl. Möller/Möller (2002), S.747-767.

[607] Vgl. Möller/Möller (2002), S.749f.

[608] Vgl. Möller/Möller (2002), S.750 u. 753.

MÖLLER/MÖLLER konstatieren, dass somit diese Prozesse nun in die operativen Arbeitspläne integriert sind und der Prozess des Supply Chain Managements kann sowohl in seiner Gesamtheit als auch für einzelne Teilbereiche mit Prozesszeiten und -kosten bewertet werden.[609] Die gewonnenen Kosteninformationen werden nun genutzt, um die vom Markt geforderten Zielkosten (Target Costing) mit einer kostenoptimalen Produktstruktur inklusiv Mengen, wie Stückzahlen und Losgrößen, und einer kostenoptimalen Prozessstruktur/ Supply Chain zu erreichen (prozessorientierte Kalkulation)[610]. Auf Basis dieser Grundstruktur kann im Anschluss mit einer prozessorientierten Budgetierung begonnen werden, welche den Charakter einer operativen Gemeinkostenplanung hat. Diese auf Vollkosten basierenden Budgets sollen einen Leistungsanreiz bieten und die Beurteilung von Maßnahmen zur Kapazitätsanpassung im Sinne einer zukunftsorientierten Lebenszyklusperspektive zulassen.[611] Das Prozess-Scoring ist der wertschöpfungskettenweite Aspekt der von MÖLLER/MÖLLER vorgestellten dreistufigen Methodik[612]. Durch das Vorliegen von Kosten bestimmter Aktivitäten können Lieferanten und ggfs. auch deren Unterlieferanten hinsichtlich ihres Wertschöpfungsbeitrages bewertet und Maßnahmen zur Verbesserung der Zulieferbeziehung entwickelt sowie beurteilt werden.

Der wertschöpfungskettenweite Aspekt des Prozess-Scorings weist Überschneidungen zum Total Cost of Ownership Ansatz auf. Es wird der konkrete Einfluss auf die eigenen Prozesskosten gemessen, jedoch verbleibt die Konzeption von MÖLLER/MÖLLER auf der Ebene des Abnehmers[613]. Entsprechend der Kritik an PAMPEL[614] greift ihre Konzeption somit zu kurz und ermöglicht nicht die Bewertung eines Gesamtoptimums der Wertschöpfungskette.

3.4.10 Das Prozesskostenmanagement als konzeptionelles Stufenmodell für das Supply Chain Controlling nach Bacher (2004)

BACHER greift die Modelle von DREWS[615] und SEURING[616] auf und kritisiert, dass beide, sowohl das Vorhandensein einer internen Prozesskostenrechnung als auch die Bereitschaft

[609] Vgl. Möller/Möller (2002), S.753-755.

[610] Vgl. Möller/Möller (2002), S.756-758.

[611] Vgl. Möller/Möller (2002), S.759-761.

[612] Vgl. Möller/Möller (2002), S.761f.

[613] Vgl. Möller/Möller (2002), S.747-767.

[614] Vgl. Pampel (1993).

[615] Vgl. Seuring (2001), S.151-157.

[616] Vgl. Drews (2001), S.83-120.

Kosten- und Leistungsinformationen auszutauschen, implizit voraussetzen[617]. Auch die Anforderungen bzgl. der Gestaltung der Kontenrahmen und der Abgrenzungsbereiche der Kostenstellen bezeichnet BACHER als schwer realisierbar.[618]

Um diese Defizite zu überwinden und trotzdem eine unternehmensübergreifende, quantifizierbare Kosten- und Leistungsoptimierung durch den Austausch von Daten und Kennzahlen zu erlangen, entwickelt BACHER eine „Konzeption einer Prozesskostenrechnung für das Supply Chain Controlling anhand eines Stufenmodells“, welches es den Unternehmen entsprechend ihrer Möglichkeiten (Anmerk. des Autors: der Implementierung einer Prozesskostenrechnung im eigenen Unternehmen) ermöglichen soll, gemeinsam Transparenzsteigerungen, Kostenreduzierungen und Leistungsverbesserungen zu erreichen[619].

Unabhängig von der gewählten Intensität (der Stufe) des Prozesskostenmanagements betrachtet BACHER ein grundlegendes Verständnis bei den beteiligten Untenehmen über die zu optimierenden Prozesse und wesentlichen Leistungs- und Kostentreibern als notwendig und schlägt einen dreistufigen Prozess zur Ermittlung dieser Parameter vor[620]. Anhand einer Analyse und/ oder eines Mappings werden die Prozesse der beteiligten Unternehmen abgebildet, um ein gemeinsames Verständnis für den Gesamtprozess zu generieren. Anschließend werden im zweiten Schritt die für jeden Prozessschritt wesentlichen Hauptkosten- und Hauptleistungstreiber identifiziert und unternehmensübergreifend einheitlich definiert. Auf dieser Basis können dann via Szenarioanalysen Auswirkungen von Veränderungen (ggf. auch nur qualitativ) analysiert und bewertet werden. Diesen Zustand bezeichnet BACHER dann als erste Stufe eines unternehmensübergreifenden Prozesskostenmanagements, das auf eine „Optimierung über wesentliche Kosten- und Leistungstreiber“ (bspw. Lagerbestände oder Verfügungsgrade) ausgerichtet ist, um somit indirekt Kostensenkungen zu erreichen. [621]

Die zweite Stufe umfasst eine „fallweise unternehmensübergreifende Prozesskostenrechnung“ für die Supply Chain. Demnach werden den ausgewählten Schritten der ersten Stufe Kosten zugeordnet und somit einmalig bzw. in nicht regelmäßiger Reihenfolge Leistungsdaten erhoben, verglichen und optimiert.[622]

Eine „voll ausgebaute unternehmensübergreifende Prozesskostenrechnung“ wird durch die dritte Stufe des Modells beschrieben. In automatisierter, kontinuierlicher Weise werden für

[617] Vgl. Bacher (2004), S.208-229.

[618] Vgl. Bacher (2004), S.215.

[619] Vgl. Bacher (2004), S.216-229.

[620] Vgl. Bacher (2004), S.218.

[621] Vgl. Bacher (2004), S.217-220.

[622] Vgl. Bacher (2004), S.220-223.

alle Prozessschritte relevante Kosten- und Leistungsdaten zwischen den Unternehmen ausgetauscht.[623]

Die Optimierung der Supply Chain auf der Basis einer gemeinsamen Definition von Kostentreibern mit anschließender Variation anhand von Lastdaten berücksichtigt die oft anzutreffende Zurückhaltung, Kostendaten offenzulegen. Gerade in der Anbahnung von Geschäftsbeziehungen ist dieses eine gute Möglichkeit zur Optimierung. Leider lässt BACHER[624] hierfür den empirischen Nachweis in Form einer Anwendung einzelner Phasen des Stufenmodells unüberprüft.

3.4.11 Die prozesskostenbasierte Bewertung der Supply Chain Performance nach Pohlen/Coleman (2005)

POHLEN/COLEMAN präsentieren ein Modell, in welchem Prozesskosteninformationen zur kostenorientierten Bewertung einer Economic Value Added Analyse (EVA)[625] genutzt werden[626]. Nach dem Abstimmen gemeinsamer Zielsetzungen und dem Mapping der unternehmensübergreifenden Prozesse können mittels einer dyadischen EVA-Analyse Einblicke in die Kausalität von Prozessveränderungen und deren Nutzen gewonnen und somit die Aktivitäten auf die definierten Ziele abgestimmt werden. Möchte bspw. ein Hersteller die Anzahl der Produktvarianten reduzieren, so würde in Konsequenz der Einzelhandel Umsatzeinbußen fürchten. Stellt der Hersteller hingegen einen entsprechenden Preisnachlass in Aussicht, so kann anhand der EVA-Analyse überprüft werden, ob sich die Produktstandardisierung auch für den Einzelhändler auszahlt. So konstatieren POHLEN/COLEMAN “by incorporating all of the drivers of shareholder value, managers can move beyond cost-cost discussions, where one firm “loses” and another “wins”, to identify inter-firm opportunities that create value for both firms and the entire supply chain”[627]. Sie geben jedoch zu bedenken, dass eine erfolgreiche Zusammenarbeit vor allem von der Fähigkeit einer richtigen Kostenmessung abhängt. Dementsprechend sollen mittels Prozesskostenrechnung nicht-finanzielle Leistungsindikatoren der verschiedenen Aktivitäten in Kosten und anschließend in finanzielle Kennzahlen transformiert werden. Durch diese Zurechnung der Kosten zu dem jeweiligen verursachenden Unternehmen können die gemeinsam definierten Ziele in unternehmensspezifische „Wert“-

---

[623] Vgl. Bacher (2004), S.223-225.

[624] Vgl. Bacher (2004), S.208-229.

[625] Vgl. Brewer/Chandra/Hock (1999), S.4-11.

[626] Vgl. Pohlen/Coleman (2005), S.45-58.

[627] Vgl. Pohlen/Coleman (2005) S.52.

treiber herunter gebrochen werden, so dass letztendlich die Leistung des einzelnen Unternehmens mit der unternehmensübergreifenden Strategie übereinstimmt.

Während viele der diskutierten Konzeptionen Prozesskosteninformationen direkt für eine Optimierung der Supply Chain verwenden, so dienen diese in dem von POHLEN/COLEMAN vorgestellten Beitrag als Basis zur Kalkulation managementorientierter Kennzahlen zur Strategieabstimmung[628]. Dieses ermöglicht zum einen eine einfachere operative Steuerung der Supply Chain, zum anderen stellt dieses in Zeiten, in denen der wesentliche Erfolg eines Unternehmens anhand einiger Schlüsselindikatoren an den Finanzmärkten bestimmt wird, einen wichtigen und validen Anknüpfungspunkt dar.

3.4.12 Kritische Würdigung der vorgestellten Ansätze

Die vorgestellten Ansätze sollen im Folgenden eine Analyse hinsichtlich ihrer Eignung für das Kostenmanagement in Supply Chains erfahren. Hierfür müssen jedoch zunächst die erforderlichen Analysekriterien definiert werden[629].

3.4.12.1 Festlegung der Analysekriterien

Für eine Analyse der vorgestellten Ansätze ist es wichtig, dass diese zum einen die Grundelemente und -gedanken der Supply Chain Management Konzeption berücksichtigen, zum anderen müssen diese Kriterien den aus dem Supply Chain Management erwachsenen spezifischen Anforderungen an das Kostenmanagement Rechnung tragen.
Nach ARNOLD *ET AL.* können zur Konzeptionsanalyse die Erkenntnisebene, der Verrichtungsumfang sowie der Konzeptionsumfang herangezogen werden[630]. Unter Bezug auf die Phasen des Supply Chain Managements in der Produkt-Kooperations-Matrix können als kennzeichnende Merkmale für die Zusammensetzung einer Wertschöpfungskette die Kettenlänge und die Koordinationsform als Erkenntnisebene definiert werden. Dementsprechend soll der in OTTO dargestellten Dreiteilung in Akteurs- (Unternehmen), Kooperations- (Dyade) und

---

[628] Vgl. Pohlen/Coleman (2005), S.45-58.

[629] Im Sinne des Forschungsziels dieser Promotionsschrift, der Analyse des Prozesskostenmanagements zur effektiven Gestaltung und Steuerung von Supply Chains, sollen sich die Analysekriterien auf die allgemeine Konzeption des Supply Chain Managements beziehen und nicht explizit am BTO-SCM festgemacht werden, da dieses den Analysefokus zu sehr einschränken würde. Aufgrund des übergeordneten normativen Charakters der SCM Konzeption haben diese dennoch auch für das BTO-SCM Bestand.

[630] Vgl. Arnold *et al.* (2005), S.42ff. Die inhaltliche Diskussion dieser Kriterien wurde im Abschnitt 2.1 dieser Arbeit geführt.

Netzwerkebene (Supply Chain) hinsichtlich der Kettenlänge gefolgt werden[631]. Die Koordinationsform soll dabei in heterarchische und hierarchische Koordination unterschieden werden[632]. Mit diesem Kriterium wird dem vertrauenspolitischen Aspekt des Informationsaustauschs in Supply Chains Rechnung getragen, da unterschiedliche Machtverhältnisse das Offenlegen von vertraulich-sensiblen Managementwissen beeinflussen und somit in einer Konzeption berücksichtigt werden sollten[633]. Als Verrichtungsumfang soll die inhaltliche Dimensionierung der Geschäftsbeziehungen definiert werden[634]. Hierunter fallen die einzelnen unternehmensinternen und -übergreifenden Wertschöpfungsprozesse. Da, wie erläutert, viele Autoren vor allem die Logistik als unternehmensübergreifenden Prozess im Supply Chain Management betrachten, soll hier analysiert werden, in wie weit die Ansätze über die Prozesse der Logistik hinausgehen.

Ein weiterer wichtiger Punkt zur Analyse der Ansätze ist der Konzeptionsumfang[635], der darstellt, wie die Prozesskostenmanagementinstrumente die spezifischen Anforderungen des Supply Chain Managements an das Kostenmanagement erfüllen[636]. Ein Analysekriterium ist dementsprechend die Umsetzung der geforderten Standardisierung der Kosteninformationen zur Erhöhung der Transparenz. In diesem Zusammenhang ist auch die Erfüllung der Forderung einer stetigen unternehmensübergreifenden Analysierbarkeit der Kosten von Bedeutung. Des Weiteren wurden im Verlauf dieser Arbeit verschiedene Strategien im Supply Chain Management diskutiert, deren Ausprägung individuell von den beteiligten Unternehmen, den Zielmärkten und weiteren exogenen Faktoren abhängt. Vor diesem Hintergrund ist ein weiteres wichtiges Merkmal des Konzeptionsumfangs die Adaptationsmöglichkeit der Ansätze auf verschiedene Supply Chains[637].

Zusammenfassend lässt sich unter Berücksichtigung der Produkt-Kooperations-Matrix festhalten, dass die Erkenntnisebene und der Verrichtungsumfang der Ansätze vor allem Fragestellungen der effektiven Gestaltung der Supply Chain berücksichtigen (Phasen eins und drei). Der Konzeptionsumfang der Ansätze zielt vor allem auf die effiziente Steuerung der Supply Chain ab (Phasen zwei und vier).

---

[631] Vgl. Otto (2002), S.99.

[632] Vgl. Busch/Dangelmaier (2002), S.9ff.

[633] Vgl. bspw. den Beitrag von Cooper/Slagmulder (2004), S.S.1-26; siehe auch Goldbach (2003).

[634] Vgl. Arnold *et al.* (2005), S.42 für die Akzeptanz der Verwendung dieser Kriterien.

[635] Vgl. Busch/Dangelmaier (2002), S.9f.

[636] Vgl. hinsichtlich der Relevanz der nachfolgend genannten Kriterien auch die Abschnitte 2.5.3 und 3.1bzw. die vor diesem Hintergrund geführte Diskussion der Ansätze zum Kostenmanagement in Wertschöpfungsketten (Abschnitt 3.2.6).

[637] Vgl. hierzu auch Mouritsen/Hansen/Hansen (2001), S.221-244.

3.4.12.2 Kritische Würdigung

Die nachfolgende Übersicht (Tabelle 3) zeigt die Merkmale der in Abschnitt 3.4 vorgestellten Konzepte.

	(An-)Forderungen an ein Instrument	**Pampel (1993)**	**Scholz (1995)**	**LaLonde/Pohlen (1996)**	**Hirschmann (1998)**	**Dekker/ van Goor (2000)**	**Drews (2001)**	**Veil (2001)**	**Seuring (2001)**	**Möller/ Möller (2002)**	**Bacher (2004)**	**Pohlen/ Coleman (2005)**
Gestaltung (Produktdesign und Produktion/ Logistik im Sinne einer effektiven Netzwerkkonfiguration)	Einbezug der über die Logistik hinausgehenden Geschäftsprozesse	✓	✓	✓	✓		✓	✓	✓	✓		✓
	Betrachtung von n>2 Unternehmungen	✓	✓	(✓)		✓			✓			
	Berücksichtigung der Kooperations-/ Koordinationsform						(✓)					
Steuerung (Produktdesign und Produktion/ Logistik im Sinne einer effizienten Lenkung des Produktionsnetzwerkes)	Kostentransparenz aller beteiligten Unternehmungen											
	durch Kostentreiber	✓	✓	✓	✓	✓		✓			✓	✓
	durch einheitliche Kontenrahmen				✓		✓		✓	✓	✓	
	dauerhafte, fortwährende Kosteninformationen			✓	(✓)			✓		✓	(✓)	✓
	Supply Chain-individuelle, praktikable Umsetzung/ Überprüfung (empirischer Beleg durch Fallstudie)					✓	✓	(✓)	✓	✓		

✓ = explizit erwähnt
(✓) = suggeriert/ teilweise berücksichtigt

Tabelle 3: Merkmale bisheriger Konzepte zum Prozesskostenmanagement in Wertschöpfungsketten
Quelle: Eigene (2006)

Betrachtet man die vorgestellten Konzepte unter den Anforderungen des Supply Chain Managements bzw. des BTO-Supply Chain Managements, so lassen sich übergreifend vier Defizite (d.h. die Anforderung wurde von mindestens sechs (>50%) der vorliegenden Arbeiten nicht oder nur teilweise berücksichtigt) hervorheben:

➲ *Betrachtung einer Dyade*

Nur vier der vorliegenden Arbeiten berücksichtigen explizit, dass eine Supply Chain aus mehr als nur 2 Unternehmen bestehen kann. Die getroffenen Aussagen und Annahmen beziehen sich daher nur auf die Strukturform der Dyade, was durch den Autor hinsichtlich der Themenstellung einer kosteneffektiven Gestaltung und Steuerung als zu kurz gegriffen betrachtet wird[638]. Dieses hätte bspw. im konkreten Fall des BTO-Supply Chain Managements zur Folge, dass die kosteneffektive Lage der Entkopplungspunkte nicht bestimmt werden kann, dass Kundenauftragsinformationen nicht weit genug entlang der Supply Chain kommuniziert werden. Dieses kann letztlich zu einem Aufschaukeln der Produktionsprogramme führen (Forrester- bzw. Bullwhip-Effekt), so dass die letztendlich die dem BTO-Supply Chain Management zugrunde liegende schlanke und flexible Produktionsgestaltung den Marktanforderungen kapazitiv nicht mehr gerecht werden kann.

➲ *Keine Berücksichtigung der Kooperationsform*

Nur DREWS[639] geht explizit in seinem Beitrag auf die Bedeutung der Kooperationsform ein, jedoch berücksichtigt er diese bei der Entwicklung seines Modells nur beiläufig. Der Autor erachtet gerade aber die Form der Kooperation und die Kooperationsrichtung (Machtverteilung) als wichtige Kriterien für die Umsetzung eines unternehmensübergreifenden Prozesskostenmanagements in der Unternehmenspraxis. Als Beispiel sei die von vielen Autoren zwar berücksichtigte Anforderung nach Kostentransparenz genannt, die in fünf Fällen durch einen einheitlichen Kontenrahmen gewährleistet werden soll.

➲ *Nur projektbezogene Kosteninformationen*

Der Anforderung nach einem dauerhaften, fortwährenden Prozesskostenmanagement wird beinahe von allen Autoren außer Acht gelassen und nur einmalige Projekte fokussiert. Für die strategische, langfristige Wettbewerbsfähigkeit sind aber gerade durch mehrmalige Vergleiche gewonnene Informationen nach Ansicht des Autors von entscheidender Bedeutung. Dieses wird besonders deutlich am Beispiel des BTO-Supply Chain Management, da die integrative Verknüpfung der Funktionen und Prozesse eine fortwährende Steuerung verlangt.

➲ *Fehlende empirische Fundierung*

Es wird von einigen Autoren zwar der Versuch unternommen, die bisher überwiegend theoretisch entwickelten Konzepte durch eine Fallstudie zu überprüfen, jedoch mangelt

---

638 Vgl. hierzu auch Goldbach/Seuring (2003), S.117-120 bzgl. Multiplikationseffekten von (Mehr-)-Kosten in Wertschöpfungsketten. Je mehr Unternehmen in einer Supply Chain beteiligt sind, desto größer ist in der Regel die Wirkung der Multiplikationseffekte.

639 Vgl. Drews (2001), S.83-120.

es diesen Fallstudien an wissenschaftlicher Repräsentativität aufgrund der aufgezeigten Defizite. So beziehen sich die einzigen vorliegenden empirischen Erkenntnisse entweder nur auf logistische Fragestellungen (DEKKER/VANGOOR) oder betrachten lediglich die Kosten innerhalb einer Dyade (SEURING), oft sogar nur die eines fokales Unternehmen (MÖLLER/MÖLLER; DREWS; VEIL).

3.5 Konzeptionelle Entwicklung eines Modells für das Prozesskostenmanagement in Wertschöpfungsketten

In diesem Kapitel wurden Konzepte zum Prozesskostenmanagement in Supply Chains vorgestellt. Deutlich wurde, dass eben diese Konzepte den an sie gestellten Anforderungen nicht oder nur teilweise gerecht werden. Daher soll im Folgenden eine eigene Konzeption für das Prozesskostenmanagement in Supply Chains vorgestellt werden.

3.5.1 Konzeptionelle Vorüberlegungen

Bei der Entwicklung eines konzeptuellen Modells zum Prozesskostenmanagement in Supply Chains können die gleichen Bewertungskriterien nutzbar gemacht werden, die zur Analyse der vorliegenden Ansätze verwendet wurden. Somit muss das Modell die Anforderungen des Supply Chain Managements in den Feldern der Produkt-Kooperations-Matrix berücksichtigen. Hierbei ist zu beachten, dass es einen normativen Handlungsrahmen vorgibt, der, hinsichtlich des pragmatischen Wissenschaftsziels, eine Verwendung bzw. Modifikation im Sinne spezifischer Ausprägungsvarianten (wie bspw. dem BTO-Supply Chain Management) zulässt.

- Aufbau anhand der Phasen der Produktdimension
  Eine Berücksichtigung der Phasen der Produktdimension erscheint insofern als sinnvoll, da diese die chronologische Entstehung und Entwicklung einer Supply Chain widerspiegelt. Somit muss das Modell zunächst die Entscheidungsfindung bzgl. einer effektiven Konfiguration von Produkt und Netzwerk sowie eines effizienten Produktdesigns im Rahmen der Vorlaufphase unterstützen. Hierbei sollte vor allem berücksichtigt werden, dass zu diesem Zeitpunkt die betrachteten Unternehmen ggfs. noch keinerlei geschäftliche Beziehungen miteinander etabliert haben. In dem Kontext der Geschäftsanbahnung fällt auch die Berücksichtigung der Koordinationsform bzw. die tendenzielle Zurückhaltung auf, Kosteninformationen aus Angst vor Missbrauch und Wettbewerbsnachteilen mit einander auszutauschen. Die gewonnenen Erkenntnisse sollten gleichzeitig als Datenba-

sis zur Bestimmung einer effektiven Aufgabenallokation sowie für eine effiziente Abstimmung der Schnittstellen in der Marktphase fungieren.[640]

- Berücksichtigung des Supply Chain Managements als Wettbewerbsstrategie
  Während die Phasen der Produkt-Kooperations-Matrix und demzufolge auch ein an diesen ausgerichtetes Modell den strategischen Charakter des Supply Chain Managements wiedergeben, muss das Modell explizit die Möglichkeit zur Simulation zukünftiger Produkt- und Marktszenarien berücksichtigen und eine Bewertung alternativer Strategien (im Rahmen einer Vergleichsrechnung) zulassen. Dementsprechend müssen die Ergebnisse der kostenrechnerischen Bewertung entweder direkt miteinander vergleichbar sein oder sich in aggregierten Kennzahlen auf Geschäftsleitungsebene wiederfinden.[641]

- Einführen eines Kommunikationsstandards zur Verbesserung der Transparenz
  Wesentliche Voraussetzung für eine einheitliche Bewertung von Aktivitäten und Prozessen ist ein gleichartiger Kommunikationsstandard, der für alle Unternehmen verwendbar ist, mit denen bereits Geschäftsbeziehungen bestehen oder aufgebaut werden sollen. Dementsprechend darf sich ein Kommunikationsstandard nicht allein auf dyadische Beziehungen beschränken, sondern muss die Möglichkeit bieten, entlang der gesamten Supply Chain, Anwendung zu finden. Folglich sollte die Entwicklung eines konzeptuellen Modells ein normatives, gemeinhin akzeptiertes Prozessmodell als Kommunikationsstandard zugrundelegen.[642]

- Möglichst niedrige Komplexität und geringer Aufwand bei der Erhebung der Kosteninformationen
  Viele der vorgestellten Modelle lassen einen für die Praxis handhabbaren, pragmatischen Ansatz vermissen. So ist die Forderung nach einem einheitlichen Kontenrahmen in der Regel nicht umsetzbar, schon gar nicht zum Zeitpunkt der Netzwerkkonfiguration im Rahmen einer Geschäftsanbahnung. Zudem ist es aufgrund des zeitlichen und auch kostenbezogenen Aufwands nicht sinnvoll, alle Prozesse prozesskostenbasiert zu analysieren. Es sollten vielmehr allein die Prozesse betrachtet werden, die im Rahmen der verfolgten Kooperation miteinander interagieren. Das bedeutet, die der Prozesskostenrechnung immanente Erfassung aller Aktivitäten und deren Zuordnung und Zusammenfassung zu Prozessen ist ebenso wenig sinnvoll, wie die damit verbundene Berücksichtigung von Kosten, die ggfs. nicht im Rahmen der Geschäftsbeziehung anfallen. Umfasst

[640] Vgl. Abschnitt 2.1.

[641] Vgl. Abschnitt 2.2.

[642] Vgl. Abschnitt 2.5.

bspw. die Zollabwicklung wesentliche Aktivitäten des Versands eines exportorientierten Unternehmens, so ist es im Rahmen nationaler Beziehungen nicht nötig diese näher zu analysieren und zu bewerten. Zweckmäßiger Weise würde im Rahmen der Prozesskostenrechnung zwar anschließend in einen Kostentreiber für den Export und einen für den nationalen Versand unterschieden, der Aufwand dieser aktivitätsbezogenen Prozessbildung ist letztendlich jedoch sehr hoch.[643]

3.5.2 Vorlaufphase: Prozesskostenbasiertes Produktdesign in der Wertschöpfungskette

Unter der Berücksichtigung der konzeptionellen Vorüberlegungen besteht das Modell aus zwei Stufen, die die Vorlauf- und die Marktphase berücksichtigen (Abbildung 55).

Im Rahmen der ersten Stufe sollte zunächst eine Grobgliederung der wertschöpferischen Tätigkeiten in der Supply Chain im Rahmen einer *Definition von Teilprozessen* stattfinden (Feld A des Modells, Abbildung 55). Um dem geforderten Kommunikationsstandard gerechtzuwerden, wird hier das bereits in Abschnitt 2.5.2.2 vorgestellte SCOR-Modell vorgeschlagen. Dieses erfreut sich wachsender Akzeptanz und stellt einen Standard dar, der durch die top-down Prozessgliederung auf die Prozesse eines jeden Unternehmens projiziert werden kann ohne sich in unternehmensspezifischen Teilaspekten zu verlieren. Die immanente top-down Gliederung erfüllt weiterhin die pragmatische Anforderung einer *Identifikation der Teilprozess-Aktivitäten* nur relevanter Tätigkeiten und Aufgaben (Feld B); sonstige zwar für das einzelne Unternehmen wichtige, aber für die Geschäftsbeziehung unwichtige Aktivitäten bleiben ausgeklammert. Diese können in der Regel grob durch unternehmensendogenes Know-how bestimmt werden und sollten dann in den ersten Gesprächen mit potenziellen vor- und nachgelagerten Zulieferern genauer bestimmt werden. Wichtig ist hierbei die Erkenntnis, welche Aktivitäten prozentual den größten Einfluss auf die Kosten des jeweiligen Teilprozesses haben.

Aufbauend auf der Kenntnis der Aktivitäten und Teilprozesse sollte gemeinsam mit den Zulieferern eine *Bestimmung der Kostentreiber* für jeden der definierten Teilprozesse vorgenommen und diese mit einem Mengengerüst belegt werden (Feld C). Durch die *Bestimmung und Variation der Kostentreibermengen* (Feld D) können die Unternehmen verschiedene Produkt- und Marktszenarien simulieren, welches die Voraussetzung für die Bewertung alter-

[643] Vgl. Abschnitt 3.1 bzw.3.3.

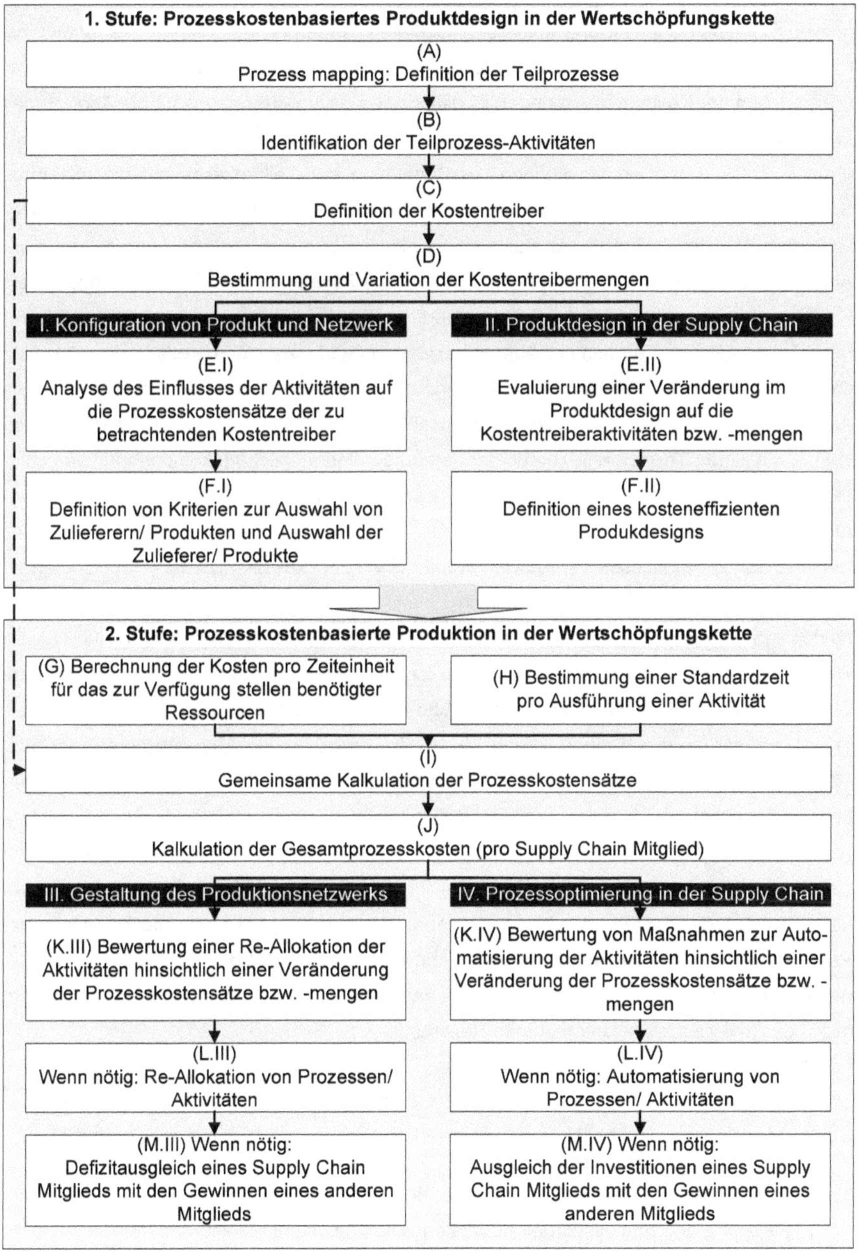

Abbildung 55: Konzeptioneller Entwurf eines Prozesskostenmanagements für den Kontext des Supply Chain Managements

Quelle: Schulze/Seuring/Ewering (2006b), S.428

nativer Szenarien darstellt und somit der gezeigten Forderung nach einem Instrument zur Findung einer langfristigen Wettbewerbsstrategie gerecht wird.
Die Variation der Kostentreibermengen ist gleichzeitig die Voraussetzung für die *Analyse des Einflusses der Aktivitäten auf die Prozesskostensätze der zu betrachtenden Kostentreiber* (Feld E.I). Die Unternehmen können die Bedeutung der Teilprozesse auf die gesamten Supply Chain Kosten ebenso erkennen, wie den Impact der diesen Teilprozessen zugrundeliegenden Aktivitäten. Auf dieser Basis ist es möglich zu einer *Definition von Kriterien zur Auswahl von Zulieferern/ Produkten und Auswahl der Zulieferer/ Produkte* zu gelangen (Feld F.I). Nimmt beispielsweise ein besonderes Fertigungsverfahren einen aufwendigen und zentralen Teilprozess im Rahmen der Auftragsabwicklung ein, so sollten bereits bei der Auswahl der Unternehmen solche bevorzugt werden, die dieses Fertigungsverfahren für sich als Kernkompetenz bezeichnen. Auch die abzusehenden kostenrechnerischen Konsequenzen auf die einzelnen Teilprozesse, hervorgerufen durch eine mögliche Inkompatibilität verschiedener Softwaresysteme, können so evaluiert und bereits bei der Auswahl der Partner berücksichtigt werden.
Die Analyse des Einflusses der Aktivitäten auf die Prozesskostensätze kann im Rahmen eines kosteneffizienten Produktdesign auch für *die Evaluierung einer Veränderung im Produktdesign auf die Kostentreiberaktivitäten bzw. -mengen* Verwendung finden (Feld E.II). So können bestimmte Funktionalitäten zu zusätzlichen Aktivitäten führen bzw. diese vermeiden. Ein Beispiel hierfür sind die in immer mehr Autos angebotenen Reifen mit Notlaufeigenschaften. Diese werden durch die Zulieferer konstruiert, ersparen den Automobilherstellern aber die kostenintensive Einplanung und spätere Montage eines Ersatzreifens in die Neuwagenkonzeption. Dementsprechend kann die *Definition eines kosteneffizienten Produktdesigns* (Feld F.II) vorgenommen werden. Beiden Phasen ist gemein, dass die Voraussetzung für eine kosteneffektive Supply Chain sowie ein kosteneffizientes Produktdesign ohne die genaue Kenntnis der Kosten erreicht werden kann. Dieses erübrigt nicht nur die Bewertung der Prozesse aller in Frage kommender Unternehmen, sondern trägt auch dem Aspekt der Geheimhaltung von geschäftsrelevanten Daten und die Befürchtung eines Missbrauchs dieser durch das jeweils andere Unternehmen Rechnung.

3.5.3 Marktphase: Prozesskostenbasierte Produktion in der Wertschöpfungskette

Nachdem auf der Basis einer grundlegenden Prozessstruktur, definierter Kostentreiber und der Evaluierung des Einflusses der Aktivitäten auf die Kostentreiber und deren Mengen die geeigneten Zulieferer ausgewählt worden sind, so gilt es in der Marktphase die Teilprozesse und Aktivitäten entlang der Supply Chain zu verteilen und zu einer effizienten Schnittstellenoptimierung zu gelangen.

Demnach gilt es die definierten Kostentreiber mit den ausgewählten Zulieferern zu bewerten. Hierfür wird die Verwendung des Time-driven Activity-based costings vorgeschlagen (s. Abschnitt 3.3.2), um der der Prozesskostenrechnung immanenten Komplexität entgegenzuwirken, die sich im Rahmen eines unternehmensübergreifenden Prozesskostenmanagements sogar noch potenziert. Die einfache Berechnungsmethodik sowie der relativ geringe Aufwand der Datenerhebung prädestinieren den Einsatz des Time-driven Activity-based costings im Kontext des Supply Chain Managements. Zudem deckt sich die bottom-up Vorgehensweise des Time-driven Activity-based costings mit der geforderten Bewertung der nur relevanten Aktivitäten bzw. mit der top-down Prozessbetrachtung des SCOR-Modells und erspart dementsprechend eine von einigen Autoren geforderte Implementierung eines einheitlichen Kontenrahmens. Zudem lassen sich Prozesskosten und -treiber ohne großen Aufwand laufend aktualisieren.

Dementsprechend erfolgt eine *Berechnung der Kosten pro Zeiteinheit für das zur Verfügung stellen benötigter Ressourcen* (Feld G). Gerade in den produktiven, personalintensiven Bereichen können hier die Personalkosten pro Stunde als Wert für eine erste Abschätzung herangezogen werden. Die *Bestimmung einer Standardzeit pro Ausführung einer Aktivität* (Feld H) kann in der Regel durch gängige Zeitanalyseverfahren vorgenommen werden bzw. sind diese Zeiten oft in Systemen der Produktionssteuerung bzw. verschiedener Produktivitätsstatistiken nachgehalten. Gemäß dem Time-driven Activity-based costing kann dann eine *Gemeinsame Kalkulation der Prozesskostensätze* (Feld I) stattfinden. Durch ein Hinzunehmen der Kostentreibermengen kann schließlich eine *Kalkulation der Gesamtprozesskosten (pro Supply Chain Mitglied)* erfolgen (Feld J). Dieses bietet zum einen die Möglichkeit die Kosten entlang der Supply Chain aufwandsgerecht zu verteilen, zum anderen verschafft die Kenntnis der Kosten der einzelnen Aktivitäten bzw. der Teilprozesse die Möglichkeit zur *Bewertung einer Re-Allokation der Aktivitäten hinsichtlich einer Veränderung der Prozesskostensätze bzw. -mengen* (Feld K.III). So kann es sinnvoll sein eine bestimmte Aktivität weiter stromaufwärts in der Supply Chain zu platzieren, da sie an dieser Stelle ggfs. geringere Kosten verursacht und des weiteren Kosten eines oder mehrerer stromabwärts platzierter Unternehmen vermeidet. Ein Beispiel wäre das mehrmalige Kennzeichnen und Scannen eines Produktes entlang der Supply Chain. Die Einführung eines Transponders stromaufwärts würde den Aufwand für die Gütererkennung bei allen nachfolgenden Supply Chain Mitgliedern deutlich reduzieren, obwohl sie für das Unternehmen am Beginn der Kette erhöhte Kosten verursacht. In diesem Fall sollte eine *Re-Allokation von Prozessen/ Aktivitäten* ebenso stattfinden (Feld L.III) wie ein *Defizitausgleich eines Supply Chain Mitglieds mit den Gewinnen eines anderen Mitglieds* (Feld M.III). Durch die einheitliche Erfassung und Bewertung der Kosten entlang der Kette ist dieses möglich.

Gleiches gilt für eine Optimierung der Schnittstellen der operativen Auftragsabwicklung entlang der Supply Chain. Durch die Kenntnis der Kosten ist eine *Bewertung von Maßnahmen zur Automatisierung der Aktivitäten hinsichtlich einer Veränderung der Prozesskostensätze bzw. -mengen* möglich (K.IV). So kann bspw. die Implementierung eines einheitlichen Standards zur Datenübertragung und -erfassung am Beginn der Supply Chain sinnvoll sein, um zu einer kürzeren Lieferzeit und somit zu einer verbesserten Wettbewerbsfähigkeit und einem besseren Absatz zu gelangen. So kann ein Investitionsvolumen sowohl einer reduzierten Gesamtanzahl an Übertragungen in der Supply Chain als auch einem geringeren Prozesskostensatz für die Übertragungen gegenübergestellt werden und die Armortisationsdauer direkt durch eine Verwendung der Prozesskostensätze und -mengen ermittelt werden[644]. Der potenziell höhere Profit kann dann bzgl. der unterschiedlichen Investitionen aber auch des laufenden Aufwands leistungsgerecht verteilt werden. In diesem Fall ist also eine *Automatisierung von Prozessen/ Aktivitäten* gemeinsam anzustreben (Feld L.IV) und der *Ausgleich der Investitionen eines Supply Chain Mitglieds mit den Gewinnen eines anderen Mitglieds* (Feld M.IV) möglich.

Dieses Kapitel hat die Bedeutung des Prozesskostenmanagements als Kostenmanagementinstrument für das Supply Chain Management herausgestellt, verschiedene Ansätze hierzu diskutiert und einen eigenständigen Entwurf präsentiert. Aufgabe des nachfolgenden Kapitels ist die empirische Überprüfung dieses Entwurfs im Sinne des Forschungsbeitrags.

---

644 Vgl. Prozeus (2004),S.4

4 Prozesskostenmanagement am Beispiel des SchücoNetwork®

In Kapitel 4 „Prozesskostenmanagement am Beispiel des SchücoNetwork®" wird die Wirkung des PKSCM-Modells in der unternehmerischen Praxis anhand einer Fallstudie untersucht. Hierfür wird zunächst auf die Methodik der Fallstudienforschung eingegangen (Abschnitt 4.1) und das Forschungsinstrumentarium bestimmt (Abschnitt 4.2). Unter Berücksichtung der Forschungsfrage und -zielsetzung sowie der Prämissen des Forschungsmodells wird eine geeignete Fallstudie ausgewählt (Abschnitt 4.3). Diese beschreibt das Vorhaben eines Unternehmens eine BTO-SCM Strategie in seiner Wertschöpfungskette einzuführen. Dementsprechend wird die Wirkung des Prozesskostenmanagements im Rahmen einer Vergleichsrechnung zwischen den Kosten der alten lagergeprägten Strategie und der BTO-SCM Strategie gezeigt. Die Beschreibung, Datenerhebung und Bewertung erfolgt anhand des in Kapitel 3.5 dargestellten PKSCM-Modells (Abschnitt 4.4). Anschließend werden die Potenziale und Limitierungen des Prozesskostenmanagements hinsichtlich der effektiven Gestaltung und der effizienten Steuerung in Bezug auf die Fallstudie diskutiert, unter Bezug auf die Gütekriterien der Fallstudienforschung generalisiert und letztendlich bewertet (Abschnitt 4.5). Dieses bildet die Voraussetzung einer kritischen Reflexion des Forschungsbeitrags im fünften und letzten Kapitel dieser Arbeit.

Es wird herausgearbeitet, dass die Anwendung des Prozesskostenmanagements in Wertschöpfungsketten zu einer effektiven Gestaltung der Wertschöpfungskette hinsichtlich der Auswahl geeigneter Unternehmen und Produkte sowie der Verteilung der Produkterstellungsfunktionen entlang der Kette beitragen kann. Die Beschreibung der Produkterstellung in einzelnen definierten Teilprozessen und die damit einhergehende anschließende quantitative Bewertung können dazu beitragen, zu einem Gesamtkostenoptimum und zu einer Verbesserung der Service Level gegenüber den Kunden zu gelangen. Die Ergebnisse zeigen weiterhin, dass das Prozesskostenmanagement, basierend auf einem effektiven Gesamtprozess, eine effiziente Steuerung der Supply Chain ermöglicht. Dieses betrifft zum einen die Abstimmung und Koordination der Produktentwicklung entlang der Wertschöpfungskette, sowie zum anderen die Bewertung einzelner operativer Maßnahmen. Während einerseits ein tiefgreifendes Verständnis der Prozesse der Supply Chain Partner sowie das Bestehen von Vertrauen als Vorausetzung für ein erfolgreiches Supply Chain Re-(Design) aufgezeigt werden, so belegt die Fallstudie die strategische Bedeutung des Prozesskostenmanagements in Wertschöpfungsketten als ein Instrument zur Generierung langfristiger Wettbewerbsvorteile.

4.1 Methodik der Fallstudienforschung (Vorgehen)

Wie bereits in Kapitel 1.3 erläutert, erfolgt die empirische Überprüfung der Einsatzmöglichkeiten des Prozesskostenmanagements durch den Gebrauch der Fallstudienforschung. Das Fallstudienvorgehen ist dabei in vorher definierte Schritte zu gliedern.

In der Wissenschaft besteht jedoch keine Einigkeit darüber, in wie viele Schritte die Vorgehensweise zu unterteilen ist. Während MAYRING[645], YIN[646] und MCCUTCHEON/MEREDITH[647] eine Gliederung in fünf Stufen als ausreichend erachten, schlägt HAMBRECHT[648] sieben und EISENHARDT[649] sogar acht Schritte vor. LAMNEK hingegen kommt mit drei Stufen aus[650]. Jedoch darf bei genauerer Betrachtung der verschiedenen Ansätze konstatiert werden, dass zum einen die Anzahl der Gliederungsschritte hauptsächlich formaler Natur ist, die Inhalte relativ identisch sind und sich lediglich überschneiden, zum anderen betrachten manche Forscher die der Fallstudie zugrundeliegende Auswahl des Forschungsfokus und den Aufbau einer Theoriebasis als der Vorgehensweise endogenen Schritt, während andere Verfasser diese nicht mit einschließen[651]. In dieser Arbeit wird unter der Vornahme leichter Modifizierungen der Vorgehensweise von STUART *ET. AL.* gefolgt (Abbildung 56)[652].

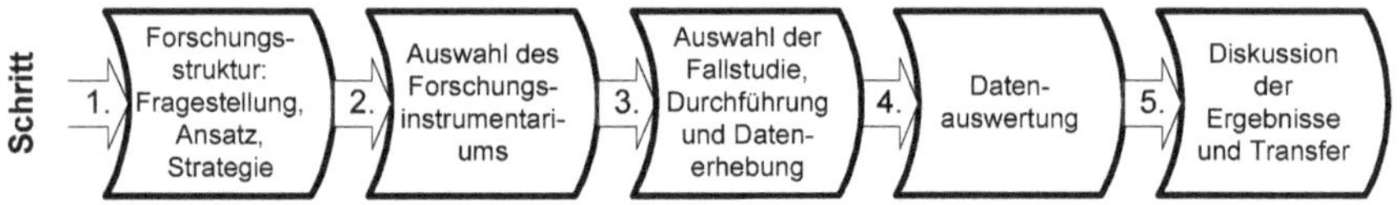

Abbildung 56: Fallstudienvorgehen
Quelle: Eigene (2006) in Anlehnung an Stuart *et al.* (2002), S.420.

Im ersten Schritt wird die generelle Forschungsstruktur hinsichtlich der Fragestellung des Forschungsansatzes und der Forschungsstrategie bestimmt. Diese Aspekte wurden bereits einleitend in Kapitel 1 beschrieben. Hier wurden ebenso die der Fallstudie immanenten Theorien angezeigt, welche in den Kapiteln 2 und 3 ausführlich erläutert wurden[653]. Der zweite Schritt befasst sich mit der Auswahl des Forschungsinstrumentariums. Im Rahmen einer näheren Klassifizierung des Forschungszwecks soll der Forschungsfokus als wesentlicher

---

645 Vgl. Mayring (1999), S.29-30.

646 Vgl. Yin (2003), S.19ff.

647 Vgl. McCutcheon/Meredith (1993), S.241ff.

648 Vgl. Hamprecht (1996), S.170-173.

649 Vgl. Eisenhardt (1989), S.533.

650 Vgl. Lamnek (1995), S.21.

651 Vgl. Bacher (2004), S273.

652 Vgl. Stuart *et al.* (2002), S.420ff.

653 Vgl. hierzu auch Otley/Berry (1998), S.106f.

Bestandteil der Fallstudienforschung bestimmt werden (Abschnitt 4.2). Diese beinhaltet auch eine Diskussion zur Sicherung der Validität der Fallstudienforschung sowie die Präsentation verschiedener Datenerhebungsinstrumente. In Abschnitt 4.3 wird schließlich die eigentliche Fallstudie ausgewählt und vorgestellt (Schritt 3 des Fallstudienvorgehens). Die in Schritt zwei getroffenen Entscheidungen werden nun konkret auf die spezifische Fallstudiendurchführung und die Datenerhebung bezogen. Die „Datenauswertung" sowie die „Diskussion der Ergebnisse" erfolgen in den Abschnitten 4.4 bzw. 4.5. Die einzelnen Schritte werden in den Abschnitten kurz erläutert, bevor auf die spezifische Fallstudiengegebenheiten eingegangen wird.

4.2 Auswahl des Forschungsinstrumentariums

Entsprechend dem Schritt zwei des Fallstudienvorgehens soll nun der Forschungsfokus der Fallstudienforschung bestimmt werden (Abbildung 57). Ebenso sollen in diesem Abschnitt Gütekriterien zur Sicherstellung der Validität des Forschungsvorhabens diskutiert werden. Dieser Abschnitt endet mit der Auswahl geeigneter Datenerhebungstechniken.

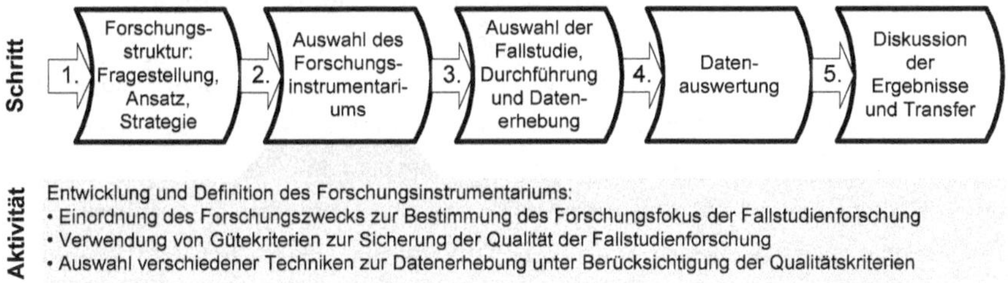

Abbildung 57: Auswahl des Forschungsinstrumentariums
Quelle: Eigene (2006)

4.2.1 Einordnung des Forschungszwecks zur Bestimmung des Forschungsfokus

Forschungsfragestellungen können nicht nur hinsichtlich der zugrundeliegenden Forschungsstrategie (hier: Fallstudienforschung), sondern auch in Bezug auf den Untersuchungszweck näher klassifiziert werden[654]. Da hinsichtlich der Klassifizierung kein einheitlicher Konsens in der wissenschaftlichen Diskussion besteht, soll diese zunächst dargestellt werden, um letztendlich den Forschungszweck dieser Arbeit besser einordnen zu können.

[654] Robson (2002), S.55ff.

Nach YIN können drei verschiedene Typen von Fallstudien unterschieden werden[655]. „Explorative" (erforschende) Fallstudien zielen darauf ab, Fragestellungen oder Hypothesen für eine nachfolgende Studie zu definieren bzw. die Machbarkeit einer gewünschten Vorgehensweise in der Forschung zu bestimmen[656]. Verfolgt der Forscher den Zweck, herauszufinden „was passiert, neue Einsichten zu erlangen oder Ereignisse aus einem neuen Blickwinkel zu betrachten", dann ist eine explorative Fallstudie das Mittel der Wahl[657]. Die immanente Stärke ist die Flexibilität und Anpassungsfähigkeit des explorativen Forschungszwecks. Hier ist ein Wechsel der Forschungsrichtung auf der Basis neuer Erkenntnisse ausdrücklich gestattet[658]. Dieses begründet jedoch nicht ein generelles Fehlen an Zielstrebigkeit in dem Forschungsvorhaben. Vielmehr geht es darum den Fokus progressiv zu verengen[659]. Die möglichst vollständige Beschreibung eines bestimmten Ereignisses in seinem tatsächlichen Umfeld ist dagegen die Zielsetzung der „deskriptiven" (beschreibenden) Forschung[660]. Oft stellen deskriptive einen Vorläufer für explorative Studien dar, indem sie das Forschungsumfeld zunächst einmal beschreiben, sozusagen als Ausgangspunkt oder Teil einer explorativen Studie[661]. „Explanatory" (erklärende) Fallstudien möchten hingegen Ursache-Wirkungsbeziehungen analysieren, also erklären wie verschiedene Ereignisse geschehen.[662]

Im Gegensatz zu YIN unterscheiden VOSS/TSIKRIKTSIS/FROHLICH hinsichtlich des Forschungszwecks vier Kategorien der Fallstudienforschung[663] (Tabelle 4). Sie klassifizieren ebenfalls einen explorativen Forschungszweck, der darauf ausgerichtet ist, ein interessantes Forschungsfeld in seiner Gänze zu erkunden. Die weiteren Kategorien bezeichnen sie als theoriebildend, -testend und -erweiternd. Hier zielen sie darauf ab, Variablen eines Ereignisses zu identifizieren, anhand eines empirischen Tests zu überprüfen und anschließend die dem Ereignis zugrundegelegten Theorien neu zu strukturieren. Deutlich wird, dass diese Klassifizierungen bei der Bearbeitung eines Forschungsfeldes stufenweise aufeinander aufbauen sollen.

[655] Vgl. Yin (2003), S.3.

[656] Vgl. Yin (2003), S.3.

[657] Robson (2002), S.59.

[658] Vgl. Saunders/Lewis/Thornhill (2003), S.97.

[659] Vgl. Adams/Schvaneveldt (1991).

[660] Vgl. Robson (2002), S.59.

[661] Vgl. Saunders/Lewis/Thornhill (2003), S.97.

[662] Vgl. Yin (2003, S.3). Vgl. auch Saunders/Lewis/Thornhill (2003), S.97; Stuart *et al.* (2002), S.422.

[663] Vgl. Voss/Tsikriktsis/Frohlich (2002), S.197ff.

Strategie	Forschungszweck	Forschungsfrage	Forschungsfokus
Fallstudienforschung	*Explorativ (erforschend):* Ergründung neuer Forschungsgebiete	Gibt es ein interessantes Phänomen, welches den Forschungsaufwand rechtfertigt?	• tiefgehende Fallstudien • unspezifische Langzeitstudien
	Theoriebildend: • Identifizierung/ Beschreibung von Schlüsselvariablen • Identifizierung von Verknüpfungen zwischen den Variablen • Identifizierung „warum" diese Verknüpfungen bestehen	• Welches sind die Variablen? • Welchem Muster unterliegen sie? • Warum existieren diese Muster?	• wenige, spezifische Fallstudien • tiefgehende Fallstudien • mehrzahlige Fallstudien • Best-in-class Fallstudien
	Theorietestend: • Test einer vorher entwickelten Theorie	Bestehen die entwickelten Theorien den Test anhand empirischer Daten?	• Experiment • Quasi-Experiment • mehrfache Fallstudien • großzahlige Auswahlabfrage einer definierten Grundgesamtheit
	Theorieerweiternd: • Neu-Strukturierung existierender Theorien durch die gewonnenen Erkenntnisse	Wie generalisierbar ist die Theorie? Wo trifft sie zu?	• Experiment • Quasi-Experiment • Fallstudien • großzahlige Auswahlabfrage einer definierten Grundgesamtheit

Tabelle 4: Verknüpfung von Forschungszweck, -frage und -fokus
Quelle: leicht modifiziert aus Voss/Tsikriktsis/Frohlich (2002), S.198.

SCAPENS unterscheidet fünf verschiedene Fallstudientypen[664]. Er ergänzt die durch YIN vorgenommene Klassifizierung noch um zwei weitere Forschungszwecke. So beschreiben „illustrative" Fallstudien vor allem neue und innovative Aktivitäten und Entwicklungen bestimmter Unternehmen. „Experimentelle" Fallstudien schließen dagegen den Forscher direkt in das Untersuchungsgeschehen mit ein, das er durch eigenes Handeln gestaltet und beeinflusst.

OTLEY/BERRY beschreiben den Forschungszweck aus der Richtung der zugrunde gelegten Einstellung des Forschers in „explorativ", „kritisch", „illustrativ" und „zufällig". Hinsichtlich der Unterscheidungen anderer Autoren ist zu bemerken, dass OTLEY/BERRY die Exploration als den zentralen Zweck der Fallstudienforschung bezeichnen, welche auf der Beschreibung des Forschungsumfelds und der Erklärung durch den Forscher beruht. Diese interagieren in einem Wechselspiel – einer Helix ähnlich – miteinander[665]. SAUNDERS/LEWIS/THORNHILL bemerken diesbezüglich, dass sich die verschiedenen Zwecke auch nicht gegenseitig ausschließen, sondern sich durchaus kombinieren lassen[666].

[664] Vgl. Scapens (1990), S.265ff

[665] Vgl. Otley/Berry (1998), S.106f.

[666] Vgl. Saunders/Lewis/Thornhill (2003), S.96.

Vor dem Hintergrund der dargestellten wissenschaftlichen Diskussion und der dieser Arbeit zugrundegelegten Zielsetzung kann der Forschungszweck grundsätzlich als explorativ eingeordnet werden (Tabelle 5). Das Forschungsfeld des Supply Chain Managements und des (Prozess-)Kostenmanagements wurde in den vorhergehenden Kapiteln grundlegend beschrieben und in die Produkt-Kooperations-Matrix als Bezugsrahmen eingeordnet. Die explorative Vorgehensweise erlaubt es nun Einsichten und Erkenntnisse zu erlangen, wie das Prozesskostenmanagement neben der vierten Phase auch in den Phasen eins bis drei Anwendung finden kann (Kapitel 1.2, Abbildung 2). Vor dem Hintergrund der im PKSCM-Modell zusammengefassten Theorien und Ansätze wird das Forschungsfeld Prozesskostenmanagement im Supply Chain Management tiefer ergründet und um neue Aspekte ergänzt. Dieses geht einher mit einer Verifizierung, einer Falsifizierung und/ oder einer Modifikation der bestehenden Theorien. In Konsequenz muss daher der Forschungsfokus dieses Forschungsvorhabens auf der Durchführung einer einzelnen tiefgehenden Fallstudie liegen.

Strategie	Forschungszweck	Forschungsfrage	Forschungsfokus
Fallstudienforschung	*Explorativ:* Erforschung der **Zieldimension „Kostenoptimierung“** des Forschungsfeldes **„Supply Chain Management“** durch eine **Synthese** mit dem Forschungsfeld des **„Management Accountings“** (des Prozesskostenmanagements).	Welche **Einsatzmöglichkeiten** und welche **Limitierungen** weist das **Prozesskostenmanagement** hinsichtlich der **Gestaltung** (Produktdesign und Produktion/ Logistik im Sinne einer effektiven Konfiguration) und der **Steuerung** (Produktdesign und Produktion/ Logistik im Sinne einer effizienten Lenkung) von **Wertschöpfungsketten** auf?	tiefgehende **Fallstudie**

Tabelle 5: Einordnung der Fallstudie
Quelle: Eigene (2006)

Die Einordnung der Fallstudie als „explorativ“ erfährt dabei Unterstützung durch MEREDITH, die einen explorativen Forschungszweck als geeignet bezeichnet, um neue Konzepte – wie das Supply Chain Management – zu erforschen[667]. Auch YIN bezeichnet eine explorative Vorgehensweise im Rahmen der Fallstudienforschung als einen guten Ansatz zur Analyse von unstrukturierten Problemsituationen[668], welche gerade im Supply Chain Management häufig angetroffen werden[669]. NEW stellt zwar zunächst fest, dass „Research in Supply Chain Management is suited to explanatory approaches“[670]. Er gibt aber auch zu bedenken, dass gerade die Diskussion des Management Aspekts des Supply Chain Managements bisher vornehmlich aus den wissenschaftlichen Disziplinen der Logistik und des Operation Mana-

[667] Vgl. Meredith (1998), S.444. Vgl. auch Saunders/Lewis/Thornhill (2003).

[668] Vgl. Yin (2003), S.5f u. S.22f.

[669] Vgl. Seuring (2005b), S.236.

[670] New (1997), S.15.

gements geführt wurden und dieses die Annahmen impliziert, die die Diskussion einschränken. Die geforderte Betrachtung aus anderen Disziplinen (das Kostenmanagement als Bestandteil des Management Accountings) bedingt aber wiederum einen explorativen Forschungszweck.

4.2.2 Datenerhebungstechniken

YIN nennt sechs verschiedene Erkenntnisquellen der Fallstudienforschung. Während Dokumentationen, Archive und physische Artefakte Daten und Ereignisse dokumentieren, so stellen Interviews sowie die direkte und die partizipierende Beobachtung eine zielgerichtete(re), auf die Forschungsfrage ausgerichtete Möglichkeit zur Datenerhebung dar[671]. Dementsprechend sind die vornehmlich verwendeten Erkenntnisquellen der Fallstudienforschung (teil-) strukturierte Interviews, die oft von unstrukturierten Backup-Interviews oder anderen Interaktionen gefolgt werden[672]. Die zusätzliche Auswertung der anderen o.g. Erkenntnisquellen erlaubt es dem Forscher die Situation von verschiedenen Blickwinkeln aus zu betrachten und ein komplettes Bild zu bekommen[673]. Ziel ist es dabei sich überschneidende Methoden zur Datenerhebung auszuwählen – dieses wird als Methodentriangulation bezeichnet[674] –, um die Qualität der Forschung zu verbessern und eine Verzerrung oder Beeinflussung durch fehlerhafte Daten und Informationen auszuschließen[675]. Somit soll letztendlich die Untersuchungshypothese eine stärkere Verifikation und Fundierung erfahren[676].

4.2.3 Gütekriterien zur Sicherstellung der Qualität der Fallstudienforschung

Die praktische Vorgehensweise in der Fallstudienforschung basiert auf einer Art investigativer Beobachtung unterschiedlichster Erkenntnisquellen (auf diese wird in Abschnitt 4.3.3 näher eingegangen) weniger Untersuchungsobjekte, deren Interpretation durch die Fähigkeiten, das Vorwissen und die Persönlichkeit des Forschers geprägt ist[677]. Daher sind Fallstudien oft der Kritik einer gewissen Willkürlichkeit der Forschung ausgesetzt[678]. Da es auf-

---

[671] Vgl. Yin (2003), S.85ff.

[672] Vgl. Voss/Tsikriktsis/Frohlich (2002), S.204.

[673] Vgl. Saunders/Lewis/Thornhill (2003), S.88; Schein (1987).

[674] Vgl. Voss/Tsikriktsis/Frohlich (2002), S.206.

[675] Vgl. Lamnek (1995), S.5.

[676] Vgl. Eisenhardt (1989), S.537-538.

[677] Vgl. Stuart *et al.* (2002), S.426.

[678] Vgl. Yin (2003), S.37f; Stuart *et al.* (2002), S.419.

grund der immanenten Flexibilität, die die Stärke der Fallstudienforschung ausmacht, auch keine exakten Handlungsanleitungen unterhalb der dieser Arbeit zugrunde gelegten Schritte gibt, wird ebenso oft eine fehlende Gesetzmäßigkeit bemängelt[679]. Doch gerade eine konsequent durchgeführte und sich an einem vorher definierten Ablauf orientierende Fallstudie kann das Argument eines durch die Persönlichkeit des Forschers beeinflussten Resultats vermeiden[680] (Rosenthal-Effekt)[681].

YIN schlägt daher vier verschiedene Tests zur Sicherung der Qualität der Fallstudienforschung vor, die sich anhand der Parameter: Konstruktvalidität, interne Validität, externe Validität und Reliabilität bemessen lässt[682]:

- Konstruktvalidität
  In der Fallstudienforschung ist es wichtig, dass ein enger Zusammenhang zwischen den definierten Messgrößen und dem zu untersuchenden Phänomen besteht. Ziel ist es ein Konstrukt verschiedener Messgrößen zu etablieren, deren Erhebung das Untersuchungsobjekt im Sinne der Forschungsfrage vollständig durchleuchtet. Dieses wird als Konstruktvalidität bezeichnet. YIN fordert, dass folgende zwei Schritte eingehalten werden sollten, um diese sicherzustellen[683]. Im ersten Schritt sollen verschiedene Faktoren ausgewählt und den zu erwartenden Veränderungen der Zielsetzung der Studie gegenübergestellt werden. Im zweiten Schritt gilt es empirisch zu überprüfen, ob die erhobenen Messwerte tatsächlich eine Veränderung der verschiedenen Faktoren widerspiegeln.

- Interne Validität
  Unter interner Validität ist der direkte, durch etwaige dritte Faktoren unbeeinflusste Zusammenhang zweier Variablen zu verstehen. Dementsprechend muss nur in Fallstudien, deren Zweck auf die Erklärung eines kausalen Zusammenhangs ausgerichtet ist, die interne Validität überprüft werden. Dieses trifft folgegemäß in dieser Arbeit nicht zu.

- Externe Validität
  Die externe Validität einer Fallstudie bezieht sich darauf, inwieweit die Ergebnisse der Fallstudie über diese hinaus generalisierbar sind. Gerade Einzelfallstudien sind immer

---

679 Vgl. Stuart *et al.* (2002), S.419f.

680 Vgl. Voss/Tsikriktsis/Frohlich (2002), S.195ff.

681 Vgl. Legewie/Ehlers (1992), S.10ff.

682 Vgl. Yin (2003), S.33ff. Vgl. auch Stuart *et al.* (2002), S.429f.; Voss/Tsikriktsis/Frohlich (2002), S.211f.

683 Vgl. Yin (2003), S.35

wieder der Kritik unzureichender Generalisierbarkeit ausgesetzt[684]. Hierzu ist jedoch anzumerken, dass sich diese Kritik oft auf einen Vergleich zu mehrzahligen, auf statistischen Verfahren beruhenden Umfragen stützt. Es ist jedoch gerade das immanente Wesen der Fallstudienforschung, analytische Generalisierungen zu treffen. Dennoch bedarf auch die Fallstudienforschung einer gewissen Wiederholung der Forschungsfrage in einem anderen realen Kontext, um die Generalisierbarkeit weiter zu untermauern.

- Reliabilität

  Mit Reliabilität wird in der Fallstudienforschung die Größe der Wahrscheinlichkeit einer Wiederholung der Fallstudie durch einen weiteren Forscher bezeichnet, die zu denselben Ergebnissen führt wie die erste Ausführung. Dementsprechend bedarf die Fallstudienforschung einer standardisierten, aber dennoch flexiblen Vorgehensweise, die durch verschiedene Möglichkeiten der Dokumentation nachgehalten wird.

Tabelle 6 zeigt Taktiken, die zur Sicherstellung der jeweiligen Tests dienen können.

Test	**Fallstudientaktik**	**Forschungsphase, in der die Taktik Anwendung finden sollte**
Konstruktvalidität	• Verwendung verschiedener Erkenntnisquellen • Nachvollziehbare Beschreibung der sequentiellen Erkenntniskette (für Dritte) • Kontrolle der Aufzeichnungen durch die jeweiligen Informanten	• Datenerhebung • Datenerhebung • Datenabgleich
Interne Validität	• Pattern-matching Test • Explanation Building Test • Zuordnung gegensätzlicher Erklärungen • Verwendung logischer Modelltechniken	• Datenanalyse • Datenanalyse • Datenanalyse • Datenanalyse
Externe Validität	• Verwendung einer breiten Theoriebasis in Einzelfallstudien • Verwendung einer Reproduktionslogik in multiplen Fallstudien	• Forschungsdesign • Forschungsdesign
Reliabilität	• Verwendung eines Fallstudienprotokolls • Entwicklung einer Fallstudien-Datenbank	• Datenerhebung • Datenerhebung

Tabelle 6: Fallstudientaktiken
Quelle: Yin (2003), S.34.

684 Vgl. Yin (2003), S.37.

Letztlich trägt die Verwendung verschiedener Daten aus unterschiedlichen Erkenntnisquellen erheblich zur Validität und Reliabilität der Erkenntnisse der Fallstudie bei[685]. So wurde die zur Sicherstellung der externen Validität benötigte breite Theoriebasis bereits in den Kapiteln 2 und 3 gezeigt und begründet somit ein umfangreiches Vorverständnis für die Interpretation der Ergebnisse[686]. Die verwendeten Methoden der Datenerhebung zur Sicherstellung der Konstruktvalidität (Methodentriangulation) als auch der Reliabilität werden im folgenden Abschnitt direkt auf die ausgewählte Fallstudie bezogen erläutert, nachdem diese kurz vorgestellt wurde.

4.3 Auswahl der Fallstudie, Durchführung und Datenerhebung

Ziel dieses Kapitels ist es eine geeignete Fallstudie auszuwählen und den Leser in den Ablauf der Fallstudiendurchführung und der Datenerhebung einzuführen (Abbildung 58).

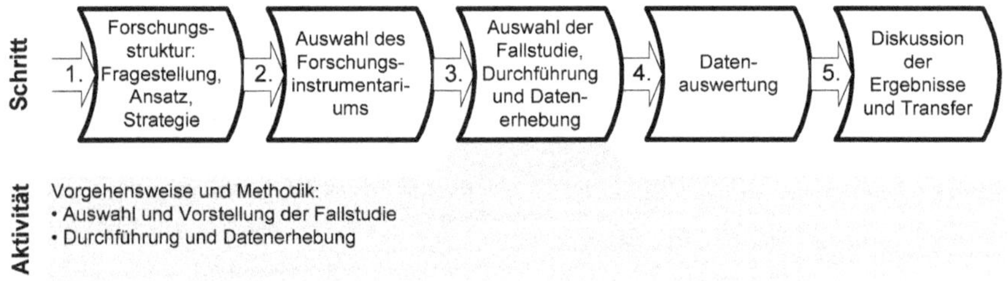

Abbildung 58: Fallstudiendurchführung und Datenerhebung
Quelle: Eigene (2006)

Um den Auswahlprozess der Fallstudie leichter nachvollziehen zu können, wird diese zunächst vorgestellt, bevor eine Begründung der Auswahl stattfindet.

4.3.1 Vorstellung der Fallstudie

Die Schüco International KG, im Folgenden Schüco, ist europäischer Marktführer für systemgestütztes Bauen mit Aluminium-, Kunststoff- und Stahlprofilen. Dabei werden Lösungen für die gesamte Gebäudehülle angeboten, wie Fassaden, Glasdächer, Fenster, Türen sowie Gebäude- und Solartechnologie. In Abhängigkeit vom Werkstoff erstreckt sich dabei der Anteil am Wertschöpfungsprozess von reinen Vertriebstätigkeiten (Stahlprofile), über die Kon-

[685] Vgl. McCutcheon/Meredith (1993), S.239-256.

[686] Vgl. Zimmermann (2003), S.158.

struktion und den Vertrieb von Aluminiumprofilen bis hin zur eigenständig durchgeführten Konstruktion, Extrusion und den Vertrieb der Profile im Kunststoffbereich (Abbildung 59).

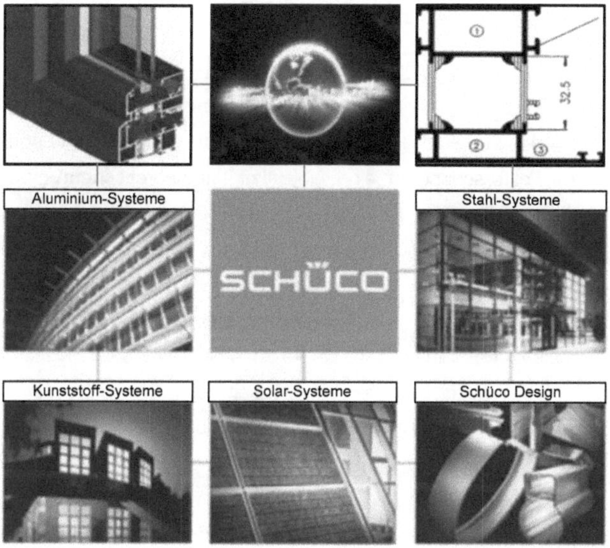

Abbildung 59: Geschäftsfelder Schüco International KG
Quelle: Eigene (2007) in Anlehnung an Schüco (2007)

Die Schüco International KG wurde 1951 in Porta Westfalica gegründet und hat heute ihren Sitz in Bielefeld. Nachdem sich das junge Unternehmen zunächst auf den Bau von Schaufenstern aus Aluminiumprofilen, Glas und Dichtungen spezialisiert hatte, wurde die Geschäftstätigkeit später mit dem Handel von Aluminiumprofilen erweitert. Durch ganzheitliches Denken, Perfektion und Innovationskraft wurde das noch heute Gültigkeit besitzende Baukastenprinzip entwickelt, mit dessen Hilfe komplette Fenster- und Fassadensysteme angeboten werden können. So wurde im Geschäftsjahr 2004 ein Umsatz von €1,3 Milliarden Euro durch den Einsatz von 4500 Mitarbeitern erzielt.[687]

Auch die Schüco International KG hat die Bedeutung der Kooperation mit vor- und nachgelagerten Partnern erkannt. Dementsprechend soll gemäß der Vision 2012 das SchücoNetwork® gebildet werden: „SchücoNetwork® Partner verfügen in ihren Märkten durch lokal erfolgreiche Produkte und Services auf Basis einer globalen System- und Produktstrategie über einen entscheidenden Wettbewerbsvorteil“[688]. Die hieraus abgeleitete Zielsetzung ist es

687 Vgl. Schüco (2005a).

688 Schüco (2005b).

gemeinsam mit den Partnerunternehmen zusätzliche Serviceleistungen für Investoren, Architekten und Kunden zu erbringen.[689]

4.3.2 Begründung der Auswahl der Fallstudie

Im Gegensatz zu deduktiven Forschungsvorhaben, die ihre Akzeptanz und Repräsentativität durch die Verwendung verschiedenster, statistisch basierter Sampling-Techniken zu begründen suchen, setzt die induktive Fallforschung auf eine subjektive, auf theoretischen Vorüberlegungen beruhende Auswahl der Fallstudie. Eine auf statistischen Methodiken beruhende Selektion ist nicht angebracht, da die Anzahl möglicher Fallstudien, auf die der Forscher Zugriff hat, begrenzt ist. Daher sind Probanten auszuwählen, die das annehmbar größte Potenzial bieten, die aufkeimende Theorie des Forschungsvorhabens wiederzuspiegeln und/ oder zu erweitern.[690] Folglich zielen Fallstudien nicht darauf ab, eine gewisse Grundgesamtheit basierend auf statistischen Durchschnittswerten zu repräsentieren. Sie stellen ein Beispiel für ein bestimmtes Ereignis dar.[691] VOSS/TSIKRIKTSIS/FROHLICH betonen daher die Wichtigkeit der Relevanz der Fallstudie[692].

YIN schlägt fünf Kriterien zur Auswahl von Fallstudien im Rahmen der Fallstudienforschung vor, die die Relevanz der Fallstudie sicherstellen sollen[693]. Demnach sind Fallstudien zu bevorzugen, die:

1. ein Extrem darstellen oder sich durch ihre Einzigartigkeit auszeichnen
2. ein typisches oder repräsentatives Beispiel einer gesamten Gruppe darstellen
3. dem Forscher die Möglichkeit bieten ein bisher unerforschbares Phänomen einer wissenschaftlichen Untersuchung zu unterziehen
4. die Möglichkeit zu einer mehrmaligen Erhebung der Daten zu verschiedenen Zeitpunkten im Rahmen einer Langzeitstudie bieten
5. eine Pilotstudie im Rahmen vieler Fallstudien darstellen.

Die Forschungsfragestellung dieser Dissertation ist es „die Aussagekraft des Prozesskostenmanagements hinsichtlich der effektiven Gestaltung und effizienten Steuerung der Leistungsfähigkeit von Wertschöpfungsketten zu bewerten" (s. Kapitel 1.2 bzw. Tabelle 5). Da dieses alle vier Phasen der Produkt-Kooperations-Matrix betrifft, musste ein Unternehmen

---

689 Vgl. Schüco (2005b).

690 Vgl. Eisenhardt (1989), S.537.

691 Vgl. Stuart *et al.* (2002), S.426.

692 Vgl. Voss/Tsikriktsis/Frohlich (2002), S.196.

693 Vgl. Yin (2003), S.45-46.

identifiziert werden, das entweder zum Zweck der erstmaligen Entwicklung eines innovativen Produktes oder durch die Einführung einer anderen Supply Chain Strategie seine Supply Chain komplett neu aufstellt.

Die Schüco International KG ist bestrebt ihre Supply Chain im Rahmen der Einführung einer BTO-SCM Strategie neu aufzustellen. Da diese Strategie Produktionsprozesse der Zulieferer basierend auf den Kundenaufträgen der Schüco International KG steuert, müssen die vor- und nachgelagerten Zulieferer besonders hohe Anforderungen hinsichtlich des Material- und Informationsflusses erfüllen. Dementsprechend muss Schüco unter der Prämisse der Kosteneffektivität und -effizienz geeignete Zulieferer auswählen und Prozesse definieren.

Dementsprechend stellt die Fallstudie ein extremes Beispiel einer Supply Chain Restrukturierung dar, da sie auf die Integration verschiedener Unternehmen auf drei Stufen der Supply Chain in einen strategischen Gesamtprozess abzielt (Kriterium 1). Stuart *ET AL.* bezeichnen explizit die Supply Chain Integration zudem auch als ein unzureichend erforschtes Untersuchungsgebiet[694], so dass diese Fallstudie auch dem dritten Kriterium gerecht wird. Gleichzeitig stellt die Studie einen repräsentativen Fall dar (Kriterium 2), da Schüco den typischen Problemen eines Strategiewechsels in der Supply Chain begegnete.

4.3.3 Fallstudiendurchführung und Datenerhebung

Wesentliche Voraussetzung für die Anwendung des PKSCM-Modells bildete ein grundlegendes Prozessverständnis der alten lagergeprägten Strategie und der durch die BTO-SCM Strategie geplanten Veränderungen[695]. Um dieses zu erlangen hatte der Verfasser im Rahmen seines Promotionsvorhabens im Zeitraum von Januar 2005 bis April 2006 unmittelbar Kontakt zu den Mitarbeitern von Schüco sowie Zugriff auf verschiedene Datenbanken und Dokumente. Im Sinne der Methodentriangulation (Sicherung der Konstruktvalidität) wurden daher zunächst tiefgehende Quellenanalysen vorgenommen. Hierbei handelte es sich um interne Vertragsdokumentationen zwischen Schüco und den Lieferanten, um Protokolle relevanter aktueller und vorangegangener Projekte sowie um laufende Prozessdokumentationen. Neben diesen qualitativen Informationen wurden außerdem quantitative Daten aus den Auswertungen verschiedener Leistungskennzahlen erhoben.

STUART *ET AL.* benennen eine der wesentlichen Prämissen erfolgreicher Fallstudienforschung: „Case-based fieldwork involves participating with people in understanding everyday life analytically“[696]. Unter Berücksichtigung der der Forschungsfrage zugrundeliegenden

---

694 Vgl. Stuart *et al.* (2002), S.432.

695 Dieses wird benötigt für die Einteilung der Teilprozesse und Aktivitäten im ersten Schritt des PKSCM Modells.

696 Stuart *et al.* (2002), S.427.

Theorie wurden daher offene und teilstrukturierte Interviews mit den jeweiligen Prozess- und Kostenverantwortlichen eines Unternehmens bzw. Teilbereiches durchgeführt (Expertengespräche). Das heißt, es wurden Gespräche sowohl mit Mitarbeitern in den operativen Bereichen geführt, als auch mit leitenden Mitarbeitern in Führungspositionen. Ergänzend zu den Interviews wurde an verschiedenen Sitzungen als partizipierender Beobachter beigewohnt. Ein wesentlicher Bestandteil war außerdem eine im zweiwöchigen Turnus stattfindende Besprechungsroutine mit dem Leiter der Logistik Schüco Metallbau Deutschland, die wertvolle Erkenntnisse aus dem Projektgeschehen aus Sicht der Führungsebene zu Tage brachte. Um der vorher genannten Forderung von STUART *ET AL.* wörtlich Folge zu leisten, entschloss sich der Autor auch einmal in den operativen Bereichen mitzuarbeiten, um das Prozessverständnis weiter durch eigene operative Eindrücke zu festigen. Diese Methode diente vor allem auch dazu, die in Schritt des PKSCM-Modells einfließenden Daten bzgl. der Dauer einer Aktivität und der Kostenfaktoren (bspw. die Anzahl der Mitarbeiter eines Bereichs) hinsichtlich ihrer Aussagekraft beurteilen zu können.
Kontakte zu den Zulieferern wurden durch den Leiter Logistik Metallbau Deutschland sowie durch den Leiter des Einkaufs der Schüco International KG hergestellt. Die Auswahl der Probanten auf der jeweiligen Stufe wurde – entsprechend der Forschungsfragestellung – im Sinne und mithilfe des PKSCM-Modells durchgeführt. An dieser Stelle wurde das Untersuchungsfeld jedoch auf die im deutschen Markt tätigen Unternehmen eingeschränkt. Aus forscherischer Sicht bestand die Befürchtung, dass durch ausländische Zulieferer die Datenerhebung erheblich zeitaufwendiger und kostspieliger gewesen wäre. Außerdem kann der deutsche Markt hinsichtlich des Wettbewerbs und seiner Umsätze sicherlich als der bedeutsamste angesehen werden. Aus praktischer Sicht wurde bezweifelt, ob Zulieferer mit einer geographische Lage außerhalb Deutschlands mit den Anforderungen einer BTO-SCM Strategie (Service Level: Lieferzeit) kompatibel sind.
Die Prozesse der Zulieferer wurden bei verschiedenen Ortsterminen besichtigt und durch nachfassende teilstrukturierte Interviews verifiziert. Eine Verifizierung der erhaltenen Einblicke und Daten durch weitere Analysen laufender Datenauswertungen und Dokumente konnte nicht vorgenommen werden, da diese nur in unzureichendem Maße zur Verfügung gestellt wurden. Hier stellte stattdessen ein Abgleich dieser Daten mit Auswertungen verschiedener Schüco Datenbanken dennoch eine gute Methode im Sinne der Konstruktvalidität dar. Zusätzlich wurden auch Gespräche mit einigen Anbietern für Produktions- und Lagertechnik geführt, um Einblicke in verschiedene Automatisierungsvorhaben und deren Auswirkung auf die Supply Chain nachvollziehen zu können. Tabelle 7 gibt eine Übersicht über die interviewten Abteilungen/ Personen der einzelnen Unternehmen.

Unternehmen	Abteilung	Interviewte Personen (Anzahl Interviews)
Schüco	Logistik, Führungsebene/ Stab	Leiter Logistik Metallbau Deutschland (25) Leiter Distributionszentrum Bielefeld (2) Leiter Distributionszentrum Wertingen (1) Projektingenieure (10)
	Logistik, Bereich Vertriebsinnendienst	Bereichsleiter Vertriebsinnendienst (3) Gruppenleiter (2)
	Logistik, Bereich Wareneingang	Werksmitarbeiter (3)
	Logistik, Bereich Kommissionierung	Bereichsleiter Kommissionierung (2) Werksmitarbeiter (3)
	Logistik, Bereich Verladung	Bereichsleiter Verladung (2) Werksmitarbeiter (2)
	Logistik, Bereich Transport	Bereichsleiter Transport Niederlassung Bielefeld (4) Bereichsleiter Transport Niederlassung Wertingen (1) Bereichsleiter Transport Niederlassung Trittau (1)
	Logistik, Logistik Service Center (u.a. Bearbeitung von Reklamationen)	Bereichsleiter Logistik Service Center (1) Werksmitarbeiter (2)
	Einkauf	Leiter Einkauf Schüco International KG (2) Gruppenleiter Einkauf (2)
	Materialplanung	Leiter Materialplanung Schüco International KG (6) Abteilungsmitarbeiter (4)
	Controlling	Abteilungsmitarbeiter (1)
	Rechnungswesen	Abteilungsmitarbeiter (1)
Zulieferer Presswerk		Geschäftsführer (4) Produktionsleitung (2)
Zulieferer Veredler		Geschäftsführer (2) Vertriebsleitung (4)
Versch. Anbieter für Produktions-/ Lagertechnik		Vertriebsmanager (11)

Tabelle 7: Interviews im Rahmen der Fallstudie[697]
Quelle: Eigene (2006)

Wie bereits angedeutet wurden die Erkenntnisse der Interviews protokolliert (Sicherung der Reliabilität). Diese Protokolle wurden durch die Interviewten in einem oder mehreren gemeinsamen Gesprächen verifiziert und ergänzt. Dieses galt ebenso für getroffene Schlussfolgerungen aus der Analyse verschiedener schriftlicher Erkenntnisquellen. Eine Besonderheit der Interview-Protokolle stellte die teilweise Abfassung in Form von Prozess-Flowcharts mit entsprechenden Transaktionsanalyseprotokollen dar. Hier wurden als Mittel der Darstellung Swim-Diagramme[698] gewählt, um die Schnittstellen des Übergangs von Material- und Informationsfluss zwischen den Unternehmen hervorzuheben. Diese wurden in einer elektronischen Datenbank archiviert. Abbildung 60 zeigt ein Beispiel eines solchen Flowcharts.

[697] Die Abteilungen und Zulieferer seien hier der besseren Strukturierung der Arbeit halber zunächst ohne nähere Erläuterung und Einbettung in den kontextuellen Zusammenhang erwähnt. Dieses wird in Abschnitt 4.4.1 nachgeholt.

[698] Vgl. Bolstorff/Rosenbaum (2003), S.167ff.

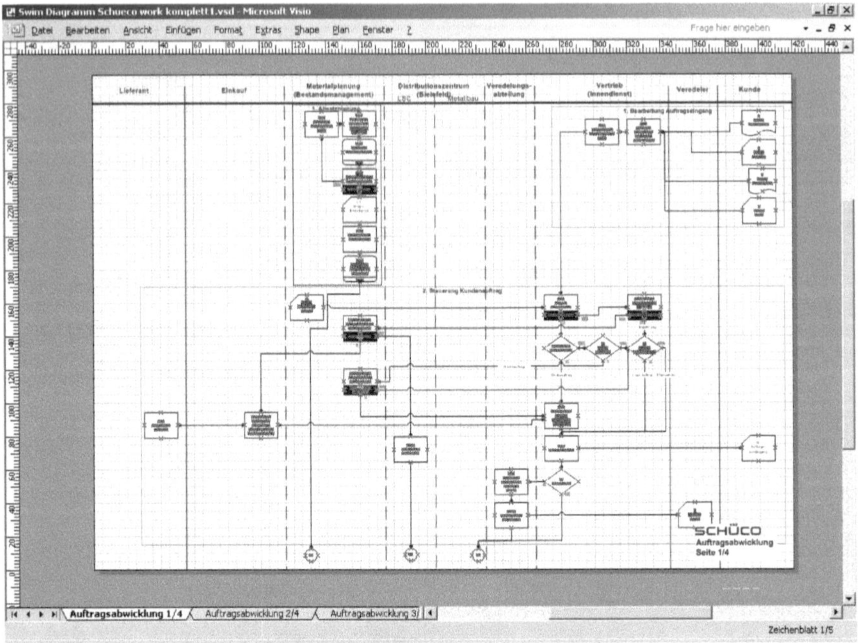

Abbildung 60: Protokoll „Kundenauftragssteuerung“
Quelle: Eigene (2006)[699]

Abschließend sollen zusammenfassend in nachfolgender Tabelle 8 die verwendeten Datenerhebungsmethoden, auf die Forschungsfragen und die diese reflektierenden Bestandteile des PKSCM-Modells bezogen, dargestellt werden.

Forschungsfrage	Gliederungspunkt	Datenerhebung
Wie lassen sich die Anforderungen eines strategischen Netzwerkdesigns hinsichtlich der Gestaltung von Produkt (Phase I) und Produktion und Logistik (Phase III) durch das Prozesskostenmanagement einlösen?	4.4.2.3 Prozesskostenbasierte Auswahl geeigneter Unternehmen und Produkte für das BTO-Supply Chain Redesign 4.4.3.3 Prozesskostenbasierte Re-Allokation der Aktivitäten des Produktbereitstellungsprozesses im Rahmen des BTO-Supply Chain Redesign	• Quellenanalysen • Expertengespräche • Feldbeobachtung • Quellenanalysen • Expertengespräche
Welchen Beitrag kann das Prozesskostenmanagement hinsichtlich der Optimierung von Produktdesign (Phase II) und operativer Steuerung von Produktion und Logistik (Phase IV) leisten?	4.4.2.4 Prozesskostenbasierte Bestimmung des Artikelspektrums in der Produktentwicklung 4.4.3.4 Prozesskostenbasierte Optimierung der operativen Steuerung von Produktion und Logistik	• Feldbeobachtung • Expertengespräche • Quellenanalysen • Expertengespräche • Mitarbeit

699 Diese Abbildung soll lediglich die Struktur eines Prozess-Flowcharts stilisieren, nicht aber konkrete Inhalte vermitteln.

- Fortsetzung -

Forschungsfrage	Gliederungspunkt		Datenerhebung
Welche Potenziale und welche Limitierungen weist das Prozesskostenmanagement im Sinne einer kosteneffektiven Gestaltung und einer kosteneffizienten Steuerung von Wertschöpfungsketten auf?	4.5.1	Potenziale und Limitierungen des Prozesskostenmanagement hinsichtlich der kosteneffektiven Gestaltung von Wertschöpfungsketten	• Datenanalyse • Datenabgleich
	4.5.2	Potenziale und Limitierungen des Prozesskostenmanagement hinsichtlich der kosteneffizienten Steuerung von Wertschöpfungsketten	• Datenanalyse • Datenabgleich
Welche Handlungsempfehlungen lassen sich für die Praxis ableiten?	4.5.3	Ergebnisse der Fallstudie und Gestaltungsempfehlungen	• Expertengespräche

Tabelle 8: Regelgeleitetes Fallstudienvorgehen
Quelle: Eigene (2006)

4.4 Datenauswertung

Im Folgenden wird die Datenauswertung der Fallstudie vorgenommen, deren Ziel es ist die Einsatzmöglichkeiten des Prozesskostenmanagements im Supply Chain Management anhand des zugrundegelegten PKSCM-Modells zu evaluieren (Abbildung 61). Vorher wird zunächst die Supply Chain der Schüco International KG zum besseren Verständnis näher beschrieben.

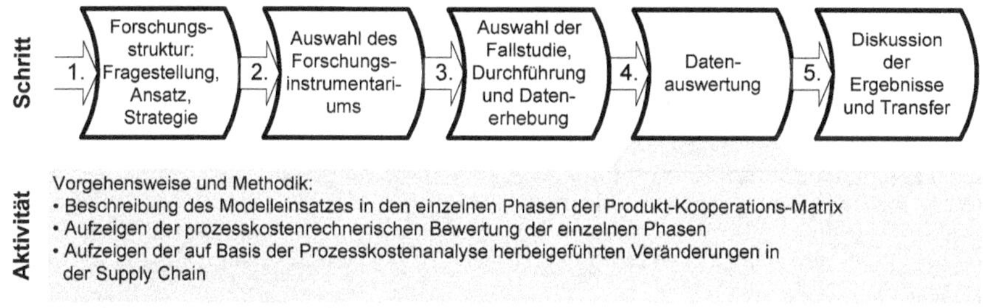

Abbildung 61: Datenauswertung
Quelle: Eigene (2006)

4.4.1 Die Supply Chain der Schüco International KG

Nachstehend soll die Supply Chain der Schüco International KG anhand des durch BAUMGARTEN/WALTER konzipierten Standardprozesskettenschemas der Logistik näher beschrieben werden (Abbildung 24)[700]. Zur Erleichterung des Verständnisses wird hierbei zusätzlich

[700] Vgl. Baumgarten/Walter (2000), S.7.

ULLRICH/FLURI folgend eine Unterteilung in *inter*- und in *intra*-organisationale Aufbaustruktur sowie Ablaufstruktur gewählt[701].[702]

4.4.1.1 *Inter-organisationale Aufbaustruktur*

Die Wertschöpfungskette vom Rohstoff bis zum fertigen Fassadenelement besteht aus sechs Stufen. Abbildung 62 stellt den vorher beschriebenen Wertschöpfungsprozess aufbauorganisatorisch dar.

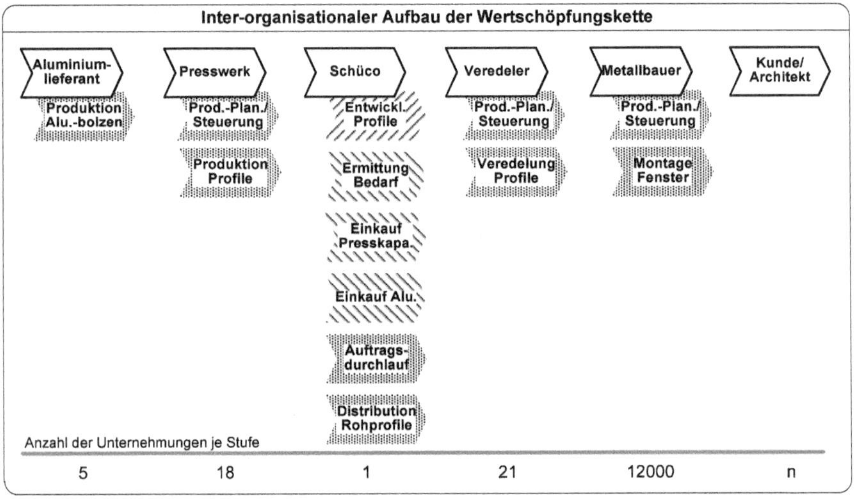

Abbildung 62: Inter-organisationaler Aufbau der Wertschöpfungskette
Quelle: Eigene (2006)

Während die Anordnung der Unternehmen den Wertschöpfungsprozess vom Rohmaterial bis zum fertigen Fassadenelement verdeutlicht, so zeigt die farbliche Kennzeichnung der Teilprozesse eine zeitliche Abfolge gemäß der Standardprozesskette. Aus der Abbildung wird ersichtlich, dass der Wertschöpfungsprozess der Schüco International KG im Bereich Aluminiumsysteme vor allem durch die Fremdvergabe sämtlicher produktionsspezifischer Tätigkeiten an vor- und nachgelagerte Zulieferbetriebe gekennzeichnet ist. So ist Schüco für die Entwicklung der Fenster- und Fassadensysteme ebenso zuständig, wie für die Versor-

[701] Vgl. Ulrich/Fluri (1995), S.171f. Die inter-organisationale Aufbaustruktur bezeichnet die Beziehungen zwischen von einander unabhängigen Unternehmungen in einer Wertschöpfungskette, indes die intra-organisationale Aufbaustruktur den inneren Aufbau einer Unternehmung wiedergibt.

[702] Alle nachfolgend genannten Leistungsdaten verstehen sich als exemplarische Beispiele ohne konkreten Wertgehalt.

gung der eigenen Distributionszentren mit Profilen. Auch die Auftragsabwicklung hinsichtlich des Auftragsdurchlaufs und der Distribution durch den eigenen Fuhrpark wird seitens Schüco ausgeführt. Die Produktionsplanung und -steuerung sowie die Herstellung der Profile und der dafür benötigten Pressbolzen wird im Rahmen der Auftragsabwicklung hingegen durch Zulieferer ausgeführt. Ebenso sind eine mögliche Beschichtung (Veredelung) sowie die Montage des eigentlichen Fenster- bzw. Fassadenelements an externe Partner fremdvergeben.

4.4.1.2 Intra-organisationale Aufbaustruktur

Für die im vorhergehenden Abschnitt beschriebenen Teilprozesse zeichnet die Produktbereitstellung der Schüco International KG verantwortlich (Abbildung 63). Zum Aufgabengebiet der Technik gehört das Entwickeln und Testen von neuen Profilserien oder die Konstruktion von Profilen nach besonderen Kundenwünschen. Die Beschaffung ist unterteilt in die Bereiche Einkauf, welcher die Auswahl von Lieferanten und den Einkauf von Rohaluminium vornimmt, und der Materialplanung, die anhand von Absatzprognosen, Lagerbeständen und Kundenaufträgen die beim Presswerk zu bestellenden Mengen der jeweiligen Rohprofile ermittelt und die Lieferung zu einem der Distributionszentren koordiniert. In diesen werden wiederum eingehende Aufträge kommissioniert und zu einem Veredelungsbetrieb bzw. direkt zu den Endkunden geliefert. Die administrative Auftragsabwicklung (Auftragsdurchlauf) obliegt dem Vertriebsinnendienst.

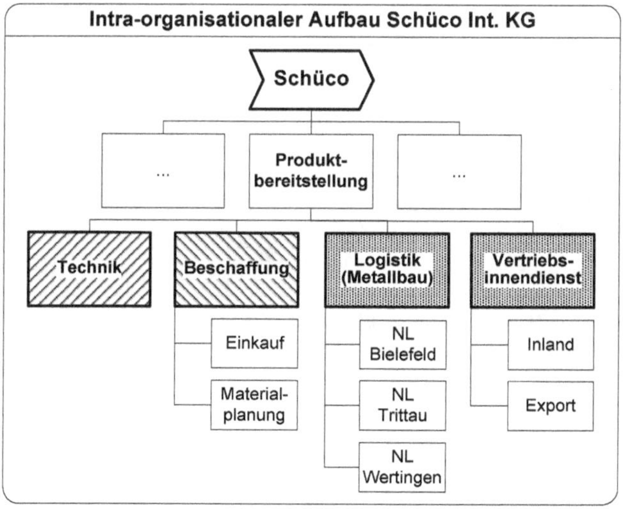

Abbildung 63: Intra-organisationale Aufbau der Schüco International KG
Quelle: Eigene (2006)

4.4.1.3 *Ablaufstruktur: Make-to-stock Prozess*

Kennzeichnendes Merkmal der heutigen Supply Chain ist die Entkopplung der Auftragskette durch Schüco. So werden auf der ersten Stufe aus einer nach Schüco-Anforderungen spezifizierten Aluminiumlegierung Pressbolzen gefertigt[703]. Das Rohaluminium wird hierfür direkt an den Weltmarktbörsen mittels Termingeschäften durch Schüco eingekauft. Anschließend wird ein Standardserienprofil bei den Zulieferern mittels Strangpressverfahren produziert; die Produktionsmenge basiert auf Absatzplänen der Schüco International KG und wird auf der Basis verschiedener Prognosen nachbestellt. Für die Herstellung der Rohprofile wählt Schüco in regelmäßigen Abständen geeignete Zulieferbetriebe aus und kauft Produktionstonnage zu einer vertraglich fixierten Umarbeitungsmarge ein. Die produzierten Rohprofile werden zum zentralen Distributionszentrum nach Bielefeld oder direkt an eines der zwei weiteren lokalen Distributionszentren nahe Hamburg bzw. Augsburg geliefert und eingelagert.
Platziert ein Metallbauer einen erhaltenen Kundenauftrag bei Schüco, so wird, je nach Lokalisation, das Profil entweder aus dem Zentrallager oder aus einem der zwei weiteren Distributionszentren entnommen und zu dem Metallbauer transportiert. In 50% der Fälle wird eine Veredelung, das heißt eine Farb- oder Schutzbeschichtung, durch den Endkunden gewünscht. In diesem Fall werden die Rohprofile erst zu einem Veredelungspartner transportiert und anschließend an den Metallbauer ausgeliefert.
Während die Beschichtung also kundenauftragsspezifisch erfolgt, werden die Profile in den Distributionszentren bereitgehalten und kundenauftragsunspezifisch nachbestellt. Dieser Prozess ist in Abbildung 64 anhand der SCOR Klassifizierung vorab grob wiedergegeben[704].

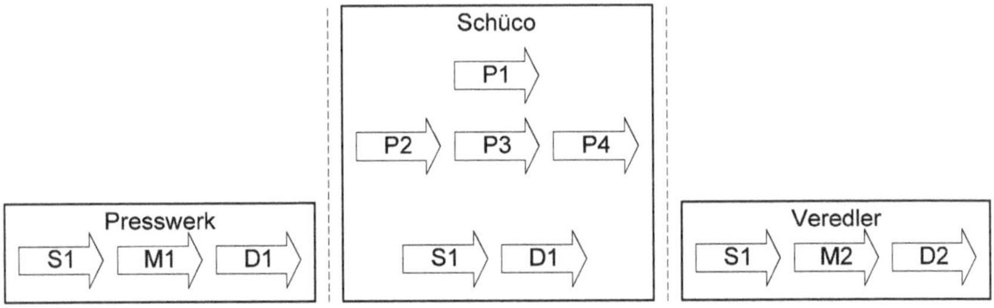

Abbildung 64: Rough Mapping der aktuellen Supply Chain anhand des SCOR-Modells
Quelle: Eigene (2006)

[703] Der Abbau von Bauxit sowie der Herstellungsprozess von Aluminium und die daran beteiligten Unternehmen sind nicht Bestandteil der Untersuchung. Es sollen nur die Unternehmungen betrachtet werden, deren Leistung im Speziellen zur Herstellung eines Fassadenelementes beitragen.

[704] Hier und im weiteren Verlauf dieser Arbeit dient die Verwendung der SCOR Methodik bzw. der Prozessklassifizierungen einzig und allein zur Verdeutlichung eines pragmatischen Verständnisses der Prozesse und Aktivitäten. Die Verwendung erhebt keinerlei Anspruch auf Vollständigkeit oder auf Verwendung der verschiedenen Prozesszuordnungsroutinen.

Die aktuelle Supply Chain Struktur spiegelt sowohl die Zweistufigkeit des Produktionsprozesses und die damit einhergehenden produktionstechnologischen Einschränkungen als auch die Anforderungen des Marktes wieder. Hinsichtlich der physischen Eigenschaften des Produktes ist die Beschichtung in einer Losgröße von einer Mengeneinheit möglich. Die Extrusion hingegen verlangt aus technischen Gründen Mindestmengen, deren Losgröße vom Profilquerschnitt und der Pressbolzengröße abhängt. Deutlich wird, dass trotz einer vom Markt geforderten Variantenvielfalt von ca. 3500 Rohprofilen, eine Modularisierung nicht möglich ist. Gleichzeitig ist die Nachfrage in der Bauindustrie wetterabhängig starken Schwankungen unterworfen. So stellen Schönwetterperioden nicht nur hohe Anforderungen an eine permanente Verfügbarkeit der Profile dar, sondern verlangen auch extrem kurze Lieferzeiten und Termintreue, um die Profile konform der Bauabschnittstermine zu liefern.
Die marktseitig geforderte Agilität wird durch die Vorratshaltung der Rohprofile gewährleistet. Trotz der auf Losgrößenoptimierung ausgerichteten Extrusion der Profile, zieht diese Entkopplung jedoch nicht nur eine hohe Kapitalbindung nach sich, sondern verlangt auch eine Vielzahl nicht-wertschöpfender Transport-, Ein-/ Auslager- und Verpackungsvorgänge. Darüberhinaus steigt durch die stromaufwärtsgerichtete Informationsverzögerung entlang der Kette die Variabilität des Nachfrageverhaltens (Bullwhip-Effekt), so dass letztlich auch Out-of-Stock Situationen nicht vermieden werden können.

4.4.1.4 Die BTO-SCM Strategie

Aufgrund der nur durch kapitalintensive Lagerbestände in begrenztem Umfang gewährleisteten Reaktivität der Supply Chain wurden seitens der Schüco International KG Überlegungen angestrebt, wie BTO-SCM Prinzipien in die Herstellungs- und Distributionsprozesse von Aluminiumprofilen integriert werden können.
Die Schüco International KG verfolgt dementsprechend die Zielsetzung, sowohl die Service Level zu verbessern, als auch die Kosten zu senken. So soll durch eine kundenauftragsgetriebene Produktion eine hundertprozentige Verfügbarkeit der Profile für den Kunden gewährleistet werden. Hiermit verbunden ist eine Verkürzung der Lieferzeit zu den Veredelungspartnern vorgesehen. Andererseits soll BTO Supply Chain Redesign die Kosten senken. Allen voran Kosten des mehrmaligen Handlingaufwands sollen reduziert und als sekundäres Ziel auch die Kosten der Kapitalbindung verringert werden.
Entsprechend dem BTO-SCM Rahmenmodell (siehe Abbildung 23) galt es zunächst die wesentlichen Markt- und Produktfaktoren durch Schüco als fokales Unternehmen zu bestimmen, um auf dieser Basis schließlich die Anforderungen an die firmenspezifischen Faktoren zu beschließen. Abbildung 65 zeigt dementsprechend eine Synthese des BTO-SCM Modells mit dem SCOR Modul P1 „Plan Supply Chain“.

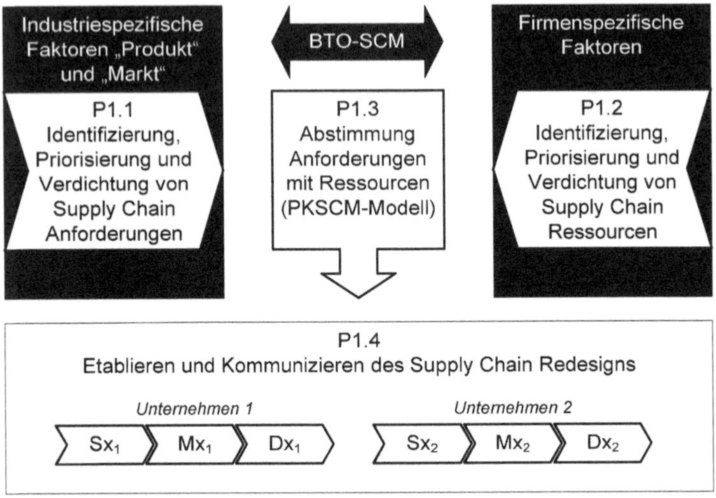

Abbildung 65: Einordnung des BTO-SCM Rahmenmodells in das SCOR-Modell
Quelle: Eigene (2006)

Kennzeichnendes Merkmal des BTO-SCM ist eine Aufteilung und Verschiebung des Entkopplungspunktes. Während dessen Verschiebung stromabwärts (Einlagerung farbiger Profile, Konsignationsläger bei den Veredlern) zu noch höheren Lagerbeständen bzw. Out-of-Stock Situationen führt, kann der Informationsentkopplungspunkt, wie gefordert, stromaufwärts verlagert werden. Das Pressbolzenlager der Presswerke kann dabei als der Punkt identifiziert werden, an dem das Material kundenunspezifisch, also für jeden eingehenden Kundenauftrag, verwendbar ist.

Ein Verschieben des Entkopplungspunktes ist nur möglich, „wenn die Lieferzeiten ab dem Entkopplungspunkt den Kundenanforderungen entsprechen"[705]. Das derzeitige Service Level zu den Veredlern definiert eine vollständige Bereitstellung der Ware innerhalb von maximal 72 Stunden nach Auftragseingang bei eigener Abholung durch die Veredler. Diese Faktoren bilden den Ausgangspunkt zur Bewertung der produktionsspezifischen Anforderungen.

Die Aluminiumprofile werden europaweit gefertigt. Aufgrund der Mindestpressmengen ist ein Pressvorgang für einen einzelnen Kundenauftrag nur selten möglich, jedoch beginnt die Fertigung in einer BTO-SCM Strategie erst nach Auftragseingang und schließt die Fertigung auf Lager somit aus. Während der Produktionsprozess technisch gesehen der durch die Service Level vorgegebenen Produktionszeit bis zur physischen Verfügbarkeit gerecht werden kann, so hängen die technischen Mindestpressmengen nicht nur vom Artikel ab, sondern auch von den Produktionsfähigkeiten eines Lieferanten. Durch eine Analyse der Absätze konnten zunächst ca. 200 Artikel als geeignet für eine tägliche Produktion klassifiziert werden.

[705] Pfohl (2004), S.126.

Abbildung 66 zeigt das angestrebte BTO-SCM Prozesslayout. So werden die Make-to-Stock Prozesse („Lagerfertigung", gekennzeichnet durch Ziffer 1) durch Make-to-Order Prozesse ersetzt („Auftragsfertigung", gekennzeichnet durch Ziffer 2 des SCOR-Modells).

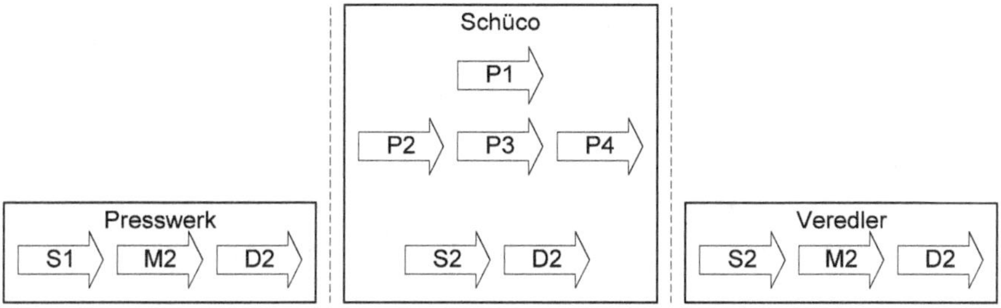

Abbildung 66: Rough Mapping BTO-SCM Prozess Layout anhand des SCOR-Modells
Quelle: Eigene (2006)

Während ein BTO-SCM Prozesslayout also hinsichtlich der Markt- und Produktfaktoren kundenorientiert und technisch umsetzbar ist, stellt das Layout große Anforderungen an die unternehmensübergreifende Bewertung der Kosten. Es gilt im Sinne der Kosteneffektivität die geeigneten Zulieferer und Produkte auszuwählen und die Produkterstellungsfunktionen entlang der Supply Chain zu verteilen. Bezüglich der Kosteneffizienz ist ein optimales Produktdesign anzustreben und sind optimale Abläufe zu gestalten. Folglich soll die Bewertung des Prozess-Redesigns anhand des entwickelten PKSCM-Modells vorgenommen werden.

4.4.2 Schritt 1: Prozesskostenbasiertes Supply Chain Produktdesign

Wie in Kapitel 2.1.2.1 beschrieben, ist es nun vor dem Hintergrund der ersten Phase der Produkt-Kooperations-Matrix die Zielsetzung das Angebot an Produkten zu bestimmen und die zur Herstellung geeigneten externen Unternehmen hinsichtlich eines kosteneffektiven Designs der Supply Chain auszuwählen. Gleichzeitig ist eine effiziente Gestaltung der Schnittstellen im Produktdesign anzustreben. Beides soll nachfolgend analog der im PKSCM-Modell beschriebenen Vorgehensweise dargestellt werden.

4.4.2.1 Mapping der Supply Chain und Identifikation der Aktivitäten

Während der Ablaufprozess bereits eingehend erläutert und grob dargestellt wurde, ist es Ziel des Prozess Mappings, den Hauptprozess in relevante Teilprozesse zu unterteilen. Hierfür gilt es zunächst die im Rahmen des Hauptprozesses auszuführenden Aktivitäten zu identifizieren bzw. voneinander abzugrenzen. Zur besseren Verständlichkeit werden bei der Darstellung des Prozessmappings in dieser Arbeit direkt die identifizierten Subprozesse gezeigt und diesen die Aktivitäten zugeordnet (Abbildung 67).

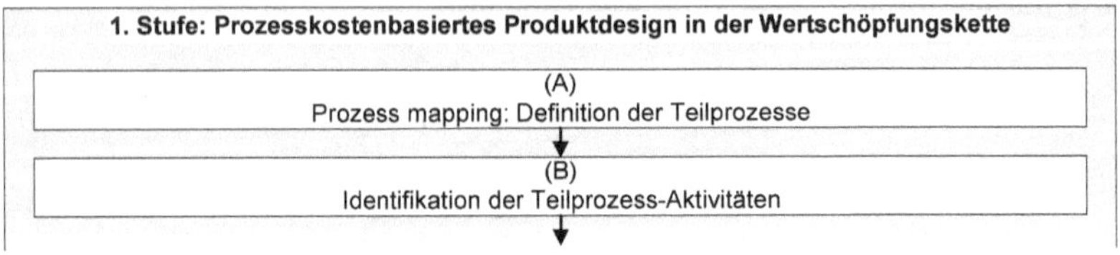

Abbildung 67: Identifikation der Teilprozesse und Aktivitäten
Quelle: Schulze/Seuring/Ewering (2006b), S.428.

Die identifizierten Subprozesse sind in Abbildung 68 in zeitlich logischer Abfolge dargestellt.

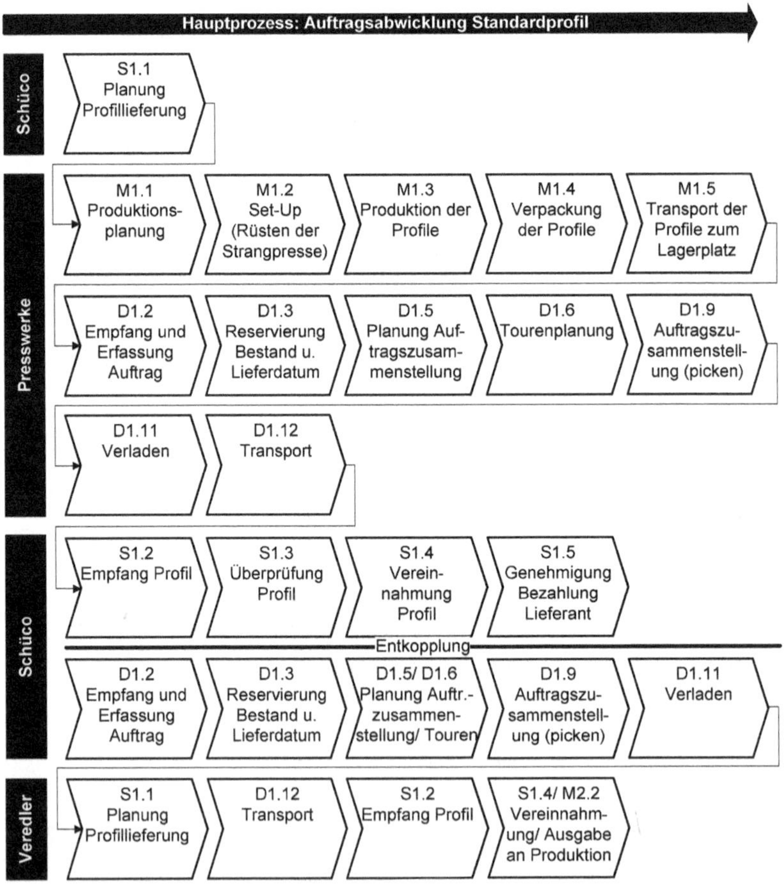

Abbildung 68: Zeitlich logischer Ablauf des Wertschöpfungsprozesses
Quelle: Eigene (2006)

Im Folgenden werden nun die identifizierten Subprozesse und Aktivitäten für die Presswerke (Tabelle 9), für die Schüco International KG (Tabelle 10) und für die Veredler detailliert erläutert (Tabelle 11)[706].

Presswerke[707]	
M1: Produzieren der Profile	• *M1.1 Produktionsplanung* Im Rahmen der Produktionsplanung werden der aktuelle Lagerbestand, eingegangene Aufträge seitens Schüco und in der durch Schüco zur Verfügung gestellten Vorab-Liste prognostizierte Mengen abgeglichen und in zu pressende Produktionstonnage pro Artikel umgerechnet. Auf dieser Grundlage wird ein Produktionstermin geplant und Ressourcen reserviert.
	• *M1.2 Set-up (Rüsten der Strangpresse)* Um ein Profil zu pressen, müssen zunächst Standardpressbolzen und das artikelspezifische Werkzeug vorgewärmt werden. Die Strangpresse muss anschließend mit dem Werkzeug gerüstet werden. Hiermit verbunden ist ein so genannter „Einpressvorgang" bis das Profil die gewünschte Qualität erreicht. Nachdem Pressdurchgang muss schließlich das Werkzeug gereinigt werden.
	• *M1.3 Produktion der Profile* Das Profil wird im Strangpressverfahren hergestellt. Anschließend wird es in einen Ofen zur Aushärtung gebracht.
	• *M1.4 Verpackung der Profile* Nachdem die Profile gehärtet wurden, gelangen sie auf einem Förderband zu einer Verpackungsstation. Bevor sie in einen Karton verpackt werden, erhalten sie eine Schlauchfolierung. Der Karton soll die Profile zum einen schützen, zum anderen ein effizientes Handling ermöglichen.
	• *M1.5 Transport der Profile zum Lagerplatz (Einlagerung)* Die Kartons werden mit einem Gabelstapler manuell in die Lagervorrichtungen transportiert.

706 Die Teilprozesse sind entsprechend der bisherigen Make-to-Stock Strategie in SCOR klassifiziert.

707 Aufgrund der verschiedenen Zulieferer stellt die Beschreibung der Subprozesse und Aktivitäten ein allgemeingültiges Schema dar, welches in tiefergehenden Details durchaus abweichen kann. Für die Beschreibung ist dieses aber von nachrangiger Bedeutung, da in der Bewertung die Abweichung durch einen veränderten Prozesskostenrechnungssatz zum Ausdruck kommt.

D1: Liefern der Profile	• *D1.2 Empfang und Erfassung Auftrag* Die via Fax durch Schüco übermittelten Aufträge werden händisch pro Auftragsposition in das Auftragsverwaltungssystem eingeführt.
	• *D1.3 Reservierung Bestand und Lieferdatum* Pro Auftragsposition wird der Lagerbestand reserviert und ein Lieferdatum vergeben.
	• *D1.5 Planung Auftragszusammenstellung* Ein optimaler Auftragszusammenstellungslauf wird in Abhängigkeit vom Lieferdatum und den Auftragspositionen gebildet.
	• *D1.6 Tourenplanung* Die zu liefernde Tonnage wird in Abhängigkeit vom Lieferdatum und der Lieferadresse auf Touren verteilt und somit werden Kapazitäten reserviert.
	• *D1.9 Auftragszusammenstellung (picken)* Die Kartons werden aus der Lagervorrichtung entnommen und für den Transport in Langgutpaletten verpackt. Das Entnehmen einer Einheit wird als „picken" bezeichnet.
	• *D1.11 Verladen* Die Langgutpaletten werden mit einem Kran in den LKW verladen.
	• *D1.12 Transport* Die Ware wird zu einem der Schüco Distributionszentren transportiert.

Tabelle 9: Subprozesse der Presswerke
Quelle: Eigene (2006)

Schüco International KG	
S1: Beschaffen der Profile	• *S1.1 Planung Profillieferung* Auf Basis des aktuellen Lagerbestands und der prognostizierten Absätze werden Nachschubbestellungen generiert und an den Lieferanten gefaxt. Zusätzlich erhält dieser eine Vorab-Liste über die in den kommenden Monaten erwarteten Absätze.
	• *S1.2 Empfang Profil* Die ankommenden Lieferungen werden im Wareneingang vom LKW entladen und im System als Warenzugang gebucht.
	• *S1.3 Überprüfung Profil* Die gelieferten Profile werden stichprobenartig einer Qualitätsprüfung unterzogen.

	• *S1.4 Vereinnahmung Profil* Ist die Lieferung durch das Qualitätswesen freigegeben, so werden die Profile zentral in ein Nachschublager eingelagert.
	• *S1.5 Genehmigung Bezahlung Lieferant* Nach erfolgter fehlerfreier Lieferung werden verschiedene Dokumente erstellt und die Bezahlung an den Lieferanten freigegeben.
D1: Liefern der Profile	• *D1.2 Empfang und Erfassung Auftrag* Die durch die Metallbauer übermittelten Aufträge werden hinsichtlich der Vollständigkeit der Angaben überprüft und im System eingegeben.
	• *D1.3 Reservierung Bestand und Lieferdatum* Während der Eingabe erfolgt eine Überprüfung der Lieferfähigkeit und daraus resultierend eine Zusage des Bestelldatums. Anschließend werden die einzelnen Auftragspositionen an das Lagerverwaltungssystem übertragen.
	• *D1.5 Planung Auftragszusammenstellung* In Abhängigkeit von der Lieferadresse und der Versandart werden aus den verschiedenen Auftragspositionen Sendungen gebildet. Auf deren Grundlage werden die Pickläufe geplant, d.h. es wird entschieden, aus welchem Lagerbereich in welcher Reihenfolge die Artikel gepickt werden. Gleichzeitig findet eine Überprüfung statt, ob genug Ware in den vorgesehenen Lagerbereichen vorhanden ist.
	• *D1.6 Tourenplanung* Die auszuliefernden Sendungen werden einem Standardtourenplan zugeordnet und die benötigten Kapazitäten werden geplant. Eine Tour umfasst dabei mehrere direkte Anlieferadressen eines Metallbauers (Rohprofile) oder ist einem Veredelungsbetrieb zugeordnet (Veredelungsaufträge).
	• *D1.9 Auftragszusammenstellung (picken)* Der Pickprozess ist zweistufig. Dementsprechend werden die Artikel in den einzelnen Lagerbereichen gepickt (1. Stufe) und schließlich in der Verladung kundenspezifisch zusammengeführt (2. Stufe). Je nach Menge der einzelnen Kundenauftragsposition(en) kann es sich hierbei um ganze Kartons handeln oder um zu Bunden gewickelte einzelne Stangen. In Bezug auf die für ein BTO-SCM Konzept geeigneten Artikel (Vorauswahl) ist festzustellen, dass diese zu den Veredlern aufgrund der größeren Abnahmemengen in ganzen Kartons gebracht werden. Die Bunde werden hingegen für die Metallbauer gewickelt, die kleinere Mengen abnehmen und die Ware direkt erhalten.

	• *D1.11 Verladen* Die Bunde bzw. Kartons werden in umgekehrter Abladereihenfolge in Langgutpaletten gepackt. Diese werden tourenspezifisch auf die LKW verladen.
	• *D1.12 Transport* Während Schüco die Metallbauer direkt mit einem eigenen Fuhrpark versorgt, so holen die Veredelungspartner die für sie bestimmte Ware selber ab.

Tabelle 10: Subprozesse der Schüco International KG
Quelle: Eigene (2006)

Veredler	
S1: Beschaffen der Profile	• *S1.1 Planung Profillieferung* Während des Pickprozesses bei Schüco wird eine Liste erstellt, die via elektronischer Datenübertragung an die Veredler übermittelt wird. Bei dieser handelt es sich um eine Übersicht, welche Artikel (Art und Anzahl) in welcher Farbe beschichtet und an welchen Metallbauer diese nach der Veredelung ausgeliefert werden sollen. Dementsprechend werden die Beschichtungskapazitäten auf den unterschiedlichen Lackierstationen geplant.
	• *S1.2 Empfang Profil* Die Langgutpaletten werden vom LKW entladen und die Bunde bzw. Kartons zu den geplanten Lackierstationen gebracht.
	• *S1.4/ M2.2 Vereinnahmung Profil/ Ausgabe der Profile an die Produktion* Die Kartons werden geöffnet und, nachdem die Profile entnommen wurden, entsorgt. Die Schlauchfolie wird von den Profilen entfernt und diese werden an ein Förderband gehängt. Analog wird von den gewickelten Bunden die Folie beseitigt und diese werden ebenfalls dem Förderband zugeführt.

Tabelle 11: Subprozesse der Veredler
Quelle: Eigene (2006)

4.4.2.2 Definition der Kostentreiber und Mengenvariation

Gemäß dem Modell zum Prozesskostenmanagement in Wertschöpfungsketten wurden den einzelnen Teilprozessen – basierend auf den identifizierten Aktivitäten – Kostentreiber zugeordnet. Anschließend wurden die unter der herkömmlichen Make-to-Stock Strategie gehandelten Kostentreibermengen bestimmt. Diese wurden den unter einer BTO-SCM Strategie erwarteten Mengen/ Szenarien gegenübergestellt. Ziel war es, hierdurch die sich vom Volumen her verändernden Kostentreiber zu identifizieren, deren Aktivitäten maßgeblich die Kosten der Prozesse beeinflussen.

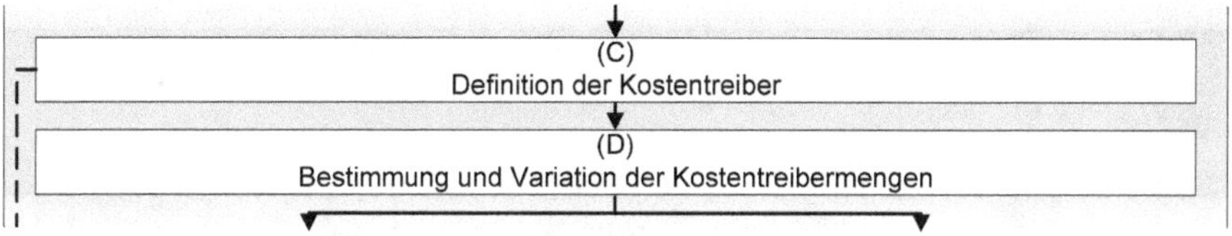

Abbildung 69: Bestimmung und Variation der Kostentreiber
Quelle: Schulze/Seuring/Ewering (2006b), S.428.

Analog der beschriebenen Vorgehensweise in den Feldern C und D des Modells (Abbildung 69) sollen nun im Folgenden detailliert die definierten Kostentreiber, die Kostentreibermengen sowie die prognostizierten Veränderungen für die einzelnen Unternehmen der Supply Chain dargestellt werden[708].

- Presswerke

Abbildung 70 zeigt die Kostentreiber und prognostizierten Veränderungen. Hinsichtlich der Aktivitäten der Produktionsplanung (M2.1) wurde als Kostentreiber die „Anzahl der Planungsvorgänge" festgelegt. Durch eine Umstellung auf tägliches Pressen sind für die betreffenden Artikel vorausschauende Planungsvorgänge jedoch nicht mehr nötig, da immer tagesaktuell eine exakte Menge produziert wird. Hinsichtlich des Rüstvorgangs (M2.2) wurde als Kostentreiber die „Anzahl Set-ups" definiert. Im Durchschnitt wurden die hinsichtlich der technischen Anforderungen in Frage kommenden Profile einmal in der Woche produziert. Eine Umstellung auf tägliches Pressen führt demnach zu einer starken Steigerung der Set-up Vorgänge auf das Fünffache pro Artikel pro Woche. Der Produktionsvorgang (M2.3) wird durch den Kostentreiber „Menge in (produzierten) Tonnen" bewertet. Da nicht damit zu rechnen ist, dass die Einführung der BTO-SCM Strategie zu einem signifikanten Absatzwachstum führt, sind hier keine Änderungen zu erwarten. Diese Aussage trifft auch auf die Verpackung der Profile zu (M2.4) – die zu verpackende Menge (Kostentreiber: „Menge in Tonnen") verteilt sich lediglich anders über die Woche. Hinsichtlich des letzten Teilprozesses der Produktion „Transport der Profile zum Lagerplatz" (M2.5) ist festzustellen, dass der Kostentreiber „Anzahl Kartons" auf ein Volumen von Null reduziert wird, da die Profile nicht mehr eingelagert, sondern direkt in den Warenausgang der Presswerke transportiert werden.

[708] Im Folgenden sind die SCOR-Klassifizierungen entsprechend dem BTO-SCM Prozesslayout zugewiesen (s. Abbildung 66).

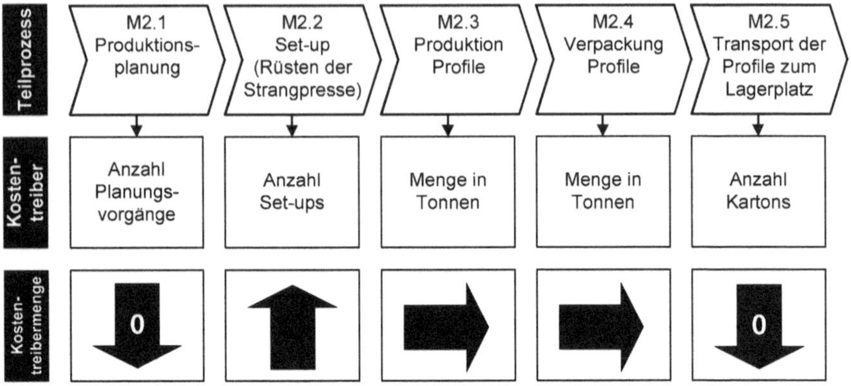

Abbildung 70: Produktion der Presswerke
Quelle: Eigene (2006)

In Abbildung 71 werden entsprechend der beschriebenen Vorgehensweise die Teilprozesse der Belieferung dargestellt. Während in der lagergeprägten Strategie Aufträge durch Schüco pro Artikel durchschnittlich einmal pro Woche an die Presswerke übertragen und in die Systeme eingegeben werden mussten (D2.2), so müssen in der neuen Strategie täglich Kundenaufträge übermittelt und erfasst werden. Dementsprechend ist auch eine Steigerung der Menge des definierten Kostentreibers „Anzahl empfangener Auftragspositionen" um das Fünffache zu erwarten. Eine Bestandsreservierung sowie eine Vergabe des Lieferdatums (D2.3) finden hingegen nicht mehr statt, da kein Bestand mehr vorhanden und das Lieferdatum immer der nächste Tag ist. Dementsprechend sinkt der definierte Kostentreiber „Anzahl zu reservierender Auftragspositionen" auf Null. Ebenso verhält es sich mit dem für den Teilprozess „Planung Auftragszusammenstellung" (D2.5) definierten Kostentreiber „Anzahl zu planender Auftragspositionen". Ein optimaler Bestelllauf muss für BTO-Artikel nicht mehr geplant werden. Der Aufwand für die Kapazitätsreservierung im Rahmen der Tourenplanung ist abhängig von den zu transportierenden Tonnen (D2.6). Da, wie beschrieben, die Tonnage gleich bleibt, gibt es keine Veränderung in der Kostentreibermenge „Menge zu planender Tonnen". Hinsichtlich des Teilprozesses der physischen Auftragszusammenstellung (D2.9) wurde der Kostentreiber „Anzahl zu pickender Kartons" festgelegt. Durch die Entfernung des Lagers sinkt die Menge zu pickender Kartons auf null. Sowohl für die Verladung (D2.11) als auch den Transport (D2.12) ist die Menge der zu bewegenden Tonnen entscheidend für den Aufwand dieser Teilprozesse. Durch ein BTO-SCM Supply Chain Redesign werden beide Kostentreiber nicht beeinflusst.

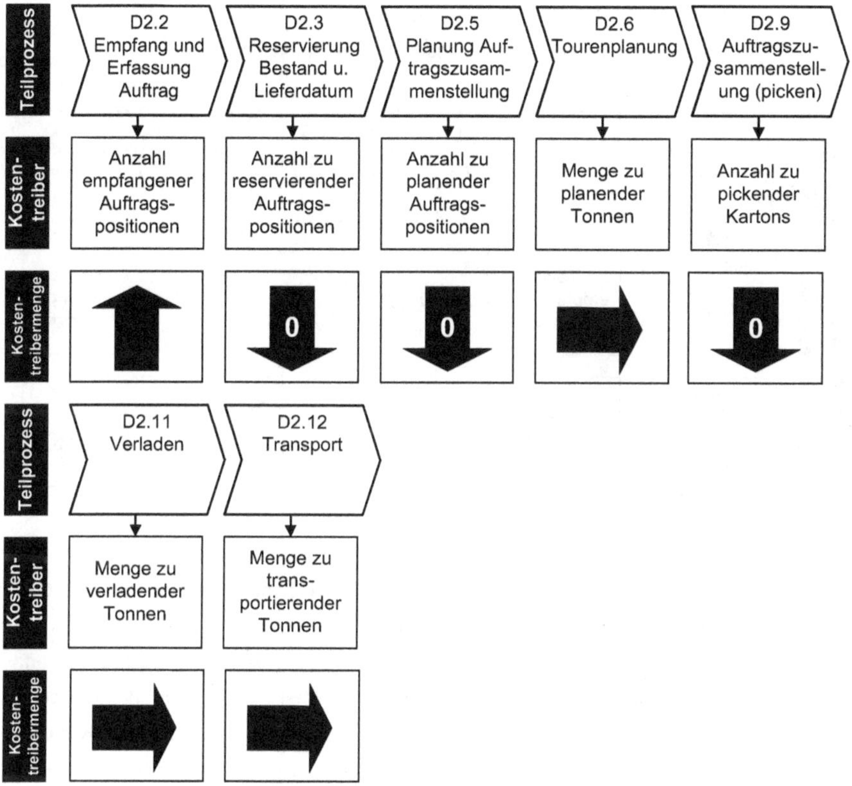

Abbildung 71: Lieferung der Profile durch die Presswerke
Quelle: Eigene (2006)

- Schüco International KG

Die definierten Kostentreiber sowie deren prognostizierten Mengenänderungen sind in Abbildung 72 dargestellt. Eine Planung und Berechnung der zu beschaffenden Profillieferungen ist für die BTO-Artikel nicht mehr nötig (S2.1). Dementsprechend sinkt die Menge des Kostentreibers „Anzahl zu planender Artikelnummern" auf Null. Die Kostentreibermenge für die empfangenen Profile (S2.2), bewertet mit dem Kostentreiber „Menge empfangener Tonnen", sowie für die Überprüfung der Profile (S2.3), beurteilt mit dem Kostentreiber „Anzahl empfangener Artikelnummern", ändert sich nicht. Die angelieferten Profile, die für die Veredler bestimmt sind, werden direkt in die Versand- und Verladehallen gebracht und müssen nicht mehr eingelagert werden. Die kundenauftragsspezifisch gefertigten Profile für die Metallbauer hingegen sollen zur Auffüllung eines fixen erheblich verringerten Lagerbestandes dienen und werden weiterhin vereinnahmt. Demgemäß reduziert sich die Menge des entsprechenden Kostentreibers „Menge einzulagernder Tonnen" (S2.4). Die Menge der zu begleichenden Rechnungen (S2.5), gemessen mit dem Kostentreiber „Anzahl zu begleichender Rechnungen“ bleibt unverändert zu dem bisherigen Abrechnungsturnus.

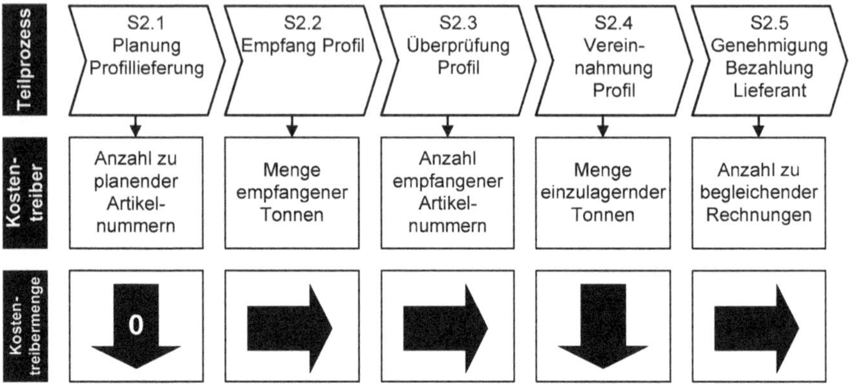

Abbildung 72: Beschaffen der Profile durch Schüco
Quelle: Eigene (2006)

Abbildung 73 zeigt die für die Distribution der Profile durch Schüco definierten Kostentreiber der Teilprozesse sowie Änderungen in der jeweiligen Menge. Die Auftragspositionen werden überprüft und im System erfasst (D2.2). Daher unterliegt der Kostentreiber „Anzahl zu erfassender Auftragspositionen“ keinerlei Veränderung. Die bisher automatisch erfolgte Überprüfung der Lieferfähigkeit findet nicht mehr statt (D2.3). Dementsprechend sinkt die Kostentreibermenge des Kostentreibers „Anzahl Auftragspositionen“ auf null. Hinsichtlich des Teilprozesses „Planung Auftragszusammenstellung“ (D2.5) ist festzustellen, dass sich die Menge des definierten Kostentreibers „Anzahl zu planender Auftragspositionen“ auf null reduziert. Obwohl die an das Presswerk übermittelten Auftragspositionen nicht mehr aus einem der Schüco Läger gepickt werden müssen, so müssen sie dennoch in die Tourenplanung (D2.6) mit eingehen, um den Kapazitätsbedarf der physisch umzuladenden Ware für die abholenden Veredler aber auch den eigenen Fuhrpark zu bestimmen. Dementsprechend bleibt die Menge des Kostentreibers „Menge zu planender Tonnen“ gleich. Hinsichtlich des Pickprozesses (D2.9) wurde der Kostentreiber „Menge Picks“ definiert. Dieser ist zu unterscheiden in die Menge zu pickender Kartons und die Menge zu wickelnder Bunde. Während sich die Menge zu pickender Kartons (LI) auf null reduziert, da diese, wie in S2.4 beschrieben nicht mehr eingelagert werden, so bleibt die Kostentreibermenge zu wickelnder Bunde (LII) gleich. Ob die zu verladenden Profile aus den Lagerbereichen oder direkt durch den Lieferanten in die Verladung angeliefert werden (D2.11), hat keinen Unterschied auf die Menge des Kostentreibers „Menge zu verladender Tonnen“. Das gleiche gilt für den Kostentreiber des Teilprozesses „Transport“ (D2.12), welcher ebenfalls in Tonnen (Menge zu transportierender Tonnen) gemessen wird.

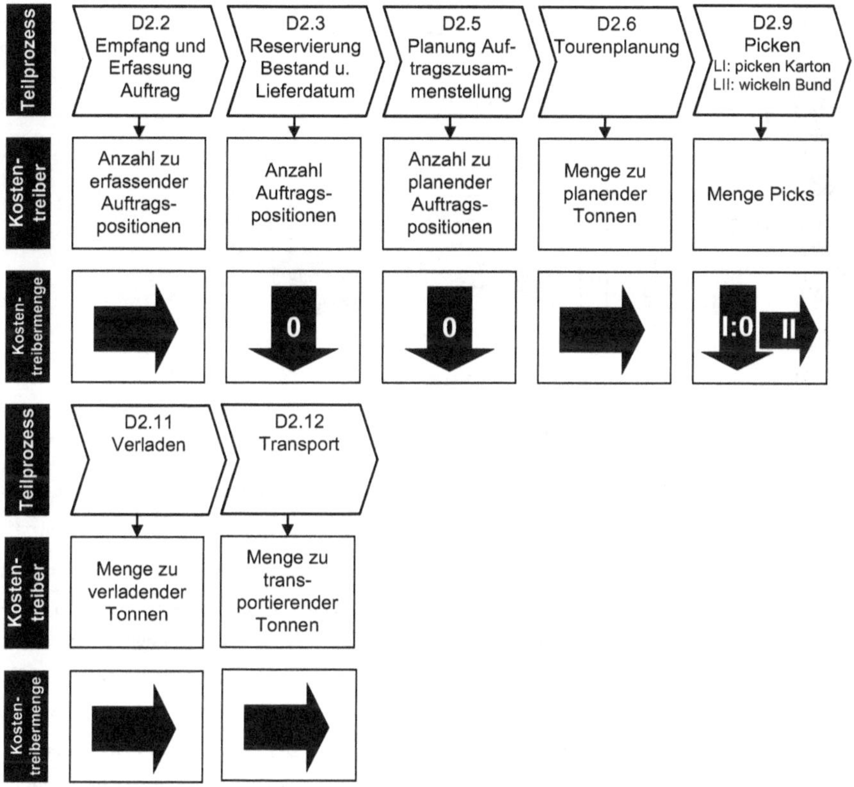

Abbildung 73: Auslieferung der Profile durch Schüco
Quelle: Eigene (2006)

- Veredler

In Abbildung 74 wird der Bezug der Profile durch die Veredler dargestellt. Die Teilprozesse für die Planung der Anlieferung, den Empfang und die Vereinnahmung der Profile erfahren keine Veränderung hinsichtlich der zu handhabenden Mengen. Dementsprechend sind die Kostentreiber „Anzahl zu planender Auftragspositionen“ (S2.1), „Menge empfangener Tonnen“ (S2.2) sowie „Menge zu vereinnahmender Tonnen“ (S.2.4/M2.2) keinen Mengenvariationen unterworfen.

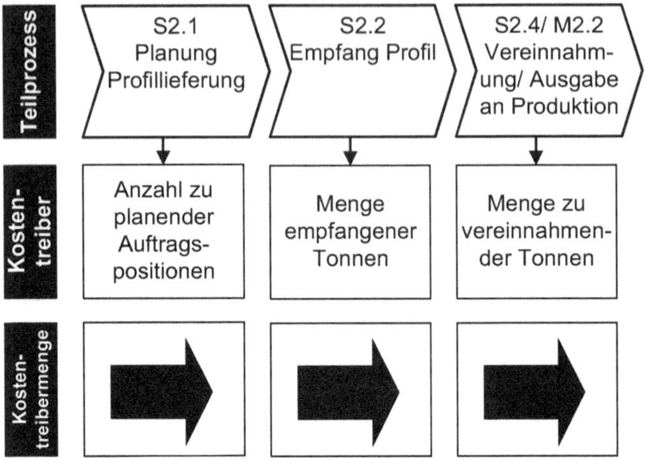

Abbildung 74: Bezug der Profile durch die Veredler
Quelle: Eigene (2006)

4.4.2.3 Prozesskostenbasierte Auswahl geeigneter Unternehmen und Produkte für das BTO-Supply Chain Redesign

Vorhergehend wurde anhand einer Definition der Prozesskostentreiber und einer Variation der Mengen dargelegt, dass ein Built-to-Order Supply Chain Redesign sowohl Kostenreduzierungspotenziale als auch Möglichkeiten zur Verbesserung der Service Level bieten kann. Entsprechend der Felder E.I und F.I des Modells (Abbildung 75) sollen nun auf Basis der vorherigen Erkenntnisse für das BTO-SCM Konzept geeignete Zulieferer und Artikel ausgewählt werden. Hierfür gilt es zunächst die Aktivitäten der sich stark negativ verändernden Kostentreiber zu identifizieren, die den größten Einfluss auf die während des zweiten Schritts des Modells zu kalkulierenden *Prozesskostensätze* haben.

Durch die Analyse der Kostentreibermengen konnte aufgedeckt werden, dass sich diese für viele der planerischen und physischen Lagerprozesse auf null reduzieren. Die Kostentreibermengen für die Prozesse M2.2 „Set-up" und D2.2 „Empfang und Erfassung Auftrag" bei den Presswerken unterliegen hingegen einer erheblichen Mengensteigerung. Durch Gespräche mit verschiedenen potenziellen Lieferanten sowie eines Studiums einschlägiger Fachliteratur[709] konnten Erkenntnisse über die Möglichkeiten und Parameter der einzelnen Aktivitäten gewonnen werden.

[709] Vgl. bspw. Bauser/Sauer/Siegert (2001).

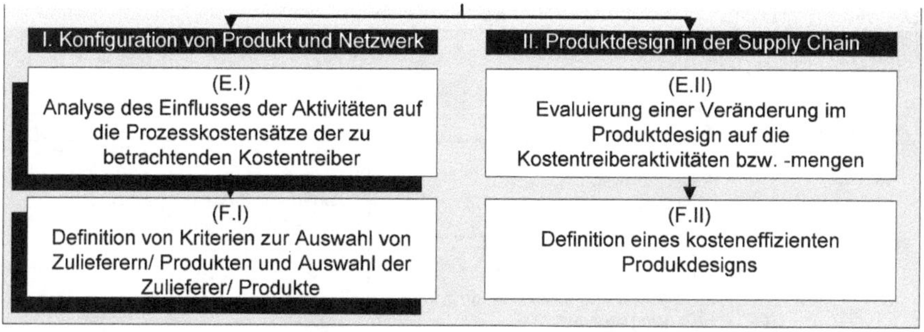

Abbildung 75: Prozesskostenbasierte Konfiguration von Produkt und Netzwerk
Quelle: Schulze/Seuring/Ewering (2006b), S.428.

- M2.2 Set-up (Rüsten der Strangpresse)

Die benötigte Zeit für das Vorwärmen eines Pressbolzens hängt in erster Linie von dem Durchmesser des Pressbolzens ab, welcher wiederum durch den Profilquerschnitt vorgegeben ist. Das Vorwärmen eines Werkzeugs hingegen geschieht in speziellen Öfen. Diese können aus einer großen Mehrzweckkammer für die Aufnahme mehrerer Werkzeuge bestehen oder aber auch in Einzelkammern für die Aufnahme vieler einzelner Werkzeuge unterteilt sein. Ein Nachteil der Mehrzweckkammeröfen ist der Effizienzverlust bei wiederholtem Öffnen sowie ein etwaiges Umsortieren der Werkzeuge in den Öfen bzw. die hiermit einhergehende Unflexibilität bzgl. einer Änderung einer vorher festgelegten Pressreihenfolge. Hinsichtlich des Rüstvorgangs muss zwischen einem manuellen und einem vollautomatischen Vorgang unterschieden werden, welcher die eigentliche Rüstzeit bestimmt. Entscheidender ist jedoch, ob es sich bei der zu verwendenden Strangpresse um eine Ein- oder um eine Mehrstrangpresse handelt. Während Mehrstrangpressen einen höheren Output pro Stunde beim eigentlichen Pressen generieren, so ist der Einpressvorgang schwieriger und erheblich zeitaufwändiger. Die Schwierigkeit des Einpressvorgangs hängt zusätzlich vom Querschnitt des Artikels ab, der ebenso den Reinigungsaufwand eines Werkzeuges bestimmt. Dessen Dauer beeinflusst zusätzlich die Anzahl anzuschaffender Werkzeuge pro Artikel.

- D2.2 Empfang und Erfassung Auftrag

Während die Presswerke bisher artikelspezifisch für Schüco produziert haben, müssen sie in Zukunft die Kundenauftragspositionen von Schüco verarbeiten. Dementsprechend ist es wichtig, dass ein Lieferant über systemtechnische Möglichkeiten verfügt, die eine Verarbeitung von Schüco Kundenauftragspositionen ermöglichen und somit grundsätzlich zu den Schüco Systemen und Standards kompatibel sind.

Die definierten Kriterien hinsichtlich einer kosteneffektiven Auswahl von Lieferanten und Produkten sind in Tabelle 12 wiedergegeben.

Auswahlkriterien	M2.2	D2.2
Zulieferer	• Einzelwerkzeugöfen • Vollautomatisches Rüsten • Einstrangpresse	• Zu Schüco kompatibles ERP System • Technische Möglichkeiten u. Bereit schaft zur Systemanpassung • Vernetzungsfähigkeit
Produkte	• Profilquerschnitt hinsichtlich: - Vorwärmzeit Pressbolzen - Schwierigkeit Einpressvorgang - Reinigungsaufwand/ Anzahl Werkzeuge	
Allgemeine, hinsichtlich der BTO-SCM Produkt- u. Marktkriterien	• Anzahl der Pressen (Presskapazität) • Geographische Lage	

Tabelle 12: Anforderungskriterien hinsichtlich einer kosteneffektiven Gestaltung der Supply Chain
Quelle: Eigene (2006)

Basierend auf den definierten Anforderungen wurden die Leistungsdaten der aufgrund der geographischen Lage in Frage kommenden Lieferanten erhoben und schließlich ein Lieferant zur näheren Analyse der Produktionsphase ausgewählt.
Das Artikelspektrum von ca. 200 im Vorfeld ausgewählten Artikeln wurde aufgrund der aufgezeigten Anforderungen (s. Tabelle 12 M2.2 „Produkte") auf ca. 160 Profile reduziert. Die Quantifizierung der Kostentreibermengen zeigte zudem auf, dass aus wirtschaftlichen Gründen eine zusätzliche Reduzierung des Artikelspektrums sinnvoll war. Während der zusätzliche Aufwand in dem Set-up Prozess unabhängig von der Artikelnummer ist, so ist der Benefit der Reduzierung der Kostentreibermengen für die Planungs- und Lagerprozesse artikelspezifisch variabel. Das heißt, dass Artikel, die zwar sowohl die technischen Mindestanforderungen bzgl. der Pressmenge als auch die in Tabelle 12 genannten Kriterien erfüllen, trotzdem nicht zwingend profitabel in einem BTO-SCM Prozess zu verarbeiten sind. Folglich wurde auf Erfahrungswerten beruhend ein dreifacher Absatz der technischen Mindestpressmenge als weiteres Kriterium für die Bestimmung eines BTO-SCM Artikels hinzugefügt. Unter Beachtung der genannten Kriterien wurde die Produktanzahl von 200 auf 75 reduziert.

4.4.2.4 Prozesskostenbasierte Bestimmung des Artikelspektrums in der Produktentwicklung

Während die prozesskostenbasierte Auswahl geeigneter Unternehmen und Produkte für das BTO-Supply Chain Redesign auf eine effektive Gestaltung der Supply Chain abzielt, so ist es Aufgabe der prozesskostenbasierten Bestimmung des Artikelspektrums Effizienzpotenziale hinsichtlich der Produktentwicklung zu generieren. Entsprechend der Anforderungen des

BTO-SCM Rahmenmodells (Abbildung 23) zielt diese Phase vor allem auf Standardisierungs- und Modularisierungsmöglichkeiten ab. Im Rahmen des BTO-SCM Projekts wurden keine Überlegungen hinsichtlich eines effizienten Produktdesigns angestrebt. Die folgenden Darstellungen sind daher eine Übertragung einer aus Expertengesprächen und Feldbeobachtungen anderer Abteilungen gewonnener Erkenntnisse. Die dortigen Ideen bzgl. eines Produktdesigns sollen nun entsprechend der Felder (E.II und F.II) des PKSCM-Modells ebenfalls über eine Variation der Kostentreibermengen bewertet werden[710].

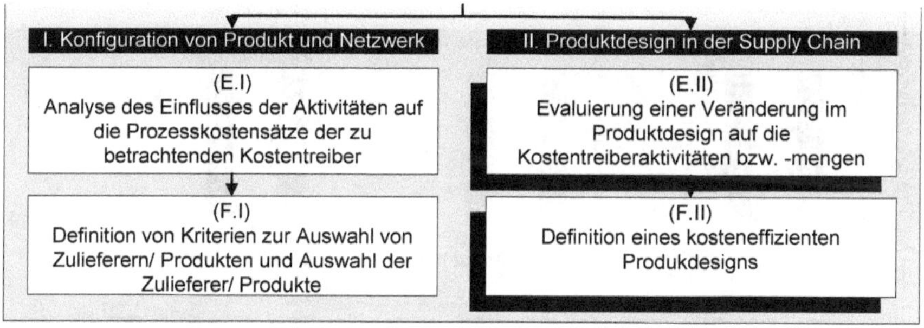

Abbildung 76: Prozesskostenbasiertes Produkt Design in der Supply Chain
Quelle: Eigene (2006) in Anlehnung an Schulze/Seuring/Ewering (2006b), S.428.

Ein Fassadenelement besteht sowohl aus einer Außen- als auch aus einer Innenschale (jeweils ein Profil). Diese werden mithilfe eines auf Polymerbasis gefertigten Kunststoffstegs zu sogenannten Verbundprofilen durch die Veredler oder Metallbauer verbunden. Die Wärmedämmfähigkeit und die Bautiefe hängen dabei von der Kombination verschiedener Außen- und Innenschalen, sowie den verwendeten Stegen ab. Während die Profile einer Baugruppe dieselbe Wärmedämmfähigkeit bieten, so werden diese in verschiedenen Dimensionen gefertigt, um den Anforderungen unterschiedlicher Gebäudefassaden Rechnung zu tragen. Im Rahmen einer Standardisierung könnten die verschiedenen Bautiefen der Innen- und Außenschalen auf jeweils nur eine einheitliche reduziert werden. Um die für die verschiedenen Gebäudetypen erforderliche Bautiefe trotzdem zu erreichen, müssten im Gegenzug dafür die Stege in verschiedenen Breiten angeboten werden. Dieses sei graphisch zur Veranschaulichung in Abbildung 77 wiedergegeben und anhand eines kurzen zahlenmäßigen Beispiels erläutert. Angenommen es würden 20 Baugruppen à 30 (15 Innen- und 15 Außenschalen) bzgl. der Querschnittstiefe unterschiedliche Profile, also insgesamt 600 verschiedene Artikel existieren, so würde eine Reduzierung auf nur noch einen Querschnitt pro Schale das Artikelspektrum um ca. 93% auf 40 verschiedene Artikel vermindern. Zur Verfügung stehen bis-

[710] Diese Bewertung stellt allein eine wirtschaftliche Beurteilung dar. Sie gibt keinerlei Auskunft über den technischen und qualitativen Sinn dieser Ideen, die einer ausführlichen Bewertung bedürfen.

her zwei aus unterschiedlichem Material bestehende Stege mit gleicher Querschnittsbreite. Je nach Kombination lassen sich mit dem bisherigen Produktportfolio 225 verschiedene Bautiefen erreichen. Dementsprechend würde ein neues Artikelspektrum nur noch aus 450 Stegen und 40 Profilen, also aus 490 Artikeln bestehen. Dieses entspricht einer Reduzierung des gesamten Artikelspektrums um ca. 18 Prozent.

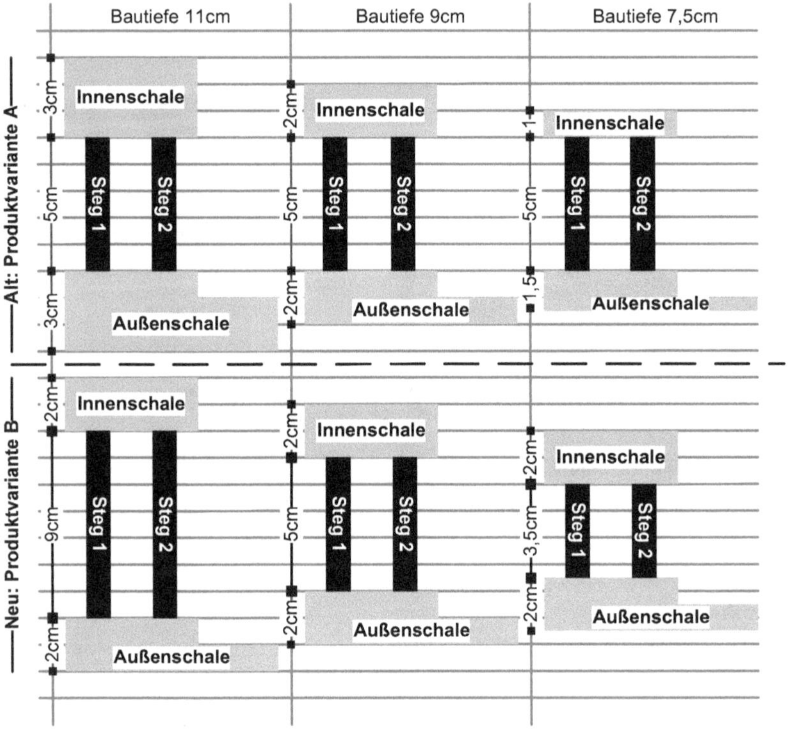

Abbildung 77: Fiktive Reduzierung des Artikelspektrums (Draufsicht)
Quelle: Eigene (2006)

Im Folgenden seien nun die Auswirkungen einer Reduzierung des Artikelspektrums auf das BTO-SCM Projekt dargestellt. Hierfür sollen als Auswahl die Kostentreiber M2.2 „Anzahl Set-ups", D2.2 „Anzahl empfangener Auftragspositionen" und D2.9 „Anzahl zu pickender Kartons" bei den Presswerken dargestellt werden (Abbildung 78). Hinsichtlich des Kostentreibers „Anzahl Set-ups" ist festzustellen, dass bspw. eine Zusammenfassung der sich lediglich von der Bautiefe im Querschnitt unterscheidenden Außenschalen A und B zu einer Außenschale C die Anzahl benötigter Set-up Prozesse halbieren würde. Während unter der Make-to-Stock Strategie eine Kostentreibermenge von 104 Set-up Ausführungen pro Jahr für beide Artikel angefallen ist (2 Artikel à 1 Set-up/ Woche), so würde sich diese ohne ein anderes

Produktdesign verfünffachen (520 Set-ups). Mit dem neuen Produktdesign würde sie hingegen nur um das Zweieinhalbfache zunehmen (1 Artikel à 5 Set-ups/ Woche entspricht 260 Set-ups pro Jahr). Durch eine Reduzierung des Artikelspektrums auf weniger Profile steigt weiterhin der Absatz pro Artikel. Wären bspw. die Halbschale A mit einem Absatz von 10.000 bzw. die Halbschale B mit einem Vertrieb von 20.000 Stück pro Jahr aus wirtschaftlichen Gründen nicht für das BTO-SCM Konzept geeignet, so würde ein Absatz von 30.000 Stück pro Jahr zu einer neuen, ggfs. positiveren Bewertung führen. Dieses gilt sowohl für die Anzahl zu erfassender Bestellpositionen, die sich durchschnittlich halbiert, als auch für die zusätzlich eingesparten Picks in der Auftragszusammenstellung[711].

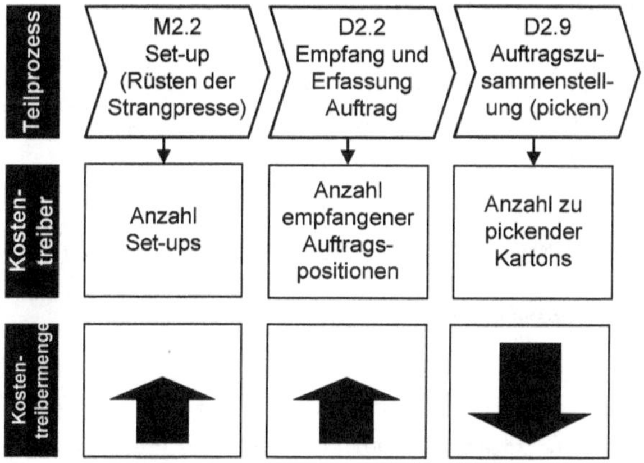

Abbildung 78: Veränderung der Kostentreibermengen durch Produktstandardisierung
Quelle: Eigene (2006)

4.4.3 Schritt 2: Prozesskostenbasierte Supply Chain Produktion

Basierend auf den Kostentreiberdefinitionen konnten die Konsequenzen der Einführung einer BTO-SCM Strategie auf die verschiedenen Kostentreibermengen abgeschätzt werden. Klärungsbedarf ergibt sich jedoch hinsichtlich der Frage, ob die Kosten des Anstiegs der Menge bspw. des Kostentreibers des Teilprozesses „Set-up" (Rüsten der Strangpresse M2.2) durch eine Einsparung der Planungs- und Lageraktivitäten beim Lieferanten ausgeglichen werden können. Falls dieses nicht der Fall ist, so bedarf es einer Lösung, wie der Kostenanstieg bei den Zulieferern durch die erwartete Kostenreduktion bei Schüco ausgeglichen werden kann. Dieses soll im Folgenden anhand des zweiten Schrittes des PKSCM-Modells dargestellt

[711] Die Richtung der Pfeile ist in Abbildung 78 absolut dargestellt. So nehmen die Kostentreibermengen der Prozesse M2.2, D2.2 und D2.9 durch die Einführung einer BTO-SCM Strategie zwar absolut zu bzw. ab, die Veränderung jedoch ist im Verhältnis zum alten Produktspektrum geringer bzw. größer. Die geänderte Länge bzw. Breite der Pfeile sollen diesen Effekt relativ verdeutlichen.

werden. Vor diesem Hintergrund legt dieser ebenso dar, wie eine effektive Verteilung der Teilprozesse bzw. Aktivitäten innerhalb der Supply Chain gestaltet werden sollte und wie hierbei Effizienzpotenziale generiert werden können[712].

4.4.3.1 Kalkulation der Prozesskostensätze

Wie bereits in der Darstellung des Modells in Abschnitt 3.5 beschrieben, fußt die Berechnung der *Prozesskostensätze* auf der Methodik des Time-Driven Activity-based costings. Dementsprechend seien nun die Standardzeiten und die Kosten pro Zeiteinheit des Ressourceneinsatzes für die sich verändernden Kostentreiber dargestellt (Abbildung 79)[713].

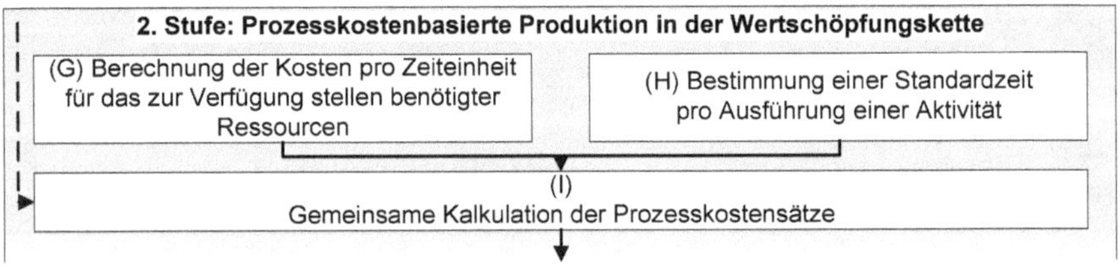

Abbildung 79: Kalkulation der Prozesskostensätze
Quelle: Schulze/Seuring/Ewering (2006b), S.428.

- Bestimmung einer Standardzeit für die Durchführung eines Teilprozesses

In Tabelle 13 sind die ermittelten Standardzeiten für die Teilprozesse des Presswerks wiedergegeben, die einer Veränderung der Kostentreibermenge durch das BTO-SCM Prinzip unterliegen. Die Teilprozesse M2.1, D2.3 und D2.5 werden vollautomatisch durch verschiedene EDV-Systeme ausgeführt. Da zum einen die Prozesszeiten im Millisekundenbereich sind und zum anderen diese Systeme bereits abgeschrieben sind, können etwaige Kosten dieser Teilprozesse vernachlässigt werden und sollen nicht in die weiteren Bewertungen mit einfließen. Hinsichtlich des Set-up Prozesses konnte eine Gesamtzeit von 56,25 Minuten manuellem Bearbeitungsaufwand ermittelt werden. Während das Vorwärmen des Pressbolzens bzw. des Werkzeugs lediglich 2,5 bzw. 6,3 Minuten und der Rüstvorgang zehn Minuten

[712] Da es Ziel des Einsatzes des PKSCM-Modells ist, die wirtschaftliche Vorteilhaftigkeit zweier verschiedener Supply Chain Management Strategien zu bewerten, sollen allein die sich verändernden Kostentreiber im Sinne einer Vergleichsrechnung bewertet werden.

[713] Alle dargestellten Werte (Mengen, Zeiten, Kosten) wurden durch persönliche Interviews, durch Feldbeobachtung oder durch Quellenanalysen erhoben. Für den Fall, dass durch keine dieser Methoden verlässliche Daten erhoben werden konnten, so wurde diese annäherungsweise bestimmt. Aus Gründen des Datenschutzes sind die Werte durch einen beliebigen Faktor verfälscht, der sich aufgrund der zugrundeliegenden Rechenalgorithmen des Time-driven Activity-based costings potenziert. Dementsprechend dienen die Ergebnisse der Veranschaulichung des Modelleinsatzes und lassen keine Rückschlüsse auf die tatsächlichen Werte zu. Die grundsätzliche tendenzielle Aussagekraft der Ergebnisse bleibt davon jedoch unberührt.

in Anspruch nehmen, so benötigt die Reinigung inklusiv der Neuvermessung des Werkzeugs durchschnittlich 37,5 Minuten, also zwei Drittel der Gesamtzeit. Für den Transport und die Einlagerung einer Tonne Aluminium am Lagerplatz wurde eine Sollzeit von 32 Minuten ermittelt. Für die Erfassung einer Bestellposition wurden 0,625 Minuten veranschlagt und das Picken eines Kartons verursacht einen zeitlichen Aufwand von ca. vier Minuten.

Sollzeit [min/ Aktivität]	**M2.1** Planung Produktion	**M2.2** Set-up	**M2.5** Transport der Profile zum Lagerplatz	**D2.2** Empfang und Erfassung Auftrag	**D2.3** Reservierung Bestand u. Lieferdatum	**D2.5** Planung Auftragszusammenstellung	**D2.9** Auftragszusammenstellung
Aktivität 1	Planung einer Artikelnummer: 0*	Vorwärmen Pressbolzen: 2,5**	Einlagern einer Tonne: 32	Erfassung Bestellpositionen: 0,625	Reservierung Auftragspositionen: 0*	Reservierung Auftragspositionen: 0*	Picken eines Kartons: 3,75
Aktivität 2		Vorwärmen Werkzeug: 6,3**					
Aktivität 3		Rüstvorgang: 10					
Aktivität 4		Reinigung: 37,5**					
Gesamtzeit	0	56,25	32	0,625	0	0	3,75

* Da diese Aktivitäten automatisch durch das jeweilige EDV-System ausgeführt werden, sind die Zeiten und Kosten zu vernachlässigen.
** manueller Aufwand, nicht die tatsächliche Dauer des Vorgangs.

Tabelle 13: Standardzeiten der Teilprozessaktivitäten des Presswerks
Quelle: Eigene (2006)

Die ermittelten Sollzeiten für die Teilprozessaktivitäten bei Schüco zeigt Tabelle 14. Wie bei dem Presswerk wurden für die Teilprozesse S2.1, D2.3 und D2.5 keine Zeiten ermittelt. Die Vereinahmung eines Profils dauert pro Tonne 45,45 Minuten, das Picken eines Kartons benötigt ca. sechs Minuten und das Wickeln eines Bundes von ca. 7,3 Minuten entspricht.

Sollzeit [min/ Aktivität]	**S2.1** Planung Profillieferungen	**S2.4** Vereinnahmung Profil	**D2.3** Reservierung Bestand u. Lieferdatum	**D2.5** Planung Auftragszusammenstellung	**D2.9** Picken
Aktivität 1	Reservierung Auftragspositionen: 0*	Einlagern einer Tonne: 45,45	Reservierung Auftragspositionen: 0*	Reservierung Auftragspositionen: 0*	Picken Karton: 5,95
Aktivität 2					Wickeln Bunde: 7,3
Gesamtzeit	0	45,45	0	0	5,95 / 7,3

* Da diese Aktivitäten automatisch durch das jeweilige EDV-System ausgeführt werden, sind die Zeiten und Kosten zu vernachlässigen

Tabelle 14: Standardzeiten der Teilprozessaktivitäten der Schüco International KG
Quelle: Eigene (2006)

- Bestimmung der Kosten pro Zeiteinheit des Ressourceneinsatzes

Um die Kosten pro Zeiteinheit des Ressourceneinsatzes zu kalkulieren sind die Summen der Kostenstellen der Teilprozesse sowohl für das Presswerk als auch für Schüco wiedergegeben (Tabelle 15)[714]. Diese enthalten ausschließlich Personalkosten. Dementsprechend spiegeln die ermittelten Stundenkostensätze zum einen regionale und firmenspezifische Unterschiede in der Vergütung wieder, zum anderen aber auch unterschiedliche Qualifizierungen der in einer Kostenstelle geführten Mitarbeiter. So konnte für die Ein- und Auslagerung (M2.5 und D2.9) der Profile beim Zulieferer ein Stundenkostensatz von 22,5€ ermittelt werden. Für den Set-up Prozess wurde ebenfalls ein Stundenkostensatz von 22,5€ berechnet, während sich der Stundenkostensatz für den Empfang und die Erfassung von Aufträgen seitens der Presswerke auf 30€ beläuft. Für die Vereinnahmung eines Profils bei Schüco wurden hingegen 27,5€ veranschlagt; ebenso für den Kartonpickprozess (D2.9 LI).

	Presswerk				**Schüco**	
	M2.2 Set-up	M2.5 Transport der Profile zum Lagerplatz	D2.2 Empfang und Erfassung Auftrag	D2.9 Auftragszusammenstellung	S2.4 Vereinnahmung Profil	D2.9 LI: Picken
Kostenstellenkosten [€]*	337.500	144.000	72.000	127.296	519.969	237.187
Nettokapazität [h]	15.000	6.400	2.400	5.357	18.908	8.625
Stundenkostensatz [€/ h]*	22,5	22,5	30	22,5	27,5	27,5
*alle Werte sind auf Vorkommastellen gerundet						

Tabelle 15: Kosten des Ressourceneinsatzes
Quelle: Eigene (2006)

- Bestimmung der Prozesskostensätze

Durch die Multiplikation der Sollzeiten je Ausführung einer Aktivität mit den jeweiligen Stundenkostensätzen konnten die *Prozesskostensätze* ermittelt werden. Diese sind in Tabelle 16 wiedergegeben. Aufgrund des hohen Aufwands für das Rüsten und Reinigen beläuft sich der Prozesskostensatz des Set-up Prozesses auf 21,10€ pro Set-up. Der Transport der Profile zum Lagerplatz kostet 12,00€ pro Tonne während die Erfassung eines Auftrags mit 0,32€ pro Auftragsposition berechnet werden kann. Die Auftragszusammenstellung beim Presswerk beläuft sich auf 1,41€ pro Karton während der gleiche Vorgang bei Schüco mit 2,73€ pro Pick zu Buche schlägt. Die Vereinnahmung einer Tonne Profile verursacht bei Schüco Kosten von 20,83€.

[714] Die Berechnungen basieren auf den maximal leistbaren Nettokapazitäten der jeweiligen Bereiche.

	Teilprozess	Sollzeit je Ausführung [min.]	Stundenkostensatz [€/h]	Prozesskostensatz
Presswerk	M2.2 Set-up	56,25	22,5	21,10 €/ Set-up
	M2.5 Transport der Profile zum Lagerplatz	32	22,5	12,00 €/ Tonne
	D2.2 Empfang und Erfassung Auftrag	0,625	30	0,32 €/ Auftragsposition
	D2.9 Auftragszusammenstellung	3,75	22,5	1,41 €/ Karton
Schüco	S2.4 Vereinnahmung Profil	45,45	27,5	20,83 €/ Tonne
	D2.9 LI: Picken	5,95	27,5	2,73 €/ Pick

Tabelle 16: Bestimmung der Prozesskostensätze
Quelle: Eigene (2006)

4.4.3.2 *Berechnung der Gesamtprozesskosten (pro Supply Chain Mitglied)*

Im Folgenden seien nun entsprechend des Feldes (J) des Modells (Abbildung 80) die gesamten Prozesskosten der einzelnen Supply Chain Unternehmen aber auch der gesamten Supply Chain für ein Geschäftsjahr als repräsentativen Bezugszeitraum wiedergegeben.

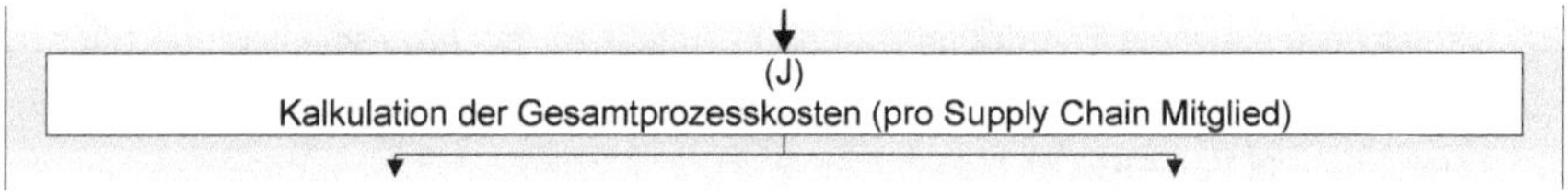

Abbildung 80: Kalkulation der Gesamtprozesskosten
Quelle: Schulze/Seuring/Ewering (2006b), S.428.

In den Berechnungen sind nur die Kosten der sich verändernden Teilprozesse dargestellt (vgl. Abschnitt 4.4.2.2). Ziel ist es dementsprechend zu einer Beurteilung der unternehmens- und der Supply Chain-bezogenen Wirtschaftlichkeit der BTO-SCM Strategie zu gelangen. Dementsprechend zeigt Tabelle 17 die durch die Einführung einer BTO-SCM Strategie beeinflussten Kostentreibermengen. Deutlich wird, dass sich für das Presswerk an sich eine Einführung einer BTO-SCM Strategie nicht lohnt. Trotz einer Kosteneinsparung von insgesamt 248.304€ durch den Wegfall der Lageraktivitäten kann kein Vorteil ermittelt werden, da die Kosten durch zusätzliche Set-up Prozesse und zusätzliche Erfassung von Auftragspositionen um 417.690€ steigen. Somit ergibt sich ein Defizit von 169.386€ auf Seiten des Presswerks. Wie schon durch die Variation der Kostentreibermengen angedeutet, ergeben sich für Schüco Nutzenpotenziale in Summe von 323.093€. Diese können die Verluste bei den Presswerken ausgleichen und zu einer Gesamtkostenreduktion in der Supply Chain von 153.707€ führen.

	Teilprozess	Kostentreiber-menge [Stk.]	Prozesskostensätze	Prozesskosten*
Presswerk	M2.2 Set-up	+ 19.500	21,10 €/ Set-up	+ 411.450 €
	M2.5 Transport der Profile zum Lagerplatz	– 11.250	12,00 €/ Tonne	– 135.000 €
	D2.2 Empfang und Erfassung Auftrag	+ 19.500	0,32 €/ Auftragsposition	+ 6.240 €
	D2.9 Auftragszusammenstellung	– 80.358	1,41 €/ Karton	– 113.304 €
			Gesamtergebnis Presswerk	+ 169.386 €
Schüco	S2.4 Vereinnahmung Profil	– 7.000	20,83 €/ Tonne	– 145.810 €
	D2.9 Picken	– 64.939	2,73 €/ Pick	– 177.283 €
			Gesamtergebnis Schüco	– 323.093 €
			Gesamtergebnis Supply Chain	– 153.707 €
* dem Aufwand entsprechend angegeben mit + als Vorzeichen für steigende u. – für sinkende Kosten				

Tabelle 17: Prozesskosten der Supply Chain
Quelle: Eigene (2006)

4.4.3.3 Prozesskostenbasierte Re-Allokation der Aktivitäten des Produktbereitstellungsprozesses im Rahmen des BTO-Supply Chain Redesign

Wie in Abschnitt 2.1.2.3 gezeigt wird bei der Gestaltung des Produktionsnetzwerkes die im Produktdesign festgelegte Entwicklungsarbeit in Aufgaben der physischen Wertschöpfung aufgeteilt, um die Effektivität des Gesamtsystems zu maximieren. Durch die Integration dieser Anforderung in das PKSCM-Modell (Abbildung 81) sollen nun basierend auf der im vorherigen Abschnitt erfolgten Bewertung des vorhandenen Potenzials der Unternehmen Beschlüsse bzgl. der Verteilung der einzelnen Teilprozesse entlang der Supply Chain folgen.

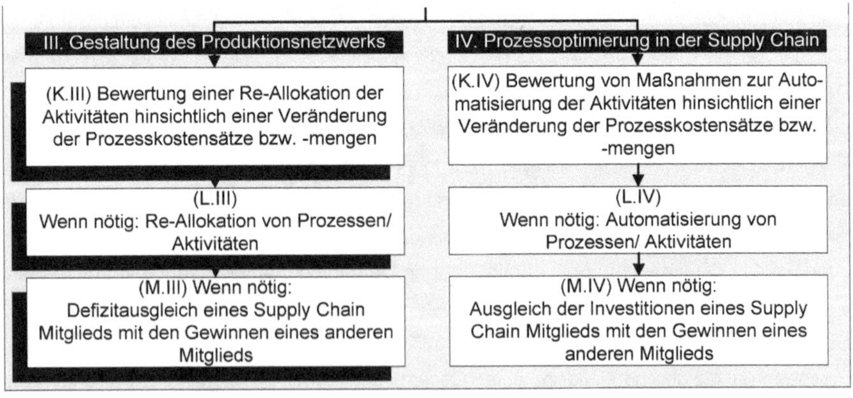

Abbildung 81: Prozesskostenbasierte Gestaltung des Produktionsnetzwerks
Quelle: Schulze/Seuring/Ewering (2006b), S.428.

Durch die Analyse der Teilprozesse wurde deutlich, dass durch die Einsparung der Lageraktivitäten und das direkte Handling der Profile die Verpackung in Kartons nur noch eine logistische Funktion erfüllen würde. Die Schutzfunktion für das vormalige vielfache Handling wurde nicht mehr benötigt. Dementsprechend wurden die Teilprozesse hinsichtlich der Anforderung an die Verpackung als logistische Funktion untersucht. Ergebnis war, dass es für den Verpackungsprozess beim Presswerk unerheblich ist (M2.4), ob die Profile in einen Karton oder direkt in eine kundenspezifische Palette gelegt werden. Da diese bei Schüco im Cross Docking Verfahren[715] von einem auf den anderen LKW umgeschlagen werden (S2.2, D2.11), reicht auch hier die Langgutpalette als logistische Transporteinheit. Für den Empfang und die Vereinnahmung der Profile bei den Veredlern bietet ein verpackungsloser Transport den Vorteil, dass die Kartons nicht noch extra entfernt werden müssen, sondern die Profile direkt aus der Palette der Produktion zugeführt werden können. Während also ein Wegfall der Kartons für Vollmengen offensichtlich Vorteile bietet, so werden die Kartons dennoch als Quelle für die Bundwicklung einzelner Profile bei Schüco benötigt. Dieses wäre nicht der Fall, wenn auch die Funktion D2.9 LII „Wickeln Bunde" durch das Presswerk ausgeführt werden könnte und die betreffenden Artikel bereits kundenspezifisch gewickelt zu Schüco transportiert und wie die Vollmengen für die Veredler umgeschlagen werden könnten. Dementsprechend bedarf es einer kostenrechnerischen Bewertung des Wegfalls der Verpackung und die somit zu erfolgende Umverteilung der Funktionen entlang der Supply Chain.

Tabelle 18 zeigt nun analog der vorherigen Vorgehensweise (s. bspw. Tabelle 13) die erfassten Zeiten der betroffenen Aktivitäten. So benötigt die Verpackung einer Tonne Profile (M2.4)

	Presswerk		**Schüco**	**Veredler**
Zeit [min/ Aktivität]	M2.4 Verpackung Profile	M2.4 Wickeln Profile	D2.9 Picken LII: Wickeln	S2.4/ M2.2 Vereinnahmung Profil/ Ausgabe an Produktion
Aktivität 1	Verpackung einer Tonne: 115,4	Zeit pro Wickelvorgang (Pick): 6,1	Zeit pro Wickelvorgang (Pick): 7,3	Zeit für das Öffnen und Entsorgen von Kartons pro Tonne Profile: 37,8
Aktivität 2				Zeit für das Entnehmen und an das Förderband Hängen pro Tonne Profile: 264,6
Gesamtzeit	115,4	6,1	7,3	302,4

Tabelle 18: Standardzeiten der Teilprozessaktivitäten nach der Re-Allokation
Quelle: Eigene (2006)

[715] Vgl. Schulte (2005), S.495.

direkt in die Langgutpaletten 115,4 Minuten. Diese Zeit ist identisch mit der Verpackung der Profile in Kartons. Für das Wickeln der Profile werden pro Pick ca. sieben Minuten bei Schüco benötigt (D2.9 LII). Eine Verlagerung dieser Funktion zum Presswerk reduziert diese benötigte Zeit um ca. eine Minute auf ca. sechs Minuten pro Pick (M2.4, Simulation), da ein nicht unerheblicher Teil der benötigten Zeit für die Wickelprozesse für das manuelle Verschieben der Wickeltische zu den jeweiligen Artikellagerplätzen bei Schüco benötigt wird. Werden die Wickeltische direkt am Auslauf der Produktionsstraßen bei dem Presswerk installiert, so gelangen die Profile automatisch und zeitverkürzt zu den Wickeltischen. Die Vereinnahmung einer Tonne Profile bei den Veredlern benötigt 302,4 Minuten. 20 Prozent der Zeit werden für das Öffnen und das Entsorgen der Kartonage aufgewendet.

Entsprechend der geplanten Re-Allokation bzw. Modifikation der Teilprozesse sind die Auswirkungen auf die Kostenstellenkosten sowie die hieraus resultierenden Stundenkostensätze in Tabelle 19 wiedergegeben.

	Presswerk		Schüco	Veredler
	M2.4 Verpackung Profile	M2.4 Wickeln Profile	D2.9 Picken LII: Wickeln	S2.4/ M2.2 Vereinnahmung Profil
Kostenstellen-kosten [€]*	Personalkosten: 649.125 Materialgemeinkos-ten (Verpackungs-material): alt: 925.188 neu: 231.297	1.405.205	2.129.270	Personalkosten: 1.512.097 Materialgemeinkos-ten (Entsorgung): alt: 146.764 neu: 58.080
Gesamt [€]	alt: 1.574.313 neu: 880.442	1.405.205	2.129.270	alt: 1.658.861 neu: 1.570.177
Nettokapazität [h]	28.850	62.454	77.428	75.604
Stunden-kostensatz [€/h]*	alt: 54,6 neu: 30,52	22.5	27,5	alt: 21,9 neu: 20,8
*alle Werte sind auf Vorkommastellen gerundet				

Tabelle 19: Kosten des Ressourceneinsatzes nach der Re-Allokation
Quelle: Eigene (2006)

Wie beschrieben bleibt der personelle Aufwand für das Verpacken der Profile in die Paletten identisch mit dem Verpacken der Profile in Kartons. Dementsprechend unterliegen die Personalkosten keiner Veränderung. Die Materialkosten hingegen werden für die BTO-Artikel komplett eingespart, wodurch sich eine Reduzierung des Stundenkostensatzes um ca. 44% von 54,6€ auf 30,52€ pro Stunde ergibt. Durch eine Verlagerung des Wickelprozesses zu dem Presswerk kann aufgrund der Standortfaktoren eine Reduzierung des Stundenkostensatzes von 27,5€ auf 22,5€ pro Stunde erreicht werden. Die Reduzierung der Zeit pro Pick schlägt sich auch in einer geringer benötigten Nettokapazität wieder. Eine Bewertung des Vereinahmungsprozesses (S2.4/ M2.2) bei den Veredlern kam zu dem Ergebnis, dass auch hier die Personalkosten aufgrund einer geringer benötigten Nettokapazität sinken. Durch den Wegfall des Verpackungsmaterials können zusätzlich ca. 88.700€ an Entsorgungskosten eingespart werden. Dementsprechend reduziert sich der Stundenkostensatz um ca. fünf Prozent von 21,9€ auf 20,8€ pro Stunde.

Die auf Basis einer Veränderung in der Sollzeit oder durch eine Veränderung in den Kostensätzen kalkulierten Kostentreibersätze finden sich in Tabelle 20 wieder. Hier sind sowohl die alten als auch die durch die Veränderung herbeigeführten, neuen Kostentreibersätze wiedergegeben. So kostet die Verpackung einer Tonne Profile in Stahllanggutpaletten 58,70€. Das Wickeln eines Picks Profile beläuft sich auf 2,29€ pro Pick beim Presswerk im Gegensatz zu 3,35€ pro Pick bei Schüco. Für die Vereinnahmung einer Tonne Profile bei den Veredlern konnte ein Kostentreibersatz von 91,73€ pro Tonne kalkuliert werden.

	Teilprozess	Sollzeit je Ausführung [min.]	Stundenkostensatz [€/h]	Prozesskostensatz
Presswerk	M2.4 Verpackung Profile	115,4	alt: 54,6 neu: 30,52	alt: 105,00 €/ Tonne neu: 58,70 €/ Tonne
	M2.4 Wickeln Profile	6,1	22,5	2,29 €/ Pick
Schüco	D2.9 Picken LII: Wickeln	7,3	27,5	3,35 €/ Pick
Veredler	S2.4 Vereinnahmung Profil	alt: 302,4 neu: 264,6	alt: 21,9 neu: 20,8	alt: 110,38 €/ Tonne neu: 91,73 €/ Tonne

Tabelle 20: Bestimmung der Prozesskostensätze nach der Re-Allokation
Quelle: Eigene (2006)

In Tabelle 21 sind die bereits in Tabelle 17 wiedergegebenen Prozesskosten der Supply Chain um die Kosten bzw. den Nutzen der Teilprozess Re-Allokation ergänzt. So beträgt der Nettoeffekt des Teilprozesses M2.4 520.875€ Nutzen. Auf Seiten der Veredler können im Teilprozess (S2.4) Potentiale von 130.550€ generiert werden. Der Nettoeffekt einer Verlagerung des Wickelvorgangs zu den Presswerken beträgt ca. 230.000€. Zusätzlich müssen auch die Profile für die Bundwicklung bei Schüco nicht mehr vereinnahmt werden (S2.4), so dass sich die bereits eingesparte Kostentreibermenge um 4.250 Tonnen erhöht bzw. der zusätzliche Effekt 89.000€ beträgt.

Die Bewertung der einzelnen Unternehmen in der Supply Chain kommt zu dem Ergebnis, dass die Einführung einer BTO-SCM für das Presswerk einen Nettonutzen von 352.022€, für

Schüco 640.814€ und für die Veredler von 130.440€ erzeugt[716]. Durch die Einführung einer BTO-SCM Strategie reduzierensich die gesamten Supply Chain Kosten um 1.122.854€.

	Teilprozess	Kostentreiber-menge [Stk.]	Prozesskostensätze	Prozesskosten
Presswerk	M2.2 Set-up	+ 19.500	21,10 €/ Set-up	+ 411.450 €
Presswerk	M2.4 Verpackung	Alt: 11.250 Neu: 11.250 Nettoeffekt: 0	Alt: 105,00 €/Tonne Neu:58,70 €/Tonne	Alt: 1.181.250 € Neu: 660.375 € Nettoeffekt: – 520.875 €
Presswerk	Wickeln Profile	+ 216.220	2,29 €/ Pick	+ 495.144 €
Presswerk	M2.5 Transport der Profile zum Lager-platz	– 11.250	12,00 €/ Tonne	– 135.000 €
Presswerk	D2.2 Empfang und Erfassung Auftrag	+ 19.500	0,32 €/ Auftragsposi-tion	+ 6.240 €
Presswerk	D2.9 Auftragszusammenstellung	– 80.358	1,41 €/ Karton	– 113.304 €
Presswerk			Gesamtergebnis Presswerke netto	+ 143.122 € – 351.490 €
Schüco	S2.4 Vereinnahmung Profil	Alt: – 7.000 Neu: – 11.250	20,83 €/Tonne	Alt: – 145.810 € Neu: – 234.338 € (zusätzl. Effekt: – 88.528 €)
Schüco	D2.9 Picken LI Picken LII	– 64.939 – 216.220	2,73 €/ Pick 3,35 €/ Pick	– 177.283 € – 724.337 € (+ 495.144 €) Nettoeffekt: –229.193 €
Schüco			Gesamtergebnis Schüco netto	– 1.135.958 € – 640.814 €
Veredler	S2.4 Vereinnahmung Profil	Alt: 7.000 Neu: 7.000 Nettoeffekt: 0	Alt: 110,38 €/Tonne Neu: 91,73 €/Tonne	Alt: 772.660 € Neu: 642.110€ Nettoeffekt: – 130.550€
Veredler			Gesamtergebnis Veredler	– 130.550€
			Gesamtergebnis Supply Chain	– 1.122.854 €
* dem Aufwand entsprechend angegeben mit + als Vorzeichen für steigende u. – für sinkende Kosten				

Tabelle 21: Prozesskosten der Supply Chain nach der Re-Allokation
Quelle: Eigene (2006)

4.4.3.4 Prozesskostenbasierte Optimierung der operativen Steuerung von Produktion und Logistik

Wie in Abschnitt 2.1.2.4 beschrieben, beziehen sich Aufgaben in der Phase der Prozessoptimierung auf die konkrete Gestaltung der Material- und Informationsflüsse und die unmittel-

[716] Die Kosten für das Wickeln der Profile bei den Presswerken werden durch Schüco bezahlt, da diese Leistung ähnlich der Fertigung der Profile als Dienstleistung fremdzuvergeben ist. Demzufolge sind diese Aufwendungen bei der Berechnung des Nettoeffekts der Presswerke und bei Schüco herausgenommen.

bare Abstimmung und Integration der verschiedenen Schnittstellen dieser. Zielsetzung ist eine Maximierung der Effizienz der einzelnen Prozesse und Aktivitäten (Abbildung 82).

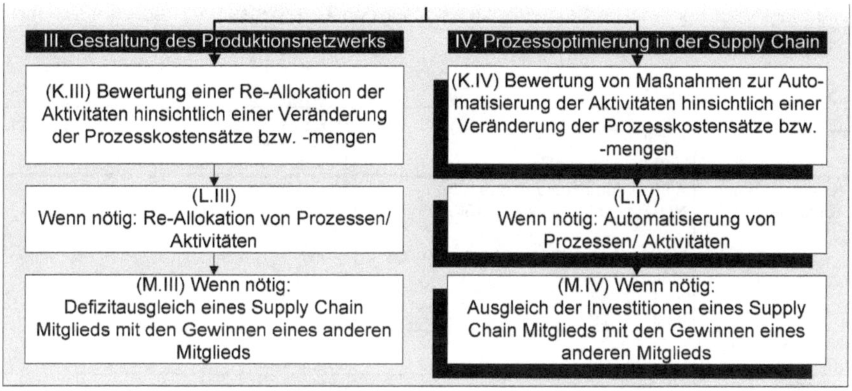

Abbildung 82: Prozesskostenbasierte Prozessoptimierung in der Supply Chain
Quelle: Schulze/Seuring/Ewering (2006), S.428.

Wie beschrieben, werden die Profile im Teilprozess M2.4 händisch in die Kartons oder Paletten verpackt. Diese Aufgabe kann aber auch durch automatische Lösungen ersetzt werden. So wurden im Rahmen des Projekts verschiedene Lösungen diskutiert. Durch einen Einsatz eines Roboters mit Dreh-Karussell für die Langgutpaletten kann bspw. die Verpackungszeit einer Tonne Profile um ca. 20% von 115,4 Minuten auf 92,32 Minuten reduziert werden. Durch die Definition verschiedener EDIFACT-Datenübertragungsformate kann zudem die bisher manuelle Erfassung der Bestellpositionen automatisiert werden. Durch einen Konverter werden die Auftragsdaten direkt in die Auftragsbestandsverwaltung übertragen, so dass es nur noch einiger manueller Stichprobenkontrollen bedarf. Folglich kann die Zeit für den Empfang und die Erfassung der Bestellpositionen von 0,625 Minuten auf durchschnittlich zehn Prozent also 0,0625 Minuten pro Bestellposition reduziert werden (Tabelle 22).

	Presswerk	
Zeit [min/ Aktivität]	M2.4 Verpackung Profile	D2.2 Empfang und Erfassung Auftrag
Aktivität 1	Verpackung einer Tonne: alt: 115,4 neu: 93,32	Erfassung Bestellpositionen: alt: 0,625 neu: 0,0625
Gesamtzeit	93,32	0,05

Tabelle 22: Standardzeiten der Teilprozessaktivitäten nach der Schnittstellenoptimierung
Quelle: Eigene (2006)

Durch den Einsatz eines Roboters für die Verpackung der Profile in Paletten reduzieren sich die Kosten ebenfalls. Während bis auf Wartungsarbeiten Personalkosten komplett entfallen, so kommen jedoch Betriebskosten und Investitionen bzw. in diesem Zusammenhang Kosten für die Abschreibung neu hinzu. Die nach einer Investitionsrechnung geschätzten jährlichen Kosten belaufen sich auf ca. 45.000€ pro Maschine und entsprechen somit 53 Prozent der ursprünglichen Kosten. Der Stundenkostensatz für den Teilprozess D2.2 reduziert sich nicht und bleibt bei 30€ pro Stunde (Tabelle 23).

	Presswerk	
	M2.4 Verpackung Profile	D2.2 Empfang und Erfassung Auftrag
Kostenstellen-kosten [€]*	Alt (Personalkosten): 649.125 Neu ((Abschreibungen): 180.000 Materialgemeinkosten (Verpackungs-material): alt: 925.188 neu: 231.297	alt: 72.000 neu: 7.200
Nettokapazität [h]	alt: 28.850 neu: 24.000	alt: 2.400 neu: 240
Stunden-kostensatz [€/ h]*	alt: 54,6 neu: 17,14	alt: 30 neu: 30

Tabelle 23: Kosten des Ressourceneinsatzes nach der Schnittstellenoptimierung
Quelle: Eigene (2006)

Hinsichtlich der erreichten Effizienzverbesserungen sind die ermittelten Prozesskostensätze in Tabelle 24 wiedergegeben. Durch die Automatisierung reduziert sich der Kostentreibersatz für die Verpackung der Profile (M2.4) um ca. 75% auf 26,66€ pro Tonne. Durch die automatische Erfassung der Bestellpositionen konnte der diesbezüglich Kostentreibersatz sogar um 90% auf nur noch drei Cent reduziert werden.

	Teilprozess	Sollzeit je Ausführung	Stundenkostensatz [€/h]	Prozesskostensatz
Presswerk	M2.4 Verpackung Profile	alt: 115,4 neu: 93,32	alt: 54,6 neu: 17,14	alt: 105 €/ Tonne neu: 26,66 €/ Tonne
	D2.2 Empfang und Erfassung Auftrag	alt: 0,625 neu: 0,0625	30	alt: 0,32 €/ Auftragsposition neu: 0,03 €/ Auftragsposition

Tabelle 24: Bestimmung der Prozesskostensätze nach der Schnittstellenoptimierung
Quelle: Eigene (2006)

Tabelle 25 zeigt die Prozesskosten nach der Re-Allokation der Teilprozesse sowie der Schnittstellenoptimierung. Während die beiden Automatisierungsmaßnahmen einen Effizienzgewinn von insgesamt 717.595€ bei dem Presswerk generieren, so steigert sich der Nutzen der Einführung einer BTO-SCM Strategie für die gesamte Supply Chain auf 1.488.959€.

	Teilprozess	Kostentreiber-menge [Stk.]	Prozesskostensätze	Prozesskosten
Presswerk	M2.2 Set-up	+ 19.500	21,10 €/ Set-up	+ 411.450 €
Presswerk	M2.4 Verpackung Wickeln Profile	Alt: 11.250 Neu: 11.250 Nettoeffekt: 0 + 216.220	Alt: 105,00 €/Tonne Neu: 26,66 €/Tonne 2,29 €/ Pick	Alt: 1.181.250 € Neu: 299.925 € Nettoeffekt: – 881.325 € + 495.144 €
Presswerk	M2.5 Transport der Profile zum Lager-platz	– 11.250	12,00 €/ Tonne	– 135.000 €
Presswerk	D2.2 Empfang und Erfassung Auftrag	+ 19.500	0,03 €/ Auftragsposi-tion	+ 585 €
Presswerk	D2.9 Auftragszusammenstellung	– 80.358	1,41 €/ Karton	– 113.304 €
Presswerk			Gesamtergebnis Presswerke netto	– 222.983 € – 717.595 €
Schüco	S2.4 Vereinnahmung Profil	Alt: – 7.000 Neu: – 11.250	20,83 €/Tonne	Alt: – 145.810 € Neu: – 234.338 € (zusätzl. Effekt: – 88.528 €)
Schüco	D2.9 Picken LI Picken LII	– 64.939 – 216.220	2,73 €/ Pick 3,35 €/ Pick	– 177.283 € – 724.337 € (+ 495.144 €) Nettoeffekt: – 229.193 €
Schüco			Gesamtergebnis Schüco netto	– 1.135.958 € – 640.814 €
Veredler	S2.4 Vereinnahmung Profil	Alt: 7.000 Neu: 7.000 Nettoeffekt: 0	Alt: 110,38 €/Tonne Neu: 91,73 €/Tonne	Alt: 772.660 € Neu: 642.110€ Nettoeffekt: – 130.550€
Veredler			Gesamtergebnis Veredler	– 130.550€
			Gesamtergebnis Supply Chain	– 1.488.959 €
* dem Aufwand entsprechend angegeben mit + als Vorzeichen für steigende u. – für sinkende Kosten				

Tabelle 25: Prozesskosten der Supply Chain nach der Re-Allokation und Schnittstellenoptimierung
Quelle: Eigene (2006)

4.5 Diskussion der Ergebnisse und Transfer

Während das BTO-SCM Modell Dimensionen beschreibt, die bei der Integration der Prozesse der Partnerunternehmen näher zu betrachten sind, so stellt die Abstimmung der Dimensionen untereinander und über die Grenzen des einzelnen Unternehmens hinweg die beteiligten Parteien vor enorme Herausforderungen. Dementsprechend kann die Bedeutung eines durch die Unternehmensführung getragenen strategischen Ansatzes nicht genug betont werden. Eine entscheidende Schwierigkeit stellt in dieser Hinsicht die Generierung einer Win-Win Situation dar, so dass evtl. Einbußen eines Partners durch die Anderen verursachungsgerecht ausgeglichen werden müssen. Hierfür liegen bei der Auswahl der Partner jedoch selten die erforderlichen Informationen vor. Durch die Verwendung des PKSCM-Modells war es der Schüco International KG möglich potenzielle Partner auszuwählen, die einzelnen Funktionen entlang der Supply Chain effektiv zu verteilen und auch Maßnahmen zur Effizienzverbesserung beurteilen zu können.

Im Folgenden sollen die Ergebnisse zunächst durch eine Diskussion der Potenziale und Limitierungen des Modells aufbereitet und schließlich Gestaltungsempfehlungen gegeben werden. Darauf aufbauend werden die Erkenntnisse hinsichtlich ihrer Generalisierbarkeit überprüft, bevor sie schlussendlich eine Bewertung erfahren (Abbildung 83).

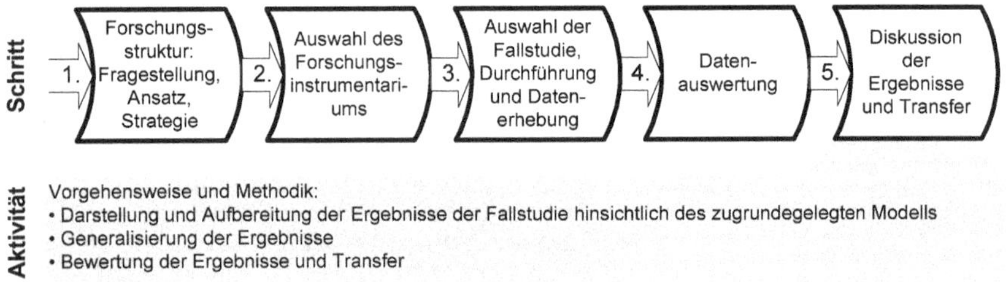

Abbildung 83: Diskussion der Ergebnisse und Transfer
Quelle: Eigene (2006)

4.5.1 Ergebnisaufbereitung

4.5.1.1 Potenziale und Limitierungen des Prozesskostenmanagements hinsichtlich der kosteneffektiven Gestaltung der Wertschöpfungskette der Schüco International KG

Die Fallstudie hat gezeigt, dass mithilfe des Prozesskostenmanagements eine effektive Supply Chain der Schüco International KG aufgestellt werden kann. So konnte dargestellt werden, dass sowohl eine Bestimmung des Angebots an Produkten als auch die Auswahl zur Herstellung der Artikel geeigneter Supply Chain Partner auf Basis des Prozesskostenmanagements erfolgen kann. Voraussetzung hierfür bildete zunächst ein tiefgreifendes Verständnis der eigenen Prozesse, aber auch vor allem der Prozesse der Presswerke und Veredler. Durch die eigene Entwicklung und langjährige Erfahrung konnten diese gemeinsam mit Partnern im Vorfeld bestimmt werden. Der Einsatz des SCOR-Modells stellte dabei ein geeignetes Mittel zur Kommunikation der Prozesse innerhalb der Schüco International KG als auch mit den Presswerken und Veredlern dar. Die Definition geeigneter Kostentreiber wurde erheblich durch die Tatsache vereinfacht, dass viele der Lagerprozesse der Presswerke grundsätzlich denen der Schüco International KG entsprachen. Die begrenzten Handlingsmöglichkeiten für die Profile trugen dementsprechend zu einer guten Übertragbarkeit des eigenen Know-hows bei der Definition der Kostentreiber der Zulieferer bei. Des Weiteren ermöglichte ein einheitlicher Kostentreiber eine direkte Vergleichbarkeit der Prozesse. In diesem Zusammenhang war ein zusätzlicher Vorteil, dass das Mengengerüst zwischen den beiden zur Auswahl stehenden Supply Chain Strategien ebenfalls direkt auf die Prozesse und Aktivitäten der Zulieferer übertragen werden konnte. So konnten die Konsequenzen einer Variation der Kostentreiber direkt in einen prozentualen Anstieg oder eine etwaige Verringerung der den Teilprozessen zugrundeliegenden Aktivitäten bewertet werden, welches im Umkehrschluss in einer Identifikation der erfolgskritischen Variablen für die Auswahl und Anzahl der Zulieferer bzw. des Produktspektrums mündete. So konnte die Schüco International KG ein strategisches Supply Chain Re-Design durch den qualitativen Einbezug des Prozesskostenmanagements erreichen, ohne die Prozesse anhand exakter Daten bewerten zu müssen. Dieses hätte bei der relativ großen Anzahl von Presswerken einen erheblichen zeitlichen und monetären Aufwand verursacht. So konnte das geeignete Presswerk ausgewählt und mit diesem Partner, im Anschluss an die Quantifizierung der Kosten, die Aufgaben der physischen Wertschöpfung verteilt werden.

Hinsichtlich der Quantifizierung wurde seitens der beteiligten Unternehmen ein pragmatischer Ansatz verfolgt, indem nur die Prozesse bewertet wurden, deren Kostentreibermengen sich durch einen Strategiewechsel veränderten. Während die Erfassung der Zeiten für die Durchführung eines Teilprozesses bzw. einer Aktivität in den physischen Bereichen der Schüco International KG auf Basis existierender Statistiken ohne größeren Aufwand direkt erhoben oder berechnet werden konnte, so stellte sich die Erfüllung dieses Bausteins bei den Zulieferern als ungleich schwieriger heraus. Während nicht nur Vorbehalte hinsichtlich der grundsätzlichen Erfassung bzw. der inter-organisationalen Kommunikation der einzelnen Zeiten bestand, so erschwerte eine breite Streuung der Reinigungszeiten des Set-up Prozesses die Definition einer Standard-Sollzeit. So galt es zu bestimmen, inwieweit die unproduktive Wartezeit in die Sollzeit mit aufgenommen werden sollte. Diese verursacht zwar prinzipiell keine Kosten, es musste aber dennoch geklärt werden, ob die Werkzeuge für die BTO-SCM Artikel für den täglichen Turnus bevorzugt, also ohne die sonst zu lange Wartezeit aufbereitet werden können, und ob dieses zu längeren Reinigungszeiten und somit zu Opportunitätskosten für die anderen Artikel geführt hätte. Ebenso mussten die Zeiten des neu zu definierenden Vereinnahmungsprozesses bei den Veredlern simuliert werden und konnten somit nicht direkt erhoben werden. Unabhängig hiervon ist zudem anzumerken, dass aufgrund betriebsrechtlicher Vorschriften Sollzeiten nicht ohne vorherige Genehmigung unter anderem des Betriebsrates erfasst werden dürfen. So galt es im Vorfeld zu bestimmen, inwieweit auch bereits existierende Prozesse simuliert werden sollten, um dieser Problematik entgegen zu wirken. Auch hinsichtlich der Bestimmung der Kosten für die Ressourcenbereitstellung wurde ein pragmatischer Ansatz aufgegriffen. So trug die Tatsache, dass nur die relevanten Kosten betrachtet wurden, erheblich zur Reduzierung der Komplexität bei, da andere Kosten (z.B. Energiekosten) im Rahmen einer Vergleichsrechnung nicht zu einer Veränderung des Ergebnisses geführt hätten. Die Gliederung der Prozesse unter Berücksichtigung der existierenden Kostenstellen erleichterte darüberhinaus eine eindeutige Zuordnung. Durch die Betrachtung ausschließlich der relevanten Kosten wurden auch Bedenken der Zulieferer hinsichtlich eines zu tiefen Einblickes in deren Kostenstrukturen vermieden. So stellt die gemeinsame Definition, Verteilung und Bewertung der Teilprozesse eine Möglichkeit dar, die Existenz der einzelnen Aktivitäten sowohl qualitativ als auch quantitativ zu bewerten, wie die wegfallende Verpackungsfunktion gezeigt hat.

4.5.1.2 Potenziale und Limitierungen des Prozesskostenmanagements hinsichtlich der kosteneffizienten Steuerung der Wertschöpfungskette der Schüco International KG

Auch hinsichtlich der kosteneffizienten Steuerung der Wertschöpfungskette der Schüco International KG konnte beispielhaft gezeigt werden, wie das Prozesskostenmanagement zu einer kosteneffizienten Produktentwicklung beitragen kann. So konnten die Auswirkungen unterschiedlicher Profilquerschnitte auf die einzelnen Teilprozesse simuliert werden und Änderungen in den Prozesskostentreibermengen dargestellt werden. Während nach wie vor nur die Schüco International KG für die Entwicklung der Profile zuständig ist, so kann auch eine rein qualitative Bewertung der Zulieferprozesse signifikanten Einfluss auf die Entwicklung eines Produktes nehmen. Im Rahmen der Fallstudie wurde lediglich eine Modifikation eines existierenden Produktes beispielhaft untersucht, so dass die bestehenden Teilprozesse, Zeiten und Kostenfaktoren Verwendung finden konnten. Im Fall einer kompletten Neuentwicklung können jedoch Schwierigkeiten bei der ressourcenverbrauchsorientierten Bewertung auftreten. Gerade im Fall extern erbrachter neuer Funktionsumfänge kann eine diesbezügliche Bewertung Probleme verursachen, da eine detaillierte Bewertung und Definition der externen Prozesse nicht durch eigenes Know-how erfolgen kann und der Zugriff auf Daten in der dann neuen Geschäftsbeziehung in der Regel erschwert sein dürfte.
Nachdem die Verteilung der Aktivitäten zwischen dem Presswerk, der Schüco International KG und den Veredlern durch das Prozesskostenmanagement vorgenommen und effektiv gestaltet werden konnte, so trug dieses ebenso zu einer Bewertung möglicher Prozessoptimierungen und somit auf die konkrete Steuerung der Material- und Informationsflüsse bei. Hier zeigt sich der Vorteil vor allem in der Simplizität der Vorgehensweise. So brauchen Prozesse nicht zwingend neu definiert bzw. simuliert werden. Es reicht aus, die Effizienzverbesserung, ausgedrückt in einer neuen Zeiteinheit pro Aktivität, in die Berechnung des Prozesskostensatzes mit einfließen zu lassen. Auch Kostendaten können einfach in das Kalku-

lationsschema eingegeben werden. Grundlegende Voraussetzungen sind auch hier Übereinstimmungen zwischen den beteiligten Unternehmen. In diesem Kontext bedarf es auch einer Erklärung, wie mit etwaigen Investitionen der Zulieferer umgegangen werden soll. Hier können materielle Anreize (Lieferverträge mit garantierten Mindestmengen, Unternehmensbeteiligungen, etc.) oder auch immaterielle Anreize (Prestiege, Innehaben einer Kontrollfunktion im Organisationssystem, etc.) eine Lösung darstellen, auch, wenn zu einem späteren Zeitpunkt bspw. durch eine Veränderung des Absatzmarktes eines der beteiligten Unternehmen einmal einen Kostennachteil erfahren sollte.

4.5.1.3 Ergebnisse der Fallstudie und Gestaltungsempfehlungen

Die Zielsetzung der durch das PKSCM-Modell in einer Vergleichsrechnung mit der herkömmlichen Strategie bewerteten BTO-SCM Strategie ist es, wie eingangs beschrieben, die Service Level zu verbessern und die Kosten der Auftragsabwicklung zu reduzieren. Zusammenfassend lässt sich konstatieren, dass beiden Aspekten nachgekommen werden konnte. So konnten die Auftragsbereitstellungskosten für die betreffenden Artikel durch eine Vermeidung mehrfacher Handlingschritte halbiert und in Konsequenz die Kapitalbindung deutlich reduziert werden. Hinsichtlich der Service Level ist festzustellen, dass das angestrebte Optimum einer hundertprozentigen Verfügbarkeit erreicht wurde, da Out-of-Stock definitorisch nicht mehr möglich sind. Zusätzlich bietet diese Strategie noch weiteres Potenzial die Lieferzeiten zu verkürzen, indem die Artikel direkt zu den Presswerken transportiert werden.

Vor dem Hintergrund der Potenziale und Limitierungen sollen nun folgende Gestaltungsempfehlungen getroffen werden :

- Kundennutzen-Analyse

Wie in Abschnitt 4.4.1.4 beschrieben, wurden als Rahmenkriterien für die Berücksichtigung des Kundennutzens bisherige Service Level (Lieferzeit, Verfügbarkeit) als Ausgangsbedingungen und Zielgrößen generalisiert in die Analyse mit einbezogen. Während der Analyse hat sich jedoch gezeigt, dass durch eine differenziertere Betrachtung dieser Kriterien weitere Nutzenpotenziale generiert werden können. So ist zu bewerten, ob durch eine weitere Verkürzung der Lieferzeit durch direkte Transporte zu den Veredlern der zusätzliche Nutzen im Verhältnis zu den Kosten im für den Kunden angemessenen Maße steigt. Für eine differenzierte Ermittlung der Komponenten des Lieferservices schlägt WEBER den Einsatz einer Conjoint-Measurement-Analyse[717] vor[718]. Diese gewährleistet eine Identifizierung aller relevanten

---

[717] Vgl. Kucher/Hermann (1987), S. S.28-37; Louvriere (1988), S.9-27; Albrecht (2000), S.7-23; Bouyssou/Pirlot (2005), S.287-337.

Produkteigenschaften in der Wahrnehmung des Kunden und vermeidet (subjektive) Einschätzungen. Durch die Kenntnis der Teilprozesskosten kann hiermit das Nutzen-Kosten Verhältnis verschiedener Service-Level betrachtet werden. Das derzeitige Prozesskostenniveau kann dann den Ausgangspunkt für ein prozesskostenbasiertes Target Costing bilden, um weitere Integrationsmaßnahmen beurteilen und das optimale Leistungs-Kosten-Niveau bestimmen zu können.

- Implementierung operativer Steuerungssysteme

Im Zusammenhang mit der vorgeschlagenen Nutzenmessung sollten zum einen operative Steuerungssysteme eine fortwährende Steuerung der Prozesse unterstützen[719]. Da die Einführung einer BTO-SCM Strategie die direkte Übermittlung der Kundenaufträge in das Auftragsverwaltungssystem des Presswerks bedingt und die Aufträge nicht mehr durch Schüco, sondern durch das Presswerk kundenspezifisch zusammengestellt werden, bedarf es einer Kontrollfunktion, die etwaige Abweichungen an die Schüco International KG meldet und im weiteren Workflow (bspw. Rechnungserstellung) berücksichtigt wird. Auch Produktionsausfälle (bspw. durch einen Werkzeugbruch) müssen der Schüco International KG frühzeitig angezeigt werden. Während diese beiden Beispiele zwei mögliche Problemsituationen darstellen, müssen sämtliche Worst-Case Szenarien untersucht und Maßnahmen definiert werden. Zum anderen sollten die operativen Steuerungssysteme auch die effiziente Ausführung im operativen Geschäft kontrollieren, indem sie die als Input in das PKSCM-Modell einfließenden Daten in regelmäßigen Abständen überprüfen. So können etwaige Abweichungen sofort gemeldet und eine Veränderung der Kostenstruktur diskutiert werden. Des Weiteren bilden diese Daten eine gute (Kennzahlen-)Basis für die Einführung eines Bonus-Malus-Systems, welches bspw. die Veredler im Falle einer besonders schnellen Belieferung der Metallbauer belohnt bzw. deren Vergütung reduziert.

- Sicherungsmaßnahmen gegen opportunistisches Verhalten

Gleichzeitig stellt die empfohlene kontinuierliche Datenerhebung auch einen Sicherungsmechanismus gegen opportunistisches Verhalten einzelner Supply Chain Mitglieder dar, indem etwaige Veränderungen in den Kostenfaktoren einzelner Prozesse offengelegt (bspw. Veränderung der Lohnkosten durch neue Tarifabschlüsse, Veränderung der Transportkosten durch steigende Benzinpreise) und dem Aufwand entsprechend entlang der Wertschöpfungskette umverteilt werden können. Des Weiteren bedarf es langfristiger und detaillierter

---

[718] Vgl. Weber (2004), S.76 u. 123; Vgl. auch Danaher (1997), S. S.235-260; Reutterer/Kotzab (2000), S.27-35.

[719] Vgl. Alvarenga/Schoentahler (2003), S.28-35; Hunewald (2005); McCrea (2005), S.57-70.

Liefervereinbarungen, um den Pay-off notwendiger Investitionen bspw. in EDV-Systeme oder Automatisierungstechniken abzusichern.

- Weitere Untersuchung der Auswirkungen einer Veränderung des Produktspektrums

Im Rahmen der Fallstudie wurden die Erkenntnisse der Veränderung des Produktspektrums nicht weiter quantifiziert. Dementsprechend sollte dieses nachgeholt werden. Voraussetzung hierfür ist eine weitere Definition der Teilprozesse bei den Veredlern bzw. Metallbauern, da diese für den Verbund der Profile zuständig sind und somit in die Bewertung mit einbezogen werden müssen.

4.5.2 Generalisierbarkeit

Wesentliche Voraussetzung für die Bewertung des Forschungsbeitrags ist zunächst eine Generalisierung der Forschungserkenntnisse der Fallstudienforschung. Hierfür müssen die bereits in Abschnitt 4.2 beschriebenen Gütekriterien der Fallstudienforschung aufgegriffen und ihre Anwendung überprüft werden.

4.5.2.1 Konstruktvalidität

Eine wesentliche Prämisse zur Überprüfung des PKSCM-Modells und somit des konzeptionellen Forschungsbeitrags war es, die verschiedene Parameter des Modells (Prozessstrukturen/ -mengen und Kostendaten der untersuchten Unternehmen) erheben zu können. Dementsprechend wird zum einen im Sinne der Konstruktvalidität ein uneingeschränkter Zugang zum Feld benötigt, zum anderen sollten verschiedene Datenerhebungsmethoden angewandt werden, um die Plausibilität der erhobenen Daten überprüfen zu können. So ermöglichte der permanente, überwiegend uneingeschränkte Zugang zum Feld den breiten Einsatz verschiedener Datenerhebungsmethoden (vgl. Abschnitt 4.3.3). Während durch Dokumentationen und Expertengespräche ein klares Bild der Prozessstruktur gezeichnet werden konnte, so konnten durch den Zugriff auf verschiedene Datenbanken die Prozessmengen und Kostendaten erhoben oder konstruiert werden. Folglich darf die Konstruktvalidität als sehr hoch bezeichnet werden, da alle Parameter des Modells belegt werden konnten. Lediglich die empirische Überprüfung der Eignung des PKSCMs zur Festlegung des Produktdesigns in der Supply Chain konnte nicht anhand einer tatsächlichen Neuentwicklung überprüft werden, sondern wurde mittels einer auf den zur Verfügung stehenden Daten simuliert.

4.5.2.2 Reliabilität

Die Verwendung der Prozess-Flowcharts und die sachlich-logische Speicherung der erhobenen Daten ermöglichen eine Überprüfung der durchgeführten Fallstudie im Sinne der Forschungsreliabilität. Durch die Kontrolle der erhobenen Daten und Schlussfolgerungen durch die Interviewten konnten Unstimmigkeiten ausgeräumt und ein Höchstmaß an Plausibilität erreicht werden. Folglich wird eine Wiederholung der Fallstudie die Ergebnisse bestätigen oder könnte darüberhinaus auf diesen aufbauen und sie weiter verfeinern.

4.5.2.3 Externe Validität

Ein weiterer wichtiger Bestandteil zur Generalisierung der Fallstudienergebnisse ist die Sicherstellung der externen Validität der Fallstudienforschung. Hier gilt es vor allem Restriktionen der Fallstudie zu benennen, die, bei der Wiederholung der Forschungsfrage in einem anderen realen Kontext, berücksichtigt werden müssen. Diese Restriktionen werden im Folgenden in Form generalisierter Erkenntnisse der Fallstudie in Bezug auf den konzeptionellen Forschungsbeitrag dargestellt.

➲ *Komplexität der Anwendung des PKSCMs steht in direktem Zusammenhang zur Herstellungstiefe*
Hinsichtlich der gezeigten Fallstudie ist einschränkend festzustellen, dass die im Vergleich zu anderen Produkten oder Schritten der Wertschöpfung geringere Fertigungstiefe bei der Herstellung von Aluminiumprofilen die Komplexität der Untersuchung auf ein dem Forschungsvorhaben angemessenes Maß reduziert hat. Dieses schmälert den Erkenntnisgrad nicht, kann in Konsequenz aber für den Einsatz des Prozesskostenmanagements bzw. des PKSCM-Modells in anderen Wertschöpfungsketten eine erheblich höhere Komplexität bedeuten, bspw. für die Definition und Abgrenzung der Prozesse und Aktivitäten. Folglich können hier klare Grenzen für die Detailtiefe bestehen, die eventuell die Anwendbarkeit begrenzen.

➲ *Definition der erfolgskritischen Variablen zur Auswahl von Produkt und Partner ist abhängig von der Durchgängigkeit und Übertragbarkeit der Prozessparameter*
Ein weiteres Fallstudienspezifikum stellt die relativ direkte Übertragbarkeit der Prozesse der Schüco International KG sowie das dazugehörige Mengengerüst auf die Prozesse der Zulieferer dar, welches typisch für extern erbrachte Lohnfertigungen ist. Dieses erleichterte nicht nur das gemeinsame Prozessverständnis, sondern auch die Definition und Simulation der Kostentreiber. Je weitreichender die Veränderungen in den Prozes-

sen entlang der Supply Chain sind, desto umfangreicher und komplexer sind die zu berücksichtigenden Variablen, welche die Partner- und die Produktauswahl maßgeblich bestimmen. Dieses trifft besonders im Falle kompletter Produktneuentwicklungen zu.

➲ *Das PKSCM ermöglicht per se keine bessere Qualität der Kostenzuordnung, sondern ist abhängig von der verwendeten Datengrundlage*
Die Schwierigkeit der Ermittlung einer Sollzeit betraf in der vorliegenden Fallstudie vor allem Fragestellungen, ob evtl. entstehende Wartezeiten (im Falle des Set-up Prozesses) in die Kalkulation der Sollzeit mit einbezogen werden sollten oder nicht. Ansonsten konnten aufgrund des hohen Produktionsanteils des Auftragsabwicklungsprozesses die Sollzeiten relativ einfach aus den Produktivitätsdaten erhoben werden. Wie problematisch dieses für administrative Prozesse ist, wurde durch den Teilprozess Auftragserfassung angedeutet. Für eine Generalisierung bedeutet dieses, dass das PKSCM auch die Problematik der Bewertung administrativer Prozesse nicht vollständig umgehen kann und nicht zu einer exakteren Bewertung des Ressourcenverbrauchs beiträgt, wenn die Qualität der Datengrundlage nicht stimmt.

➲ *Die pragmatische Grundkonzeption des PKSCMs ist unabhängig vom relationalen Kontext*
Aufgabenstellung in der vorliegenden Fallstudie war eine Vergleichsrechnung auf strategischer Ebene. Das PKSCM konnte dabei sowohl die Anzahl der betrachteten Prozesse, Kostenstellen und Kostenarten auf das erforderliche Minimum reduzieren, als auch die verschiedenen Vorgaben der unterschiedlichen Kostenrechnungssysteme berücksichtigen, und trotzdem zu aussagekräftigen Ergebnissen kommen. Folglich spielt der relationale Kontext „an sich" keine Rolle bei dessen Anwendung.

➲ *Der Erfolg des PKSCMs kann von der Koordinationsform der Supply Chain abhängen*
Trotz eines teilweise problematischen Datenzugriffs konnten aufgrund der fokalen Stellung der Schüco International KG dennoch zufrieden stellende Basisdaten erhoben werden. Somit ist generalisiert festzuhalten, dass die Effektivität des Prozesskostenmanagements in Wertschöpfungsketten sowie dessen Ergebnisse maßgeblich von der Koordinationsform abhängig sind.

Die Generalisierung der spezifischen Fallstudienerkenntnisse hat den Einfluss der günstigen Rahmenbedingungen (uneingeschränkter Feldzugang, geringere Prozesskomplexität) der Fallstudie für die Forschungsfragestellungen verdeutlicht. Dieses zeigt, dass die im Sinne der externen Validierung erforderliche Wiederholung der Forschungsfrage in einem anderen realen Kontext mehr komplexitätsbedingte Probleme aufwerfen kann, aber dennoch möglich ist und die Ergebnisse in dieser Hinsicht generalisierbar sind.

4.5.3 Bewertung

Vor dem Hintergrund der erfolgten Generalisierung der Fallstudienergebnisse seien die Potenziale und Limitierungen des Prozesskostenmanagements hinsichtlich der kosteneffektiven Gestaltung und der kosteneffizienten Steuerung von Wertschöpfungsketten zusammengefasst:

4.5.3.1 Potenziale und Limitierungen des PKSCM

Potenziale

- Das PKSCM stellt eine Möglichkeit zur Ermittlung einer effektiven Supply Chain Strategie dar, da
  - es durch eine Quantifizierung sämtlicher Teilprozesskosten und deren Wechselwirkung zu einer ganzheitlichen und nicht punktuellen Kostensenkung führen kann.
  - es zur Erhöhung des Service Niveaus für den Endverbraucher beiträgt, indem es die vorgegebenen Service Level als maximaler Rahmen für bspw. die Zeiten der Teilprozesse und Aktivitäten unter Kundenaspekten berücksichtigt.
- Das PKSCM ermöglicht das Aufstellen einer effektiven Supply Chain ohne das Vorliegen quantitativer Kosteninformation hinsichtlich:
  - der Auswahl geeigneter Zulieferer
  - der Auswahl des richtigen Produktspektrums
- Das PKSCM ermöglicht eine Bewertung der Teilprozesse eines einzelnen Unternehmens durch die anderen Supply Chain Mitglieder
- Das PKSCM ist sowohl bzgl. des zeitlichen als auch des monetären Aufwands ein adäquates Instrument, da
  - es keine einheitlichen Kontenrahmen benötigt.
  - es durch den bottom-up Ansatz Kosten nicht zwingend über Kostenstellen den Aktivitäten zuordnet.
  - Informationen bzgl. der Zeiten einer jeweiligen Aktivität oft (in Produktivitätsstatistiken) vorhanden sind.

- Das PKSCM vermeidet durch die Verwendung des Time-driven Activity-based costings das Problem ungenutzter Kapazitäten, welche sich entlang der Supply Chain, begründet in den Charakteristiken des Bullwhip-Effekts, potenzieren.

<u>Limitierungen</u>

- Das PKSCM erfordert für die Auswahl geeigneter Zulieferer bereits im Vorfeld ein tiefgehendes Verständnis deren Teilprozesse, welche in Abhängigkeit von
  - der Fertigungstiefe eines Produktes,
  - von der Anzahl der Zulieferer, und
  - von der Anzahl der Stufen der Supply Chain

  schwierig zu erfassen sein können.
- Das PKSCM eignet sich vor allem für Produktweiterentwicklungen bzw. für -neuentwicklungen, über deren Produktionsteilprozesse Informationen (aus der Herstellung anderer Produkte) vorliegen; komplette Neuentwicklungen können nur (aufwendig) simuliert werden.
- Die Aussagekraft der quantitativen Bewertung einzelner Teilprozesse durch das PKSCM ist in erster Linie abhängig von der Qualität der Erfassung einer Standard-Sollzeit für die Prozess(aktivitäten), welche
  - durch eine breite Streuung der Zeiten einer einzelnen Aktivität beeinträchtigt sein kann.
  - eine (aufwändige) Simulation der Zeiten für neu zu definierende Prozesse erfordert.
  - durch rechtliche Rahmenbedingungen erschwert werden kann.
- Das PKSCM kann trotz der Verwendung des Time-driven Activity-based costings bei der Definition und Bewertung administrativer Teilprozesse die herkömmlichen Probleme der Prozesskostenrechnung aufweisen, da
  - das Problem der adäquaten Trennung, Zuordnung und Zeitmessung administrativer Aktivitäten prinzipiell weiterhin besteht.
  - es sich bei diesen Kosten oft um Opportunitätskosten handelt, da eine Einsparung einzelner Aktivitäten nicht gleichbedeutend sein muss mit einer tatsächlichen Kosteneinsparung bspw. durch den Wegfall der verantwortlichen Mitarbeiter.
- Auch das PKSCM benötigt für die Quantifizierung der Teilprozesse Kosteninformationen der Zulieferer, so dass die Furcht vor opportunistischem Verhalten eines einzelnen Supply Chain Mitgliedes grundsätzlich bestehen bleibt.
- Während die Anwendung des PKSCM prinzipiell unabhängig von der Koordinationsform der Supply Chain ist, so berücksichtigt es die spezifischen Probleme einzelner Koordinationsansätze nicht explizit.

4.5.3.2 Potenziale der übrigen Ansätze zum Überwinden der Limitierungen des PKSCM

Nachdem im vorherigen Abschnitt die wesentlichen Potenziale des PKSCM zur kosteneffektiven Gestaltung und kosteneffizienten Steuerung von Wertschöpfungsketten aufgezeigt wurden, so können die dargestellten Limitierungen dennoch eine Verwendung negativ beeinflussen. Insofern stellt sich die Frage, ob eine ergänzende Kombination mit anderen Ansätzen zum Kostenmanagement in Wertschöpfungsketten, unabhängig von deren Einschränkungen hinsichtlich der alleinigen Verwendung als Gestaltungs- und Steuerungsansatz, die Limitierungen des PKSCM begrenzen kann[720].

- Erlangung eines tiefgehenden Verständnisses der Teilprozesse der Supply Chain Partner

Während das Target Costing vom Grundsatz her darauf abzielt, Zielkostenvorgaben an die Zulieferer zu übermitteln[721], so stellt die spezifische Ausprägungsvariante in Form des Kaizen Costings günstige Voraussetzungen dar, ein gemeinsames tiefgreifendes Verständnis von Teilprozessen zu erlangen. Hierzu bietet sich vor allem die mitunter standarisierte Vorgehensweise an, welche ausgehend von dem Gedanken einer kontinuierlichen und nachhaltigen Verbesserung dazu beiträgt, Prozesse von verschiedenen Blickwinkeln zu durchleuchten und, basierend auf einem gemeinsamen Verständnis, in das SCOR-Modell zu überführen. Gerade der dem Kaizen Costing immanente Fokus auf Ressourcen anstelle von Kosten leistet hier einen wichtigen Beitrag. Ein wesentlicher Erfolgsaspekt stellt in dieser Hinsicht die Versammlung von Mitarbeitern sowohl der oberen Führungs- und Projektleitungs- als auch der operativen Ebene aller beteiligten Unternehmen dar. Während das Kaizen Costing zwar prinzipiell die Verbesserung bestehender Produkte bzw. Prozesse fokussiert, so kann das gewonnene Prozessverständnis dennoch auch einen wertvollen Beitrag zur Simulation kompletter Produkt- und somit Prozess-Neuentwicklungen leisten und folglich dem PKSCM qualitative Unterstützung bieten.

- Erhöhung der Qualität der Standard-Sollzeiten

Vor dem Hintergrund der im vorherigen Punkt geäußerten Möglichkeiten des Kaizen Costing zur Unterstützung des PKSCMs können die Prozeduren zu einer Verbesserung der Qualität einer kontinuierlichen Ermittlung der Standard-Sollzeit beitragen. Durch eine Reduzierung der Fehlerquote und dem Festlegen von Arbeitsroutinen für definierte Prozesse kann hier-

---

[720] Dieser Abschnitt erhebt nicht den Anspruch, die Möglichkeiten der Kombination der vorgestellten Ansätze zum Kostenmanagement in Wertschöpfungsketten abschließend zu diskutieren, da dieses über den Umfang der vorliegenden Arbeit hinausgehen würde. Er dient vielmehr als Ausgangspunkt für weitere Forschungsarbeiten.

[721] Vgl. Abschnitt 3.2.2.

durch die Streuung einzelner Prozesszeiten minimiert werden und somit direkt auf eine korrekte Bewertung der Kostentreiber und folglich der Teilprozesskosten einwirken.

- Bewertung der tatsächlichen Kostenwirkung

Ein wesentlicher Aspekt des Total Cost of Ownership Ansatzes ist die Bewertung aller Faktoren, die die Kosten eines Produktes beeinflussen können (s. Abbildung 34)[722]. So zeigt eine Analyse von Entwicklungen von Tarifstrukturen und -abkommen beispielsweise die zukünftige Situation des Lieferanten auf, die frühzeitig ein Indiz für Veränderung im Einkaufspreis oder sogar mittelfristig der Qualität, der Lieferflexibilität, etc. sein können. Mit direkter Prozessrelevanz seien in diesem Kontext zum Beispiel auch Standortsicherungsverträge bzw. Garantiebeschäftigungen angeführt. Folglich können mittels des PKSCMs bewertete Einsparungen an Mitarbeiterkapazitäten zwar bewertet werden, sie führen aber streng genommen nur zu einer verbesserten Kostensituation im Prozess, wenn die freigewordenen Kapazitäten in anderen Prozessen tatsächlich wertschöpfend eingesetzt werden können. Andernfalls bliebe die Kostensituation eines Zulieferers unverändert, welches einer kostenoptimalen Gesamtsituation der beteiligten Unternehmen negativ gegenüberstehen kann. Folglich soll hier die Stärke des TCO-Ansatzes nicht darin liegen, Kosten an sich zu bewerten, sondern vielmehr exogene Einflussfaktoren auf den bewerteten Prozess zu identifizieren. So können die Ergebnisse eines PKSCM Ansatzes relativiert und ggfs. modifiziert werden.

- Vermeidung von Problemen spezifischer Koordinationsansätze und opportunistischen Verhaltens

Eine wesentliche Voraussetzung bei der Verwendung des PKSCMs ist das gegenseitige zur Verfügung stellen von zunächst Prozess- und, in einem weiteren Schritt, von Kosteninformationen. Ohne an dieser Stelle auf die konkreten Probleme rein hierarchisch oder heterarchisch geprägter Wertschöpfungsketten eingehen zu wollen[723], zeigen aktuelle Forschungsarbeiten, dass erfolgreiche Netzwerke auf der Basis eines hybriden Modells, einer „heterarchischen Hierarchie“ basieren[724]. So kann die Führungsaufgabe in Bereiche geteilt werden, für die jeweils ein Unternehmen die führende Rolle einnimmt. Ein mögliches Instrument für die Gliederung und Zuteilung dieser Aufgaben kann die Balanced Scorecard darstellen[725]. Ist diese in der Art gestaltet, dass deren Kennzahlen in Teilen auf den definierten Prozesskostentreibern beruhen, so können die verwendeten Kennzahlen dabei die Art und den Umfang der Interdependezen zwischen den Unternehmen transparent steuern. Die hiermit erreichte

[722] Vgl. Abschnitt 3.2.3.

[723] Vgl. bspw. Dangelmaier/ Busch (2002), S.10ff.

[724] Vgl. Köpf (2003), S.1f.; Kaluza/ Blecker (2004), S.177-195.

[725] Vgl. Abschnitt 3.2.5.

Abgrenzung von gemeinsamen (Ziel-)Vorgaben und Selbstbestimmung wirkt hierbei nicht nur vertrauensbildend, sondern kann die Gefahr opportunistischen Verhaltens durch die geschaffene Transparenz mindern.

In den vorhergehenden Abschnitten wurden die Ergebnisse der Fallstudie ausführlich in Bezug auf die Zielsetzung dieser Untersuchung diskutiert. Der Transfer dieser Erkenntnisse wird im folgenden Kapitel im Rahmen einer Reflexion der gesamten Forschungsarbeit dargestellt.

5 Schlussbetrachtung und Ausblick

Im letzten Kapitel wird diese Arbeit zunächst zusammenfassend dargestellt (Abschnitt 5.1). Anschließend wird der konzeptionelle und der empirische Forschungsbeitrag der Arbeit gezeigt (Abschnitt 5.2), der letztendlich zu einer punktuellen Modulation der diesem Forschungsbeitrag zugrunde liegenden Theorien beiträgt. Gleichzeitig eröffnet dieses neue Fragestellungen und somit den Ausgangspunkt weiterer Forschungen (Abschnitt 5.3).

Herausgestellt wird, dass der konzeptionelle Forschungsbeitrag in Form des Prozesskosten Supply Chain Management Modells die Lücke zwischen der theoretischen Leitidee eines ganzheitlichen unternehmensübergreifenden Kostenoptimums und der praktischen Umsetzbarkeit ein Stück weit schließen kann. Dieses wird durch den empirischen Forschungsbeitrag in Form einer tiefgehenden Fallstudie bestätigt. Die angetroffenen Spezifika stellen keine wesentliche Einschränkung für den Erkenntniswert des Forschungsbeitrags dar. Sie dürfen eher als Anhaltspunkte wahrgenommen werden, denen in kommenden Forschungsarbeiten besondere Bedeutung im Sinne einer weiteren Fundierung der externen Validität geschenkt werden sollte.

5.1 Zusammenfassung

Zielsetzung der Arbeit war es, die Aussagekraft des Prozesskostenmanagements hinsichtlich der kosteneffektiven Gestaltung sowie der kosteneffizienten Steuerung von Wertschöpfungsketten im Sinne angewandter Wissenschaft zu untersuchen. So wurde das Supply Chain Costing als theoretischer Bezugsrahmen eingeführt, um das o.g. Forschungsziel anhand spezifischerer Fragestellungen zu konkretisieren. Dementsprechend bildeten die wissenschaftlichen Diskussionen der Forschungsdisziplinen des Supply Chain Managements und des Kostenmanagements die Grundlage zur Beantwortung der Forschungsfragestellungen. Folglich wurde in einem ersten Schritt die strategische Bedeutung des Supply Chain Managements für die Generierung von Wettbewerbsvorteilen herausgestellt. Eine wesentliche Erkenntnis war, dass hierfür eine unternehmensübergreifende Integration von Prozessen und Funktionen der einzelnen Unternehmen notwendig ist, so denn die jeweilige prozess- oder funktionsspezifische Integration wirklich Wettbewerbsvorteile generiert. Folglich wurde exponiert, dass es einer unternehmensübergreifenden Bewertung des Integrationsnutzens bedarf und eine Abkehr von der in vielen Integrationsmodellen zugrundeliegenden pauschalen Gleichung „Supply Chain Integration = Wettbewerbsvorteil" gefordert. In diesem Kontext wurde auch erörtert, dass eine Nutzenbewertung immer auch aus der Kostenperspektive zu erfolgen hat. So entspricht eine Verbesserung des Services bei äquivalent steigenden Kosten keinem Wettbewerbsvorteil. Die vor diesem Hintergrund diskutierten Ansätze zur Gestaltung und Steuerung der Supply Chain haben die Bedeutung der Nutzenevaluierung konkretisiert und entsprechend in der Vorlauf- und Marktphase des Supply Chain Managements diskutiert. So wurde am Beispiel des Build-to-Order Supply Chain Managements als spezifischer Ansatz zur Umsetzung der wettbewerbsstrategischen Zielsetzungen des Supply Chain Managements der Bedarf eines Kostenmanagementinstruments herausgestellt, welches u.a. den Anspruch der unternehmensübergreifenden Strategievereinheitlichung im Sinne einer kernkompetenzbasierten Partnerbestimmung sowie einer kostenstrukturbedingten Produktkonkretisierung gerecht werden muss.

In einem zweiten Schritt wurde dann das Kostenmanagement als Hyperonymie der Kostenrechnung (Datengewinnung) und des Kostencontrollings (Datenaufbereitung) eingeführt. Indem Ressourcen, Prozesse und Produkte als Objekte des Kostenmanagements in Supply Chains klassifiziert wurden, konnten anschließend fünf Kostenmanagementinstrumente hinsichtlich ihrer Zieldimension, Methodik und Bedeutung im Kontext des Supply Chain Managements diskutiert werden. Aufgrund der Defizite bzgl. der unternehmensübergreifenden Abbildung von produkt- oder prozessspezifischen Kostenstrukturen und den daraus resultierenden Problemen hinsichtlich der Datenaufbereitung kann nur das Prozesskostenmanagement den aufgezeigten Aufgabenstellungen gerecht werden. So werden Ansätze zu einem unternehmensübergreifenden Prozesskostenmanagement in Supply Chains präsentiert und hinsichtlich der zugrundegelegten Erkenntnisebene aber auch ihres Konzeptionsumfangs diskutiert. Diese betrachten vornehmlich dyadische Beziehungen, werden als einmalige projektbezogene Ansätze verstanden und es fehlt an empirischer Überprüfung. Folglich bedarf es eines neuen eigenständigen Ansatzes, der die spezifischen Defizite positiv berücksichtigt. Dieser wird in Form des PKSCM-Modells präsentiert. Kennzeichnende Merkmale dieses Modells sind der Aufbau anhand der Phasen der Produktdimension, die Berücksichtigung des Supply Chain Managements als Wettbewerbsstrategie sowie eine reduzierte Komplexität bei der Erhebung der Kosteninformationen.

Im dritten Schritt wurde schließlich das PKSCM-Modell einer empirischen Überprüfung im Rahmen einer explorativen Fallstudie am Beispiel der Supply Chain der Schüco International KG unterzogen. Diese Fallstudie war zur Überprüfung des Modells bzw. zur Beantwortung der Fragestellungen des Forschungsvorhabens geeignet, da sie ein extremes Beispiel des unzureichend erforschten Feldes der Supply Chain Integration darstellte und zusätzlich aufgrund der auch in vielen anderen Supply Chains vorherrschenden Strategiediskussion als repräsentativ bezeichnet werden darf. Die Fallstudie kommt mittels des PKSCM-Modells zu dem Ergebnis, dass das Prozesskostenmanagement zu einer effektiven Gestaltung sowie einer effizienten Steuerung von Supply Chains beitragen und somit Wettbewerbsvorteile generieren kann. So wurde die Produkterstellungsfunktion vor dem Hintergrund einer Auswahl geeigneter Partner neu entlang der Supply Chain mit dem Resultat verteilt, dass sich eine Halbierung der Auftragsbereitstellungskosten der betrachteten Prozesse ebenso ergab wie eine Verbesserung des Lieferservices in Form einer erhöhten Lieferbereitschaft.

5.2 Forschungsbeitrag der Arbeit

Im Folgenden soll der Forschungsbeitrag dieser Arbeit diskutiert werden. Hierfür werden die spezifischen Fallstudienerkenntnisse zunächst generalisiert, bewertet und letztendlich modularisiert.

5.2.1 Konzeptioneller Forschungsbeitrag

Die Frage der konzeptionellen Gestaltung eines unternehmensübergreifenden Kostenrechnungsinstruments wird in der wirtschaftwissenschaftlichen Forschung kontrovers diskutiert. Im Fokus steht der Themenkomplex, wie Kosteninformationen, in Anbetracht verschiedener Kostenrechnungssysteme und -methodiken auf der Ebene der Einzelunternehmung, erhoben, standardisiert und im Sinne einer effektiven und effizienten Gestaltung der Supply Chain aufbereitet werden können. In dieser Diskussion stellt das Prozesskosten Supply Chain Management Modell (PKSCM-Modell) einen wesentlichen Beitrag dar (Abbildung 84)[726]. In Form einer transdisziplinären Integration von Prämissen des Supply Chain Managements und des Kostenmanagements trägt es dazu bei, die Lücke zwischen der theoretischen Leitidee eines ganzheitlichen unternehmensübergreifenden Kostenoptimums und der praktischen Umsetzbarkeit ein Stück weit zu schließen. Dieses gelingt, indem im Sinne einer koordinierten Konzeptualisierung Erkenntnisse früherer Arbeiten des Kostenmanagements in Supply Chains zu diesem Thema aufgegriffen werden, an Hand theoretischer und praktischer Erfordernisse gespiegelt werden und letztendlich identifizierte Defizite positiv in dem Modell Berücksichtigung finden.

Abbildung 84: Aggregierte Darstellung des Prozesskosten Supply Chain Management-Modells
Quelle: Eigene (2006)

So setzt ein ganzheitliches Kostenoptimum eine effektive Konfiguration von Produkt und Netzwerk sowie ein effizientes Produktdesign voraus. Da zu dem Zeitpunkt einer Geschäftsanbahnung jedoch keine, in der Regel vertrauliche Kosteninformationen vorliegen, werden andere Mittel zur langfristigen Generierung einer kostengünstigen Supply Chain benötigt. Prozessmengen stellen hier einen adäquaten Ersatz dar, wenn sie in Form von Kostentreibern in ein durchgängigen Prozessmodell eingesetzt, variiert und somit letztendlich als erfolgskritisch identifiziert werden können. Ist die Wertschöpfungskette definiert, können diese zudem mit Kostendaten belegt werden. Hier wird durch den konzeptionellen Rückgriff auf das Time-Driven Activity-based costing der in der unternehmerischen Praxis häufig anzutreffenden hoffnungslosen Überforderung hinsichtlich der Erhebung von Kosteninformationen

[726] Für eine ausführliche Darstellung und Beschreibung des Modells sei auf Kapitel 3.5 bzw. Abbildung 55 verwiesen.

begegnet. So können die benötigten Daten in Standardsystemen abgefragt und im Sinne der definierten Kostentreiber standardisiert werden. Auch die Tatsache, dass aufgrund des Aufwands der Datenerhebung Kosteninformationen meistens nur projektbezogen erhoben werden, wird durch diesen Ansatz positiv berücksichtigt.

Werden die konzeptionellen Vorzüge in Theorie und Praxis herausgestellt, so besteht die Gefahr eines jeden Forschungsbeitrags jedoch in einem Abdriften in professionspolitische Argumentationsketten. So muss an dieser Stelle der Diskussion auch die wesentliche Prämisse des Modells in Form einer langfristigen strategischen Geschäftsbeziehung mehrerer Unternehmen kritisch beleuchtet werden. Es stellt sich beispielsweise die Frage, ob im Zeitalter des transaktionsgeprägten E-Business langfristige Geschäftsbeziehungen nicht an Bedeutung verlieren und somit die Relevanz des Forschungsbeitrags in Frage stellen. Daher soll betont werden, dass das Modell nicht im Sinne eines „one fits all sizes" Ansatz zu verstehen ist. Vielmehr ist es für solche Lieferketten bzw. Unternehmen geeignet, deren Geschäftsbeziehungen den wesentlichen Nutzen aus einer nachhaltigen, langfristig angelegten Kooperation beziehen, woraus eine jeweilige kontextuelle Überprüfung des Modelleinsatzes erforderlich wird.

5.2.2 Empirischer Forschungsbeitrag

Nachdem bereits in Kapitel 4 der konzeptionelle Forschungsbeitrag im Sinne der Gütekriterien der Fallstudienforschung generalisiert wurde, soll an dieser Stelle der empirische Forschungsbeitrag im skizzierten Themenkomplex dieser Arbeit diskutiert werden. Während viele Arbeiten ihre empirische Fundierung in Form strukturierter Umfragen oder gering zahliger Interviews erfahren, beruhte die Forschungskonzeption dieser Arbeit auf einem permanent möglichen, uneingeschränkten Zugang zum Forschungsfeld. So gelang eine tiefe Einsicht in die Problematik einer unternehmensübergreifenden Kostenrechnung einer dreistufigen Wertschöpfungskette. Es konnte herausgearbeitet werden, dass eine strategische Gestaltung und Ausrichtung der Supply Chain auf der Basis von standardisierten Kosteninformation nicht nur möglich ist, sondern die mangels unternehmensübergreifender Standardisierung oft nur theoretisch vermuteten Erfolgspotenziale auch tatsächlich generieren kann. Ebenfalls konnte gezeigt werden, dass etablierte Paradigmen hinsichtlich der Geheimhaltung von Kosteninformationen oder des nahezu unrealistischen Aufwands der Datenerhebung durchaus überwunden werden können. Dabei muss eine zurückhaltende Herangehensweise der Beteiligten nicht notwendigerweise dazu führen, dass erforderliche Informationen nicht zur Verfügung gestellt werden und somit den Erkenntniswert der Arbeit reduzieren. Im Gegenteil kann dieses den Forschungsbeitrag sogar noch erhöhen, da die hier erforderliche permanente Diskussion erheblich zur Verbesserung der Datenvalidität beiträgt. Während also die langfristige, tiefgehende Betrachtung einer spezifischen Supply Chain aufgrund des damit einhergehenden Zeitaufwands bisher empirisch wenig erforschte Themenfelder ergründen konnte, so erfordert diese Stärke dennoch gleichzeitig eine vorsichtig-skeptische Betrachtungsweise der Erkenntnisse. Trotz der durch die Gütekriterien der Fallstudienforschung sichergestellten Qualität bedürfen die Erkenntnisse einer weiteren Fundierung durch folgende Forschungsarbeiten. So war aufgrund der zeitlichen Anforderungen und der Komplexität des Forschungsfeldes eine Erhebung von Daten weiterer Supply Chains nicht möglich. Dementsprechend darf an dieser Stelle bereits nachdrücklich die Bedeutung von multicase Forschungsdesigns propagiert werden[727]. Auch für diese Arbeiten gilt die an diesen Beitrag gestellte Anforderung, dass es der Anspruch der Supply Chain Management Forschung sein muss Wertschöpfungsketten zu untersuchen, die mindestens aus drei Unternehmen bestehen. Bisher beruhen viele Arbeiten jedoch allein auf der Analyse dyadischer Beziehungen, deren Erkenntnisse im Sinne der empirischen Validität daher nur begrenzt aussagekräftig sind.[728]

5.2.3 Modulation

Der Untersuchungsgegenstand dieser Arbeit umfasste eine Bewertung der praktischen Einsatzmöglichkeiten des Prozesskostenmanagements in Wertschöpfungsketten. Hierfür galt es zu evaluieren, basierend auf dem konzeptioneller Bezugsrahmen des Supply Chain Costings, ob und wie das Prozesskostenmanagement insbesondere in den ersten drei Phasen Anwendung finden kann. SEURING hat dieses zwar angedacht und konzeptionelle Überlegungen dazu angestellt, bisher fehlte jedoch sowohl die echte konzeptionelle Ausgestaltung als auch empirische Forschung dazu[729].

Die daher notwendige Operationalisierung ist erfolgt durch die Verwendung eines induktiven Forschungsdesigns, so dass auf Basis der sachlich-analytischen Forschung schließlich das PKSCM-Modell entwickelt (konzeptioneller Forschungsbeitrag) und, sowohl dem Untersuchungsfeld in Gänze als auch dem Konzept im Besonderen, explorativ überprüft werden konnte (empirischer Forschungsbeitrag). Weisen beide Forschungsbeiträge neben den Potenzialen auch einige Limitierungen auf, so sind diese nicht grundsätzlicher Natur und dürfen eher als Ansatzpunkte für weitere Forschungsarbeiten gesehen werden. Die vorliegende Arbeit trägt dementsprechend dazu bei, zumindest einen ersten Beitrag zu leisten, um beide o.g. Forschungslücken zu schließen. Folglich kann die bisherige Einordnung des Prozess-

[727] Vgl. Van Donk/ Van der Vaart (2005), S.31ff.

[728] Vgl. Seuring (2006a), S.235ff.; Seuring (2006b), S.1-16.

[729] Vgl. Seuring (2001), S.150ff.

kostenmanagements in das Supply Chain Costing entsprechend Abbildung 85 modifiziert werden.

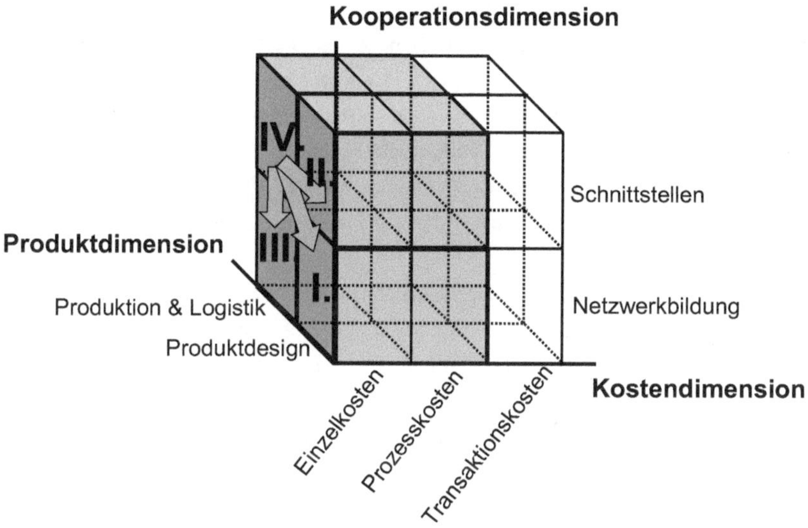

Abbildung 85: Darstellung des Forschungsbeitrags im Supply Chain Costing
Quelle: Eigene (2006)

5.3 Weiterer Forschungsbedarf

"It is the journey towards the ideal that matters, not the arrival"[730].

Dieser Prämisse folgend, soll wie erwähnt, die Limitierung des Forschungsbeitrags Ausgangspunkt für weitere Forschung bilden. Dieses gilt sowohl hinsichtlich der konkreten Themenstellung dieser Arbeit als auch mit Blick auf die instruktiv begründete sachlogische Erfordernis einer transdisziplinären Diskussion des Supply Chain und des Kostenmanagements. So ist hinsichtlich des konkreten Forschungsbeitrags die empirische Überprüfung des Modells in heterarchischen Netzwerken ebenso von wissenschaftlichen Interesse wie die Untersuchung des Einflusses kurzfristiger, operativ geprägter Geschäftsbeziehungen im Kontext des konzeptionellen Forschungsbeitrags bzw. dessen Modifikation. Nachdem dieser Forschungsbeitrag in erster Linie Themenstellungen der Produktherstellung betrachtet hat, sollte

[730] Vgl. Christensen/Germain/Birou (2005), S.470 frei nach Economist (2001).

die in dieser Arbeit erfolgte Simulation einer Produktentwicklung auch eine weiter empirische Überprüfung erfahren. Hier könnte beispielsweise eine Verknüpfung mit Elementen des Target Costings untersucht werden. Ein weiteres Forschungsfeld wäre die Verwendung der Kostentreiber, als wesentlichen Elemente des konzeptionellen Forschungsbeitrags, mit Kennzahlen bspw. der Balanced Scorecard. Im Sinne eines Top-Management Reports könnte somit die Entwicklung der Supply Chain auch in weniger kostengeprägten Bereichen proaktiv gefördert werden. Last, but not least wurde im Rahmen dieser Arbeit das Prozesskostenmanagement nicht hinsichtlich der Produktrückführung bzw. Entsorgung als fünftes bzw. sechstes Integrationsfeld des Supply Chain Managements analysiert, so dass eine Erweiterung des PKSCM-Modells auch auf diese Dimensionen einen Gegenstand zukünftiger Forschung ausmachen kann.

Hinsichtlich der transdisziplinären Diskussion besteht vor allem Forschungsbedarf grundsätzlicher Natur. Zu sehr fokussiert eine Vielzahl der Diskussionen im Kostenmanagement Problemstellungen der Einzelunternehmung, womit zwar Konsequenzen eruiert, aber die oft in den Geschäftsbeziehungen zu anderen Unternehmen gelegenen Ursachen nicht berücksichtigt werden. Als konkretes Beispiel sei die Bewertung von Materialeinstandskosten, die sich oft aus verschiedenen Faktoren zusammensetzen, angeführt. In diesem Zusammenhang darf sich auch die Diskussion des Supply Chain Managements nicht mehr allein auf die Propagierung der Integration als Allheilmittel für alle Beteiligten kaprizieren. Vielmehr bedarf es einer grundlegenden Analyse, inwieweit Verhaltensunsicherheiten, wie die verursachungsgerechte Bewertung von Kosten, durch Integration überhaupt überwunden werden können bzw. entsprechend der Nutzenmaximierung überwunden werden sollten.

Literaturverzeichnis

Adams, D. u. Schvaneveldt, J. (1991). *Understanding Research methods.* 2. Aufl.. New York: Longman.

Aitken, J., Childerhouse, P., Christopher, M. u. Towill, D. (2005). ‚Designing and managing multiple pipelines'. *Journal of Business Logistics*, Vol.26, Nr.2, S.73-95.

Alard, R., Hartel, I. u. Hieber, R. (2000). ‚Innovationstreiber im Supply Chain Management: Informations- und Netzwerktechnologie eröffnen neue Chance für die europäische Industrielandschaft'. *Io Management*, Jg.68, Nr.5, S.64-67.

Albrecht, Jens (2000). *Präferenzstrukturmessung: ein empirischer Vergleich der Conjoint-Analyse mit einer kompositionellen Methode.* Frankfurt am Main: Peter Lang.

Alvarenga, C.A. u. Schoenthaler, R.C. (2003). ‚A new take on Supply Chain Event Management'. *Supply Chain Management Review*, Jg.7, Nr.2, S.28-35.

Amshoff, B. (1993). *Controlling in deutschen Unternehmungen. Realtypen, Kontext und Effizienz.* 2. Aufl.. Wiesbaden: Gabler.

Anderson, R.F. (1996). ‚Total cost of ownership: getting past the 10% solution'. *Hydrocarbon Processing*, Jg.75, Nr.7, S.105-109.

Anderson, S. W., Glenn, D. u. Sedatole, K. L. (2000). ‚Sourcing parts of complex products: evidence on transaction costs, high-powered incentives and ex-post opportunism'. *Accounting, Organizations and Society*, Jg.25, Nr.8, S.723-749.

Ansari, S.L. u. Bell, J.E. (1997). *Target Costing – the next frontier in strategic cost management.* Chicago: Irwin Professional Pub.

Appelquist, P. (2003). ‚Order Winners, Order Qualifiers and Supply Chain Strategies – a Comparison'. In: Seuring, S., Müller, M, Goldbach, M u. Schneidewind, U. (Hrsg.): *Strategy and Organization in Supply Chains.* Heidelberg: Physica, S.197-210.

Armstrong, P. (2002). ‚The costs of activity-based management'. *Accounting, Organisations and Society*, Jg.27, Nr.1, S.1-26.

Arntzen, B.C., Brown, G.G., Harrison, T.P. u. Trafton, L.L. (1995). ‚Global Supply Chain Management at Digital Equipment Corporation'. *Interfaces*, Jg.25, Nr.1, S.63-93.

Arnold, U., Essig, M., Kummer, S., Stölzle, W. u. Weber, W. (2005). ‚Supply Chain Controlling zwischen Rückstand und Fortschritt', *Controlling*, Jg.17, Nr.1, S.41-48.

Bacher, A. (2004). *Instrumente des Supply Chain Controllings.* Wiesbaden: Gabler.

Bartlett, C.A. u. Ghoshal, S. (1991). *Managing across borders: the transnational solution.* Boston: Harvard Business School Press.

Bask, A.H. u. Juga, J. (2001). ‚Semi-integrated Supply Chains: Towards the Era of Supply Chain Management'. *International Journal of Logistics*, Jg.2, Nr.2, S.137-152.

Bauer, H.H., Meeder, U. u. Jordan, J. (2001). ‚Werbecontrolling mit der Balanced Scorecard'. *Absatzwirtschaft*, Jg.44, Nr.1, S.62-65.

Baumgarten, H. (1995), ‚Prozesskettenmanagement'. In: Kern, W., Schröder, H.-H. u. Weber, J. (Hrsg.): Handwörterbuch der Produktionswirtschaft. Stuttgart: Schäffer-Poeschel, S.1670-1682.

Baumgarten, H. u. Walter, S. (2000). *Trends und Strategien in der Logistik 2000+.* Untersuchung der TU Berlin im Auftrag der Bundesvereinigung Logistik e.V.. Berlin.

Bauser, M., Sauer, G. u. Siegert, K. (2001). *Strangpressen.* 2.Aufl.. Düsseldorf: Aluminiumverlag.

Beamon, B.M. (1997). ‚Supply Chain design and analysis: models and methods'. *International Journal of Production Economics*, Jg.55, Nr.13, S.281-294.

Beamon, B.M. (1999). ‚Designing the Green Supply Chain'. *Logistics Information Management*, Jg.12, Nr.4, S.332-342.

Bechtel, C. u. Jayaram, J. (1997). ‚Supply Chain Management: A Strategic Perspective'. *The International Journal of Logistics Management*, Jg.8, Nr.1, S.15-34.

Becker, T. (2002). ‚Supply Chain Prozesse: Gestaltung und Optimierung'. In: Busch, A. u. Dangelmaier, W. (Hrsg.): *Integriertes Supply Chain Management – Theorie und Praxis unternehmensübergreifender Geschäftsprozesse*. Wiesbaden: Gabler, S.63-87.

Beckmann, H. (1998). ‚Integrale Logistik als Wachstumskonzept'. In: Hossner, R. (Hrsg.): *Jahrbuch der Logistik*. Düsseldorf: Verlagsgruppe Handelsblatt, S.23-29.

Bhasin, S. u. Burcher, P. (2005). ‚Lean viewed as a philosophy'. *Journal of Manufacturing Technology Management*, Jg.17, Nr.1, S.56-72.

Bhutta, K.S. u. Huq, F. (2002). ‚Supplier selection problem : a comparison of the total cost of ownership and analytic hierarchy process approaches'. *Supply Chain Management: an international Journal*, Jg.7, Nr.3, S.126-135.

Bichler, K., Gerster, W. u. Reuter, R. (1994). *Logistik Controlling im Benchmarking*. Wiesbaden: Gabler.

Billesbach, T. (1994). ‚Applying lean production principles to a process facility'. *Production and Inventory Management Journal*, Jg.35, Nr.3, S.40-44.

Birou, L.M., Fawcett, S.E. u. Magnan, G.M. (1998). ‚The product life cycle: a tool for functional strategic alignment'. *International Journal of Purchasing and Materials Management*, Jg.34, Nr.2, S.37-51.

Bleicher, K. (2004). *Das Konzept integriertes Management*. 7. Aufl.. Frankfurt: Campus Verlag.

Bohlmann, B. u. Coners, A. (2006). ‚Prozessbasierte Kostensenkung in der Logistik – Nachhaltige Wirkungen durch Time-Driven Activity-Based Costing'. Internetquelle: http://www.logistik-inside.de/fm/2248/horvath.pdf. Abgerufen am: 30.03.2006.

Bolstorff, P. u. Rosenbaum, R. (2003). *Supply Chain Excellence*. New York: Amacom.

Boorsma, M.J. u. VanNoord, J. (2000). ‚Ketenintegratie'. *Tijdschrift voor inkoop en logistiek*. Jg.8, Nr.6, S.40-48.

Boutellier, R. u. Kobler, R.A. (1996). ‚Ganzheitliches Management der Wertschöpfungskette durch Total Supply Chain Management'. *Logistik im Unternehmen*, Jg.10, Nr.9, S.6-11.

Bouyssou, D. u. Pirlot, M. (2005). ‚Following the traces: An introduction to conjoint measurement without transitivity and additivity'. *European Journal of Operations Research*, Jg.163, Nr.2, S.287-337.

Bowersox, D.J. u. Closs, D.J. (1996). *Logistical Management – The Integrated Supply Chain Process*. New York: McGraw-Hill.

Bowersox, D.J. u. Daugherty, P.J. (1987). ‚Emerging Patterns of Logistical Organization'. *Journal of Business Logistics*, Jg.8, Nr.1, S.46-60.

Bretzke, W.-R. (2005). ‚Supply Chain Integration: Chancen und Grenzen einer logistischen Leitidee'. In: Lasch, R. u. Janker, C.-G. (Hrsg.): *Logistik Management. Innovative Logistikkonzepte*. Wiesbaden: Deutscher Universitätsverlag, S.65-80.

Brewer, P.C. u. Speh, T.W. (2000). ‚Using the Balanced Scorecard to Measure Supply Chain Performance'. *Journal of Business Logistics*, Jg.21, Nr.1, S.75-94.

Brewer, P.C., Chandra, G. u. Hock, C.A. (1999). ‚Economic value added (EVA): Its uses and limitations'. *SAM Advanced Management Journal*, Jg.64, Nr.2, S.4-11.

Bullinger, H.J., Kühner, M. u. van Hoof, A. (2002). ‚Analysing Supply Chain Performance using a Balanced Measurement Method', *International Journal of Production Research*, Jg.40, Nr.15, S.3533-3543.

Burt, D. N. (1990). ‚Hersteller helfen ihren Lieferanten auf die Sprünge'. *Harvard-Manager: Periodikum zu Theorie und Praxis des Management*, Jg.12, Nr.1, S.72-79.

Busch, A. u. Dangelmaier, W. (2002). ‚Integriertes Supply Chain Management – ein koordinationsorientierter Überblick'. In: Busch, A. u. Dangelmaier, W. (Hrsg.): *Integriertes Supply Chain Management – Theorie und Praxis unternehmensübergreifender Geschäftsprozesse*. Wiesbaden: Gabler, S.1-21.

Bhutta, K.S. u. Huq, F. (2002). ‚Supplier selection problem: a comparison of the total cost of ownership and analytic hierarchy process approaches'. *Supply Chain Management: an International Journal*, Jg.7, Nr.3, S.126-135.

Brühl, R. (1996). *Führungsorientierte Kosten- und Erfolgsrechnung.* Oldenbourg: München.

Calantone, R., Droge, C. u. Vickery, S. (2002). ‚Investigating the manufacturing–market interface in new product development: Does context affect the strength of relationships?'. *Journal of Operations Management*, Jg.20, Nr.3, S.273-287.

Case, J. (1997). ‚Opening the book'. *Harvard Business Review*, March-April 1997, S.118-127.

Cavinato, J.L. (1992). ‚A Total Cost/Value Model for Supply Chain Competitiveness'. *Journal of Business Logistics*, Jg.13, Nr.2, S.285-301.

Chandler, A.D. (1962). *Strategy and structure: chapters in the history of the American industrial enterprise.* Cambridge: MIT Press.

Chen, R.-S., Lu, K.-Y., Yu, S.-C., Tzeng, H.-W. u. Chang, C.C. (2003). ‚A case study in the design of BTO/CTO shop floor control system'. *Information and Management,* Jg.41, Nr.1, S.25-37.

Chen, I. J. u. Paulraj, A. (2004). ‚Towards a theory of supply chain management: the constructs and measurements'. *Journal of Operations Management*, Jg.22, Nr.2, S.119-150.

Chenhall, R., Langfield-Smith, K. (1998). ‚Adoption and benefits of management accounting practices: An Australian study'. *Management Accounting Research*, Jg.9, Nr.1, S.1-19.

Chivaka, R. (2005). ‚Cost Management along the Supply Chain – Methodological Implications'. In: Kotzab, H., Seuring, S., Müller, M., Reiner, G. (Hrsg.): *Research Methodologies in Supply Chain Management*, Heidelberg: Physica, S.299-314.

Childerhouse, P. u. Towill, D. (2000). ‚Engineering Supply Chains to match customer requirements'. *Logistics Information Management*, Jg.17, Nr.6, S.337-345.

Chmielewicz, K. (1994). *Forschungskonzeption der Wirtschaftswissenschaften.* 2. Aufl.. Stuttgart: Schäffer-Poeschel.

Choi, T.Y. u. Hong, Y. (2002). ‚Unveiling the structure of supply network: Case studies in Honda, Acura, and DaimlerChrysler'. *Journal of Operations Management*, Jg.20, Nr.5, S.469-493.

Christensen, W. J., Germain, R. u. Birou, L. (2005). ‚Build-to-order just-in-time as predictors of applied supply chain knowledge and market performance'. *Journal of Operations Management*, Jg.23, Nr.5, S.470-481.

Christopher, M. (1992). *Logistics and Supply Chain Management: strategies for reducing costs and improving services.* London: Pitman.

Christopher, M. (1994). *The strategy of distribution Management.* Oxford: Butterworth-Heineman.

Christopher, M. (2000). ‚The Agile Supply Chain. Competing in volatile markets'. *Industrial Marketing Management*, Jg.29, Nr.1, S.37-44.

Christopher, M. (2005). *Logistics and Supply Chain Management Creating Value-Adding Networks.* 3. Aufl.. London: Prentice Hall.

Christopher, M. u. Towill, D.R. (2000a). ‚Supply Chain Migration from lean and functional to agile and customised'. *Supply Chain Management: an international journal*, Jg.4, Nr.5, S.206-213.

Christopher, M. u. Towill (2000b). ‚Marrying the Lean and Agile Paradigms'. *Proceedings of the EUROMA 2000 Conference*, Ghent, S.114-121.

Christopher, M. u. Towill, D.R. (2001). ‚An integrated model for the design of agile supply chains'. *International Journal of Physical Distribution and Logistics Management*, Jg.31, Nr.4, S.235-246.

Christopher, M. u. Gattorna, J. (2005). ‚Supply Chain Cost Management and value-based pricing'. *Industrial Marketing Management,* Jg.34, Nr.2, S.115-121.

Cochran, D.S., Eversheim, W., Kubin, G. u. Sesterhenn, M.L. (2000). ‚The Application of Axiomatic Design and Lean Management Principles in the Scope of Production System Segmentation'. *The International Journal of Production Research*, Jg.38, Nr.6, S.1377-1396.

Coenenberg, A.G. (1992). *Kostenrechnung und Kostenanalyse.* Landsberg am Lech: Moderne Industrie.

Coenenberg, A.G. u. Fisher (1991). ‚Prozesskostenrechnung – strategische Neuorientierung in der Kostenrechnung'. *Die Betriebswirtschaft*, Jg.51, Nr.1, S.21-38.

Coners, A. u. Hardt, G. v.d. (2004). ‚Time-Driven Activity-based Costing: Motivation und Anwendungsperspektiven'. *Zeitschrift für Controlling u. Management*, Jg.48, Nr.2, S.108-118.

Cooper, M.C. u. Ellram, L.M. (1993). ‚Characteristics of Supply Chain Management and the Implications for Purchasing and Logistics Strategy'. *The International Journal of Logistics Management*, Jg.4, Nr.2, S.13-24.

Cooper, M.C., Lambert, D.M. u. Pagh, J.D. (1997). ‚Supply Chain Management: More Than a New Name for Logistics'. *The International Journal of Logistics Management*, Jg.8, Nr.1, S.1-14.

Cooper, M.C., Ellram, L.M., Gardener, J.T., Hanks, A.M. (1997). ‚Meshing multiple alliances'. *Journal of Business Logistics*, Jg.18, Nr.1, S.67-89.

Cooper, R. (1988). ‚The Rise of Activity-Based Costing – Part One: What is an activity-based cost system'. *Journal of Cost Management*, Summer (1988), S.45-54.

Cooper, R. (1992). ‚Activity-Based Costing'. In: Männel, W. (Hrsg.): *Handbuch Kostenrechnung.* Wiesbaden: Gabler, S.360-383.

Cooper, R. u. Chew, W.B. (1996). ‚Control tomorrow's costs through today's design'. *Harvard Business Review*, Jg.74, Nr.1, S.88-97.

Cooper, R. u. Kaplan, R.S. (1988). ‚The promise and peril of integrated cost systems'. *Harvard Business Review*, Jg.76, Nr.4, S.109-119.

Cooper, R. u. Kaplan, R.S. (1991a). ‚Activity-Based Costing: Ressourcenmanagement at its best'. *Harvard Manager*, Jg.13, Nr.4, S.87-94.

Cooper, R. u. Kaplan, R.S. (1991b). *The Design of Cost Management System.* London: Prentice-Hall.

Cooper, R. u. Slagmulder, R. (1997). *Target Costing and Value Engineering.* Portland: Productivity Press.

Cooper, R. u. Slagmulder, R. (1999). *Supply Chain Development for the Lean Enterprise – Interorganisational Cost Management.* Portland: Productivity Press.

Cooper, R. u. Slagmulder, R. (2004). ‚Interorganizational cost management and relational context'. *Accounting, Organisations and Society*, Jg.29, Nr.1, S.1-26.

Corsten, D. u. Gabriel, C. (2002). *Supply Chain Management erfolgreich umsetzen. Grundlagen, Realisierung und Fallstudien.* Berlin: Springer.

Corsten, H. (1998). *Einführung in das industrielle Produktionsmanagement.* 7. Aufl.. München: Oldenbourg.

Corsten, H. u. Gössinger, R. (2001). *Einführung in das Supply Chain Management.* München: Oldenbourg.

Croom, S., Romano P. u. Giannakis, M. (2000). ‚Supply chain management: An analytical Framework for Critical Literature Review'. *European Journal of Purchasing & Supply Management*, Jg.6, Nr.1, S.67-83.

Cullen, J., Berry, A.J., Seal, W., Dunlop, A., Ahmed, M. u. Marson, J. (1999). ‚Interfirm Supply Chains: The Contribution of Management Accounting'. *Management Accounting (British)*, Jg.77, Nr.6, S.30-33.

Danaher, P. J. (1997). ‚Using Conjoint Analysis to Determine the Relative importance of Service Atributes Measured in Customer Satisfaction Surveys'. *Journal of Retailing*, Jg. 73, Nr.2, S.235-260.

Davidson, W.H. u. Torre, J. dela (1989). *Managing the global corporation – case studies in strategy- and management.* Singapore: McGraw-Hill.

Davis, T. (1993). ‚Effective supply chain management'. *Sloan Management Review*, Jg.34, Nr.4, S.35-46.

Defee, C.C. u. Stank, T.P. (2005). ‚Applying the strategy-structure-performance paradigm to the supply chain environment'. *The International Journal of Logistics Management*, Jg.16, Nr.1, S.28-50.

Degraeve, Z., Roodhoft, E. u. Lobro, F. (2000). ‚An evaluation of vendor selection models from a total cost of ownership perspective'. *European Journal of Operations Research*, Jg.125, Nr.1, S.34-58.

Degraeve, Z., Lobro, F. u. Roodhoft, E. (2004). ‚Total cost of ownership purchasing of a service: The case of airline selection at Alcatel Bell'. *European Journal of Operational Research*, Jg.156, Nr.1, S.23-40.

Dehler, M. (2001). *Entwicklungsstand der Logistik. Messung – Determinanten – Erfolgswirkungen.* Wiesbaden: Gabler.

Delfmann, W. (1978). *Lieferzeitorientierte Distributionsplanung – Integrative Depot- und Transportoptimierung im Rahmen der Marketing Logistik.* Berlin: Dunker.

Delfmann, W. (1995). ‚Logistik'. In: Corsten, H. u. Reiß, M. (Hrsg.): *Handbuch Unternehmensführung.* Wiesbaden: Gabler, S.505-517.

Delfmann, W. (2002). ‚Prozessmanagement'. In: Arnold, D., Isermann, H., Kuhn, A. u. Tempelmeier, H. (Hrsg.): *Handbuch Logistik.* Berlin: Springer, D1 S.10-16.

Dekker, H. (2003). ‚Value chain analysis in interfirm relationships: a field study'. *Management Accounting Research,* Jg.14, Nr.1, S.1-23.

Dekker, H. (2004). ‚Control of inter-organizational relationships: evidence on appropriation concerns and coordination requirements'. *Accounting, Organisations and Society*, Jg.29, Nr.1, S.27-49.

Dekker, H.C. u. van Goor, A.R. (2000). ‚Supply Chain Management and Management Accounting: A case study of Activity Based Costing'. *International Journal of Logistics: Research and Applications*, Jg.3, Nr.1, S.41-52.

Dekker, H. u. Smidt, P. (2003). ‚A survey of the adoption and use of target costing in Dutch firms'. *International Journal of Production Economics*, Jg. 84, Nr.3, S.293-305.

De Toni, A. u. Tonchia, S. (2001). ‚Performance measurement systems - Models, characteristics and measures'. *International Journal of Operations and Production Management*, Jg.21, Nr.1/2, S. 46-70.

Dimancescu, D., Hines, P. u. Rich, N. (1997). *The Lean Enterprise.* New York: Amazon.

Drews, H. (2001). *Instrumente des Kooperationscontrollings.* Wiesbaden: Gabler.

Drury, C., Braund, S., Osborne, P. u. Tayles, M. (1993). *A Survey of Management Acounting Practices in UK Manufacturing Companies.* London: Chartered Association of Certified Accountants.

DuBois, F.L., Toyne, B. u. Oliff, M.D. (1993). ‚International manufacturing strategies of U.S. multinationals: A conceptual framework based on a four-industry study'. *Journal of International Business Studies,* Jg.24, Nr.2, S.307-333.

Dubois, A. (2003). ‚Strategic cost management across boundaries of firms'. *Industrial Marketing Management*, Jg.32, Nr.5, S.365-374.

Duden (2005). *Das Fremdwörterbuch.* 8. Aufl.. Mannheim: Duden Verlag.

Dudenhöffer, F. (1997). ‚Outsourcing, Plattform-Strategien und Badge Engineering (Marktentwicklungen bei austauschbaren Produkten)'. *Wirtschaftswissenschaftliches Studium*, Jg.26, Nr.3, S.144-149.

Dudenhöffer, F. (2003). ‚Wachstumsmotor Automobil-Zulieferindustrie'. In: Thüringer Staatskanzlei und Europäisches Informationszentrum Thüringen (EIZ) (Hrsg.): *E-Commerce und Business to Business in der Automobilwirtschaft der Zukunft.* Reihe Tagungsberichte Band 46, S.297-308.

Duray, R., Ward, P.T., Milligan, G.W. u. Berry, W.L. (2000). ‚Approaches to mass customization: configurations and empirical validation'. *Journal of Operations Management*, Jg.18, Nr.6, S.605-625.

Economist (2001). ‚A long march mass customisation'. *Business Special*, 12th of July, S.63-66. Internetquelle: http://www.economist.com/business/displaystory.cfm?story_id=691227 . Abgerufen am 25.06.2006.

Eisenhardt, K.M. (1989). ‚Building Theories from Case Study Research'. *Academy of Management Review*, Jg.14, Nr.4, S.532-550.

Ellram, L. M. (1991). ‚Supply chain management: the industrial organization perspective'. *International Journal of Physical Distribution and Logistics Management*, Jg.21, Nr.1, S.13-22.

Ellram, L.M. (1993). ‚Total cost of ownership: elements and implementation'. *International of Purchasing and Materials Management*, Jg.29, Nr.2, S.3-11.

Ellram, L.M. (1995a). ‚Total cost of ownership – a analysis approach for purchasing'. *International Journal of Physical Distribution & Logistics Management*, Jg.25, Nr. 8, S.4-23.

Ellram, L.M. (1995b). ‚Activity-Based Costing and Total Cost of Ownership: A critical Linkage'. *International Journal of Cost Management*, Jg.8, Nr.4, S.22-30.

Ellram, L.M. (1996). ‚A structured method for applying purchasing cost management tools'. *International Journal of Purchasing and Materials Management*, Jg.32, Nr.1, S.11-19.

Ellram, L.M. (1999). ‚Total cost of ownership'. In: Hahn, D. u. Kaufmann, L. (Hrsg.): *Handbuch Industrielles Beschaffungsmanagement*, Wiesbaden: Gabler, S. 595-607.

Ellram, L.M. (2002). ‚Supply Management's involvement in the target costing process'. *European Journal of Purchasing and Supply Management*, Jg.8, Nr.4, S.235-244.

Ellram, L.M. u. Cooper, M.C. (1990). ‚Supply Chain Management, Partnerships and the shipper-third party Relationship'. *The International Journal of Logistics Management*, Jg.1, Nr.2, S.1-10.

Ellram, L.M. u. Cooper, M.C. (1993). ‚The relationship between Supply Chain Management and Keiretsu'. *The International Journal of Logistics Management*, Jg.4, Nr.1, S.1-12.

Ellram, L.M. u. Siferd (1993). ‚Purchasing: The Cornerstone of the Total Cost of Ownership Concept'. *Journal of Business Logistics,* Jg.14, Nr.1, S.163-184.

Ellram, L.M., Zsidisin, G.A., Siferd, S.P. u. Stanly, M.J. (2002). ‚The Impact of Purchasing and Supply Management Activities on Corporate Success'. *The Journal of Supply Chain Management*, Jg.38, Nr.1, S.4-15.

Elsenbach, J.M. (1999). *Kreislauforientierte Redistributionslogistik.* München: TCW Transfer-Centrum Verlag.

Emblemsvag, J. u. Bras, B. (1997). ‚Method for Life-Cycle Design Cost Assessment using Activit-Based Costing and Uncertainty'. *Engineering Design and Automation*, Jg.3, Nr.4, S.339-354.

Ewert, R. u. Ernst, C. (1999). ‚Target costing, coordination and strategic cost management'. *European Accounting Review,* Jg.8, Nr.1, 23-49.

Fawcett, S. E. u. Fawcett, S. A. (1995). ‚The firm as a value-added System. Integrating logistics, operations and purchasing'. *International Journal of Physical Distribution & Logistics Management*, Jg.25, Nr.5, S.24-42.

Fawcett, S.E. u. Magnan, G.M. (2002). ‚The rhetoric and reality of supply chain integration'. *International Journal of Physical Distribution and Logistics Management*, Jg.32, Nr.5, S.339-361.

Ferrer, J. (2003). ‚Supply chains in Europe'. In: Gattorna, J.L. (Hrsg.): *Gower handbook of supply chain management*. 5. Aufl.. Hants: Gower Publishing, S.537-552

Fine, C. H., Vardan, R., Pethick, R. u. El-Hout, J. (2002). ‚Rapid-Response Capability in Value-Chain Design'. *Sloan Management Review*, Jg.43, Nr.2, S.69-75.

Fisher, M. (1997). ‚What is the right supply chain for your product?'. *Harvard Business Review*, Jg.75, Nr.2, S.105-116.

Fleck, A. (1995). *Hybride Wettbewerbsstrategien: Zur Synthese von Kosten- und Differenzierungsvorteilen.* Wiesbaden: Gabler.

Forrester, J.W. (1961). Industrial Dynamics. Cambridge: Productivity Press.

Franz, K.P. (1993). ‚Target Costing: Konzpt und kritische Bereiche'. *Controlling,* Jg.4, Nr.3, S.124-130.

Franz, K.P. (1994). *Kostenmanagement.* Landsberg/Lech: Moderne Industrie.

Franz, K.P. u. Kajüter, P. (1997a). ‚Proaktives Kostenmanagement als Daueraufgabe'. In: Franz, K.P. u. Kajüter, P. (Hrsg.): *Kostenmanagement. Wettbewerbsvorteile durch systematische Kostensteuerung.* Stuttgart: Schäffer-Poeschl, S.5-27.

Franz, K.P. u. Kajüter, P. (1997b). ‚Kostenmanagement in Deutschland – Ergebnisse einer empirischen Untersuchung in deutschen Unternehmen'. In: In: Franz, K.P. u. Kajüter, P. (Hrsg.): *Kostenmanagement. Wettbewerbsvorteile durch systematische Kostensteuerung*. Stuttgart: Schäffer-Poeschl, S.481-502.

Freeman, R.E. (1984). *Strategic Management. A Stakeholder Approach*. Boston: Pitman.

Freidank, C.C. (1993). ‚Die Prozesskostenrechnung als Instrument des strategischen Kostenmanagements'. *Die Unternehmung*, Jg.47, Nr.5, S.387-405.

Friedl, B. (1994). ‚Prozesskostenrechnung als Instrument eines Programmorientierten Kostenmanagements'. In: Delfmann, K. u. Franz., H.P. (Hrsg.): Neuere Entwicklungen im Kostenmanagement. Stuttgart: Schäffer-Poeschl, S.135-166.

Fröhling, O. (1994). *Dynamisches Kostenmanagement – Konzeptionelle Grundlagen und praktische Umsetzung im Rahmen eines strategischen Kosten- und Erfolgs-Controlling*. München: Vahlen.

Frohlich, M.T., Westbrook, R. (2001). ‚Arcs of integration: an international study of supply chain strategies'. *Journal of Operations Management*, Jg.19, Nr.2, S.185-200.

Gaiser, B. (1998). ‚Prozesskostenrechnung und Activity Based Costing'. In: Horváth & Partner (Hrsg.): *Prozesskostenmanagement*. 2.Aufl.. München: Vahlen, S.65-76.

Galunic, D.C. u. Eisenhardt, K.M. (1994). ‚Renewing the Strategy-Structure-Performance Paradigm'. *Research in Organizational Behavior,* Jg.16, Nr.2, S.215-255.

Geimer, H. u. Becker, T. (2001). ‚Mit dem Supply Chain Operations Reference-Modelll (SCOR) Prozesse optimieren'. In: Lawrenz, O., Hildebrand, K., Nenninger, M. u. Hillek, T. (Hrsg.): *Supply Chain Management – Konzepte, Erfahrungsberichte und Strategien auf dem Weg zu digitalen Wertschöpfungsnetzen*. 2.Aufl.. Braunschweig: Vieweg, S.115-138.

Gerpott, T.J. u. Winzer, P. (1996). ‚Controlling von strategischen Allianzen'. In: Schulte, C. (Hrsg.): *Lexikon des Controlling*. München: Oldenbourg, S.715-719.

Gerwin, D. (1993). ‚Manufacturing flexibility: a strategic perspective'. *Management Science*, Jg.39, Nr.4, S.395-410.

Gerwin, D. (2005). ‚An agenda for research on the flexibility on manufacturing processes'. *International Journal of Operations and Production Management*, Jg.25, Nr.12, S.1171-1182..

Gietzmann, M. B. (1996). ‚Incomplete contracts and the make-or-buy decision: governance design and attainable flexibility'. *Accounting, Organizations and Society*, Jg.21, Nr.6, S.611-626.

Glaser, H. (1992). ‚Prozeßkostenrechnung: Darstellung und Kritik'. *ZfbF*, Jg.44, Nr.3, S.275-288.

Gleich, R. (1997). ‚Performance Measurement'. *Die Betriebswirtschaft*. Jg.57, Nr.1, S.114-117.

Gleich, R. u. Seidenschwarz, W. (1999). ‚Target Costing und Zuliefereintegration'. In: Hahn, D. u. Kaufmann, L. (Hrsg.): *Handbuch Industrielles Beschaffungsmanagement*, Wiesbaden: Gabler, S. 577-593.

Goldbach, M. (2003). *Koordination von Wertschöpfungsketten durch Target-Costing und Öko-Target Costing*. Wiesbaden: Deutscher Universitätsverlag.

Goldbach, M. u. Seuring, Stefan (2003). ‚Von der Re-Vision zur Neo-Vision – neue Weg im Kostenmanagement'. In: Schneidewind, U., Goldbach, M., Fischer, D. u. Seuring, S. (Hrsg.): *Symbole und Substanzen – Perspektiven eines interpretativen Stoffstrommanagements*. Marburg: Metropolis, S.99-137.

Göpfert, I. (1999). ‚Stand und Entwicklung der Logistik'. *Logistik Management*, Jg.1, Nr.1, S.19-33.

Göpfert, I. (2000). *Führungskonzeption, Gegenstand, Aufgaben und Instrumente des Logistikmanagements und -controllings*. München: Vahlen.

Göpfert, I. (2001). ‚Logistik-Controlling der Zukunft'. *Controlling*, 13.Jg., Nr.7, S.347-355.

Göpfert, I. (2002). ‚Einführung, Abgrenzung und Weiterentwicklung des Supply Chain Managements'. In: Busch, A. u. Dangelmaier, W. (Hrsg.): *Integriertes Supply Chain Management – Theorie und Praxis unternehmensübergreifender Geschäftsprozesse*. Wiesbaden: Gabler, S.25-44.

Gould, P. (1997). ‚What is agility?'. *Manufacturing Engineer*, Jg.76, Nr.28, S.28-31.

Govil, J.-M. u. Proth, M. (2001). *Supply Chain Design and Management*. Oxford: Elsevier.

Gretzinger, S., Matiaske, E. u. Weber, W. (2002). ‚Kooperation und Konflikt in strategischen Netzwerken – Am Beispiel eines Entwicklungsverbunde von klein- und mittelständischen Unternehmen'. *Zeitschrift Führung und Organisation*, Jg.71, Nr.1, S.22-25.

Griffiths, J. u. Margetts, D. (2000). ‚Variation in production schedules – implications for the company and its suppliers'. *Journal of Materials Processing Technology*, Jg.103, Nr.1, S.155-159.

Griffiths, J., James, R. u. Kempson, J. (2000). ‚Focusing customer demand through manufacturing supply chains by the use of customer focused cells: An appraisal'. *International Journal of Production Economics*, Jg.65, Nr.1, S.111-120.

Grochla, E. (1976). ‚Praxeologische Organisationstheorie durchsachliche und methodische Integration'. *Zeitschrift für betriebswirtschaftliche Forschung*, Jg.28, Nr.8, S.617-637.

Groher, E. (2002). *Gestaltung der Integration von Lieferanten in den Produktentstehungsprozess.* München: TCW Transfer-Centrum Verlag.

Grünauer, K. M., Fleisch, E. u. Österle, H. (2000). ‚E-Commerce-Projekte im Supply Chain Management, *io Management*, Jg.15, Nr.3, S.82-90.

Günther, T. (1997). ‚Neuentwicklungen der Kostenrechnung – eine Antwort auf geänderte Fragestellungen'. In: Freidank, C.-C., Götze, U., Huch, B. u. Weber, J. (Hrsg.): *Kostenmanagement,* Berlin: Springer, S.97-120.

Guide, V.D.R., Harrison, T.P. u. Van Wassenhove, L.N. (2003). ‚The Challenge of Closed-Loop Supply Chains'. *Interfaces*, Jg.33, Nr.6, S.3-6.

Guilding, C., Cravens, K.S. u. Tayles, M. (2000). ‚An international comparison of strategic management accounting practices'. *Management Accounting Research,* Jg.11, Nr.1, S.113-135.

Gunasekaran, A. (1999). ‚Agile manufacturing: A framework for research and development'. *International Journal of Production Economics*, Jg.62, Nr.1, S.87-105.

Gunasekaran, A. (2005). ‚The build-to-order supply chain (BOSC): a competitive strategy for the 21st century'. *Journal of Operations Management*, Jg.23, Nr.5, S.419-22.

Gunasekaran, A. u. Ngai, E.W.T. (2005). ‚Build-to-order Supply Chain Management: a literature review and framework for development'. *Journal of Operations Management*, Jg.23, Nr.5, S.423-451.

Gunasekaran, A., Williams, H.J. u. McGaughey, (2005). ‚Performance measurement and costing system in new enterprise'. *Technovation*, Jg.25, Nr.5, S.523-533.

Gupta, A.K. (1987). SBU relations, corporate-SBU relations, and SBU effectiveness in strategy implementation. *Academy of Management Journal,* Jg.30, Nr.3, S.477-500.

Gupta, A.K. u. Govindarajan, V. (1986). ‚Ressource sharing among SBUs: strategic antecedents and administrative implications'. *Academy of Management Journal,* Jg.29, Nr.4, S.695-714.

Habib, M.M. u. Victor, B. (1991). ‚Strategy, structure, and performance of U.S: manufacturing and service MNCs: a comparative analysis'. *Strategic Management Journal,* Jg.26, Nr.1, S.5-26.

Hagenloch, T. (1997). ‚Zielkostenmanagement und unterstützende Instrumente'. *Kostenrechnungpraxis*, Jg.41, Nr.6, S.319-327.

Hahn, D. (1996). *PuK – Planung und Kontrolle, Planungs- und Kontrollsysteme, Planungs- und Kontrollrechnung.* Wiesbaden: Gabler.

Hahn, D. (2000). ‚Problemfelder des Supply Chain Management'. In: Wildemann, H. (Hrsg.): *Supply Chain Management.* München: TCW Transfer-Centrum Verlag, S.9-19.

Hahn, D. u. Hungenberg, H. (2001). *PuK – Wertorientierte Controllingkonzepte.* 6.Aufl.. Wiesbaden: Gabler.

Hall, D. u. Braithwaite, A. (2001). ‚The Development of Thinking in Supply Chain and Logistics Management'. In: Brewer, A.M., Button, K.J., Hensher, D.A. (Hrsg.): *Handbock of Logistics and Supply Chain Management.* Oxford: Pergamon Press, S.81-98.

Hamel, G. u. Prahalad, C.K. (1996). *Competing for the future.* Boston: Harvard Business School Press.

Hamprecht, M. (1996). *Controlling von Konzernplanungssystemen.* Wiesbaden: Gabler.

Handfield, R.B. u. Nichols, E.L. (1999). *Introduction to Supply Chain Management.* London: Prentice-Hall.

Handfield, R.B. u. Nichols, E.L. (2003). *Supply Chain Redesign. Transforming Supply Chains into Integrated Value Systems.* Upper Saddle River: Financial Times Prentice Hall.

Hanke, J. (1993). *Hybride Koordinationsstrukturen. Liefer- und Leistungsbeziehungen kleiner und mittlerer Unternehmen der Automobilzulieferindustrie aus transaktionskostentheoretischer Sicht.* Köln: EUL-Verlag.

Hart, O. (1989). ‚An Economist's Perspective on the Theory of the Firm'. *Columbia Law Review*, Jg. 89, Nr.7, S.1757-1774.

Hax, H. (1967). ‚Bewertungsprobleme bei der Formulierung von Zielfunktionen für Entscheidungsmodelle'. *Zeitschrift für betriebswirtschaftliche Forschung*, Jg.19, S.749-761.

Hax, A.C. u. Majluf, U.S. (1988). *Strategisches Management – ein integratives Konzept aus dem MIT.* Frankfurt: Campus.

Hayes, R.H. u. Wheelwright, S.C. (1979a). ‚Link manufacturing process and product life cycles'. *Harvard Business Review*, Jg.57, Nr.1, S.133-140.

Hayes, R.H. and Wheelwright, S.C. (1979b). ‚The dynamics of process-product life cycles', *Harvard Business Review*, Jg.57, Nr.1, S.127-136.

Heinen, E. (1969). ‚Zum Wissenschaftsprogramm der entscheidungsorientierten Betriebswirtschaftslehre'. *Zeitschrift für Betriebswirtschaft*, Jg.39, Nr.4, S.207-220.

Heinen, E. (1983). *Betriebswirtschaftliche Kostenlehre. Kostentheorie und Kostenentscheidungen.* 6. Aufl.. Wiesbaden: Gabler.

Hellingrath, B. (1999). ‚Standards für die Supply Chain'. *Logistik Heute*, Jg.21, Nr.7/8, S.77-85.

Hellingrath, B. u. Kuhn, A. (2002). *Supply Chain Management - Optimierte Zusammenarbeit in der Wertschöpfungskette.* Berlin: Springer.

Hermann, A., Huber, F. u. Braunstein, C. (2000). ‚Kundenzufriedenheit garantiert nicht immer Gewinn'. *Harvard Business Manager,* Jg.22, Nr.1, S.45-55.

Hervani, A.A., Helms, M.M. u. Sarkis, J. (2005). ‚Performance measurement for green supply chain management'. *Benchmarking: An International Journal*, Jg.12, Nr.4, S.330-353.

Hewitt, F. (1992). ‚Supply Chain Integration'. *Annual Conference Proceedings of the Council of Logistics Management*, Oak Brook, S.334-241.

Hewitt, F. (1994). ‚Supply Chain Redesign'. *The International Journal of Logistics Management*, Jg.5, Nr.2, S.1-9.

Hewitt, F. (1997). ‚Customer supply assurance management at Xerox'. *Journal of the Canadian Association of Logistics Management*, Jg.3, Nr.4, S.521-530.

Hicks, D. A. (1999). ‚The state of supply chain strategy'. *IIE Solutions*, Jg.31, Nr.8, S.24-29.

Hill, T. (1993). *Manufacturing Strategy. The strategic management of the manufacturing function.* 2.Aufl.. Houndmills: The MACMILLAN Press.

Hines, P. (2003). ‚Future trends in Supply Chain Management'. In: Waters, D. (Hrsg.): *Global logistics and distribution planning – strategies for management.* 4. Aufl.. London: Kogan Page Ltd., S.33-52.

Hines, P. u. Rich, N. (1997). ‚The seven value stream mapping tools'. *International Journal of Operations and Production Management*, Jg.17, Nr.1, S.46-64.

Hines, P., Holweg, M. u. Rich, N. (2004). ‚Learning to evolve – a review of contemporary lean thinking'. *International Journal of Operations & Production Management*, Jg.24, Nr.10, S.994-1011.

Hirschmann, P. (1998). *Kooperative Gestaltung unternehmensübergreifender Geschäftsprozesse.* Wiesbaden: Gabler.

Hoek, R.I. van (1998). ‚Measuring the un-measurable – Measuring and improving performance in the supply chain', *Supply Chain Management: An International Journal*, Jg.3, Nr.4, S.187-192.

Hoek, R.I. van, Harrison, A. u. Christopher, M. (2001). ‚Measuring agile capabilities in the supply chain'. *International Journal of Operations & Production Management*, Jg.21, Nr.1/2, S.126-147.

Hoekstra, S. u. Romme, J. (1992). *Integrated Logistics Structures: Developing Customer Oriented Goods Flow*. London: McGraw-Hill.

Holmberg, S. (1997). *Measurements on an integrated supply chain*. Lund: The Lund Institute of Technology.

Homburg, C. u. Daum (1997). ‚Marktorientiertes Kostenmanagement: Gedanken zur Präzisierung eines modernen Kostenmanagementkonzeptes'. *Kostenrechnungspraxis*, Jg.41, Nr.4, S.185-191.

Horváth, P. (1990). ‚Revolution im Rechnungswesen: Strategisches Kostenmanagement'. In: Horváth, P. (Hrsg.): *Strategieunterstützung durch das Controlling – Revolution im Rechnungswesen*. Stuttgart: Schäffer-Poeschl, S.175-193.

Horváth, P. (2003). *Controlling*. 9.Aufl.. München: Vahlen.

Horváth, P. u. Gaiser, B. (1994). ‚Aufgaben und Einsatz der Prozesskostenrechnung'. In: Seicht, G. (Hrsg.): *Jahrbuch für Controlling und Rechnungswesen*. Wien: LexisNexisORAC, S.49-63.

Horváth, P. u. Mayer, R. (1989). ‚Prozesskostenrechnung – der neue Weg zu mehr Kostentransparenz und wirkungsvolleren Unternehmensstrategien'. *Controlling*, Jg.1, Nr.4, S.214-219.

Horváth, P. u. Mayer, R. (1993). ‚Prozesskostenrechnung: Stand der Entwicklung'. *Kostenrechnungpraxis*, Jg.37, Nr.2 (Sonderheft), S.15-28.

Horváth & Partner (1998). *Prozesskostenmanagement*. 2.Aufl. München: Vahlen.

Horváth & Partner (2004). *Balanced Scorecard umsetzen*. 3. Aufl.. Stuttgart: Schäffer-Poeschel.

Houlihan, J.B. (1985). ‚International Supply Chain Management'. *International Journal of Physical Distribution and Materials Management*, Jg.15, Nr.1, S.22-38.

Houlihan, J.B. (1988). ‚International Supply Chains: a new approach'. *Management Decision*, Jg.26, Nr.3, S.13-19.

Huan, S.H., Sheoran, S.K. u. Wang, G. (2004). ‚A review and analysis of supply chain operations reference (SCOR) model'. *Supply Chain Management: an International Journal*. Jg.9, Nr.1, S.23-29.

Hunewald, C. (2005). *Supply Chain Event Management. Anforderungen und Potentiale am Beispiel der Automobilindustrie*. Wiesbaden: Deutscher Universitätsverlag.

Iacocca Institute (1991). *21st Century Manufacturing Enterprise Strategy. An Industry-Led View*. Band 1 u. 2. Bethlehem: Iacocca Institute.

Innes, J. u. Mitchell, F. (1995). ‚A survey of Activity Based Costing in the UK's largest companies'. *Management Accounting Research*, Jg.6, Nr.2, S.137-153.

Jackson, D.W. u. Ostrom, L.L. (1980). ‚Life cycle costing in industrial purchasing'. *Journal of Purchasing and Materials Management*, Jg.18, Nr.4, S.8-12.

Jarillo, J.C. (1993). *Strategic Networks – Creating the Borderless Organisation*. Oxford: Butterworth-Heinemann.

Jehle, E., Stülenberg, F. u. Schulze, A. (2002). ‚Netzwerk Balanced Scorecard als Instrument des Supply Chain Controlling'. *Supply Chain Management*, Jg.2, Nr.4, S.19-25.

Jin-Hai, L., Anderson, A.R. u. Harrison, R.T. (2003). ‚The evolution of agile manufacturing'. *Business Process Management Journal*, Jg.2, Nr.9, S.170-189.

Jirik, C.T. (1999). ‚Supply Chain Management. Gestaltung und Koordination der Lieferkette'. *WiSt – Wirtschaftswissenschaftliches Studium*, Jg.28, Nr.10, S. 547-550.

Johanson, L. (1994). ‚How can TQEM approach add value to your supply chain?'. *Total Quality Environmental Management*, Jg.3, Nr.4, S.521-530.

Jones, T.C. u. Riley, D.W. (1985). ‚Using inventory for competitive advantage through supply chain management'. *International Journal of Physiscal Distribution and Materials Management*, Jg.15, Nr.5, S.16-26.

Jones, D., Hines, P. u. Rich, N. (1997). ‚Lean Logistics'. *International Journal of Physical Distribution and Logistics Management*, Jg.27, Nr.3/4, S.153-157.

Jung, K.P. (1999). *Zukunftsforschung in der Logistik*. Frankfurt: Lang.

Kajüter, P. (2000). *Proaktives Kostenmanagement: Konzeption und Realprofile*. Wiesbaden: Deutscher Universitätsverlag.

Kajüter, P. (2005). ‚Kostenmanagement in der deutschen Unternehmenspraxis. Empirische Befunde einer branchenübergreifenden Feldstudie'. *Zeitschrift für betriebswirtschaftliche Forschung*, Jg.57, Nr.1, S.79-100.

Kajüter, P. u. Kulmala, H.I. (2005). ‚Open-book accounting in networks. Potential achievements and reasons for failures'. *Management Accounting Research*, Jg.16, Nr.2, S.179-204.

Kaluza, B. u. Blecker, T. (2004). ‚Heterarchische Hierarchie als Organisationsprinzip flexibler Produktionssysteme'. In: Wildemann, H. (Hrsg.): *Organisation und Personal*. München TCW, S.177-195.

Kanngießer, A. (2002). *Supply Chain Modellierung mit dem SCOR-Modell*. Studienarbeit der Universität Kassel. Internetquelle: www.anja.conz.net/scor-modell.pdf. Abgerufen am 17.01.2005.

Kaplan, R.S. (1984). ‚The Evolution of Management Accounting'. *The Accounting Review*, Jg. 59, Nr.3, S.390-418.

Kaplan, R.S. (1988). ‚Ein einziges Kostensystem ist zu wenig'. *Harvard Manager*, Jg.10, Nr.3, S.98-104.

Kaplan, R.S. u. Anderson, S.R. (2004). ‚Time-Driven Activity-Based Costing'. *Harvard Business Review*, Jg.82, Nr.11, S.131-138.

Kaplan, R.S. u. Atkinson, A.A. (1998). *Advanced Management Accounting*. 3.Aufl.. New Jersey: Prentice Hall.

Kaplan, R.S. u. Cooper, R. (1998). *Cost & Effect: Using Integrated Cost Systems to Drive Profitability and Performance*. Boston: Harvard Business School Press.

Kaplan, R.S. u. Cooper, R. (1999). *Prozesskostenrechnung als Managementinstrument*. Frankfurt: Campus.

Kaplan, R.S. u. Norton, D.P. (1992a). ‚In Search of Excellence – der Maßstab muss neu definiert werden'. *Harvard Manager*, Jg.14, Nr .4, S.37-46.

Kaplan, R.S. u. Norton, D.P. (1992b). ‚The Balanced Scorecard measurers that drive performance'. *Harvard Business Review*, Jg.70, Nr.1, S.72-79.

Kaplan, R.S. u. Norton, D.P. (1996a). ‚Using the balanced scorecard as a strategic management system'. *Harvard Business Review*, Jg.74, Nr.1, S.75-87.

Kaplan, R.S. u. Norton, D.P. (1996b). *The balanced scorecard: Translating Strategy into Action*. Boston: Harvard Business School Press.

Kaplan, R.S. u. Norton, D.P. (1997). *Balanced Scorecard – Strategien erfolgreich umsetzen*. Stuttgart: Schäffer-Poeschl.

Kasi, V. (2005). ‚Systemic Assessment of SCOR for Modeling Supply Chains'. *Proceedings of the 38th Hawaii International Conference on System Sciences*, Hawaii, United States, S.1-10.

Kaufmann, L. (2002). ‚Der Feinschliff für die Strategie'. *Harvard Business Manager*, Jg.24, Nr.6, S.35-41.

Keating, P.J. (1995). ‚A framework for classifying and evaluating theoretical contributions of case research in management accounting'. *Journal of Management Accounting Research*, Jg.7, Nr.5, 65-86.

Kidd, P.T. (1994). *Agile Manufacturing: Forging New Frontiers*. Reading: Addison-Wesley.

Kieninger, M.(1993). ‚Prozeßkostenmanagement: Was es leistet, wie es funktioniert und wie man es realisiert'. *Office Management*, Jg.41, Nr.6, S.6-13.

Kieser, A. u. Kubicek, H. (1992). *Organisation*. 3. Aufl.. Berlin: DeGruyter.

Kirchmer, M. (2004). ‚E-business process networks – successful value chains through standards'. *Journal of Enterprise Information Management*, Jg.17, Nr.1, S.20-30.

Kippenberger, T. (1997). ‚Management research: The current state of European SCM'. *The Antidote,* Jg.2, Nr.5, S.19-22.

Köpf, (2003). ‚Netzwerke managen: Kultivierung heterarchischer Systeme – Chancen und Herausforderungen'. *Vordenker (online)*, Jg.4, S.1-5.

Köplin, J. (2006). *Nachhaltigkeit im Beschaffungsmanagement.* Wiesbaden: Deutscher Universitätsverlag.

Kosiol, E. (1964). ‚Betriebswirtschaftslehre und Unternehmensforschung: Eine Untersuchung ihrer Standorte und Beziehungen auf wissenschaftlicher Grundlage'. *Zeitschrift für Betriebswirtschaftslehre,* Jg.34, Nr.12, S.743-762.

Kosiol, E. (1979). *Kostenrechnung der Unternehmung.* 2.Aufl.. Wiesbaden: Gabler.

Kotzab, H. (2000). ‚Zum Wesen von Supply Chain Management vor dem Hintergrund der betriebswirtschaftlichen Logistikkonzeption – erweiterte Überlegungen'. In: Wildemann, H. (Hrsg.): *Supply Chain Management.* München: TCW Verlag, S.21-47.

Kucher, E. u. Hermann, S. (1987). ‚Conjoint measurement: eine neue Technik zur Gewinnoptimierung'. Harvard Manager, Jg.9, Nr.3, S.28-37.

Kühn, R. (1978). *Entscheidungsmehodik und Unternehmenspolitik: Methodische Überlegungen zum Aufbau einer betriebswirtschaftlichen Spezialdisziplin, erarbeitet am Gegenstandsbereich der Unternehmenspolitik.* Stuttgart: Schäffer-Poeschel.

Küting, K u. Lorson, P. (1991). ‚Grenzplankostenrechnung versus Prozesskostenrechnung – Quo vadis Kostenrechnung'. *Betriebsberater,* Jg.46, Nr.21, S.1421-1433.

Küting, K u. Lorson, P. (1995). ‚Stand, Entwicklungen und Grenzen der Prozesskostenrechnung'. In: Männel, W. (Hrsg.): *Prozesskostenrechnung. Bedeutung, Methoden, Branchenerfahrungen, Softwarelösungen.* Wiesbaden: Gabler, S.87-101.

Kuhn, A. u. Kloth, M. (1999). ‚Zukunftsstrategien und Veränderungstreiber der Logistik'. In: Hossner, R. (Hrsg.): *Jahrbuch der Logistik*, Düsseldorf: Verlagsgruppe Handelsblatt, S.160-165.

Kulmala, H.I. (2002). ‚Open-book accounting in networks'. *Finnish Journal of Business Economics,* Jg.51, Nr.2, S.157-177.

Kulmala, H.I. (2004). ‚Developing cost management in customer–supplier relationships: three case studies'. *Journal of Purchasing and Supply Management*, Jg.10, Nr.2, S.65-77.

Kulmala, H.I., Paranko, J. u. Uusi-Rauva, E. (2002). ‚The role of cost management in network relationships'. *International Journal of Production Economics.* Jg.79, Nr.1, S.33-43.

Kummer, S. (1999). ‚Berücksichtigung der Logistik und der Unternehmensführung'. In: Weber, J. u Baumgarten, H. (Hrsg.): *Handbuch Logistik. Management von Material und Warenflüssen.* Stuttgart: Schäffer-Poeschel, S.33-51.

LaLonde, B.J. u. Pohlen; T.L. (1996). ‚Issues in Supply Chain Costing'. *International Journal of Logistics Management*, Jg.7, Nr.1, S.1-12.

Lambert, D.M. (2001). ‚The Supply Chain Management and Logistics Controversy'. In: Brewer, A.M., Button, K.J., Hensher, D.A. (Hrsg.): *Handbook of Logistics and Supply Chain Management.* Oxford: Pergamon Press, S.99-126

Lambert, D.M., Cooper, M.C. (2000). ‚Issues in Supply Chain Management'. *Industrial Marketing Management*, Jg. 29, Nr.1, S.65-83.

Lambert, D.M., Cooper, M.C. u. Pagh, J.D. (1998). ‚Supply Chain Management: Implementation Issues and Research Opportunities'.*The International journal of Logistics Management.* Jg.9, Nr.2, S.1-19.

Lambert, D.M., Emmelhainz, M.A. u. Gardner, J.T. (1996). ‚Developing and implementing Supply Chain Partnership'. *The international Journal of Logistics Management.* Jg.7, Nr.2, S.1-17.

Lambert, D. M., Stock, J. R. u. Ellram, L. M., (1998). *Fundamentals of Logistics Management*, Boston: McGraw-Hill.

Lamming, R. (1993). *Beyond Partnership - Strategies for Innovation and Lean Supply.* New York: Prentice Hall.

Lamming, R., Johnson, T., Zeng, J. u. Harland (2000). ‚An initial classification of supply networks'. *International Journal of Operations and Production Management*, Jg.20, Nr.6, S.675-691.

Lamnek, S. (1995). *Qualitative Sozialforschung, Band 2 Methoden und Techniken.* 3.Aufl.. Weinheim: Psychologie Verlags Union.

Langley, C.J. u. Holcomb, M.C. (1992). ‚Creating logistics customer value'. *Journal of Business Logistics*, Jg.13, Nr.2, S.1-27.

Lasch, R. (1998). *Marktorientierte Gestaltung von Logistikprozessen.* Wiesbaden: Gabler.

Lee, H.L. (2000). ‚Creating value through supply chain integration'. *Supply Chain Management Review*, Jg.4, Nr.4, S.30-36.

Legewie, H. u. Ehlers, W. (1992). *Knaurs moderne Psychologie.* München: Droemersche Verlagsanstalt.

Lelke, C. u. Kress, S. (1998). ‚Prozesskostenrechnung als strategisches Werkzeug eines wertorientierten Führungskonzeptes'. *Kostenrechnungpraxis – Zeitschrift für Controlling*, Jg.42, Nr.3, S.140-152.

Levitt, T. (1965). ‚Exploit the Product Life Cycle'. *Harvard Business Review*, Jg.43, Nr.2, S.81-94.

Liker, J.K. (1996). *Becoming Lean.* New York: Free Press.

Liker, J.K. (2004). *The Toyota Way – 14 Management Principles from the World's Greatest Manufacturer.* New York: McGraw-Hill.

Lin, B., Collins, J. u. Su, R.K. (2001). ‚Supply Chain Costing: an activity-based-perspective'. *International Journal of Physical Distribution & Logistics Management*, Jg.31, Nr.10, S.702-713.

Lockamy, A. u. Smith, W.I. (2000). ‚Target Costing for supply chain management: criteria and selection'. *Industrial Management and Data Systems,* Jg.100, Nr.5, S.210-218.

Lockamy, A. u. McCormack, K. (2004). ‚Linking SCOR planning practices to supply chain performance'. *International Journal of Operation and Production Management*, Jg.24, Nr.12, S.1192-1218.

Lorson, P. (1993). *Straffes Kostenmanagement und neue Technologien.* Berlin: Neue Wirtschaftsbriefe.

Louviere, J.L. (1988). *Analyzing decision making – metric conjoint analysis.* Newbury Park: Sage Publications.

Lyons, A.C., Coronado-Mondragon, A.E. u. Kehoe, D.F. (2004). ‚Factors influencing the Design of BTO Supply Chains'. *International Engineering Management Conference 2004*, S.1269-1272

Maltz, A.B. u. Ellram, L.M. (1997). ‚Total Cost of Relationship: an analytical Framework for the Logistics Outsourcing Decision'. *Journal of Business Logistics,* Jg.18, Nr.1, S.45-66.

Maloni, M. u. Benton, W.C. (2000). ‚Power Influences in the Supply Chain'. *Journal of Business Logistics*, Jg.21, Nr.1, S.49-74.

Marbacher, A. (2001). *Demand & Supply Management: zentrale Aspekte der Gestaltung und Überwachung unternehmensübergreifender Leistungserstellungsprozesse betrachtet aus der Perspektive eines Markenartikelherstellers.* Bern: Paul Haupt.

Männel, W. (1992a). *Handbuch Kostenrechnung.* Wiesbaden: Gabler.

Männel, W. (1992b). ‚Anpassung der Kostenrechnung an moderne Unternehmensstrukturen'. In: Männel, W. (Hrsg.): *Handbuch Kostenrechnung.* Wiesbaden: Gabler, S.105-137.

Männel, W. (1995a). *Prozesskostenrechnung. Bedeutung, Methoden, Branchenerfahrungen, Softwarelösungen.* Wiesbaden: Gabler.

Männel, W. (1995b). ‚Zur Bedeutung der Prozesskostenrechnung'. In: Männel, W. (Hrsg.): *Prozesskostenrechnung. Bedeutung, Methoden, Branchenerfahrungen, Softwarelösungen.* Wiesbaden: Gabler, S.15-25.

Maier, H. u. Hanenkamp, N. (2002). ‚Komplexitätsmanagement in der Supply Chain'. In: Busch, A. u. Dangelmaier, W. (Hrsg.): *Integriertes Supply Chain Management – Theorie und Praxis unternehmensübergreifender Geschäftsprozesse.* Wiesbaden: Gabler, S.109-128.

Mason-Jones, R., Naylor, B. u. Towill, D.R. (2000). ‚Lean, agile or leagile? Matching your supply chain to the marketplace'. *International Journal of Production Research*, Jg.38, Nr.17, S.4061-4070.

Mayer, R. (1990). ‚Prozesskostenrechnung – Rückschritt oder ein neuer Weg?'. *Controlling*, Jg.2, Nr.5, S.274-275.

Mayer, R. (1998). ‚Prozesskostenrechnung – State of the Art'. In: Horváth & Partner (Hrsg.): *Prozesskostenmanagement*. 2.Aufl.. München: Vahlen, S.3-27.

Mayer, R. (2002). ‚Elemente einer Performance Architektur für das Supply Chain Management. In: Gleich, R., Möller, K., Seidenschwarz, W. u. Stoi, R. (Hrsg.): *Controlling-Fortschritte,* München: Vahlen, S.245-262.

Mayring, P. (1999). *Einführung in die qualitative Sozialforschung – eine Anleitung zum qualitativen Denken.* Weinheim: Psychologie Verlags Union.

McCrea, B. (2005). ‚EMS completes the visibility picture'. *Logistics Management*, Jg.4, Nr.6, S.57-61.

McCullen, P. u. Towill, D. (2001). ‚Achieving lean supply through agile manufacturing'. *Integrated Manufacturing Systems,* Jg.12, Nr.7, S.524-533.

McCutcheon, D.M. u. Meredith, J.R. (1993). ‚Conducting Case Study Research in Operations Management'. *Journal of Operations Management*, Jg.12, Nr.11, S.239-256.

McIvor, R. (2001). ‚Lean supply: the design and cost reduction dimensions'. *European Journal of Purchasing and Supply Management*, Jg.7, Nr.4, S.227-242.

Meier, H. u. Forrester, P. (2002). ‚A model for evaluating the degree of leanness of manufacturing firms'. *Integrated Manufacturing Systems*, Jg.13, Nr.2, S.104-109.

Mentzer, J.T., DeWitt, W., Keebler, J.S., Min, S., Nix, N.W., Smith, C.D. u. Zacharia, Z.G. (2001). ‚Defining Supply Chain Management'. *Journal of Business Logistics*, Jg.22, Nr.2, S.1-25.

Meredith, J. (1993). ‚Theory building through conceptual methods'. International Journal of Operations & Production Management, Jg.13, Nr.5, S.3-11.

Meredith, J. (1998). ‚Building operations management theory through case and field research'. *Journal of Operations Management*, Jg.16, Nr.4, S.439-452.

Michel, R., Torspecken, H.-D. u. Jandt, J. (2004). *Neuere Formen der Kostenrechnung mit Prozesskostenrechnung*. 5. Aufl.. München: Carl Hanser.

Miles, R.E. u. Snow, C.C. (1978). *Organizational strategy, structure, and process.* New York: McGraw-Hill.

Miles, R.E. u. Snow, C.C. (1992). ‚Causes of Failure in Network Organizations'. *California Management Review*, Jg.34, Nr.4, S.53-72.

Miller, D. (1986). ‚Configurations of Strategy ans Structure: Towards a Synthesis'. *Strategic Management Journal*, Jg.7, Nr.3, S.233-249.

Miller, J.A. (1988). ‚Relating Porter's business strategies to environment and structure: analysis and performance implications'. *Academy of Management Journal*, Jg.30, Nr.2, S.7-32.

Miller, J.A. (1996). *Activity Based Management in Daily Operation.* Chichester: John Wiley & Sons.

Mistry, J.J. (2005). ‚Supply Chain Management: a case study of an integrated lean and agile model'. *QRAM*, Jg.2, Nr.2, S.193-215.

Möller, K. (2002). ‚Wertorientiertes Supply Chain Controlling – Gestaltung von Wertbeiträgen, Wertaufteilung und immateriellen Werten. In: Weber, J. u. Hirsch, B. (Hrsg.): *Controlling als akademische Disziplin. Ergebnisse einer Bestandsaufnahme*. Wiesbaden: Gabler, S.311-327.

Möller, G. u. Möller, K. (2002). ‚Konstruktionsbegleitendes Supply Chain Controlling mit prozeßorientiertem Kostenmanagement'. In: Hahn, D. u. Kaufmann, L. (Hrsg.): *Handbuch Industrielles Beschaffungsmanagement*. Wiesbaden: Gabler, 2.Aufl., S.747-764.

Monckza, R.M. u. Trecha, S.J. (1988). ‚Cost-based supplier performance evaluation'. *Journal of Purchasing and Materials Management*, Jg.24, Nr.1, S.2-7.

Monden, Y. (1983). *The Toyota Production System*. Portland: Productivity Press.

Monden, Y. (1995). *Cost Reductions Systems – Target Costing and Kaizen Costing.* Portland: Productivity Press.

Morana, R. (2006). *Management von Closed-loop Supply Chains. Analyserahmen und Fallstudien aus dem Textilbereich.* Wiesbaden: Deutscher Universitätsverlag.

Mouritsen, J., Hansen, A. u. Hansen, C.O. (2001). ‚Interorganizational controls and organizational competencies: episodes around target cost management/functional analysis and open book accounting'. *Management Accounting Research*, Jg.12, Nr.2, S.221-244.

Mouritsen, J., Skøtt-Larsen, T. u. Kotzab, H. (2003). ‚Exploring the contours of supply chain management'. *Integrated Manufacturing Systems*, Jg.14, Nr.8, S.686-695.

Münch, J.W., Held, W., Nelißen, M. u. Klein, J. (2000). ‚Leistungs- und Kostenrechnung in der Datenverarbeitung - Am Beispiel der Hochschulrechenzentren in NRW'. *Westfälische Wilhems-Universität Münster – Forschungsbericht des Zentrums für Informationsverarbeitung*, S. 1-23.

Müller, M. (2005). *Informationstransfer im Supply Chain Management. Analyse aus Sicht der neuen Institutionenökonomie.* Wiesbaden: Deutscher Universitätsverlag.

Müller, M., Seuring, S. u. Goldbach, M. (2003). ‚Supply Chain Management – Neues Konzept oder Modetrend?' *Die Betriebswirtschaft*, Jg.63, Nr.4, S.419-439.

Munday, M. (1992). ‚Accounting cost data disclosure and buyer–supplier partnerships: a research note'. *Management Accounting Research*, Jg.3, Nr.3, S.245-250.

Naylor, J.B., Naim, M.M. u. Berry, D. (1997). ‚Leagility: Integrating the lean and agile manufacturing paradigms in the total supply chain'. *MASTS working paper Nr.47*, Cardiff University.

Naylor, J.B., Naim, M.M. u. Berry, D. (1999). ‚Leagility: Integrating the lean and agile manufacturing paradigms in the total supply chain'. *International Journal of Production Economics*, Jg.62, Nr.1/2, S.107-118.

Neely, A., Gregory, M. u. Platts, K. (1995). ‚Performance Measurement System Design: A Literature Review and Research Agenda'. *International Journal of Operations and Production Management*, Jg.15, Nr.4, S.80-116.

Neely, A., Bourne, M. u. Kennerley, M. (2000). ‚Performance measurement system design: developing and testing a process-based approach'. *International Journal of Operations and Production Management*, Jg.20, Nr.10, S.1119-1145.

New, S.J. (1996). ‚A framework for analyzing supply chain improvement'. *International Journal of Operations and Production Management*, Jg.16, Nr.4, S.19-34.

New, S.J. (1997). ‚The scope of Supply Chain Management Research'. *Supply Chain Management,* Jg.2, Nr.1, S.15-22.

Niemand, S. (1992). ‚Prozesskostenrechnung für den Beschaffungsbereich eines Automobilherstellers'. *Kostenrechnunpraxis*, Jg.36, Nr.3, S.160-167.

Normann, R. u. Ramírez, R. (1993). ‚From Value Chain to Value Constellation: Designing Interactive Strategy'. *Harvard Business Review*, Jg.71, Nr.4, S.65-77.

Normann, R. u. Ramírez, R. (1994). ‚Werte schaffen mit Kunden und Lieferanten'. *Harvard Business Manager*, Jg.16, Nr.1, S.53-64.

Ohno, T. (1988). *The Toyota Production System: Beyond Large-Scale Production.* Portland: Productivity Press.

Oliver, N., Delbridge, R. u. Lowe, J. (1996). ‚Lean production practices: International Comparisons in the Auto Components Industry'. *British Journal of Management*, Jg.7, Nr.1, S.29-44.

Oliff, M.D., Arpan, J.S. u. DuBois, F.L. (1989). ‚Global manufacturing rationalization: The design and management of international factory networks'. In: Ferdows, K. (Hrsg.): *Managing international manufacturing.* Amsterdam: North-Holland, S.41-65.

Olshagen, C. (1991). *Prozesskostenrechnung – Aufbau und Einsatz.* Wiesbaden: Gabler.

Otley, D.T. u. Berry, A.J. (1998). ‚Case study Research in Management Accounting and Control'. *Accounting Education*, Jg.7, Nr.4, S.105-127.

Otto, A. (2002). *Management und Controlling von Supply Chains – ein Modell auf Basis der Netzwerktheorie.* Wiesbaden: Gabler.

Otto, A. u. Kotzab, H. (1999). ‚How Supply Chain Management contributes to the Management of Supply Chains. Preliminary thoughts on an unpopular question'. In: Larsson, E. u. Paulsson, U. (Hrsg.): *Building new Bridges in Logistics*, Proceedings on the 11th Annual Conference for Nordic Researchers in Logistics, Lund University.

Otto, A. u. Kotzab, H. (2003). ‚Does Supply Chain Management really pay? Six perspectives to measure the performance of managing a supply chain'. *European Journal of Operatios Research*, Jg.144, Nr.2, S.306-320.

Pampel, J. (1992). ‚Erfassung und Kalkulation von Beschaffungskosten'. In: Männel, W. (Hrsg.): *Handbuch Kostenrechnung.* Wiesbaden: Gabler, S.810-819.

Pampel, J. (1993). *Kooperation mit Zulieferern. Theorie und Management.* Wiesbaden: Gabler.

Persson, F. u. Olhager, J. (2002). ‚Performance simulation of supply chain designs'. *International Journal of Production Economics*, Jg.77, Nr.3, S.231-245.

Peschke, M.A. (1997). *Wertorientierte Strategiebewertung: Modell, Konzeption, und Umsetzung.* Wiesbaden: Gabler.

Pfohl, H.-C. (1997). ‚Logistikkanal'. In: Ihde, G. u. Bloech, J. (Hrsg.): *Vahlens Großes Logistiklexikon.* München: Vahlen, S.580-584.

Pfohl, H.-C. (2000). ‚Supply Chain Management: Konzepte, Trends und Strategien'. In: Pfohl, H.C. (Hrsg.): *Supply Chain Management: Logistik plus?*, Berlin, S.1-42.

Pfohl, H.-C. (2004). *Logistikmanagement – Konzeption und Funktionen.* 2. Aufl.. Berlin: Springer.

Picot, A. u. Dietl, H. (1990). ‚Transaktionskostentheorie'. *Das Wirtschaftsstudium*, Jg.19, Nr.4, S.178-184.

Picot, A., Reichwald, R. u. Wigand, R.T. (2001). *Die grenzenlose Unternehmung. Information, Organisation und Management.* 4. Aufl.. Wiesbaden: Gabler.

Prasad, S., Tata, J. u. Madan, M. (2005). ‚Build to order supply chains in developed and developing countries'. *Journal of Operations Management*, Jg.23, Nr.5, S.551-568.

Pritsch, G. (2000). *Realoptionen als Controllinginstrument – das Beispiel pharmazeutische Forschung und Entwicklung.* Wiesbaden: Gabler.

Poesche, J. (2001). ‚Agile Produktion – Voraussetzung für das Supply Chain Management in der chemischen Industrie'. *FB/IE*, Jg.50, Nr.2 , S.65-70.

Pohlen, T. u. Coleman, B.J. (2005). ‚Evaluating Internal Operations and Supply Chain Performance Using EVA and ABC'. *SAM ADVANCED MANAGEMENT JOURNAL*, Spring 2005, S.45-58.

Porter, M.E. (1985). *Competitive advantage: creating and sustaining superior performance.* New York: Free Press.

Porter, M.E. (1996). ‚What is strategy'. *Harvard Business Review*, Jg.74, Nr.6, S.61-78.

Porter, M.E. (1996). ‚Clusters and the new economics of competition'. *Harvard Business Review*, Jg.76, Nr.6, S.77-90.

Porter, M.E. (1999). *Wettbewerbsstrategie.* 10. Aufl.. Frankfurt am Main: Campus

Power, D. (2005). ‚Supply chain management integration and implementation: a literature review'. *Supply Chain Management: An International Journal*, Jg.10, Nr.4, S.252-263.

Prahalad, C.K. u. Hamel, G. (1990). ‚The Core Competence of the Corporation'. *Harvard Business Review*, Jg.68, Nr.3, S.79-91.

Prockl, G. (1998). ‚Supply Chain Software'. In: Klaus, P. u. Krieger, W. (Hrsg.): *Gabler-Lexikon Logistik: Management logistischer Netzwerke und Flüsse.* Wiesbaden: Gabler, S.441-445.

Prockl, G. (2001). *Supply Chain Management als Gestaltung überbetrieblicher Versorgungsnetze.* Bobingen: Deutscher Verkehrs-Verlag.

Prozeus (2004). ‚EAN128-Transportettikett. Nutzen, Wirtschaftlichkeit,Projektumsetzung'. In: Centrale für Coorganisation GmbH und Institut der deutschen Wirtschaft Consult GmbH (Hrsg.): *eBusiness_Praxis für den Mittelstand*. Köln: edition agrippa, S.1-15.

Punch, K.F. (2003). *Survey research – the basics*. London: SAGE Publications Ltd..

Rade, K. (2004). *Erfolgs- und Beteiligungsrechnung für unternehmensübergreifende SCM-Systeme – Prognose, Erfassung und Verteilung des Erfolges aus der IT-Integration vertikaler Wertschöpfungspartnerschaften*. Berlin: TU Berlin D83.

Raffish, N. u. Turney, B.-B. (1991). ‚Glossary of Activity-Based Management'. *Journal of Cost Management*, Jg.5, Nr.3, S.53-63.

Ragatz, G.L., Handfield, R.B. u. Scannel, T.V. (1997). ‚Success factors for integrating suppliers into new product development'. *Journal of Production Innovation Management*, Jg.14, Nr.3, S.190-202.

Ramos, M.M. (2004). ‚Interaction between Management Accounting and Supply Chain Management'. *Supply Chain Management: An International Journal*, Jg.9, Nr.2, S.134-138.

Reckenfelderbäumer, M. (1994). *Entwicklungsstand und Perspektiven der Prozesskostenrechnung*. Wiesbaden: Gabler.

Reeve, J.M. u. Srinivasan, M.M. (2005). ‚Which Supply Chain Design is right for you?'. *Supply Chain Management Review*, Jg.9, Nr.4, S.50-57.

Rehkugler, H. (1993). ‚Kostenbegriffe, Kostenarten und Kostenkategorien'. In: Wittmann, W., Kern, W., Köhler, R., Küpper, U. u. von Wysocki, K. (Hrsg.): *Handwörterbuch der Betriebswirtschaft, 2.Teilband*. 5.Aufl.. Stuttgart: Schäffer-Poeschel, Sp.2320-2329.

Reichmann, T. (1997). *Controlling mit Kennzahlen und Managementberichten. Grundlagen einer systemgestützten Controlling-Konzeption*. 5.Aufl.. München: Vahlen.

Reiner, G. u. Trcka, M. (2004). ‚Customized supply chain design: Problems and alternatives for a production company in the food industry. A simulation based approach'. *International Journal of Production Economics*, Jg.89, Nr.2, S.217-229.

Reutterer, T. u. Kotzab, H.W. (2000). ‚The Use of Conjoint-Analysis for Measuring Preferences in Supply Chain Design'. *Industrial Marketing Management*, Jg.29, Nr.1, S.27-35.

Ritter, M. (2003). ‚The use of balanced scorecards in the strategic management of the corporate communication'. *Corporate Communications: An International Journal*, Jg.8, Nr.1, S.44-59.

Robertson, M. u. Jones, C. (1999). ‚Application of lean production and agile manufacturing concepts in a telecommunications environment'. *International Journal of Agile Manufacturing Systems*, Jg.1, Nr.1, S.14-17.

Robson, C. (2002). *Real World Research*. 2.Aufl.. Oxford: Blackwell Publishing.

Rösler, F. (1995). ‚Kundenanforderungen als Determinante des Kostenmanagements komplexer Produkte'. *Kostenrechnungspraxis*, Jg.39, Nr.4, S.214-219.

Romano, P. (2003). ‚Co-ordination and integration mechanisms to manage logistics processes across supply networks'. *Journal of Purchasing and Supply Management*, Jg.9, Nr.3, S.119-134.

Rosemann, M. (1996). *Komplexitätsmanagement in Prozessmodellen: Methodenspezifische Gestaltungsempfehlungen für die Informationsmodellierung*. Wiesbaden: Gabler.

Ross, D. F. (1997). *Competing through Supply Chain Management – Creating Market-Winning Strategies through Supply Chain Partnerships*. Boston: Kluwer.

Rother, M. u. Shook, J. (1998). *Learning To See: Value Stream Mapping to Add Value and Eliminate Muda*. Brookline: The Lean Enterprise Institute.

Roxin, J. (1992). *Internationale Wettbewerbsanalyse und Wettbewerbsstrategie*. Wiesbaden: Gabler.

Rudberg, M. u. Olhager, J. (2003). ‚Manufacturing networks and supply chains: an operations strategy perspective'. *Omega – The International Journal of Management Science*, Jg.31, Nr.1, S. 29-39.

Saunders, M., Lewis, P. u. Thornhill, A. (2003). *Research Methods for Business Students*. 3. Aufl.. London: Prentice Hall.

Scapens, R.W. (1990). ‚Research management accounting practice: the role of case methods'. *British Accounting Review,* Jg.22, Nr.3, S.259-281.

Schäffer, U. (2001). ‚Strategische Steuerung mit der Balanced Scorecard'. In: Freidank, C.C. u. Mayer, E. (Hrsg.): *Controlling Konzepte Neue Strategien und Werkzeuge für die Unternehmenspraxis.* 5. Aufl.. Wiesbaden: Gabler, S.461-493.

Schanz, G. (1988). *Methodologie für Betriebswirte.* 2. Aufl.. Stuttgart: Schäffer-Poeschel.

Schein, E.H. (1987). *Process Consultation.* 2.Aufl.. Reading: Addison-Wesley.

Schmenner, R.W. (2004). ‚Service Businesses and Productivity', *Decision Science*, Jg.35, Nr.3, S. 333-347.

Schmenner, R.W., Swink, M.L. (1998). ‚On theory in operations management'. *Journal of Operations Management*, Jg.17, Nr.1, S. 97-113.

Schmitt, A., Engelbrecht, C., Knobloch, U., Wallenburg, C.M. u. Weber, J. (2002). ‚Gestaltungsfeld Controlling'. In: Baumgarten, H., Stabenau, H., Weber, J. u. Zentes, J. (Hrsg.): *Management integrierter logistischer Netzwerke.* Bern: Paul Haupt, S.105-212.

Schönsleben, P. (2000a). ‚With agility and adequate partnership strategies towards effective logistics networks'. *Computers in Industry*, Jg.42, Nr.1, S.33-42.

Schönsleben, P. (2000b). *Integrales Logistikmanagement. Planung und Steuerung von umfassenden Geschäftsprozessen.* 2.Aufl.. Berlin: Springer.

Scholz, C. (1995). ‚Controlling im Virtuellen Unternehmen'. In: Scheer, A.W. (Hrsg.): *Rechnungswesen und EDV.* 16. Saarbrücker Arbeitstagung 1995. Aus Turbolenzen zum gestärkten Konzept? Heidelberg: Physica, S.171-192.

Schreyögg, G. (1999). *Organisation. Grundlage moderner Organisationsgestaltung.* Wiesbaden: Gabler.

Schüco (2005a). *Presseinformation AV030/ April 2005.* Bielefeld.

Schüco (2005b). *Schüco Vision 2012.* Internetquelle: http://www.schueco.de/ns_cda/index/1,14113,3034392d323031312d312d3137333302d3236323533342d302d535444,00.html. Abgerufen am: 02.06.2005.

Schüco (2007). *Schüco Geschäftsbereiche.* Internetquelle: http://www.schueco.de/ns_cda/index/1,14113,3034392d323031312d312d32322d3133383634352d302d535444,00.html. Abgerufen am: 14.07.2007.

Schulte, C. (2005). *Logistik: Wege zur Optimierung der Supply Chain.* 4. Aufl.. München: Vahlen.

Schultmann, F., Engels, B. u. Rentz, O. (2003). ‚Closed Loop Supply Chains for Spent Batteries', *Interfaces*, Jg.33, Nr.6, S.57-71.

Schulze, M., Seuring, S. u. Ewering, C. (2006a). ‚Build-to-order Supply Chain Management – Anwendungsbedingungen und Fallbeispiel'. In: Dangelmaier, W., Döring, A and Laroque, C. (Hrsg.): *Die Supply Chain von morgen – Lieferfähigkeit im globalen Unternehmen*, Paderborn: ALB-HNI-Verlagsschriftenreihe, S.1-10.

Schulze, M., Seuring, S. u. Ewering, C. (2006b). ‚Cost-effective Co-ordination of multi level Supply Networks'. In: Mendibil, K u. Shamsuddin, A. (Hrsg.): *Moving up the value chain*, Proceedings of the 13th International Conference European Operations Management Association, Volume I, Glasgow, S.423-432.

Schweitzer, M. u. Küpper, H.-U. (1998). *Systeme der Kostenrechnung*, 7. Aufl.. München: Vahlen

Scott, C. u. Westbrook, R. (1991). ‚New strategic tools for supply chain management'. *International Journal of Physical Distribution and Logistics Management*, Jg.21, Nr.1, S.23-33.

Seal, W., Berry, A u. Cullen, J. (2004). ‚Disembedding the supply chain: institutionalized reflexivity and inter-firm accounting'. *Accounting, Organizations and Society,* Jg.29, Nr.1, S.73-92.

Seal, W., Cullen, J., Dunlop, A., Berry, T. u. Ahmed, M. (1999). 'Enacting a European supply chain: a case study on the role of management accounting'. *Management Accounting Research*, Jg.10, Nr.3, S.303-322.

Seicht, G. (1992). ‚Die Prozesskostenrechnung – Fortschritt oder Weg in die Sackgasse?'. *Journal für Betriebswirtschaft*, Jg.42, Nr.4, S.198-203.

Seicht, G. (1994). ‚Was ist unter „Instrumenten der Kostenbeeinflussung" zu verstehen? Versuch einer Begriffsabgrenzung'. *Journal für Betriebswirtschaft*, Jg.44, Nr.1, S.2-9.

Seidenschwarz, W. (1993). *Target Costing – Marktorientiertes Zielkostenmanagement*. München: Vahlen.

Seidenschwarz, W. u. Niemand, S. (1994). ‚Zuliefererintegration im marktorientierten Zielkostenmanagement'. *Controlling*, Jg.5, Nr.5, S.262-270.

Seidenschwarz, W. u. Gleich, R. (1997). ‚Controlling und Marketing als Schwesterfunktionen – Balanced Scorecard und Marktorientiertes Kostenmanagement als verbindende Konzepte'. In: Tomczak, T., Reinecke, S., Dittrich, S., (Hrsg.): *Marketingcontrolling*. St. Gallen: Thexis, S.258-272.

Seidenschwarz, W., Esser, J., Niemand, S. u. Rauch, M. (1997). ‚Target Costing: Auf dem Weg zum marktorientierten Unternehmen'. In: Franz, K.P. u. Kajüter, P. (Hrsg.): Kostenmanagement – Wettbewerbsvorteile durch systematische Kostensteuerung. Stuttgart: Schäffer-Poeschel, S.101-126.

Selldin, E. u. Olhager, J. (2002). ‚Testing the Fit between Products and Supply Chains'. In: Christiansen, J.K. u. Boer, H. (Hrsg..): *Operations Management and the New Economy*, Proceedings of the 9th International Conference European Operations Management Association, Copenhagen, S.1305-1314.

Selldin, E. u. Olhager, J. (2003). ‚Testing the relationship between product, process and supply chain design'. In: Spina, G., Vinelli, A., Cagliano, R., Klachschmidt, M., Romano, P. u. Salvador, F. (Hrsg.): *One World? One View of OM? - The Challenges of Integrating Research & Practice*, Proceedings of the 10th International Conference European Operations Management Association, 16-18 June 2003, Como, Italy, Volume II, S.281-290.

Seuring, S. (2001). *Supply Chain Costing – Kostenmanagement in der Wertschöpfungskette mit Target Costing und Prozesskostenrechnung*. München: Vahlen.

Seuring, S. (2002a). ‚Supply chain costing – a conceptual framework'. In: Seuring, S. u. Goldbach, M. (Hrsg.): *Cost Management in Supply Chains*. Heidelberg: Physica, S.15-30.

Seuring, S. (2002b). ‚Supply Chain Costing'. In: Franz, K.P. u. Kajüter, P. (Hrsg.): *Kostenmanagement. Wertsteigerung durch systematische Kostensteuerung*. 2. Aufl.. Stuttgart: Schäffer-Poeschl, S.339-356.

Seuring, S. (2005a). *Supply Chain Management*. Oldenburg: Universität Oldenburg.

Seuring, S. (2005b). ‚Case study Research in Supply Chain Management – An Outline and Three Examples'. In: Kotzab, H., Seuring, S., Müller, M., Reiner, G. (Hrsg.): *Research Methodologies in Supply Chain Management*, Heidelberg: Physica, S.235-250.

Seuring, S. (2006a). ‚Supply chain controlling: summarizing recent developments in German literature'. *Supply Chain Management: An International Journal*, Jg.11, Nr.1, S.10-14

Seuring, S. (2006b). ‚The rigor of case study research in supply chain Management'. In: Jahre, M., Persson, G. (Hrsg.): *NOFOMA 2006*, Proceedings of the 18th annual conference for Nordic researchers in Logistics, 08-09 June 2006, Oslo, Norway, S.1-16.

Seuring, S. u. Schneidewind (2000). ‚Kostenmanagement in der Wertschöpfungskette'. In: Wildemann, H. (Hrsg.): *Supply Chain Management*. München: TCW Transfer-Centrum, S.227-250.

Seuring, S., Müller, M. u. Goldbach, M. (2003). ‚Supply Chain Management – Neues Konzept oder Modetrend?' *DBW*, Jg.63, Nr.4, S.419-439.

Shank, J.K. u. Govindarajan, V. (1995). *Vorsprung durch strategisches Kostenmanagement*. München: Verlag moderne Industrie

Shapiro, J.F., Singhal, V.M. u. Wagner, S.N. (1993). ‚Optimizing the value chain'. *Interfaces*, Jg.23, Nr.2, S.102-117.

Shepherd, C. u. Günter, H. (2006). ‚Measuring supply chain performance: current research and future directions'. *International Journal of Productivity and Performance Management*, Jg.55, Nr.3/4, S.242-258.

Shingo, S. (1981). *Study of the Toyota Production Systems.* Tokyo: Japan Management Association.

Shingo, S. (1988). *Non-Stock Production: The Shingo System for Continuous Improvement.* Cambridge: Productivity Press.

Shi, Y. u. Gregory, M. (1998). ‚International manufacturing networks – to develop global competitive capabilities'. *Journal of Operations Management*, Jg.16, Nr.2/3, S.195-214.

Simchi-Levi, D., Kaminsky, Ph. u. Simchi-Levi, E. (2000). *Designing and Managing the Supply Chain. Concepts, Strategies and Case Studies.* Boston: McGraw Hill.

Singhal, J. u. Singhal, K. (2002). ‚Supply chains and compatibility among components in product design'. *Journal of Operations Management*, Jg.20, Nr.3, S.289-302.

Skinner, W. (1974). ‚The focused Factory'. Harvard Business Review, Jg.52, Nr.3, S.113-121.

Skinner, W. (1996). ‚Manufacturing strategy on the "S" curve'. *Production and Operations Management*, Jg.5, Nr.1, S.3-14.

Skjøtt-Larsen, T. (1999). ‚Interorganizational Relations from a Supply Chain Management Point of View'. *Logistik Management*, Jg.1, Nr.2, S.96-108.

Slagmulder, R. (2002). ‚Managing Costs across the Supply Chain'. In: Seuring, S., Goldbach, M. (Hrsg.): *Cost Management in Supply Chains.* Heidelberg: Physica, S.75-88.

Slack, N. (1983). ‚Flexibility as amanufacturing objective. *International Journal of Operations and Production Management,* Jg.3, Nr.3, S.4-13.

Slack, N., (1987). ‚The flexibility of manufacturing systems. *International Journal of Operations and Production Management,* Jg.7, Nr.4, S.35-45.

Slack, N. u. Lewis, M. (2002). *Operations Strategy.* Harlow: Prentice Hall.

Slack, N., Chambers, S. u. Johnston, R. (2004). *Operations Management.* 4. Aufl.. London: Pitman.

Smith, W.I. u. Lockamy, A. (2000). ‚Target Costing for Supply Chain Management: An Economic Framework'. *The Journal of Corporate Accounting & Finance*, Jg.12, Nr.1, S.67-77.

Soukup, W. (1987). ‚Supplier selection strategies'. *Journal of Purchasing and Materials Management*, Jg.23, Nr. 2, S.7-12.

Specht, D. u. Hellmich, K. (2000). ‚Management der Zulieferbeziehungen in dynamischen Produktionsnetzen'. In: Wildemann, H. (Hrsg.): *Supply Chain Management.* München: TCW Transfer-Centrum Verlag, S.89-115.

Spekmann, R.E., Kamauff, J.W. u. Myhr, N. (1998). ‚An empirical investigation into supply chain management: a perspective on partnerships". *Supply Chain Management*, Jg.3, Nr.2, S.53-67.

Stadler, H. (2000). ‚Supply Chain Management – an Overview'. In: Stadler, H. u. Kilger, C. (Hrsg.): *Supply Chain Management and Advanced Planning – Concepts, Models, Software and Case Studies.* Berlin: Springer, S.7-28.

Steinmann, H. u. Schreyögg, G. (2005). *Management. Grundlagen der Unternehmensführung. Konzepte – Funktionen – Fallstudien.* 6. Aufl.. Wiesbaden: Gabler.

Stevens, G.C. (1989). ‚Integrating the Supply Chain'. *The International Journal of Physical Distribution and Materials Management*, Jg.19, Nr.8, S.3-8.

Stewart, G. (1997). ‚Supply-chain operations reference model (SCOR): the first cross-industry framework for integrated supply-chain management'. *Logistik Information Management,* Jg.10, Nr.2, S.62-67.

Stölzle, W. (2002). ‚Supply Chain Controlling – eine Plattform für die Controlling- und die Logistikforschung?'. In: Weber, J. u. Hirsch, B. (Hrsg.): *Controlling als akademische Disziplin. Ergebnisse einer Bestandsaufnahme.* Wiesbaden: Gabler, S.283-309.

Stölzle, W., Heusler, K.F. u. Karrer, M. (2001). ‚Die Integration der Balanced Scorecard in das Supply Chain Management-Konzept (BSCM)'. *Logistik Management*, Jg.3, Nr.2/3, S.73-85.

Stoi, R. (1999). *Prozessorientiertes Kostenmanagement in der deutschen Unternehmenspraxis – eine empirische Untersuchung.* München: Vahlen.

Stuart, I., McCutcheon, D, Handfield, R., McLachlin, R. u. Samson, D. (2002). ‚Effective case research in operations management: a process perspective. *Journal of Operations Management*, Jg.20, Nr.5, S.419-433.

Supply Chain Council (2005). *Supply Chain Operations reference Model Version 7.0.* Washington: The Supply Chain Council, Inc.

Supply Chain Council (2006). *About Us* Internetquelle: http://www.supply-chain.org/page.ww?-section=About+Us&name=About+Us. Abgerufen am 08.08.2006.

Swafford, P.M., Ghosh, S. u. Murthy, N. (2006). ‚The antecedents of supply chain agility of a firm: Scale development and model testing'. *Journal of Operations Management*, Jg.24, Nr.2, S.170-188.

Swamidass, P. M. (1991). Empirical science: New frontier in Operations Management Research. *Academy of Management Review*, Jg.16, Nr.4, S.793-814.

Ulrich, H. (1982). ‚Anwendungsorientierte Wissenschaft'. *Die Unternehmung*, Jg.36, Nr.1, S.1-10.

Ulrich, P. u. Fluri, E. (1995). *Management. Eine konzentrierte Einführung*. 7. Aufl.. Bern: Paul Haupt.

Tanaka, M. (1989). ‚Cost Planning and control systems in the design phase of a new product'. In: Monden, Y., Sakurai, M. (Hrsg.): *Japanese Management Accounting: A World Class Approach to Profit Management.* Cambridge: Productivity Press, S.49-71.

Tani, T. (1995). ‚Interactive control in target cost management'. *Management Accounting Research*, Jg.6,Nr.4, S.399-414.

Taylor, D. u. Brunt, D. (2001). *Manufacturing Operations.* London: Thompson.

Thaler, K. (2003). *Supply Chain Management.* 4. Aufl.. Troisdorf: Bildungsverlag EINS.

Timmermann, E. (1986). ‚An approach to supplier performance evaluation'. *Journal of purchasing and material management*, Jg.22, Nr.4, S.2-8.

Tomkins, C. (2001). ‚Interdependencies, trust and information in relationships, alliances and networks'. *Accounting, Organisations and Society*, Jg.26, Nr.2, S.161-191.

Towill, D.R., Naim, M.M. u. Wikner, J. (1992). ‚Industrial Dynamics Simulation Models in the Design of Supply Chains'. *International Journal of Physical Distribution and Logistics Management*, Jg.22, Nr.5, S.3-13.

Turner, J.R. (1993). ‚Integrated Supply Chain Management: What's wrong with this picture'. *Industrial Enginering*, Jg.25, Nr.12, S.52-55.

Turney, P.B.B. (1992). ‚Activity-based management: ABM puts ABC information into work'. Management Accounting, Jg.73, Nr.7, S.20-25.

Vahrenkamp, R. (1999). ‚Supply Chain Management'. In: Weber, J. u Baumgarten, H. (Hrsg.): *Hanbuch Logistik. Management von Material und Warenflüssen.* Stuttgart: Schäffer-Poeschel, S.308-321.

Van der Vaart, T. u. Van Donk, D.P. (2004). ‚Buyer Focus: Evaluation of a new Concept for Supply Chain Integration'. *International Journal of Production Economics*, Jg.92, Nr.1, S.21–30.

Van der Vaart u. Van Donk (2006). ‚Buyer-focused operations as a supply chain strategy: Identifying the influence of business characteristics'. *International Journal of Operations and Production Management*, Jg.26, Nr.1, S.8-23.

Van Donk, D.P. (2003). ‚Redesigning the supply of gasses in a hospital'. *Journal of Purchasing and Supply Management*, Jg.9, Nr.5/6, S.225-233.

Van Donk, D.P. u. Van der Vaart (2005). In: Kotzab, H., Seuring, S., Müller, M., Reiner, G. (Hrsg.): *Research Methodologies in Supply Chain Management*, Heidelberg: Physica, S.31-46.

Veil, T. (2001). *Internes Rechnungswesen zur Unterstützung der Führung in Unternehmensnetzwerken.* Göttingen: Culliver.

Veil, T. u. Hess, T. (2001). ‚Langzeitstudie zum Controlling von Unternehmensnetzwerken'. *Arbeitsbericht Nr. 1/2001 der Abteilung Wirtschaftsinformatik II der Universität Göttingen.* Göttingen.

Vickery, S.K., Jayaram, J., Droge, C. u. Calantone, R. (2003). ‚The effects of an integrative supply chain strategy on customer service and financial performance: an analysis of direct versus indirect relationships'. *Journal of Operations Management*, Jg.21, Nr.5, S.532–539.

Vodrazka, K. (1992). ‚Pagatorischer und wertmäßiger Kostenbegriff'. In: Männel, W. (Hrsg.): *Handbuch Kostenrechnung.* Wiesbaden: Gabler, S.19-30.

Vokurka, R.J. u. O'Leary-Kelly, S.W. (2000). ‚A review of empirical research on manufacturing flexibility'. *Journal of Operations Management*, Jg.18, Nr.4, S.485-–501.

Vonderembse, M., Uppal, M., Huang, S.H. u. Dismukes, J.P. (2006). ‚Designing supply chains: Towards theory development'. *International Journal of Production Economics.* Jg.100, Nr.2, S.223-238.

Von Stengel, R. (1999). ‚Logistiknetzwerke'. In: Weber, J. u Baumgarten, H. (Hrsg.): *Handbuch Logistik. Management von Material und Warenflüssen.* Stuttgart: Schäffer-Poeschel, S.910-923.

Voss, C., Tsikriktsis, N. u. Frohlich, M. (2002). ‚Case Research in Operations Management'. *International Journal of Operations and Production Management*, Jg.22, Nr.2, S.195-219.

Wacker, J. G. (1998). ‚A Definition of Theory: Research Guidelines for Different Theorybuilding Research Methods in Operations Management'. *Journal of Operations Management*, Jg.16, Nr.4, S.359-382.

Wagenhofer, A. (1997). ‚Kostenrechnung und Verhaltenssteuerung'. In: Freidank, C.-C., Götze, U., Huch, B. u. Weber, J. (Hrsg.): *Kostenmanagement.* Berlin: Springer, S.57-78.

Waters, D. (2003). ‚Development and trends in supply chain management'. In: Waters, D. (Hrsg.): *Global logistics and distribution planning – strategies for management.* 4.Aufl.. London: Kogan Page Ltd., S.3-21.

Weber, J. (1996). ‚Zur Bildung und Strukturierung spezieller Betriebswirtschaftslehren – ein Beitrag zur Standortbestimmung und weiteren Entwicklung'. *DBW, Jg.56, Nr.1, S.63-84.*

Weber, J. (2002a). *Logistikkostenrechnung.* 2. Aufl.. Berlin: Springer.

Weber, J. (2002b). *Logistik- und Supply Chain Controlling.* 5. Aufl.. Stuttgart: Schäffer-Poeschel.

Weber, J. (2004). *Einführung in das Controlling.* 10. Aufl.. Stuttgart: Schäffer-Poeschel.

Weber, J. (2005). ‚Logistik und Supply Chain Controlling'. In: Schäffer, U. u. Weber, J.(Hrsg.): *Bereichscontrolling – Funktionsspezifische Anwendungsfelder, Methoden und Instrumente.* Stuttgart: Schäffer-Poeschel, S.191-213.

Weber, J. u. Aust, R. (1998). ‚Reengineering der Kostenrechnung – vom komplexen Rechensystem zur internen Dienstleistung'. *Kostenrechnungspraxis,* Jg.42, Nr.3, S.133-139.

Weber, J. u. Kummer, S. (1998). *Logistik Management.* 2.Aufl.. Stuttgart: Schäffer-Poeschel.

Weber, J. u. Schäffer, U. (2000). ‚Einführung in die Balanced Scorecard – 8 Erfolgsfaktoren. *Controller Magazin*, Jg.69, Nr.1, S.3-7.

Weber, J. u. Schäffer, U. (2001a). ‚Sicherstellung der Rationalität von Führung als Funkrion des Controlling'. In: Weber, J. u. Schäffer, U. (Hrsg.): *Rationalitätssicherung der Führung.* Wiesbaden: Gabler, S.25-45.

Weber, J. u. Schäffer, U. (2001b). *Balanced Scorecard & Controlling, Implementierung – Nutzen für Manager und Controller – Erfahrungen in deutschen Unternehmen.* 3.Aufl.. Wiesbaden: Gabler.

Weber, J., Bacher, A. u. Groll, M. (2002). ‚Konzeption einer Balanced Scorecard für das Controlling von unternehmensübergreifenden Supply Chains'. *Kostenrechnungspraxis (krp)*, Jg.46, Nr.3, S. 133-141.

Weber, J., Dehler, M. u. Wertz, B. (2000). ‚Supply Chain Management und Logistik'. *WiSt-Wissenschaftliches Studium*, Jg.29, Nr.5, S.264-269.

Weber, J., Radtke, B. u. Schäffer, U. (2001). Erfahrungen mit der Balanced Scorecard. *Advanced Controlling*, Band 19.

Werner, H. (2000a). ‚Die Balanced Scorecard im Supply Chain Management / Teil 1'. *Distribution*, Jg.31, Nr.4, S.8-11.

Werner, H. (2000b). ‚Die Balanced Scorecard im Supply Chain Management / Teil 2'. *Distribution*, Jg.31, Nr.4, S.14-15.

Werner, H. (2000c). *Supply Chain Management: Grundlagen, Strategien, Instrumente und Controlling*. Wiesbaden: Gabler.

Westhaus, M. (2006). *Supply Chain Controlling. Definition, Forschungsstand, Konzeption.* Universität Oldenburg: Oldenburg.

Westhaus, M. u. Seuring, S. (2005). ‚Koordination durch Supply Chain Controlling'. *Supply Chain Management*, Jg.5, Nr.3, S.27-33.

Wildemann (1996). *Trends in der Distributions- und Entsorgungslogistik.* München: TCW Transfer-Centrum Verlag.

Wildemann (1997). *Fertigungsstrategien*. 3. Auffl.. München: TCW Transfer-Centrum Verlag.

Wildemann, H. (2001). *Logistik Prozessmanagement – Organisation und Methoden*. 2. Aufl.. München: TCW Transfer-Centrum Verlag.

Wildemann (2004). *Entwicklungstrends in der Automobil- und Zulieferindustrie – Eine empirische Studie*. München: TCW Transfer-Centrum Verlag.

Williamson (1990). *Die ökonomische Institution des Kapitalismus. Unternehmen, Märkte, Kooperation*. Tübingen: Mohr.

Wilson, R.M. u. Chua, W.F. (1993). *Management accounting: method and meaning.* London: Chapman and Hall.

Wisner, J.D., Tan, K.C. (2002). ‚Supply Chain Management and its Impact on Purchasing'. *The Journal of Supply Chain Management*, Jg.36, Nr.3, S.33-42.

Womack, J. u. Jones, D.T. (1996). *Lean Thinking: Banish Waste and Create Wealth for Your Corporation.* New York: Simon and Schuster.

Womack, J. M., Jones, J. T. u. Roos, D. (1990). *The Machine That Changed the World.* New York: Harper Perennial.

Wouters, M, Anderson, J.C. u. Wynstra, F. (2005). ‚The adoption of total cost of ownership for sourcing decisions – a structural equations analysis'. *Accounting, Organizations and Society*, Jg.30, Nr.2, S.167-191.

Yin, R. K. (2003). *Case Study Research: Design and Methods.* 3. Aufl.. London: SAGE.

Yoshikawa, T., Innes, J. u. Mitchell, F. (1990). ‚Cost tables: A foundation of Japanese cost management'. *Journal of Cost Management*, Jg.4, Nr.3, S.30-36.

Yusuf, Y.Y., Gunasekaran, A., Adeleye, E.O. u. Sivayoganathan, K. (2004). ‚Agile supply chain capabilities: Determinants of competitive objectives'. *European Journal of Operational Research*, Jg.159, Nr.2, S.379-392.

Zäpfel, G. (2000). ‚Supply Chain Management'. In: Baumgarten, H., Wiendahl, H.-P. u. Zentes, J. (Hrsg.): Logistik-Management. Strategien – Konzepte – Praxisbeispiele. Berlin: Springer, S.1-31.

Zimmermann, H. (1980). ‚Entscheidungswissenschaften und Unternehmensführung'. In: Hahn, D. (Hrsg.): *Führungsprobleme industrieller Unternehmungen*. Berlin: De Gruyter, S.395-419.

Zimmermann, K. (2002). ‚Using the Balanced Scorecard for Interorganizational Performance Management of Supply Chains – a case study'. In: Seuring, S. u. Goldbach, M. (Hrsg.): *Cost Management in Supply Chains*. Heidelberg: Physica, S.399-415.

Zimmermann, K. (2003). *Supply Chain Balanced Scorecard*. Wiesbaden: Gabler.

Zimmermann, K. u. Seuring, S. (2006). ‚Two Case Studies on Developing and Implementing a Balanced Scorecard in a Distribution Channel Dyad'. *Under Review*, S.1-23.

FSC
www.fsc.org
MIX
Papier | Fördert
gute Waldnutzung
FSC® C083411

Kolibri 360 GmbH
Ferdinand-Jühlke-Straße 7
99095 Erfurt, Deutschland
produktsicherheit@kolibri360.de